21世纪全国高等院校财经管理系列实用规划教材

# 管理学

主　编 ◎ 申文青
副主编 ◎ 郭松克　陈友新
参　编 ◎ 高新国　章　磊　王　华
　　　　徐桥凤　侯向龙　乔桂荣

北京大学出版社
PEKING UNIVERSITY PRESS

## 内 容 简 介

本书从管理人员在管理过程中所需的知识与技能出发，针对专业教学的需要，组织长期从事管理学教学的教师编写而成。全书共 15 章，用简洁、通俗的语言较全面地介绍了管理学的基本内容，比较充分地反映了管理学领域的新进展，使读者对管理理论与方法有全面、系统的了解。本书每章前附有学习目的、知识要点与导入案例，章后附有本章小结、习题及案例分析，可以帮助读者理解所学的理论，激发其思考；每章还配有大量简短的知识链接，便于读者对管理理论的理解，提高解决实际问题的能力。

本书既可作为高等院校经济管理类专业管理学课程的教材，也可作为在职人员的培训教材及各类管理人员的参考用书。

**图书在版编目 (CIP) 数据**

管理学 / 申文青主编． —北京：北京大学出版社，2018.9
（21世纪全国高等院校财经管理系列实用规划教材）
ISBN 978-7-301-29734-6

Ⅰ．①管… Ⅱ．①申… Ⅲ．①管理学—高等学校—教材 Ⅳ．① C93

中国版本图书馆 CIP 数据核字（2018）第 176211 号

| | |
|---|---|
| 书　　　名 | 管理学<br>GUANLIXUE |
| 著作责任者 | 申文青　主编 |
| 策划编辑 | 王显超 |
| 责任编辑 | 王显超　黄红珍 |
| 标准书号 | ISBN 978-7-301-29734-6 |
| 出版发行 | 北京大学出版社 |
| 地　　　址 | 北京市海淀区成府路 205 号　100871 |
| 网　　　址 | http://www.pup.cn　　新浪微博：@北京大学出版社 |
| 电子信箱 | pup_6@163.com |
| 电　　　话 | 邮购部 62752015　　发行部 62750672　　编辑部 62750667 |
| 印　刷　者 | 北京飞达印刷有限责任公司 |
| 经　销　者 | 新华书店 |
| | 787 毫米 ×1092 毫米　16 开本　19.25 印张　456 千字<br>2018 年 9 月第 1 版　2018 年 9 月第 2 次印刷 |
| 定　　　价 | 45.00 元 |

未经许可，不得以任何方式复制或抄袭本书之部分或全部内容。
**版权所有，侵权必究**
举报电话：010-62752024　电子信箱：fd@pup.pku.edu.cn
图书如有印装质量问题，请与出版部联系，电话：010-62756370

# 前　　言

随着中国逐步融入世界，管理的重要性日益凸显，社会迫切需要具有创造性、竞争性、开拓性的应用型企业管理人才。成功的组织之所以能领先于竞争者，是赢在管理，因此管理学课程应运而生。"管理学"是一门理论性、应用性都很强的经济管理类专业基础课程，包含了经济管理类专业多门课程的知识。

本书坚持知识普及性和理论前沿性相结合，坚持理论与实践相结合，紧密围绕管理学发展的新趋势；体系结构设计着重考虑经济管理类专业学生的认知结构背景，在内容的选择、概念的引出、理论的推导、范例的引证、结论的归纳和习题的挑选等方面适应经济管理类专业学生管理素养和能力的培养；内容体现了知识性、系统性和先进性，反映管理学的最新成果，使学生接触学科前沿的最新知识，从而激发学生的求知欲望。

作为"21 世纪全国高等院校财经管理系列实用规划教材"之一，本书按照应用型本科人才培养的目标，由广州大学松田学院长期从事管理学教学的教师编写而成。本书以管理职能为主线，分 15 章进行阐述，包括管理与管理学、管理理论的形成及演进、管理道德与社会责任、决策与决策方法、计划与计划工作、组织设计、人力资源管理、组织变革与组织文化、领导概论、激励理论与方法、沟通、控制与控制过程、控制的方法与技术、管理创新、管理发展的新趋势。总体来说，本书具有以下特点。

（1）基础性。本书将管理理论与管理方法相结合，强调对管理学的基本概念、基本理论与方法的介绍，以便为将来的管理实践和继续学习打好基础。

（2）现代性。组织面对瞬息万变的环境及日益激烈的竞争，为了生存和发展，必须要进行一场新的管理革命。本书在内容上吸收了管理学研究与实践的最新成果，反映了管理领域发展的趋势。自 20 世纪 90 年代以来，管理学的理论与实践不断创新，一些全新的管理模式、方法不断出现，本书对这些先进的管理理论与方法进行了较系统的介绍。

（3）实用性。本书大量引用国内外典型案例进行分析，注重培养学生综合素质与解决实际问题的能力，内容体系符合经济管理类应用型本科专业培养目标的要求，选材上符合实践需要，力求理论联系实际，使读者能够学以致用。

（4）通俗性。本书语言简洁，叙述深入浅出、循序渐进，避免了空洞说教，增强了教材的可读性。

（5）启发性。为了增强可读性，每章分别设计了导入案例，以激发学习者的学习兴趣，达到拓宽知识视野、启发学生将管理理论与管理实践相结合的目的。每章选取了大量的知识链接，其形式不拘一格，有轻松活泼的小故事，有激昂的评论，有深刻的教诲，可以帮助学习者更好地掌握专业知识。每章前附有学习目的、知识要点，章后附有本章小结、习题及案例分析，以方便教学和学习者自学、检验学习成效。

（6）系统性。组织是一个有机的整体，是一个完整的大系统。本书先介绍管理的基本理论与发展、道德与社会责任，再介绍各项管理职能，最后对管理的发展新趋势做了简单的介绍。编写中注重各章节之间的联系，使读者对管理理论有较完整的了解。

（7）层次性。在教学过程中，有关基础知识、基本理论与方法的学习要求分为"了解、理解、掌握、应用"4个层次。

① 了解：要求学生知道有关内容。

② 理解：要求学生能解释有关的概念、知识的含义，并能正确认知和表述。

③ 掌握：要求学生在理解的基础上，能全面把握基本概念、基本原理、基本方法，能描述有关概念、原理、方法的区别与联系。

④ 应用：要求学生在掌握的基础上，能运用基本概念、基本原理、基本方法分析和解决有关的理论问题和实际问题。

本书由申文青副教授担任主编，郭松克教授、陈友新教授担任副主编。全书的架构由申文青初拟，在综合郭松克教授、陈友新教授的意见后最终确定。本书的具体编写分工如下：第1、12、13章由申文青编写，第2章由郭松克、申文青编写，第3、14、15章由王华编写，第4、5章由章磊编写，第6、8章由徐桥凤、乔桂荣编写，第7章由侯向龙编写，第9、11章由高新国编写，第10章由申文青、陈友新编写。陈海燕老师为本书做了大量文字编辑工作。全书由申文青统编定稿。

在本书的编写过程中，编者参考了国内外学术界不少学者和老师的研究成果（包括网上资料），得到了许多专家、领导、同事的关心、支持和帮助，在此一并表示诚挚的谢意。

由于编者水平及掌握资料的限制，书中不足之处在所难免，敬请同行专家及广大读者批评指正。

编　者

2018年3月

# 目　　录

第 1 章　管理与管理学 …………………… 1
　1.1　管理概述 ……………………………… 2
　1.2　管理的基本原理与方法 …………… 13
　本章小结 …………………………………… 17
　习题 ………………………………………… 17

第 2 章　管理理论的形成及演进 ………… 19
　2.1　中外早期管理思想 ………………… 21
　2.2　古典管理理论 ……………………… 23
　2.3　行为科学理论 ……………………… 29
　2.4　现代管理理论及其主要学派 ……… 33
　本章小结 …………………………………… 34
　习题 ………………………………………… 34

第 3 章　管理道德与社会责任 …………… 37
　3.1　管理道德 …………………………… 38
　3.2　企业社会责任 ……………………… 45
　本章小结 …………………………………… 53
　习题 ………………………………………… 53

第 4 章　决策与决策方法 ………………… 56
　4.1　决策与决策理论 …………………… 57
　4.2　决策过程 …………………………… 62
　4.3　决策方法 …………………………… 66
　本章小结 …………………………………… 73
　习题 ………………………………………… 74

第 5 章　计划与计划工作 ………………… 76
　5.1　计划概述 …………………………… 77
　5.2　计划工作的原理 …………………… 85
　5.3　战略性计划与计划实施 …………… 86
　本章小结 ………………………………… 101
　习题 ……………………………………… 101

第 6 章　组织设计 ………………………… 104
　6.1　组织与组织设计 …………………… 105
　6.2　组织关系与组织运作 ……………… 118
　本章小结 ………………………………… 124
　习题 ……………………………………… 124

第 7 章　人力资源管理 …………………… 126
　7.1　人力资源管理概述 ………………… 127
　7.2　人力资源规划 ……………………… 130
　7.3　人员招聘 …………………………… 135
　7.4　人员培训 …………………………… 141
　7.5　绩效考核与薪酬管理 ……………… 144
　本章小结 ………………………………… 148
　习题 ……………………………………… 148

第 8 章　组织变革与组织文化 …………… 151
　8.1　组织变革 …………………………… 152
　8.2　组织文化 …………………………… 157
　本章小结 ………………………………… 169
　习题 ……………………………………… 170

第 9 章　领导概论 ………………………… 172
　9.1　领导的内涵 ………………………… 173
　9.2　领导理论 …………………………… 180
　9.3　领导者的素质与艺术 ……………… 187
　本章小结 ………………………………… 193
　习题 ……………………………………… 193

第 10 章　激励理论与方法 ……………… 195
　10.1　激励概述 ………………………… 196
　10.2　激励理论 ………………………… 200
　10.3　激励的实施 ……………………… 206
　本章小结 ………………………………… 212
　习题 ……………………………………… 212

## 第 11 章 沟通 ·········· 214

- 11.1 组织中的沟通 ·········· 215
- 11.2 沟通的障碍及其克服 ·········· 224
- 11.3 冲突管理 ·········· 231
- 本章小结 ·········· 237
- 习题 ·········· 238

## 第 12 章 控制与控制过程 ·········· 240

- 12.1 控制概述 ·········· 241
- 12.2 控制的类型与过程 ·········· 248
- 本章小结 ·········· 253
- 习题 ·········· 253

## 第 13 章 控制的方法与技术 ·········· 255

- 13.1 预算控制 ·········· 257
- 13.2 非预算控制 ·········· 259
- 13.3 信息控制系统 ·········· 265
- 本章小结 ·········· 267
- 习题 ·········· 267

## 第 14 章 管理创新 ·········· 269

- 14.1 管理创新概述 ·········· 270
- 14.2 管理理念与方法创新 ·········· 275
- 14.3 管理实践创新 ·········· 278
- 本章小结 ·········· 282
- 习题 ·········· 282

## 第 15 章 管理发展的新趋势 ·········· 286

- 15.1 绿色管理和社会责任管理 ·········· 287
- 15.2 信息技术下组织变革的趋势 ·········· 291
- 15.3 管理学研究的新范式——组织双元观 ·········· 293
- 15.4 中国管理问题研究 ·········· 296
- 15.5 管理学与其他学科的融合 ·········· 298
- 本章小结 ·········· 298
- 习题 ·········· 298

**参考文献** ·········· 301

# 第1章 管理与管理学

## 学习目的

理解管理的含义及基本原理，掌握管理的性质与职能；了解管理者所扮演的角色及分类；理解管理者所应具备的相应技能与管理层次的关系；了解管理学的研究对象和管理的基本方法。通过本章的学习，达到初步理解管理学的基本概念的目的。

## 知识要点

| 知识要点 | 要求程度 | 相关知识 |
| --- | --- | --- |
| 管理的含义 | 理解 | 管理的含义 |
| 管理的性质与职能 | 掌握 | (1) 管理的科学性与艺术性<br>(2) 管理的二重性<br>(3) 管理的计划、组织、领导、控制、创新职能 |
| 管理者的角色 | 了解 | (1) 人际关系类<br>(2) 信息类<br>(3) 决策类 |
| 管理者的技能与层次 | 理解 | (1) 管理者的技术技能、人际技能、概念技能<br>(2) 管理者的技能与层次间的关系 |
| 管理者的分类 | 了解 | (1) 按管理者所处的组织层次分类<br>(2) 按管理者所从事的工作领域分类 |
| 管理学的研究对象 | 了解 | 管理学的研究对象的范围 |
| 管理的基本原理 | 理解 | (1) 系统原理<br>(2) 人本原理<br>(3) 责任原理<br>(4) 效益原理<br>(5) 伦理原理 |

| 知识要点 | 要求程度 | 相关知识 |
|---|---|---|
| 管理的基本方法 | 了解 | (1) 法律方法<br>(2) 行政方法<br>(3) 经济方法<br>(4) 教育方法<br>(5) 技术方法 |

### 肯德基在中国创业前期所遇到的瓶颈

1987年11月12日，肯德基的第一家餐厅在北京前门开业。从那时起，肯德基就尽其所能，不停地加速开新店。1996年6月25日，其第100家餐厅在北京开业。至2005年年底，中国有1 500家肯德基餐厅。

前后18年，从中一切为二，后来9年新开店数是前面9年的14倍，为什么前期增长缓慢？是战略布局的原因还是万事开头难？是加速需要时间及动力还是早期资源不够分配？是早期流动资金不足还是建立供应链需要时间及投资？事实上，这些都是原因，但在所有的原因中，资源瓶颈是最重要的因素，而最短缺的资源就是具有实际餐厅管理经验的管理人才。

对肯德基而言，一家餐厅的管理人员按餐厅大小可分4~5级，平均5~8人。一个刚毕业的大学生从餐厅管理实习生开始经过二级助理、一级助理、副经理升到餐厅总经理最少需要两年。培养餐厅管理人员的最佳方法是边做边学。边做边学的最佳场所是一个活生生、正常作业的餐厅，而不是一个模拟餐厅，更不是一间教室。肯德基在中国创业初期餐厅数量少，而且并非每家餐厅都适合作为培训餐厅。有些餐厅面积太小，容不下过多的实习生；有些太新，新手过多，老师经验不足，自顾不暇；有些生意太忙，实习生搅乱了餐厅高峰作业时所需的纪律及团队默契；有些生意不忙，很难学到真功夫。这些都是培养管理人员出现瓶颈的原因，进而导致肯德基在中国创业前期新管理人才的培养速度远远赶不上新餐厅的开店速度，管理人才的不足，限制了企业的不断扩张。

资料来源：刘国栋. 肯德基在中国：天时，地利，人和. 北京：机械工业出版社，2007.

## 1.1 管理概述

纵观历史，一切社会现象都与管理活动密切相关。无论是中国万里长城的修建，还是埃及金字塔的建造；无论是美国耗资20亿美元、耗时3年多制造出的第一颗原子弹，还是中国载人航天工程统筹110多家研制单位、3 000多家协作配套和保障单位，历时11年完成的首次载人航天任务，都必须有统一的组织管理。近百年来世界的发展变化更是表明：有效的管理是一个组织、一个国家走向成功的基础之一。正如彼得·德鲁克所说："在人类历史上，几乎没有一种制度规范能像管理那样迅速兴起并产生巨大影响。在不到150年的时间里，管理已改变了世界上所有发达国家的社会与经济结构。"

### 知识链接

在美国的俄克拉荷马州的土地上发现了石油，而该地的所有权属于一位年老的印第安人。这位老人一直生活在贫穷中，一发现石油，顿时变成了有钱人，于是他买下一辆凯迪拉克豪华轿车，买下一顶林肯式礼帽，打了蝴蝶领结，并抽着一支黑色的大雪茄，这就是他出门时的装备。他每天都开车到附近的俄克拉荷马城。他想看每一个人，也希望被每一个人所看到。他是一个友善的老人，当他开车到城镇时，会把车一下子开到左边，一下子开到右边，和遇见的每个人说话。有趣的是，他从未撞过人。理由很简单，在那辆大汽车的正前方，有两匹马拉着。当地的技师讲，那辆车没一点毛病，但这位印第安老人永远学不会插入钥匙去开动引擎。汽车有100匹马力，而大家都认为其只有两匹马力而已。

我们应该学会如何"插入钥匙去开动引擎"，调动车子上的一切元素，让车子开起来。而插入怎样的钥匙、如何开启引擎、怎样让车尽快到达目的地就是管理。如果交给你一个工厂（就像老人的车子），你将如何做才能使工厂效益最佳？你理解的管理是怎样的？

资料来源：冯开红，吴亚平．企业管理实务．北京：电子工业出版社，2009．

在世界各国的经济发展中，美、日两国始终排在前列，这与他们重视管理是分不开的。美国的科学管理有两方面：一方面是内部生产管理科学化；另一方面是外部经营管理注重对人的管理和市场研究，强调顾客的满意度与产品质量。日本企业在第二次世界大战后开始重视技术，引进了许多先进的科学技术及设备，但由于管理工作没跟上，先进的技术没有发挥作用。日本企业在20世纪50年代才开始重视管理。日本的传统管理是把本民族的武士道精神、家族制度和中国的儒家文化结合起来。在日本企业里强调不服输的精神，强调等级、服从、团队精神、雇员终身制等。日本将其传统管理、美国的科学管理和中国的主人翁精神与民主管理有机地结合起来，形成了自己独特的管理模式。日本经济在第二次世界大战后能很快地发展起来，主要是得益于日本企业对管理的重视。

### 知识链接

北京同仁医院是一所以眼科闻名中外的百年"老店"。走进医院的行政大楼，大厅的指示牌上令人诧异地标明"五楼MBA办公室"。该医院从北京大学和清华大学聘请了11位MBA（工商管理硕士），另外还有一名学习会计的研究生，而医院的时任常务副院长毛羽就是一位留美的医院管理MBA。

目前国内大部分医院还处于极低层次的管理启蒙状态，绝大多数医院并没有营销意识，普遍缺乏现代化经营管理常识。更严峻的竞争现实是医院提供的服务不属于那种单纯通过营销可以扩大市场规模的类型——医院不能指望通过市场手段刺激每年病人数量的增长。

同仁医院将MBA们"下放"到手术室，3个月之后都悉数调回科室，单独辟出MBA办公室，以课题组的形式，研究医院的经营模式和管理制度。医院引入的企业化管理，主要包含医院经营战略、医疗市场服务营销、医院服务管理、医院成本控制、医院人力资源、医疗质量管理、医院信息系统和医院企业文化等多部分内容。

资料来源：中国企管网，http://www.china-qq.com

企业的成长和发展都与管理活动的有效性息息相关，到近代，管理的这种影响力越发显著。美国的邓白氏公司对美国企业失败的原因进行研究，发现企业经营失败（表1-1），有90%以上的原因与管理有关。一个企业经营管理水平低下是不可能生存长久的。

表 1-1 美国企业失败的原因

| 失败的百分比 | 失败的原因 |
| --- | --- |
| 44% | 企业管理者无能 |
| 17% | 缺乏管理经验 |
| 16% | 经验失衡 |
| 15% | 缺乏行业经验 |
| 1% | 疏忽 |
| 1% | 欺诈或灾难 |
| 6% | 原因不详 |

知识链接

　　海尔集团首席执行官张瑞敏有个非常生动的"吃休克鱼"的管理哲学。在市场经济发达的国家，企业兼并要经过三个阶段：第一阶段是"大鱼吃小鱼"阶段，即弱肉强食阶段；第二阶段是"快鱼吃慢鱼"阶段，即技术先进的企业吃掉技术落后的企业阶段；第三阶段是"鲨鱼吃鲨鱼"阶段，即强强联合阶段。但在中国国企之间，企业只要有一口气就不会被吃掉，小鱼不觉其小，慢鱼不觉其慢，各得其所。"死鱼"根本不能吃，只能吃"休克鱼"，即企业表面死了，但是肌体还没有坏，由于管理存在严重问题而导致企业停滞不前，处于休克状态。海尔近二十起兼并案收购的大多是"休克鱼"，并使那些被兼并的企业通过重组，从亏损 5 亿多元人民币到盘活的资本总额超过 15 亿元人民币。

　　我国有些企业自己经营亏损，但租给外国人经营马上就盈利。究其原因，主要是管理水平没有跟上。我国有一个汽轮机厂，主要是引进德国西门子公司先进的技术设备建造的，它的厂房、设备比西门子总部的厂房、设备还好，但由于管理水平低，建成后的几年里，生产效率只及西门子总部的 1/10。

　　资料来源：在职研究生教育网，http://www.onjobedu.com

### 1.1.1　管理的含义

　　在现代社会中，管理可以说无时不在，无处不在。不管人们从事何种职业，人人都在参与管理：或管理国家，或管理家庭，或管理业务，或管理子女。国家的兴衰、企业的成败、家庭的贫富，无不与管理是否得当有关。因此，管理是一个广义的名词。它包括各种各样的管理，如政治管理、军事管理、城市管理、交通管理、教育管理、经济管理和企业管理等。

　　虽然这些领域都有自己的具体对象，但在管理的含义上却有着共性。由于考察角度不同，人们对管理含义的解释也不尽相同，其中最主要的有以下几种。

　　（1）西蒙认为决策贯穿管理的全过程，管理就是决策。

　　（2）孔茨认为管理就是设计和保持一种良好环境，使人们在群体里高效率地完成既定目标。

　　（3）小詹姆斯·H.唐纳利等认为管理就是由一个或更多的人来协调他人活动，以便收到个人单独活动所不能收到的效果而进行的各种活动。

　　（4）法约尔认为管理就是实行计划、组织、指挥、协调和控制。

　　（5）彼得·德鲁克认为管理是一种以绩效责任为基础的专业职能。管理是一种实践，其本质不在于知而在于行；其验证不在于逻辑，而在于成果；其唯一权威就是成就。

管理一词还有很多定义，这些定义既反映了人们研究立场、方法、角度的不同，也反映了管理科学的不成熟性。综合上述研究，本书对管理做如下定义：管理是指在特定的环境条件下，为了达到个人无法实现的预期目标，通过计划、组织、领导、控制和创新工作，对组织所拥有的资源进行合理配置和有效使用的过程。这一定义主要包含以下7个方面的含义。

（1）管理是一种有意识、有组织的群体活动，不是盲目无计划的、本能的活动。

（2）管理是围绕着某一共同目标进行的。

（3）管理是一个动态的协调过程，协调人与人之间的活动和利益关系，贯穿于整个管理过程。

（4）管理包括一系列相互关联的职能，即计划、组织、领导、控制、创新。

（5）管理工作强调有效合理地利用资源（包括人、财、物、时间、信息等），确保组织的效率和效果。

（6）管理是在特定环境下开展工作的，有效的管理必须审时度势，根据环境的特点进行活动。

（7）管理是人类改造世界的实践过程，是一种特殊形态的实践活动。

 知识链接

美国国际商业机器公司的创办人托马斯曾经讲过下面这样一个故事，深入浅出地说明了管理的作用。有一个男孩买了一条长裤，穿上一试，裤子长了一些。他请奶奶帮忙把裤子剪短一点，可奶奶说眼下的家务事太多，让他去找妈妈。而妈妈回答他，今天她已经同别人约好去玩牌。男孩又去找姐姐，但是姐姐有约会，时间就要到了。这个男孩非常失望，担心明天穿不上这条裤子，他就带着这种心情入睡了。奶奶忙完家务事，想起了孙子的裤子，就去把裤子剪短了一点；姐姐回来后心疼弟弟，又把裤子剪短了一点；妈妈回来后同样也把裤子剪短了一点。可以想象，第二天早上大家会发现这种没有管理的活动所造成的恶果。由这个例子可以看出，任何集体活动都需要管理。在没有管理活动协调时，集体中每个成员的行动方向并不一定相同，以至于可能互相抵触。即使目标一致，由于没有整体的配合，也达不到总体的目标。

资料来源：张东生．现代企业管理．北京：清华大学出版社，2007.

## 1.1.2 管理的性质与职能

在现实生活中，人们都可以感受到，管理工作是一项困难的社会活动。一个基本的事实是，人们都在期盼自己的组织拥有一位优秀的管理者。但这项基本的要求，并不那么容易实现。究其原因，主要是由管理工作自身所固有的一些性质造成的。因此，在学习和研究管理时，必须对以下性质给予关注。

1. 管理的性质

1）管理的科学性与艺术性

管理既是一门科学，又是一门艺术，是科学与艺术有机结合的产物。

管理的科学性是把管理看作一种有组织的活动，其中具有内在的规律性，存在普遍适用的管理理论、管理原则和管理方法，有一套独立于其他学科分析问题、解决问题的科学方法。管理的科学性具体包括客观性、实践性、系统性、真理性、发展性。

 **知识链接**

现代经济已进入高速发展的时期,而经济发展主要依靠管理和技术这两个轮子。在国外,经济学家认为西方工业现代化"三分靠技术,七分靠管理"。众多的企业通过改进管理、创新求实,成为世界知名企业。原美国通用汽车公司总裁莫端要求秘书给他的呈递文件放在各种颜色不同的公文夹中。红色的代表特急,绿色的代表要立即批阅,橘色的代表今天必须注意的文件,黄色的则表示必须在一周内批阅的文件,白色的表示周末时须批阅,黑色的则表示必须他签名的文件。把工作分出轻重缓急,条理分明,你才能在有效的时间内,解决更多的问题,并且工作游刃有余,事半功倍。

资料来源:李品媛. 管理学. 大连:东北财经大学出版社,2005.

管理的艺术性是对管理实践性的描述。它突出了管理人员创造性地运用管理原理,使组织经营顺应环境的发展和变化,从而获得成功。它强调了管理人员在工作中除了要掌握一定的管理理论和方法外,还必须灵活地运用这些理论和方法,更要注意经营理念、管理思想的创新。

 **知识链接**

一位著名的企业家在做报告,一位听众问:"你在事业上取得了巨大的成功,请问,对你来说,最重要的是什么?"企业家没有直接回答,他拿起粉笔在黑板上画了一个圈,只是并没有画圆满,留下一个缺口。他反问道:"这是什么?零?圈?未完成的事业?成功?"台下的听众的回答五花八门。他对这些回答未置可否:"其实,这只是一个未画完整的句号。你们问我为什么会取得辉煌的业绩,道理很简单,我不会把事情做得很圆满,就像画个句号,一定要留个缺口,让我的下属去填满它。"留个缺口给他人,并不说明自己的能力不强。实际上,这是一种管理的智慧,是一种更高层次带有全局性的圆满。给猴子一棵果树,让它自食其力;给老虎一片森林,让它自由纵横。也许,这就是企业管理的最高境界。

资料来源:中国教育文摘网,http://www.eduzhai.net

2)管理的二重性

马克思认为,任何社会的管理都具有两重属性:自然属性和社会属性。管理的二重性是相互联系、相互制约的关系。①自然属性。"协作劳动"是同生产力直接相联系的,由共同劳动的社会化性质产生的,是进行社会化大生产的一般要求和组织劳动协作过程的必要条件。其不具有阶级性,表现了管理的自然属性。这种属性为一切组织的管理活动所具有,是管理的共同性的表现,不以人的意志为转移,也不因社会制度形态的不同而有所改变。②社会属性。"监督劳动"是同生产关系直接相联系的,由共同劳动所采取的社会结合方式的性质产生的,是维护社会生产关系和实现社会生产目的的重要手段。其具有阶级性,表现了管理的社会属性。管理要处理人与人之间的关系,要受一定生产关系、政治制度和意识形态的影响与制约,在经济管理领域管理的社会属性也称管理的生产关系属性。从人类管理活动的产生和发展来看,当人类进入有阶级的社会后,管理就含有鲜明的阶级性。

2. 管理的职能

最早系统地提出管理各项具体职能的是法国的亨利·法约尔。他认为管理具有计划、组织、指挥、协调和控制5种职能。之后又有"三功能派""四功能派"和"七功能派"等。

管理活动具有哪些最基本的职能？这一问题经过了许多学者近一百年的研究，提出了计划、组织、指挥、协调、控制、激励、调集资源、通信联系、决策、人事、创新等多项职能，至今仍是众说纷纭（表1-2）。

表1-2 不同学者对管理职能的划分

| 年代 | 管理学者 | 计划 | 组织 | 指挥 | 协调 | 控制 | 激励 | 调集资源 | 通信联系 | 决策 | 人事 | 创新 |
|---|---|---|---|---|---|---|---|---|---|---|---|---|
| 1916 | 法约尔（H. Fayol） | √ | √ | √ | √ | √ | | | | | | |
| 1934 | 戴维斯（R. C. Davis） | √ | √ | | | √ | | | | | | |
| 1937 | 古利克（L. Gulick） | √ | √ | √ | | | | | √ | | √ | |
| 1947 | 布朗（A. Brown） | | | | | √ | | | | | | |
| 1951 | 纽曼（W. Newman） | √ | √ | √ | | √ | | √ | | | | |
| 1955 | 孔茨（H. Koontz） | √ | √ | √ | | √ | | | | | √ | |
| 1956 | 特里（George Terry） | √ | √ | | | | √ | | | | | |
| 1958 | 麦克法兰（D. Mcfarland） | √ | √ | | | √ | | | | | | |
| 1964 | 梅西（J. L. Massie） | √ | √ | | | √ | | | | √ | √ | |
| 1964 | 米（J. E. Mee） | √ | √ | √ | | √ | √ | | | | | √ |
| 1966 | 希克斯（H. G. Hicks） | √ | √ | | | √ | √ | | √ | | | √ |

许多新的管理理论和管理学实践已一再证明：计划、组织、领导、控制、创新这5项管理职能是一切管理活动最基本的职能。本书的划分亦是如此。

### 知识链接

王新是一家生产小型机械的装配厂经理。每天王新到达工作岗位时都随身带着一份列出他当天要处理的各种事物的清单。清单上有些项目是总部的上级电话通知他需要处理的，另一些是他自己在一天多次的现场巡视中发现的或者他手下报告的不正常的情况。

一天，王新与往常一样带着他的清单来到了办公室。他做的第一件事是审查工厂各班次监督人员呈送上来的作业报告。他的工厂每天24小时连续生产，各班次的监督人员被要求在当班结束时提交一份报告，说明这班次开展了什么工作，有什么问题。看完前一天的报告后，王新通常要同他的几位主要下属开一个早会，会上他们决定对于报告中所反映的各种问题应采取些什么措施。王新在白天也参加一些会议，会见来厂的各方面的访问者。他们中有些是供应商或潜在供应商的销售代表，有些则是工厂的客户。此外，有时也有一些来自地方、省、国家政府机构的人员。总部职能管理人员和王新的直接上司也会来厂考察。当陪伴这些来访者和他自己的下属参观的时候，王新常常会发现一些问题，并将它们列入他的待处理事项清单中。王新发现自己明显无暇顾及长期计划工作，而这些活动是他改进工厂的长期生产效率必需的。他似乎总是在处理某种危机，他不知道哪里出了问题。为什么他就不能以一种使自己不这么紧张的方式工作呢？

资料来源：李品媛. 管理学. 大连：东北财经大学出版社，2005.

1）计划

计划是管理的首要职能，是对未来事件做出预测，以制订出行动方案。计划工作是为事物未来的发展规定方向和进程，重点要解决好两个基本问题：一是目标的确定，如果目标选择不对，计划再周密再具体也是枉费心机，这是计划的关键；二是进程的时序，即先做什么，后做什么，可以同时做什么，均不能错位，这是计划的准则。

管理学研究的是计划的动态过程，也就是说，研究计划是如何产生的这一过程，从而探索制订计划的一系列科学程序和方法。管理的计划职能就是管理者选择组织的整体目标和各部门的目标，决定实现这种目标的行动方案，从而为管理活动提供基本依据。只有在确定了组织目标之后，组织、领导和控制等管理活动才能进行，因此，计划职能是管理的首要职能，是从现在通向未来的桥梁。

2）组织

组织是从事管理活动的载体，管理者通过组织活动主要完成下述职能。①设计组织。它包括组织结构、部门与岗位设置及其相互联系。②人员配备。即根据各种岗位从事活动的需要，解决好人员选聘、培训和考核问题，确保将合适的人安置在各级组织机构相应的工作岗位上。③组织运行。根据业务活动与环境的变化，维持组织的正常运转，处理好组织中的各种关系，并研究和实施组织结构的调整和变革。

3）领导

领导职能是指管理者带领、指挥和激励下属，选择有效的沟通渠道，营造良好的组织氛围实现组织目标的过程。有效的领导要求管理者在合理的制度环境中，针对组织成员的需要和行为特点，运用适当的方式，采取一系列措施去提高和维持组织成员的工作积极性。下属一般愿意服从那些能理解其思想和行为并且能满足其需要的领导者，所以，领导职能包括激励和沟通等。

4）控制

控制职能是管理者按照既定的目标、计划和标准，对组织活动各方面的实际情况进行检查和考察，发现差距，分析原因，采取措施，予以纠正，使工作能按原计划进行的过程。控制必须具备3个基本条件：一是有明确的执行标准，如数量、定额、指标、规章制度、政策等；二是及时获得发生偏差的信息，如报表、简报、原始记录、口头汇报等；三是纠正偏差的有效措施。缺少任何一个条件，管理活动便会失去控制。

控制职能与计划职能密不可分。计划是控制的前提，为控制提供目标和标准，没有计划就不存在控制。控制是实现计划的手段，没有控制工作，事先拟订的计划是不会自动实现的。控制活动为计划的实现提供保证。

5）创新

由于新技术革命浪潮的冲击，为了突出创造和革新在管理中的作用，一些学者如希克斯等人将创造和革新作为一项管理职能。创新职能是通过组织提供的服务或产品的更新和完善，以及其他管理职能的变革和改进来表现其存在的。对于一个有活力的组织而言，创新无处不在、无时不在。可见，创新职能与上述各种管理职能不同，它本身并没有某种特有的表现形式，它总是在与其他管理职能的结合中表现自身的存在与价值。

对管理职能的划分，为研究管理问题提供了一个理论框架或理论体系。有关管理的概念、理论、原则、方法和程序都可以按照不同的管理职能进行分类归纳并予以系统论述，从而为研究与学习管理学提供便利的工具。随着社会发展的不断进步，人类对于管理的认识也在不断提升、发展，对管理职能的诠释也在不断丰富和深化。

### 1.1.3 管理者的角色

 **知识链接**

詹米·伯尼尼33岁那年被任命为克莱斯勒公司在安大略文萨的货车工厂的经理。当时工厂的销售状况很一般，而且，工厂也正面临开发新卡车的任务。他必须获得下属84名经理和1 800名工人的支持。其他经理也想得到这个职位，并普遍认为詹米·伯尼尼太年轻、没有经验。甚至，一些人想要看到他失败。但是，在一年内，他成功地对过时的系统进行了改造，改变了工厂的文化，提高了员工的士气和生产率。

他上任不到一年，《华尔街日报》将他列为改变美国汽车业制造工厂面貌的新一代管理者。文章认为，他在其他行业也会同样成功。同时，《福布斯》杂志评选克莱斯勒为年度最佳公司。他们选择克莱斯勒，源于它的成果、运作方式和超凡的管理。"我们认为克莱斯勒公司有超凡的管理，不仅在高层，直到组织的最低层，都是如此。"克莱斯勒公司对较基层管理者实施新的管理方式：给工人更多的权力，而不是执行从上到下的监督、控制式管理。

以前，在克莱斯勒公司的一些制造工厂，产品质量问题成堆，员工士气低下。负责克莱斯勒全球制造业务的丹尼斯·鲍利决定彻底改变这种状况，于是雇用了年轻的詹米·伯尼尼。克莱斯勒公司在安大略文萨的货车工厂是同行业中自动化水平较低的工厂之一，有上百个工种还是手工操作，而且销售情况不好，工厂准备开发一种新货车，这些都是对伯尼尼的挑战。此外，还有来自其他可能晋升的管理者的抵触和认为伯尼尼不够资格的闲言碎语。但是他还是去了安大略文萨工厂，不到一年，生产率、销售和士气都上去了。

在安大略文萨工厂成功后，伯尼尼被调往拉丁美洲任职，负责克莱斯勒公司与德国宝马公司合建的发动机工厂。虽然没有看到新货车开发出来，但他不想放弃这个机会，他接受了这份新工作。

资料来源：王关义，刘益，刘彤，等．现代企业管理．2版．北京：清华大学出版社，2007.

1. 管理者的定义

管理者是指那些在组织中从事管理过程的实现，并且对组织内的员工进行领导、组织、协调和监督其实施的人员，是那些在组织中指挥他人完成具体任务的人，如企业的厂长、公司的经理、质量控制经理、研究实验室主管等。他们虽然有时也做一些具体的事务性工作，但其主要职责是指挥下属工作。因此，管理者区别于操作者的一个显著特点就是管理者有下属向其汇报工作。

2. 管理者的角色

根据亨利·明茨伯格的一项被广为引用的研究，管理者扮演着10种角色，这10种角色可归入以下3类。

1) 人际关系类

管理者在处理与组织成员和其他利益相关者的关系时，他们就扮演人际角色，包括代表人、联络者、领导者。

2) 信息类

管理者确保和他一起工作的人具有足够的信息时，他们就扮演信息角色，包括监听者、传播者、发言人。

3）决策类

管理者在处理信息并得出结论的过程中即扮演决策角色，包括企业家、冲突管理者、谈判者、资源分配者。

管理者的角色见表1-3。

表1-3 管理者的角色

| 类　别 | 角　色 | 工　作　内　容 |
|---|---|---|
| 人际关系类 | 代表人 | 执行仪式或象征的工作 |
| | 联络者 | 建立内部和外部的信息网络 |
| | 领导者 | 指挥协调群体的工作 |
| 信息类 | 监听者 | 搜寻、接收和筛选信息 |
| | 传播者 | 传递信息给组织其他成员 |
| | 发言人 | 通过演讲、报告、电视、广播等向外提供信息 |
| 决策类 | 企业家 | 制订计划，建立秩序 |
| | 冲突管理者 | 解决员工或部门中的各种冲突、问题 |
| | 谈判者 | 在谈判中代表部门或公司 |
| | 资源分配者 | 决定资源分配的对象和数量等 |

3. 管理者的分类

1）按管理者所处的组织层次分类

按管理者所处的组织层次可将管理者分为3类。①高层管理者。组织中的高层管理者，对管理负有全面责任。其主要职责是制订战略目标、把握发展方向、资源分配等，如学校的正副校长、企业的董事长、城市的正副市长等。②中层管理者。介于高层管理者和基层管理者之间。其主要职责是执行重大决策和管理意图、监督和协调基层管理人员的工作活动、具体工作的规划和参谋，如系主任，处长，企业中计划、生产、财务等部门的负责人，政府中的主任、局长等。中层管理者一般分为行政管理人员、技术性管理人员、支持性管理人员3类。③基层管理者。最直接的一线管理人员，是直接监察实际作业人员的管理者。其主要职责是直接给下属人员分派任务、直接指挥和监督现场作业活动、保证上级下达的各项计划和指令的完成，如工长、领班、小组长等。

上述3个不同层次的管理者，其工作内容和性质存在很大的差别。一般来说，基层管理者所关心的主要是具体的战术性工作，而高层管理者所关心的则主要是抽象的战略性工作。

2）按管理者所从事的工作领域分类

按管理者所从事的工作领域可将管理者分为两类。①综合管理者。综合管理者是指负责管理整个组织或组织中某个事业部的全部活动的管理人员。②专业管理者。专业管理者是指负责管理组织中某一类活动（或职能）的管理人员，如营销部门管理人员、人事部门管理人员、财务部门管理人员、研究部门管理人员等。

### 知识链接

1841年，美国西部铁路线全长150千米，由于是分3段建造的，因此建成后便分3个区段进行管理，各区段设一组管理人员。在这条线路上，相反方向的列车每天交会12次，由于管理上的问题，很快就发生了一连串的事故。其中最严重的一次事故是1841年10月5日发生的列车相撞事故，伤亡19人。这场事故引起很大的震动，美国各界强烈要求对铁路公司进行改革。改革后，公司设立了基层管理人员、中层管理人员和高层管理人员，并聘用了大量的管理经理，其中高层经理直属董事会；建立了大规模的内部组织机构，严格划分各部门、各单位的权责关系。此外，公司还建立了财务与统计报表制度来监督和评估管理经理的工作。由此，美国铁路公司成为世界上第一家建立现代企业制度的企业。

资料来源：赵冰梅，刘伟力．现代企业管理教程．北京：航空工业出版社，2008．

#### 1.1.4 管理者的技能与层次

处于不同职位和不同层次的管理者，由于其任务和职责不同，在履行管理职能时所需要的管理技能也有所不同，但是，有几项管理技能是所有管理人员都必须掌握的。美国管理学专家罗伯特·卡茨研究认为管理者必须具备3种基本技能，即技术技能、人际技能、概念技能。

1. 技术技能

技术技能指与特定工作岗位有关的专业知识和技能，如生产技能、财务技能、营销技能等。管理者需要了解并初步掌握与其管理的专业相关的基本技能，否则很难与他所主管的组织内的专业技术人员进行有效的沟通，从而无法对所辖业务范围的各项工作进行具体的指导。不同层次的管理者，对于技术技能要求的程度是不同的。

2. 人际技能

人际技能指与处理人际关系有关的技能，即理解、激励他人并与他人共事的能力，包括领导能力，但其内涵远比领导能力广泛。因为管理者除了领导下属外，还要与上级领导和同级同事打交道，要学会说服上级领导，领会领导意图，学会与同事合作等。

3. 概念技能

概念技能指综观全局、认清为什么要做某事的能力。即管理者在任何混乱、复杂的环境中，敏锐地辨清各种要素之间的相互关系，准确地抓住问题的实质，果断地做出正确决策的能力。

要成为有效的管理者，必须具备上述3种技能，缺一不可。罗伯特·卡茨认为，在不同的组织层次中，这3种技能应有不同的优化组合：在较低的层次，管理者需要的主要是技术技能和人际技能；在中间层次，管理者的有效性主要取决于人际技能和概念技能；而在最高的管理层，概念技能成为高层管理者在管理工作中最重要的技能（图1.1）。

根据罗伯特·卡茨的理论，美国的《财富》杂志对美国银行业、工业、保险业、公共事业、零售业和运输业中最大的300家公司进行了调查，调查的结果基本上支持了罗伯特·卡茨的理论（表1-4）。

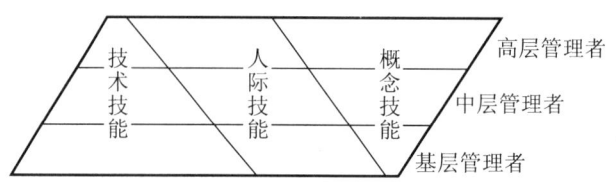

图 1.1 不同层次管理者所需技能

表 1-4 管理者在不同管理层次技能的最优组合

| 管理层级 | 管理技能 | | |
| --- | --- | --- | --- |
| | 技术技能（%） | 人际技能（%） | 概念技能（%） |
| 高层管理 | 17.9 | 42.7 | 39.4 |
| 中层管理 | 34.8 | 42.4 | 22.8 |
| 基层管理 | 50.3 | 37.7 | 12.0 |

调查的结果表明，在从基层管理到高层管理工作中，技术技能在逐渐减弱（降低了32.4%），概念技能在逐渐增加（增加了27.4%），而人际技能却变化不大（增加了5%）。这充分说明，概念技能是组织高层管理者的重要技能，技术技能是组织基层管理者的重要技能，而人际技能却是管理者普遍应具备的技能。

罗伯特·卡茨有关管理者技能的理论，不仅确立了管理者应具备的能力类型，指出了在管理者地位变化的过程中能力变化的大致趋势，而且指出了管理者在管理工作的生涯中，如何科学地转换自我的能力结构，以适应工作和自我发展的需要。

### 1.1.5 管理学的研究对象

管理学的研究对象是各种管理工作中普遍适用的原理与方法。

1. 从管理学的二重性出发，着重从三个方面研究管理学

（1）生产力方面。它主要研究生产力诸要素之间的关系，即合理组织生产力的问题。

（2）生产关系方面。它主要研究如何正确处理组织中人与人之间的关系问题。

（3）上层建筑方面。它主要研究如何使组织内部环境和外部环境相适应的问题。

2. 从历史的方面研究

它指着重从历史的方面研究管理实践、思想、理论的形成、演变、发展，知古鉴今。

3. 着重从管理者出发研究管理过程

（1）管理活动中有哪些职能？

（2）执行这些职能涉及组织哪些要素？

（3）在执行各项职能中应遵循哪些原理？采用哪些方法、程序、技术？

（4）执行职能过程中会遇到哪些障碍、阻力？

## 1.2 管理的基本原理与方法

### 1.2.1 管理的基本原理

管理原理主要指对管理工作的实质内容进行科学分析总结而形成的基本真理,是现实管理现象的抽象,是对各项管理制度和管理方法的高度综合与概括。其具有客观性、概括性、稳定性、系统性。研究管理原理有助于提高管理工作的科学性,避免盲目性;有助于掌握管理的基本规律;有助于迅速找到解决管理问题的方法。

1. 系统原理

1) 整体性原理

系统要素之间的相互关系及要素与系统之间的关系以整体为主进行协调,局部服从整体,使整体效果最佳。

2) 动态性原理

系统作为一个运动着的有机体,其稳定状态是相对的,运动状态则是绝对的。

3) 开放性原理

明智的管理者都应从开放性原理出发,充分估计外部与本系统的联系,努力扩大本系统从外界吸入的物质、能量和信息。

4) 环境适应性原理

系统不是孤立的,而是与外界不断发生联系的。

5) 综合性原理

把系统的各部分、各方面和各种因素联系起来,考察其中的共同性和规律性。

2. 人本原理

人本原理指以人为中心的管理思想,是 20 世纪末管理理论发展的主要特点。人本原理主要观点如下。

1) 员工是企业的主体

①要素发展阶段——泰罗"科学管理"阶段。早期的管理理论基本上限于把劳动者视为生产过程中的一个必不可少的因素。泰罗之后的几十年中所有对劳动和劳动力的研究大多都未摆脱把人视为机器附属物的基本观点和方法。②行为研究阶段——马斯洛、赫茨伯格等。第二次世界大战后,一部分管理学家和心理学家开始意识到劳动者的行为决定了企业的生产效率、质量和成本。劳动者的需要是多方面的,经济需要只是其中的一种。③主体研究阶段。20 世纪 70 年代以后,企业界逐渐意识到职工在企业生产经营活动中的重要性,逐渐形成了以人为中心的管理思想。

2) 有效管理的关键是职工参与

有效管理有两种不同的途径。①高度集权,从严治理。依靠严格的管理使组织目标统一,行动一致,从而实现高的工作效率。②适度分权,民主治理。现代管理的核心是使人性得到最完美的发展,依靠科学管理和员工参与使个人利益和组织利益系在一起,使员工为了共同的目标而自觉努力地奋斗,从而实现高的工作效率。

两种途径的根本不同之处在于：①前者员工处于被动地位，员工是管理的客体；②后者员工处于主动地位，员工是管理的主体。

管理是为人服务的。总而言之，尊重人、依靠人、发展人、为了人是人本原理的基本内容和特点。

3. 责任原理

1）明确每个人的职责

挖掘人的潜能的最好办法是明确每个人的职责，具体要注意：①职责的界限要清楚；②职责中要包括横向联系的内容；③职责要落实到人。

2）职位设计和权限委任要合理

一个人对工作是否能做到完全负责取决于以下 3 个因素。①权限。实行任何管理都要借助于一定的权力，没有一定的权力任何人都不可能对工作实行真正的管理。②利益。完全负责意味着要承担风险，任何管理者在承担风险的同时都要对收益进行权衡。这种利益不仅仅是物质利益，还包括精神利益。奖惩要分明、公正而及时。③能力。能力是完全负责的关键因素。

4. 效益原理

效益——管理的永恒主题。任何组织的管理都是为了获得某种效益，效益的高低直接影响组织的生存和发展。

1）效益的概念

效益、效率、效果是既相互联系又相互区别的概念。

效益：有效产出与投入之间的一种比例管理，可从社会和经济两个不同角度去考察，即社会效益和经济效益。经济效益比社会效益直接、明显，可有效度量；社会效益则难以计量，只能借助于其他形式来间接考察。

效率：单位时间内所取得的效果的数量，反映了劳动时间的利用状况，与效益有一定的联系。

效果：由投入经过转换而产出的成果，其中有的是有效益的，有的是无效益的。

2）效益的评价

不同的主体可从不同的角度去评价，所以效益的评价没有一个绝对的标准。不同的评价和标准得出的结论也不同，每种评价都有它的长处和不足，应配合运用，以求获得客观公正的评价结果。

3）效益的追求

管理效益的直接形态是通过经济效益而得到表现的。影响管理效益的因素很多，其中主题管理思想正确与否占有相当重要的地位。追求局部效益必须同追求全局效益协调一致。管理应追求长期稳定的高效益，建立管理活动的效益观。

5. 伦理原理

伦理是指导人与人相处的各种道德准则。在当今世界，一个组织要可持续发展，不仅需要遵守法律，还需要遵守伦理规范或讲究伦理。对于伦理的重视，有助于经济组织取得较高的经济利益。

1)伦理的特性

① 非强制性。伦理靠社会舆论、传统习惯和内心信念起作用,体现了自觉性和内在性。② 非官方性。伦理是约定俗成的,不需要通过行政命令或法定程序来制定。③ 普适性。所有人都受伦理的指导、调节和约束。

2)伦理与法律的关系

伦理和法律在内容上相互渗透。伦理是不成文的法律,法律是最低程度的伦理。伦理和法律在作用上相互补充。伦理可以引导人们遵守法律,而法律可以作为维护伦理的威慑力量。

## 1.2.2 管理的基本方法

管理方法是在管理活动中为实现管理目标、保证管理活动顺利进行所采取的工作方式。管理方法一般分为管理的法律方法、行政方法、经济方法、教育方法和技术方法。

### 1. 管理的法律方法

法律方法是通过各种法律、法令、条例和司法仲裁工作,调整社会经济的总体活动和各企业单位在微观活动中所发生的各种关系,以保证和促进社会经济发展的管理方法。其实质是体现全体人民的意志,并维护他们的根本利益,代表他们对社会经济、政治、文化活动实行强制性的统一的管理。

### 2. 管理的行政方法

1)行政方法及其实质

行政方法是依靠行政组织的权威,运用命令、规定、指示、条例等行政手段按照行政系统和层次,以权威和服从为前提,直接指挥下属工作的管理方法。其实质是通过行政组织的职务和职位来进行管理,特别强调职责、职权、职位而并非个人的能力或特权。

2)行政方法的主要特点和作用

行政方法的主要特点如下。① 权威性。行政方法所依托的基础是管理机关和管理者的权威。② 强制性。行政权力机构和管理者所发出的命令、指示等对管理对象具有程度不同的强制性,行政方法就是通过这种强制性来达到指挥与控制的目的。③ 垂直性。行政方法是通过行政层次来实施的,基本上属于纵向的垂直管理。

行政方法的作用如下。① 有利于组织内部统一目标,统一意志。② 行政方法是实施其他各种管理方法的必要手段。③ 可以强化管理作用,便于发挥管理职能。④ 行政方法便于处理特殊问题。

3)行政方法的正确运用

管理者必须充分认识行政方法的本质是服务。行政方法的管理效果为领导者水平所制约,信息在运用行政过程中是至关重要的。行政方法由于借助了职位的权力,因此对下属有较强的约束力。这种特点使得上级在使用行政方法时忽视了下属的正确意见和合理的要求,不利于充分调动各方面的积极性。

### 3. 管理的经济方法

经济方法是根据客观经济规律,运用各种经济手段,调节不同主体之间的关系,以获得较高的经济效益和社会效益的管理方法。不同的经济手段在不同的领域中发挥的作用不同。

①价格。价格是计量和评价劳动的社会标准，价格体系合理，是社会经济活动能实现良性循环的一个十分重要的条件。②税收。税收是国家取得收入的重要来源，也是国家宏观调控和管理经济的重要手段之一。③信贷。信贷是最灵活、有效的经济杠杆，是银行存款、贷款等信用活动的总称。④利润。在市场经济条件下，利润是反映经济组织经济效益的综合指标。利润把企业的经济利益和员工的经济利益结合起来，促使员工从个人利益的角度去考虑企业的经营及其结果。⑤工资。此经济手段直接涉及组织和劳动者个人的物质利益，正确使用它，对于调动员工的个人积极性有着重要的作用。⑥奖金与罚款。奖金和罚款最重要的是严明，该奖即奖，当罚则罚，只有如此才能成为有效的管理手段。

管理的经济方法的实质是围绕物质利益，运用各种经济手段正确处理好国家、集体与劳动者个人三者之间的经济关系，最大限度地调动各方面的积极性、主动性、创造性和责任感。

4. 管理的教育方法

1）教育方法的实质和任务

教育方法的实质是按照一定的目的、要求对受教育者从多方面施加影响的一种有计划的活动。其任务是不断地提高人的政治思想素质、文化知识素质和专业水平素质。

2）教育的主要内容

教育的目的是提高人的各方面的素质。其主要内容：①人生观及道德教育；②爱国主义和集体主义教育；③民主、法治、纪律教育；④科学文化教育；⑤组织文化建设。

3）教育的方式

应少采用被动的讲授教育，而多采用主动的小组讨论、现场实习和体验实习等。

5. 管理的技术方法

1）技术方法的内容与实质

技术方法是指组织中各个层次的管理者（高层管理者、中层管理者和基层管理者）根据管理活动的需要，自觉运用自己或他人掌握的各类技术，以提高管理效率的管理方法。它包括信息技术、决策技术、计划技术、组织技术、控制技术。其实质是把技术融进管理中，利用技术来辅助管理。

2）技术方法的特点与作用

技术方法的特点如下。①客观性。技术是客观存在的，技术的结果是客观存在的。②规律性。技术是现实世界中普遍存在的客观规律，技术的方法是有规律的。③精确性。只要基础数据是正确的，技术的结果就是精确的。④动态性。在遇到新问题和新情况时要及时更新掌握的技术。

技术方法的作用如下。①信息技术的应用可以提高获取信息的速度和质量。②决策技术的应用可以提高决策的速度和质量。③计划、组织和控制技术的采用可以提高有关职能的执行效率，促进管理过程的良性循环。

3）技术方法的正确运用

技术方法的正确运用要注意以下几点。①技术方法不是万能的，不能解决一切问题。②管理者在解决管理问题时不能只依靠技术方法。③要知道技术的价值所在和局限性，并让技术专家参与进来，发挥长处，弥补不足。

## 本章小结

管理是指在特定的环境条件下，为了达到个人无法实现的预期目标，通过计划、组织、领导、控制和创新工作，对组织所拥有的资源（包括人、财、物、时间、信息等）进行合理配置和有效使用的过程。管理的性质为科学性与艺术性、自然属性和社会属性。许多新的管理理论和管理学实践已一再证明：计划、组织、领导、控制、创新这5种管理职能是一切管理活动最基本的职能。

管理者是指那些在组织中从事管理过程的实现，并且对组织内的员工进行领导、组织、协调和监督其实施的人员，是那些在组织中指挥他人完成具体任务的人。根据亨利·明茨伯格的一项被广为引用的研究，管理者扮演着10种角色，这10种角色可划分为3类，即人际关系类、信息类、决策类。

按管理者所处的组织层次，可将管理者分为高层管理者、中层管理者和基层管理者。按管理者所从事的工作领域，可将管理者分为综合管理者和专业管理者。根据美国管理学专家罗伯特·卡茨的研究，管理者必须具备3种基本技能，即技术技能、人际技能和概念技能。

管理的基本原理有系统原理、人本原理、责任原理、效益原理和伦理原理。管理的基本方法有法律方法、行政方法、经济方法、教育方法和技术方法。

## 习 题

1. 为什么说管理既是一门科学又是一门艺术？
2. 管理通常包括哪些职能活动？它们之间的关系如何？
3. 简述管理的层级与管理者的技能之间的关系。
4. 你和你的伙伴决定在学校里开一家饮料小食店，主要提供各种果汁、汽水、奶茶、零食等，营业时间为8：00—24：00。在饮料小食店的初始投入中，你们每人投资2 000元，同时向银行贷款5万元。除了在餐饮店做过服务生外，你和你的伙伴没有一点餐饮店管理方面的经验。现在，你们面临着如何管理这家饮料小食店及分配各自的管理角色的任务。

请你决定你们各自在饮料小食店中的管理角色。例如，你们分别负责哪些必要的部门和特定的活动？你们的管理层级如何设置？为了成功地经营该饮料小食店，需要建立什么样的竞争优势？你们将采用什么样的标准来衡量自己对饮料小食店的管理是否成功？

5. 在实际工作中如何体现以人为本的管理思想？
6. 请概述管理的基本方法，并分别说明这些方法在管理实践中的作用。

 案例分析

## 汤姆的一天

汤姆是某光学器材公司负责销售的高级副总裁，早晨7:25来到办公室，坐在办公桌后开始考虑他今天应处理的事情。

该光学器材公司年销售额超过4 000万美元。这家公司在美国、加拿大、墨西哥、英格兰等地拥有920家商店。作为负责销售的高级副总裁，汤姆的职责包括决定和评价公司的战略和经营方向，还负责市场调查、广告策划、镜架、隐形眼镜研制及店内展销计划等。

在汤姆今天的日程表中，首先要完成的工作是拟订一份问卷，调查顾客对公司选用的镜架式样的态度。汤姆知道在8:30（即大多数人来上班）之前，能有较长的不受干扰的工作时间，于是他7:45就开始拟订问卷。但当他的秘书玛丽带着工作日程表进来时，他刚想清楚对问题的定义并开始出问卷。他告诉秘书，在下午前有几封信要打出来并寄出去，在他和总裁见面前有关供应商评估工作的总结也要打出来。秘书提醒他主管财务的副总裁今天想和他讨论有关新的太阳镜商店的奖金方面的细节问题。

9:15，他要和研制隐形眼镜的研究小组开会；10:15，他要与筹备秋季展销会的小组开会；12:00，他要和一位预约的广告公司代表共进午餐；15:00，他要和总裁讨论对公司镜架供应商评估工作的进展。

16:00汤姆回到自己的办公室，发现办公桌上有一份报告，汤姆仔细地阅读了报告并考虑了它的应用。他把那个人找来让他更清楚地说明了模型某些方面的特性。他们讨论了模型在实践中将如何运作，可以节约多少费用。那个人16:45离开了汤姆的办公室，汤姆又开始拟订那份问卷了。5分钟后，秘书玛丽走了进来，带来了几封让他签署的信件及人事部主管发的一些个人评估表格。他决定不再想问卷的事，回家再干，在家里他不会受到干扰。接着他就忙着填写工作表现评价表，直到17:45他将文件放进公文包回家。

**案例分析题**

1. 汤姆的一天显示了管理的哪些性质？
2. 用所学的管理职能评价汤姆的活动。
3. 汤姆都扮演了哪些角色？
4. 汤姆是否有效地利用了他的时间？

# 第2章 管理理论的形成及演进

## 学习目的

了解中外早期管理思想，掌握古典管理理论、行为科学理论主要代表人物及其理论，并在理解的基础上能区分各个现代管理学派及其主要理论观点。通过本章的学习，达到明晰管理学自诞生发展至今的脉络的目的。

## 知识要点

| 知识要点 | 要求程度 | 相关知识 |
| --- | --- | --- |
| 中外早期管理思想 | 了解 | (1) 中国早期管理思想<br>(2) 西方早期管理思想 |
| 古典管理理论 | 掌握 | (1) 泰罗科学管理理论的主要内容<br>(2) 法约尔一般管理理论的主要内容<br>(3) 韦伯理想的行政组织体系的主要特点 |
| 行为科学理论 | 掌握 | (1) 霍桑实验<br>(2) 人际关系学说的主要观点<br>(3) 行为科学理论的发展 |
| 现代管理理论及其主要学派 | 理解 | (1) 管理科学学派<br>(2) 经验主义学派<br>(3) 决策理论学派<br>(4) 系统管理理论学派<br>(5) 权变理论学派 |

## 管理者的困境

丹尼是一位太空物理学家，他对实验室主任格林伍德说："管理学作为研究和实践领域科学的问题是它没有科学基础。我觉得，当我在设计一个导弹的制导系统时，我了解在做什么，因为我有太空、推进器和其他可以利用的科学知识，它们会告诉我该怎么做。但是当你问我作为工程和技术队的主管人员，是否能够做好工作时，我就没有把握了，因为没有管理的科学来指导我。在我读到的管理书籍中，我得到的观念是，管理人员必须在一个封闭的系统基础上进行管理，管理人员能够做的最佳事情就是亲切地同他的下属人员商量关于每一件小事，并且制定严格的规章和程序，使下属人员不会做错。""格林伍德，我在考虑这件事情的时候，看不出管理学上有更多的科学。我怀疑，能有什么好的管理学书本、文章和管理学发展教程可以向我们提供多少有用的东西。我们是否需要等待几个世纪，管理科学才能发展到像物理学那样，成为一门精确的科学呢？"

格林伍德曾经参加过许多管理开发研讨班，强调管理知识如何有用，又如何重要。现在他却为丹尼的"直言"大为吃惊，但他认为他的下属人员所说的话确实有理。然而，应该对丹尼的看法做何反应，仍使格林伍德相当困惑。

假如你处于格林伍德的位置，你会有什么样的反应？你有什么建议可促使管理学更加科学？通过本章的学习，也许你能发现本案例的答案。

资料来源：哈罗德·孔茨，等. 管理学. 10 版. 北京：经济科学出版社，1998.

管理学大师彼得·德鲁克曾经说过："管理，从本质上讲，意味着用智慧代替鲁莽，用知识代替习惯与传统，用合作代替强制。"组织是离不开管理活动的。每个时期都不断地产生经典的管理理论、管理方法。这些管理理论和管理方法对我们今天的生活、工作有着十分重要的指导作用。

管理活动源远流长，但形成一套比较完整的理论，则经历了一段漫长的历史发展过程。研究管理思想和理论的发展史，追溯管理理论的形成发展过程，目的是使人们在了解过去的基础上，更好地把握管理理论的发展趋势。

有一个年轻人经过千山万水跋涉来到森林中的寺院，请求寺院里德高望重的住持收他为徒。住持郑重地告诉他："如果你真要拜我为师，追求真道，你必须履行一些义务和责任。""我必须履行哪些义务和责任呢？"年轻人急切地问。"你必须每天从事扫地、煮饭、劈柴、打水、扛东西、洗菜等工作。""我拜你为师是为了习艺正道，而不是来做琐碎的杂工、无聊的粗活。"年轻人一脸不悦地丢下这句话，就悻悻然离开了寺院，当然也就无法修习正道。

"正道"不是高不可攀或莫测高深的理论，它隐藏在日常的工作琐事及生活细节中。同样的，管理的道理，随处可得，只要认真去从事，用心去体验，工作过程中自可深刻体悟管理的奥妙及意义。

## 2.1 中外早期管理思想

### 2.1.1 中国早期管理思想

1. 中国古代管理思想

中国历史悠久,在社会实践中形成的管理思想源远流长。周公(公元前12—前11世纪)姓姬名旦,所编《周礼》一书,为周朝制定了一套官僚组织和制度。书中将周代官员分为天、地、春、夏、秋、冬六官,以天官职位最高,六官分360职,各有职掌,层次分明,职责清楚。春秋时期孙武在所著的《孙子兵法》中,阐述的"为将之道""用人之道""用兵之道",以及在各种极其错综复杂环境中为了取胜所采用的各种战略、策略,堪称是人类智慧的结晶。该书提出军、旅、卒、伍的军队编制,即军为12 500人,旅为500人,卒为100人,伍为5人,层次关系明晰,编制比较完备。管仲主张办一切事情必须统筹谋划,提出"事无备则废""以备待时"的观点。孔子在理财方面主张"崇俭",并在《论语》中指出"节用而爱人,使民以时。"墨子主张"俭节则昌,淫佚则亡"。荀况主张富国与富民并举,提倡"上下俱富",为此必须"节其流,开其源……使天下必有余,而上不忧不足"。在用人方面,中国素有"选贤任能""任人唯贤"的主张及"禅让制度"。中国古代的管理思想极丰富,有不少内容至今仍闪耀着光彩,现代管理学中的一些观点、理论和方法也都可以从古代思想宝库中直接或间接地找到有益的借鉴。中国古代传统的管理思想可概括为顺道、重人、人和、守信、利器、求实、对策、节俭、法制等方面。

2. 中国近代管理思想

中国近代管理思想的主要代表是民族资本主义经济中体现的经济管理思想。1840年鸦片战争爆发后,随着帝国主义列强势力的侵入,旧中国的自然经济逐渐瓦解。在殖民主义势力比较强大、生产力比较发达的一些沿海大城市,逐步建立起资本主义生产关系。在中国民族资本主义工业发展的过程中,形成了一系列经营管理思想,主要表现在以下几个方面。

1)制定严格的规章制度,重视产品质量

当时民族资本企业中的种种规章,归纳起来,主要包括:要求工人听从指挥,服从调遣;要求职工不得玩忽职守;要求职工提高工作效率和服务态度。因为这些较成功的经营管理,出现了一批经营有方、产品质量过硬、知名度很高的企业和产品。例如,汉阳的周恒顺机器厂积极倡导"精工明料",在生产上建立了一套严格的质量管理制度,曾因此而闻名于世。范旭东经营的天津永利碱厂生产的"红三角"牌纯碱因质量优良获万国博览会金质奖章。上海大隆机器厂制造的棉纺机器、五洲肥皂厂生产的"固本"牌肥皂、亚浦耳灯泡厂生产的灯泡等,均因质量优良,在国内外市场上深受用户的欢迎。

2)尽力降低成本,增强商品的竞争力

例如,刘鸿生在他经营的企业中,首先推行了一套完整的成本会计制度,作为加强管理的措施,当时几家商业银行在对章华毛纺厂进行了调查之后表示,"厉行成本会计"是"最有价值"的事,主张"此种严密之算法,各厂急宜仿行"。

3）加强人才培养，合理使用人才

培养人才的主要措施包括：自办职业学校和专科学校，培养技术工人；举办脱产、半脱产的训练班、补习班、夜校等培训职工；选派有发展前途的技术人员、管理人员到英、美、日等国家学习、进修和考察；建立研究机构，出版专业刊物，研究和宣传企业管理等。此外，管理者本人应该是内行专家而且必须知人善任。例如，范旭东坚持"事业的真正基础是人才"，用重金聘用有成就的工程师作为企业管理的骨干，使永利碱厂取得了令人瞩目的成就。

4）注重资金积累并灵活有效地运用资金

采取的主要措施是少发股息，少分红利，增加企业资金。投资联号企业或创办企业，在资金上相互支持。

5）服务热情周到并注重人和

近代成功的企业家大都注重人和。民生航运公司的卢作孚提出了"服务高于一切"的口号，深受客户和货主的欢迎，影响很大。创办申新纱厂的大企业家荣德生治厂以《大学》之明德，《中庸》之明诚对待属下，管人不严，以德服人，使其对工作不生心，存意外，自治有效。他说用人"必先正心诚意，实事求是，庶几有成。若一味唯利是图，小人在位……不自勤俭，奢侈无度，用人不当，则有业等于无业也"。

### 2.1.2 西方早期管理思想

1. 西方古代管理思想

管理思想来源于人类社会的管理实践，是随着生产力的发展而发展起来的。世界上一些文明古国都对早期的管理思想做出了贡献。例如，古埃及人建造金字塔，不仅需要技术方面的知识，更需要大量的组织管理工作。古巴比伦国王汉谟拉比曾经颁布的汉谟拉比法典，全文280多条，其中对人的活动做了许多规定，如百姓应遵守一定的规范、货物贸易应该如何进行、臣民之间的隶属关系等，都涉及许多管理思想。公元前370年，古希腊学者色诺芬对制鞋过程中分工的描述与后来泰罗的思想非常接近，尽管他们所处的时代相差了2 200多年。苏格拉底和亚里士多德等有识之士提出了管理活动的普遍意义，并将管理活动与技术知识及经验区别开来，承认管理是一种独立存在的活动。罗马天主教会组织和管理也独具特色。他们最早采用了职能式的组织形式，并建立了分级管理的权力等级制度，现代管理理论中所推崇的"参谋式管理"也在教会中得到了普遍运用。

2. 西方近代的管理思想

18世纪英国及其他一些资本主义国家出现了产业革命之后，工厂成为资本主义生产的主要方式，近代的管理思想伴随着工厂制度的出现而形成。这一时期，尽管管理思想不够系统、全面，也没有形成专门的管理理论和学派，但由于工厂管理实践的结果，管理思想已得到相应的发展，在西方特别是在欧洲出现了一些早期管理思想家。

1）詹姆斯·斯图亚特

英国重商主义经济学家詹姆斯·斯图亚特在《政治经济学原理研究》一书中提出许多重要的管理思想，如实行刺激工资的思想、研究工作方法、管理人员与工人之间进行分工等。

2）亚当·斯密

英国古典经济学家亚当·斯密在分析劳动生产力的因素时，特别强调了分工的作用。

亚当·斯密在1776年发表的《国富论》一书中，以制针为例说明劳动分工的好处："分工协作，一个工人一天可生产4 800枚针。如果单个人完成制针的所有工序，说不定一天连一枚针也生产不出来"。他的劳动分工理论，对资本主义的经济管理具有重大意义。

3）查尔斯·巴贝奇

英国数学家和机械学家查尔斯·巴贝奇在亚当·斯密劳动分工理论的基础上，对专业化有关问题进行了系统的研究，是产业革命后期对管理思想贡献最大的人物之一。他提出了以专业技能作为工资与奖金的基础，提出了"边际熟练"原则，即对技艺水平、劳动强度定出界限，作为报酬的依据。他还主张实行有益的建议制度，并对有益的建议给予不同的奖励，以此来调动劳动者工作的积极性。

4）罗伯特·欧文

空想社会主义的代表人物之一——英国的罗伯特·欧文最早注意到企业内部人力资源的重要性。他认为重视人的因素和尊重人的地位可以使工厂获取更多的利润。由于欧文率先在人事方面做了许多试验和探索，他被称为"现代人事管理之父"。

以上所介绍的这些有代表性的管理实践、管理思想，虽然都主要反映在某个人、某个组织的单一管理实践和个别论述中，但它们对促进生产、加强早期组织管理和以后的管理理论及学派的形成，都起着积极的影响和作用。

## 2.2 古典管理理论

古典管理理论形成于19世纪末20世纪初。19世纪最后的几十年中，资本主义各国的工业都出现了前所未有的变化，蒸汽机、内燃机的广泛使用，极大地推动了社会生产力的发展。生产规模不断扩大，生产技术更加复杂，生产组织形式——工厂制度日益普及，市场竞争也日渐激烈。

经过产业革命后，科学技术有了较大的发展，许多新发明开始出现，但是管理仍处于师傅带徒弟的阶段，经验和主观臆断盛行，缺乏科学的依据。传统的经验管理越来越不适应管理实践的需要。例如，美国许多工厂的产量都远低于其额定生产能力，能达到60%的都很少。为了适应生产力发展的需要，改善管理的粗放和低水平，当时在美、法、德等国家都产生了科学管理运动。前后四五十年的运动，改变了人们的观念，引起了人们在思想上、观念上的转变，从而形成了各有特点的管理理论。尽管这些管理理论的表现形式各不相同，但其实质都是采用当时所掌握的科学方法和科学手段对管理过程、职能和方法进行探讨和试验。其代表人物有泰罗（研究的是科学管理理论）和法约尔、马克斯·韦伯（他们研究的是管理过程和管理组织理论）等。这一阶段被人们称为科学管理阶段，在理论界，也把科学管理思想称为古典管理理论。

 知识链接

过去人们都称某工厂厂长为"管得宽"，全厂上下无事不管，忙得吃饭、睡觉的时间都没有。可是厂子经营起色不大，群众意见却很大，说厂长不务正业，主观武断，顾此失彼，影响企业发展，要罢他的"管"。后来，该厂长到一所管理学院学习了几个月，明白了一些科学管理的方法。回来后，在工厂实行了

厂长负责制，宣布："从今以后我的权力只管 9 个人，即 3 个副厂长及总会计师、总经济师、总工程师和 3 个直接管辖的科长，这 9 个人由我直接布置工作，他们也直接向我负责，除此以外，其他人找我谈话，一律不接待，请你们各找其主。"结果，该厂长从管理中尝到了分工、分权的好处，工厂当年的效益比以前有了显著提高。

### 2.2.1 泰罗及其科学管理理论

最先突破传统的经验管理桎梏，创立科学管理理论的代表人物是美国的弗雷德里克·泰罗（1856—1915）。泰罗出生在美国宾夕法尼亚州一个十分富裕的律师家庭。他所具有的"迷恋于科学调查、研究和实验……强烈地希望按照事实改进和改革事物"的精神，为他通过大量的调查、研究提出一系列提高工人劳动效率的基本理论和方法，最终成为西方管理学界誉称的"科学管理之父"提供了条件。泰罗 1874 年因眼疾而辍学，成为费城特普里斯水压工厂学徒。1878 年学徒期满后在费城米德瓦尔钢铁厂当了一名普通工人。由于他的勤奋和努力工作，在以后 6 年的时间中就从一名工人升为职员、机工、机工班长、车间工长、总技师和总工程师，并在这期间获得了机械工程的学位。

1. 科学试验

泰罗从 1898 年起，着手进行了一系列著名的科学试验，内容如下。①搬铁块试验。伯利恒钢厂有五座高炉，生产的生铁块由 75 名装卸工负责将其装运到货车车厢，搬运距离为 30 米。由于工作效率不高，每人每天平均只能搬运 12.5 吨。泰罗通过观察分析，并挑选一名叫施米特的工人进行试验。由于改进了操作方法和作息时间，试验获得了成功，使班组每人每天的劳动定额都提高到 47.5 吨，即比原来提高了 3 倍多，工人的工资也由当时每天的 1.15 美元提高到 1.85 美元。②铁锹试验。泰罗对伯利恒钢厂堆料厂工人的铁锹进行了系统研究，并重新进行了设计，使每种铁锹的载荷都能达到 21 磅左右，同时训练工人使用新的操作方法，结果使堆料场的劳动力从 400～600 人减到 140 人，平均每人每天的工作量从 16 吨提高到 59 吨，每吨操作成本从 7.2 美分降至 3.3 美分，每个工人的工资也由每日 1.15 美元增至 1.88 美元。③金属切削试验。泰罗从在米德瓦尔工厂工作开始，先后对金属切削进行了长达 26 年之久的各种试验，试验次数共计 3 万次以上，耗费 80 万磅钢材，耗资 15 万美元。试验发现了能大大提高金属切削加工产量的高速钢，并取得了各种车床适当转速和进刀量的完整资料。

2. 泰罗创立的科学管理理论的主要观点

1）工作定额

泰罗把每一项工作都分成尽可能多的简单的基本动作，把其中多余的动作去掉，同时，选择最适用的工具、机器，然后通过对最熟练工人每一个操作动作的观察，选择出每一个基本动作的最快和最好的方法，把时间记录下来。再加上必要的休息时间和其他延误的时间，得到完成这些操作的标准时间。这就是"合理的日工作量"，它构成了每个工作日的标准定额的基础。标准定额是对工作进行管理的依据。

2）差别计件工资制

泰罗认为，工人"磨洋工"的一个重要原因是报酬制度不合理。计时工资不能体现劳动的数量。计件工资虽能体现劳动的数量，但工人担心劳动效率提高后雇主会降低工资率，从而等同于劳动强度的加大。针对这种情况，泰罗提出了一种新的报酬制度——差别计件工资制。所谓差别计件工资制，是指计件工资率随完成定额的程度而上下浮动。如果工人完成或超额完成定额，则定额内的部分连同超额部分都按比正常单价高25%计酬；如果工人完不成定额，则按比正常单价低20%计酬。泰罗认为，实行差别计件工资制会大大提高工人的积极性，从而大大提高劳动生产率。

3）职能工长制

泰罗主张实行"职能管理"，将各项管理工作细分，根据管理工作的特点与管理者的能力，使每一位管理者只承担一项管理职能。

4）计划职能与执行职能相分离

泰罗认为应把计划职能和执行职能分开，提出管理部门要按科学的规律来制订计划，从事制订计划的人称为管理者，负责执行计划的人称为劳动者。使管理和劳动分离，把管理工作称为计划职能，把工人的劳动称为执行职能。

5）例外原则

所谓例外原则，就是指高级管理人员为了减轻处理纷乱烦琐事务的负担，把处理各项文书、报告等一般日常事务的权力下放给下级管理人员，高级管理人员只保留对例外事项的决策权和监督权。例外原则后来发展成了管理上的分权化和实行事业部的管理体制。

6）合作互利

双方只有不断地提高劳动效率，才有利可图。因此，需要增强责任观念，用相互协作代替对抗与斗争，共同把"蛋糕"做大，每个人才能分到更多。

知识链接

斯特朗和凯恩是焊接工。这两个年轻的生产线工人对他们的主管非常不满，要求撤换没有得以实现，于是决定采取行动。周二清晨6:00，这两名生产线工人翻墙跳进了供电区关闭了一条生产线的电源，导致统一汽车公司的一条生产线停产。他们觉得工会申诉程序的速度不够快，于是决定自己来管。面对戏剧性的抗议举动和一动不动的生产线，其他工人围着供电区，为里面的两个人叫好助威。斯特朗和凯恩喊着"切断动力，获取权力"。在同事的眼中，他们就要变成英雄了。

文菲尔是斯特朗和凯恩的主管，也是他们抗议的对象，他做主管的时间很短。文菲尔在解释抗议的缘由时说，在他接手前，生产线的生产持续低于定额，工厂经理明确地告诉他要提高生产率。文菲尔成为主管后，产量在短时期内有显著的增加。文菲尔的看法是，撤换了他，将会开一个极坏的先例。他说："公司撤换我将会造成这样的后果，那就是工厂的运作管理听凭任何有点意见的员工摆布。"

资料来源：道客巴巴网，http://www.doc88.com

3. 对"泰罗制"的评价

泰罗的科学管理是为了适应工厂制度和资本主义发展的客观需要而发展起来的，因而有其产生、发展的客观必然性。同时，科学管理又对西方资本主义的发展起到巨大的促进作用。科学管理的根本目的是谋求最高工作效率。列宁曾对泰罗制做过科学的评价，他认为：泰罗制"一方面是资产阶级剥削的最巧妙的残酷手段，另一方面是一系列最丰富的科学成就"，应该"研究和传授泰罗制，有系统地试行这种制度"。

客观准确地评价"泰罗制"应包含以下几点。①它冲破了传统落后的经验管理方法，将科学引进了管理领域,创立了一套具体的科学管理方法。②科学的管理方法和科学的操作程序使生产效率成倍提高,推动了生产的发展,适应了资本主义的发展。③由于管理职能与执行职能的分离,企业中开始有一些人专门从事管理工作。④泰罗把人看成会说话的机器,只能按照管理人员的决定、指示、命令执行劳动,在体力技能上受很大的压榨。⑤泰罗制是适应历史发展的需要而产生的,同时也受到历史条件和个人经历的限制,它的科学管理所涉及的问题比较少,管理的内容比较窄,企业的财务、销售、人事等方面的活动都没有涉及。

### 4. 泰罗的追随者对科学管理理论的贡献

对科学管理做出杰出贡献的还有亨利·甘特、吉尔布雷斯夫妇等人。

1) 亨利·甘特

甘特寻求通过科学的调查研究提高工人的效率,他扩展了某些泰罗最初的思想,并加进了自己的理解。例如,甘特发明了一种奖金制度,对那些以少于标准规定的时间完成工作者给予额外奖励。他还引入了一种对领班的奖金制度,只要领班手下的所有工人都完成了定额,不仅工人而且领班本人都可以得到一份额外的奖金,从而使科学管理的应用对象不仅包括操作者而且包括工作的管理者。甘特最著名的发明是创造了甘特图,使管理者能够利用它来进行计划和控制。甘特图在一个坐标轴上表示计划的工作与完成的工作,在另一个坐标轴上表示已经过去的时间,这在当时称得上是一项革命。甘特图使管理当局能够随时看到计划的进展情况和及时采取必要的行动以保证项目按时完成。

2) 吉尔布雷斯夫妇

弗兰克·吉尔布雷斯是泥瓦工出身的工程师和管理学家,莉莲·吉尔布雷斯是心理学家和管理学家,是美国第一位获得心理学博士学位的女性,被人称为"管理学的第一夫人"。吉尔布雷斯夫妇的研究成果主要如下。①提出动作研究和动作经济的原则。②强调进行制度管理。③探讨工作、工人和环境之间的相互影响。④提出管理人员发展计划。吉尔布雷斯夫妇不仅在动作研究、疲劳研究、制度管理等方面做出了杰出的贡献,而且重视企业中人的因素,这对以后行为科学的出现产生了重要的影响。

 知识链接

联合邮包服务公司(UPS)雇用了15万名员工,平均每天将900万个包裹发送到美国各地及180个国家和地区。为了实现他们的宗旨——"在邮运业中办理最快捷的运送"。UPS的管理当局系统地培训他们的员工,使他们以尽可能高的效率从事工作。UPS的工业工程师们对每一位司机的行驶路线进行了时间研究,并对每种送货、暂停和取货活动都设立了标准。这些工程师们记录了红灯、通行、按门铃、穿院子、上楼梯、中间休息喝咖啡的时间,甚至上厕所的时间,将这些数据输入计算机中,从而给出每一位司机每天中工作的详细时间标准。

为了完成每天取送130件包裹的目标,司机们必须严格遵循工程师设定的程序。当接近发送站时,他们松开安全带,按喇叭,关发动机,拉起紧急制动,把变速器推到1挡上,为送货车完毕的起动离开做好准备,这一系列动作严丝合缝。然后,司机从驾驶室下到地面,右臂夹着文件夹,左手拿着包裹,右手拿着车钥匙。他们看一眼包裹上的地址把它记在脑子里,然后以每秒3英尺的速度快步跑到顾客的门前,先敲一下门以免浪费时间找门铃。送完货后,他们在回到卡车上的路途中完成登录工作。

这种刻板的时间表是不是看起来有点烦琐？也许是，它真能带来高效率吗？毫无疑问！生产率专家公认，UPS是世界上效率最高的公司之一。举例来说吧，联邦捷运公司平均每人每天不过取送80件包裹，而UPS却是130件。

资料来源：道客巴巴网，http://www.doc88.com

### 2.2.2 法约尔及其一般管理理论

法约尔和泰罗是同一时代的人，是古典管理理论在法国的最杰出的代表。他长期担任公司的总经理，由于所处地位的关系，他研究的对象和泰罗有所不同。泰罗被称为"车床前的工人"，着重于车间、工场的生产管理研究。而法约尔则被称为"办公桌前的总经理"，着重于企业全面经营的研究。他是第一个概括和阐述一般管理理论的管理学家，被后人称为"管理过程之父"。

**1. 法约尔一般管理理论的主要内容**

1）企业活动的类别

法约尔将企业活动的类别分为如下。①技术活动——生产、制造、加工等。②商业活动——购买、销售、交换等。③财务活动——资金的筹集、运用和控制等。④会计活动——盘点、制作财务报表、成本核算、统计等。⑤安全活动——维护设备和保护职工的安全等。⑥管理活动——计划、组织、指挥、协调和控制。企业内无论是高层领导，还是普通工人，每个人或多或少都要从事这6项活动，只不过是随着职务的高低和企业的大小不同而各有侧重。高层人员工作中管理活动所占比重较大，而在直接的生产工作和事务性活动中管理活动较少。法约尔认为，人的管理能力可以通过教育来获得，所以他很强调管理教育的必要性和可能性。

2）管理工作的五大职能

法约尔首次把管理活动划分为计划、组织、指挥、协调与控制5项职能，揭示了管理的本质，并对这五大职能进行了详细的分析。计划就是探索未来和制订行动方案；组织就是建立企业的物质和社会双重结构；指挥就是使其人员发挥作用；协调就是连接、联合、调和所有的活动及力量；控制就是注意一切是否按已制定的规章和下达的命令进行。

3）管理的一般原则

关于管理的原则，是法约尔最精彩的论述。在叙述管理人员工作应遵循的基本原则时，法约尔列举了14条原则：分工、权力与责任、纪律、统一指挥、统一领导、个人利益服从集体利益、报酬合理、集中化、等级链、秩序、公平、人员的稳定、首创精神、团结精神。针对自己所提出的14条原则，法约尔总结指出：原则是灯塔，它能使人辨明方向，但它又只能为那些知道自己目的地和道路的人所利用。法约尔提出的这些原则，经过历史的检验，总的来说是正确的。它们过去曾经给管理人员以巨大的帮助，现在也仍然被人们推崇。但这些原则是灵活的，要真正用好它们，还需要在实践中积累经验，掌握好尺度。

**2. 对一般管理理论的评价**

1）主要贡献

①法约尔指出管理是协调组织，努力达到组织目的的行为过程。它和法学、医学等一样，有一定的原则可遵循，而这些原则是可以用科学方法来发现的。②他分析了管理过程，明确了各项职能。在泰罗把计划职能与执行职能分离开来的基础上，法约尔把管理划分为5

个要素,实际上也就是管理的5项职能。虽然它们之间的相互关系还缺乏逻辑的明确性,但是却为后来管理理论的研究和提高打下了基础,并指出了一种研究方向。③他提出了实现管理职能必须遵循的原则、准则。实现各项职能绝不是随意进行的,而应该按照科学的原则和指导路线进行。④他提出了管理的重要组织形式。传统的组织形式来源于当时军队的直线制组织结构。泰罗尝试建立职能制的组织结构,但未能广泛采用。法约尔则在军队的直线制组织结构形式的基础上,提出了直线-职能组织结构的基本概念,促进了组织形式的发展。

2)主要局限性

①一般管理理论把人看成"经济人"。工人是"生产工具""活的机器",是一种"机械因素"。这些观点,反映了资本主义生产关系状况。②根据上述基本出发点,在组织结构上,该理论基本倾向于独裁式的管理,强调上下级系统不得破坏,劳动者只能听命于管理人员的训练、安排。③把组织看成一个封闭系统,很少考虑外部环境的影响,没有把外部环境同组织的生存发展、变化联系起来进行研究。一般管理理论认为组织功能的改善和职能的提高,仅依靠组织内部的合理化就可以实现。

可以这样认为,法约尔从科学理论的高度总结和概括了当时人们对管理工作理论和实践的认识,基本上完成了管理理论的构架,明确了管理的基本概念、管理工作的基本内涵和特点,从而为管理科学理论的深入发展奠定了基础。

## 2.2.3 韦伯及其行政组织理论

马克斯·韦伯是德国社会学家,与泰罗、法约尔是同一时代的人,是德国的古典管理理论代表人物之一。他针对当时盛行的依靠传统的自觉(封建制)和裙带关系(世袭制)的不良管理作风和习气,提出了一种依靠权威关系来构建的权力结构理论,并设计出了他称为官僚行政组织的理想组织模式。这是一种体现劳动分工原则,有着明确定义的等级和详细的规章制度,以及非个人关系的组织模式。韦伯也认为,这是一种"理想的官僚行政组织模式",在现实中是不存在的,但它也是一种可供选择的现实社会的重构方式。由于这种组织模式强调规则而不是个人,强调能力而不是裙带关系,因而有利于组织提高工作效率,有利于防范任人唯亲、组织涣散、人浮于事等不良现象。韦伯在管理理论方面的贡献是在《社会组织与经济组织理论》一书中提出了理想的行政组织体系理论,在组织体系和组织原则方面提出了若干新的理论,因此被人们称为"行政组织理论之父"。

1. 理想的行政组织体系的权力基础

韦伯主张建立一种高度结构化的、正式的、非人格化的"理想的行政组织体系",他认为这是对个人进行强制控制的最合理手段,是达到目标、提高劳动生产率的最有效形式,而且在精确性、稳定性、纪律性和可靠性方面优于其他组织。韦伯认为,任何组织都必须以某种形式的权力作为基础,没有某种形式的权力,任何组织都不能达到自己的目标。人类社会存在3种被社会接受的权力:①传统权力,由传统惯例或世袭得来;②超凡权力,来源于别人的崇拜与追随;③法定权力,法律或组织制度所确定的权力。

韦伯认为,只有法定权力才能作为理想的行政组织体系的基础,原因在于以下几点。

(1)管理的连续性使管理活动必须有秩序地进行。

(2)为以"能"为本的择人方式提供了理性基础。

(3）领导者的权力并非无限，应受到约束。

2. 理想的行政组织体系的主要特点

1）明确分工

该体系对每个职位上的组织成员的权力和责任都有明确的规定，并作为正式职责使之合法化。

2）权力体系

官员们按职务的权力等级进行安排，形成一个自上而下的等级严密的指挥体系，每一职务均有明确的职权范围。

3）规范录用

人员的任用完全根据职务的要求，通过正式的考评和教育、训练来实现。每个职位上的人员必须称职，同时，不能随意免职。

4）管理职业化

管理人员有固定的薪金和明文规定的晋升制度，是一种职业管理人员，而不是组织的所有者。

5）公私有别

管理人员在组织中的职务活动应当与私人事务区别开来，公私事务之间应有明确的界限。管理人员没有组织财产的所有权，并且不能滥用职权。

6）遵守规则和纪律

组织中包括管理人员在内所有成员必须严格遵守组织的规则和纪律，以确保统一性。

3. 对理想的行政组织体系理论的评价

韦伯认为高度集中的、正式的、非人格化的理想的行政组织体系是达成组织目标、提高组织绩效的有效形式，适用于一切组织，如教会、国家机构、军队和各种团体。韦伯的这一理论也是对泰罗、法约尔理论的一种重要补充，是古典的管理理论的重要组成部分。

韦伯的理想的行政组织体系是古典组织结构较极端的表现形式，有许多可取之处，但也可能导致3个不良后果。

（1）由于过分强调组织形式的作用，极端不尊重人格，完全忽视了组织成员间不拘形式的相互交往的关系和感情作用，将使人与人之间的关系趋向淡薄。

（2）过分重视成文的法律制度，完全忽视了管理活动应根据环境的变化而灵活地进行。用死板的规章制度处理一切生动的事物，各项决策都受规章制度束缚，必然限制成员的创造性、主动性，并且容易造成上下级之间的敌对情绪，从而难以高效地达到组织的目的。

（3）长期实行只注意形式的高度的组织化，不仅使成员的行为刻板、谨小慎微，组织缺乏弹性、僵化，而且往往会使组织成员颠倒组织目标与法规制度的关系，把尊重规章制度变成目的，而认不清组织的真正目标。

## 2.3 行为科学理论

从20世纪初美国推行科学管理的实践来看，泰罗制在使生产率大幅度提高的同时，也使工人的劳动变得异常紧张、单调和疲劳，因而引起了工人的强烈不满，并导致工人的怠工、罢工及劳资关系日益紧张等事件的出现。此外，随着经济的发展和科学的进步，有着较高文化水平和技术水平的工人逐渐占据了主导地位，体力劳动也逐渐让位于脑力劳动，也使得西方的资产阶级感到单纯用古典管理理论和方法已不能有效控制工人以达到提高生产率和利润的目的。这使得对新的管理思想、管理理论和管理方法的寻求和探索成为必要。

为了改善劳资关系，调和矛盾，维护资本主义社会的发展，西方学者开始专门研究人与人的关系。科学的进步、技术的发展，使资本主义生产规模越来越大，越来越机械化、自动化。这样对生产者水平的要求也越来越高，不但要求体力劳动与脑力劳动紧密结合，而且越来越强调劳动的重要性，越来越强化了人在生产中的地位和作用。这在客观上有力地推动了对"人的因素"的深入研究。以后随着一系列关于社会心理学、工业心理学的著作的相继问世，一些企业管理学家，开始对效率、环境、需要、情绪、动机等进行深入研究和试验。许多管理学家对如何调动人的积极性展开了研究，考虑如何利用有关的各种科学知识来研究人的行为。"行为科学"名称的提出是在1949年。一批哲学家、社会学家、心理学家、生物学家、精神病学家，在美国芝加哥大学讨论、研究有关组织中人类行为的理论，正式将这一学科定名为行为科学。20世纪50年代以后，行为科学才真正发展起来。在芝加哥大学讨论后，福特基金会成立了"行为科学部门"，1952建立了"行为科学高级研究中心"，并拨款给哈佛、斯坦福、密歇根、北卡罗来纳等大学，委托这些学校的专家、学者从事行为科学的研究。1956年在美国出版第一期行为科学杂志。至此，行为科学在美国的管理学界便风行起来，无论在理论方面还是实践方面都有了长足的发展。

行为科学是研究人的行为的一门综合性科学。它研究人的行为产生的原因和影响行为的因素，目的在于激发人的积极性、创造性，达到组织目标。它的研究对象是探讨人的行为表现和发展的规律，以提高对人的行为预测及激发、引导和控制能力。行为科学理论的发展是从人际关系学说开始的，它的产生源于著名的霍桑实验。

### 2.3.1　梅奥及其霍桑试验

乔治·埃尔顿·梅奥（George Elton Myao，1880—1949），原籍澳大利亚，后移居美国。1926年被哈佛大学聘为教授，人际关系理论的创始人，美国艺术与科学院院士，进行了著名的霍桑试验。梅奥是继泰罗和法约尔之后，对近代管理思想和理论的发展做出重大贡献的学者之一。

梅奥在美国西方电器公司霍桑工厂进行的长达9年的实验研究——霍桑试验，真正揭开了作为组织中的人的行为研究的序幕。霍桑试验的初衷是试图通过改善工作条件与环境等外在因素，找到提高劳动生产率的途径。1924—1932年，研究人员先后进行了4个阶段的试验：照明试验、继电器装配工人小组试验、大规模访谈和对接线板接线工作室的研究。但试验结果却出乎意料：无论工作条件（照明度强弱、休息时间长短、工厂温度等）是改善还是取消改善，对试验组和非试验组的产量影响不大；而在历时两年的大规模的访谈试验中，职工由于可以不受拘束地谈自己的想法，发泄心中的闷气，从而态度有所改变，生产率相应得到了提高；在试验计件工资对生产效率的影响时，发现生产小组内有一种默契，大部分工人有意限制自己的产量，否则就会受到小组的冷遇和排斥，奖励性工资并未像传统的管理理论认为的那样使工人最大限度地提高生产效率。

1. 人际关系学说的主要观点

霍桑试验的研究结果否定了传统管理理论对于人的假设,表明了工人不是被动的、孤立的个体,他们的行为不仅仅受工资的刺激,影响生产效率的最重要因素不是待遇和工作条件,而是工作中的人际关系。据此,梅奥提出了以下观点。

1)工人是"社会人"

古典管理理论把人看作"经济人",认为人只是为了追求高工资和良好的物质条件而工作。因此,对工人只能用绝对的、集中的权力来管理。梅奥认为工人是"社会人",人们的行为并不单纯出自追求金钱的动机,还有社会方面、心理方面的需要,即追求人与人之间的友情、安全感、归属感和受人尊敬等,而后者更重要。因此,不能单纯从技术和物质条件着眼,而必须首先从社会心理方面考虑合理的组织与管理。

2)企业中存在"非正式组织"

企业中除了存在古典管理理论所研究的为了实现企业目标而明确规定各成员相互关系和职责范围的正式组织之外,还存在非正式组织。人是社会动物,在组织内共同工作的过程中,人们必然相互之间发生关系,形成非正式团体。在这团体里,又形成了共同的感情,进而构成一个体系,这就是所谓的非正式组织。

梅奥指出,非正式组织与正式组织有重大差别。在正式组织中,以效率逻辑为其行为规范,而在非正式组织中,则以感情逻辑为其行为规范。如果管理人员只是根据效率逻辑来管理,而忽略工人的感情逻辑,必然会引起冲突,影响企业生产率的提高和目标的实现。因此,管理当局必须重视非正式组织的作用,注意在正式组织的效率逻辑与非正式组织的感情逻辑之间保持平衡,以便管理人员与工人之间能够充分协作。非正式组织对组织来说,有利也有弊。它同正式组织相互依存,并对生产率的提高有很大影响。

3)劳动生产率的提高主要取决于工人的个人态度和人际关系

金钱或经济刺激对促进工人提高劳动生产率只起第二位的作用,起重要作用的是工人的情绪和态度,即士气。而士气又同工人的满足度有关。工人满足度越高,士气越高,劳动生产率也就越高。工人的满足度依存于两个因素:①个人态度,即工人由于历史、家庭生活和社会生活所形成的个人态度;②人际关系,即工人相互之间或工人与上级之间的人际关系。

要想通过提高工人的满足度,提高工人的士气,来达到提高生产率的目的,就要转变管理方式,重视人的因素,采用以人为中心的管理方式,改变古典管理理论以物为中心的管理方式。人际关系学说强调社会人的观点,否定了传统的生产效率与工作条件(工资、福利、劳动条件)之间存在的一种单纯的因果关系,建立了由图 2.1 所体现的管理新模式。

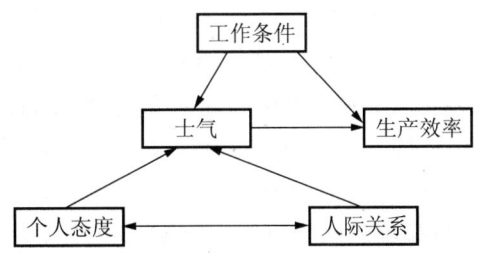

**图 2.1　人际关系学说中行为和效率的关系**

2. 梅奥人际关系学说的评价

1）梅奥人际关系学说的借鉴意义

梅奥的人际关系学说为管理思想的发展开辟了新的领域，也为管理方法的变革指明了方向，对其全盘否定或全盘肯定都是错误的，它至少在以下几个方面具有重要的借鉴意义。①在管理的指导思想上，人际关系学说在相当程度上反映了现代化大生产的共同要求。这集中表现在以人为中心的管理思想，重视群体的作用和把系统理论、权变理论引入管理中来。②人际关系学说反映了大多数人的心理规律，对我们研究调动人的积极性有一定的借鉴意义。③人际关系学说提供的管理措施和研究方法具有更广泛的参考价值。

2）学者对人际关系学说的批评

人际关系理论出现不久，有些学者就对其展开批评，其论点主要如下。①人际关系理论偏重于非正式组织的研究。非正式组织未必经常对每个人的行为产生有规律的影响，而且构成社会的基本单位不是非正式组织，而是为实现一定目的的正式组织。②人际关系理论过于强调非合理性的感情逻辑。由于该理论认为在企业的人与人关系方面起作用的是非合理性的感情逻辑，所以在经营实践中开展以人与人关系为中心的经营活动时，个人决策的合理性往往被企业中非合理的人与人关系所歪曲，结果造成利润率的下降。③人际关系理论对"经济人"假设过分否定。过分否定经济报酬、工作条件、作业标准的影响。例如，凯里认为，关于工资不是生产效率的变量的主张是完全错误的。西蒙也说："不把经济刺激放在重要位置的人的模式，对于大多数人来说，是不完全的模式。"④人际关系理论过于强调士气对生产效率的影响。其认为，生产效率是否能提高是由工人的士气决定的，工人的士气高低是工人满意度的函数，满足度越高的车间，生产效率就越高。他们认为这种说法不准确。有人提出，感到满足的员工无法激发出为提高生产效率而采取行动的动机。

由此可见，人际关系学说具有两重性：一方面，它有符合客观规律的科学性，是当代一系列科学成果在管理中的应用；另一方面，尽管受到不少的批评，但它毕竟是第一次以长期的科学试验所取得的成果为基础形成的科学理论，为管理理论的研究打开了一个新的局面，把心理学、社会学的理论应用于管理，为开创新的管理理论奠定了基础。

## 2.3.2 行为科学

在梅奥人际关系学说的基础上，行为科学理论在20世纪30—60年代期间得到了迅速发展。这一时期最具有代表性的一些理论，直到今天依然影响巨大。

马斯洛是美国人本主义心理学家和行为科学家，他在1954年发表的《动机和人》著作中，提出了人的需要层次理论。在马斯洛看来，人是"有需要的动物"，人的需要是分层次的。麦格雷戈1937年起在美国麻省理工学院任教，他对当时流行的传统管理观点和对人的本性的看法提出了疑问，在他所著的《企业的人性方面》一书中，提出了有名的"X理论－Y理论"的人性假定。赫茨伯格在1959年与别人合著出版的《工作激励因素》和1966年出版的《工作与人性》两本著作中，提出了激励因素和保健因素，简称双因素理论。维克托·弗鲁姆是著名的心理学家和行为科学家，他曾在美国宾夕法尼亚大学和卡耐基－梅隆大学任教，并长期担任耶鲁大学讲座教授兼心理学教授。弗鲁姆深入研究组织中个人的激励和动机，率先提出了形态比较完备的期望理论模式，并在1964年发表的《工作和激励》一书中，提出了期望激励模式。以后又经过其他人的发展补充，成为当前行为科学家比较广泛接受的激励模式。行为科学发展迅速，其研究涉及众多领域，内容丰富，在管理科学领域可谓独树一帜。

## 2.4 现代管理理论及其主要学派

西方现代管理理论是随着社会生产力的发展及社会学、系统科学、电子计算机技术在管理领域中日益广泛的应用而逐渐形成的。它的形成标志着西方管理理论进入了第三个发展阶段。人们通常所说的西方现代管理理论不是一种管理理论，而是对各种不同管理学派理论的统称。

这一时期管理领域非常活跃，出现了一系列的管理学派。这些学派，在历史渊源和理论内容上互相影响和联系，形成了盘根错节、互相争荣的局面，被形象地称为"管理理论的丛林"。

### 2.4.1 管理科学学派

管理科学学派也被称为管理数理学派或管理计量学派。这一学派的主要代表人物是美国的伯法等人。他们认为管理就是用数学模型及其符号来表示计划、组织、控制、决策等合乎逻辑的程序，求出最优解，以达到企业目标。该理论诞生于第二次世界大战期间，主张采用科学方法与研究工人作业的数学模型相结合的方式来提高工人的效率。

### 2.4.2 经验主义学派

经验主义学派又被称为经理主义学派，其代表人物是美国管理学家彼得·德鲁克和欧内斯特·戴尔。这一学派的中心是强调管理的艺术性。该学派通过案例研究，向一些大企业的经理提供在相同情况下管理的经验和方法。他们的基本观点是，否认管理理论的普遍价值，主张从实例研究、比较研究中导出通用规范，由经验研究来分析管理。他们特别重视关于某个公司组织结构、管理职能和程序等方面的研究。例如，在经验主义学派的重要代表人物戴尔（E. Dele）的代表性著作《伟大的组织者》中，他一方面坚决反对为组织和管理制定任何有关的普遍原则；另一方面用比较的方法剖析了美国杜邦公司、通用汽车公司、国民钢铁公司和威斯汀豪斯电气公司中的"伟大的组织者"（如皮埃尔、杜邦、艾尔弗雷斯、斯隆等人）的成功经验，并以此作为科学或经验进行介绍。

### 2.4.3 决策理论学派

决策理论学派的主要代表人物是美国经济学家和社会学家赫伯特·西蒙与詹姆士·马奇。该理论认为，管理的关键是决策，决策贯穿管理的全过程，企业管理的主要研究对象不是作业，而是决策。决策发生错误，生产效率越高越没有好处，因而企业管理的首要工作是决策。

### 2.4.4 系统管理理论学派

系统管理理论学派的代表人物有美国的约翰逊（R. Jonson）、卡斯特（F. Kast）、罗森茨韦克（J. Rosezweing）等。系统管理理论学派认为，一个组织是由相互依存的众多因素，包括个人、群体、态度、动机、组织结构、使命、目标、职权等组成的，管理者的任务就是协调组织中的各个部分、各个因素去完成组织的使命，实现组织的目标。系统管理理论学派在20世纪60年代最鼎盛，后来出现过于追求数量化的倾向，而遭到人们的批评，并有所削弱。

### 2.4.5 权变理论学派

权变理论学派是在20世纪70年代才形成、发展起来的一种较新的管理理论。权变，通俗地讲，就是权宜应变。该理论认为，在企业管理中，由于企业内外部环境复杂多变，因此管理者必须根据企业环境的变化而随机应变，没有什么一成不变、普遍适用的最佳管理理论和方法。要求管理者根据组织的实际情况来选择最好的管理方式。

## 本 章 小 结

组织离不开管理活动。每个时期都不断地产生经典的管理理论、管理方法。这些管理理论和管理方法对我们今天的生活、工作有着十分重要的指导作用。管理活动源远流长，但形成一套比较完整的理论，则经历了一段漫长的历史发展过程。研究管理思想和理论的发展史，追溯管理理论的形成发展过程，目的是使人们在了解过去的基础上，更好地把握管理理论的发展趋势。

中国古代传统的管理思想可概括为顺道、重人、人和、守信、利器、求实、对策、节俭、法制等方面。中国近代管理思想的主要代表是民族资本主义经济中体现的经济管理思想。世界上一些文明古国都对早期的管理思想做出了贡献。早期的管理思想对促进生产、加强早期组织管理和以后的管理理论及学派的形成，都起着积极的影响和作用。

管理理论产生于19世纪末到20世纪初，其间在美国出现了以泰罗为首的科学管理运动倡导者，形成了划时代的"科学管理理论"；法国出现了以法约尔为代表的"一般管理理论"；德国出现了以韦伯为代表的理想的行政组织体系理论。20世纪30年代之后，以梅奥的"人际关系学说"为起点，逐步形成行为科学。第二次世界大战后，管理理论蓬勃发展，形成现代众多管理理论学派，主要有管理科学学派、经验主义学派、决策理论学派、系统管理理论学派、权变理论学派。

## 习 题

1. 泰罗创立的科学管理理论的主要观点有哪些？如何评价科学管理理论？
2. 法约尔一般管理理论的主要内容是什么？
3. 韦伯理想的行政组织体系的主要特点有哪些？
4. 人际关系学说的主要内容是什么？如何对它进行评价？
5. 简述现代各主要管理学派的主要观点。
6. 在一个管理经验交流会上，有两个厂的厂长分别论述了他们各自对如何进行有效管理的看法。A厂长认为，企业首要的资产是员工，只有员工们都把企业当成自己的家，都把个人的命运与企业的命运紧密联系在一起，才能充分发挥他们的智慧和力量为企业服务。在 A 厂长厂里，员工们都普遍地把企业当作自己的家，全心全意地为企业服务，工厂日益兴旺发达。B 厂长则认为，只有实行严格的管理才能保证实现企业目标所必须开展的各项活动的顺利进行。在 B 厂长厂里，员工们都非常注意遵守规章制度，努力工作以完成任务，工厂发展迅速。请问：这两个厂长谁的观点正确？为什么？

## 管理理论之争

海伦、汉克、乔治、萨利 4 个人都是美国西南金属制品公司的管理人员。海伦和乔治负责产品销售，汉克和萨利负责生产。他们刚参加过在大学举办的为期两天的管理培训班学习。在培训班里主要学习了权变理论、社会系统理论和一些有关员工激励方面的内容。他们对所学的理论有不同的看法，展开了争论。

乔治首先说："我认为社会系统学派的理论对于像我们这样的公司是很有用的。例如，如果生产工人偷工减料或做手脚的话，就会影响到我们的产品销售。社会系统理论中讲的环境影响与我们公司的情况很相似。我的意思是，在目前这种经济环境中一个公司会受到环境的极大影响。在油价暴涨时期，我们还能控制自己的公司。现在呢？我们要想在销售方面每前进一步，都要经过艰苦的战斗。这方面的艰苦，你们大概都深有体会吧。"

萨利插话说："你的意思我已经知道了。我们的确有过艰苦的时期，但是我不认为这与社会系统理论之间有什么必然的内在联系。我们曾在这种经济系统中受到过伤害。当然，你可以认为这是与社会系统理论是一致的。但是我并不认为我们就有采用社会系统理论的必要。我的意思是，如果每个东西都是一个系统，而所有的系统都能对某一个系统产生影响的话，我们又怎么能预见这些影响所带来的后果呢？所以，我认为权变理论更适用于我们。如果你说事物都是相互依存的话，社会系统理论又能帮我们什么忙呢？"

海伦对他们这样的讨论表示有不同的看法。她说："对社会系统理论我还没有很好地考虑。但是，我认为权变学派的理论对我们是很有用的。虽然我们以前也经常采用权变理论，但是我却没有认识到自己是在运用权变理论。例如，我有一些家庭主妇顾客，听到她们经常讨论关于孩子和如何度过周末之类的问题，从她们的谈话中我就知道她们要采购什么东西了。顾客也不希望我们'逼'他们去买他们不需要的东西。我认为，如果我们花上一两个小时与他们自由交谈的话，那肯定会扩大我们的销售量。但是，我也碰到过一些截然不同的顾客，他们一定要我向他们推荐产品，要我替他们在购货中做主。这些人也经常到我这里来走走，但不是闲谈，而是做生意。因此，你们可以看到，我每天都在运用权变理论来对付不同的顾客。为了适应形势，我经常都在改变销售方式和风格，许多销售人员都是这样做的。"

汉克显得有些激动地插话说："我不懂这些被大肆宣传的理论是什么东西。教授们都把自己的理论吹得天花乱坠，他们的理论听起来很好，但是这些理论却无助于我们的管理实际。对于培训班讲的激励要素问题我也不同意。我认为泰罗在很久以前就对激励问题有了正确的论述。要激励工人，就是要根据他们所做的工作付给他们报酬。如果工人什么也没有做，那就用不着付任何报酬。你们和我一样清楚，人们只是为钱工作，钱就是最好的激励。"

资料来源：赵有生. 现代企业管理. 3 版. 北京：清华大学出版社，2009.

**案例分析题**

1. 你同意哪一个人的意见?他们的观点有什么不同?
2. 如果你是海伦,你如何使汉克信服权变理论?
3. 你认为汉克关于激励问题的看法怎样?他的观点属于哪一种管理理论的观点?

# 第 3 章 管理道德与社会责任

## 学习目的

通过本章的学习,理解道德和管理道德的定义,以及管理道德在理论上的争议;了解影响管理者道德行为的因素;掌握改善管理者道德行为的方法;理解企业社会责任的内涵、两种关于企业社会责任的观点,以及企业社会责任的具体体现;理解企业社会责任与经济效益之间的关系。

## 知识要点

| 知识要点 | 要求程度 | 相关知识 |
| --- | --- | --- |
| 管理道德的定义 | 理解 | (1) 道德的定义<br>(2) 管理道德的定义<br>(3) 管理道德在理论上的争议 |
| 管理者道德行为的影响因素 | 了解 | (1) 组织的环境因素<br>(2) 个人因素<br>(3) 道德问题本身的强度 |
| 改善管理者道德行为的方法 | 掌握 | 改善管理者道德行为的7种途径 |
| 企业社会责任的定义 | 理解 | (1) 企业社会责任的产生<br>(2) 企业社会责任的内涵<br>(3) 企业社会责任的两种观点<br>(4) 企业社会责任的具体体现 |
| 企业社会责任与经济效益 | 理解 | (1) 企业社会责任与利润最大化<br>(2) 企业社会责任对经济效益的影响机理<br>(3) 企业社会责任与企业的可持续发展 |

### 强生公司和道-康宁公司的道德规范

1982年,著名的药物和医疗产品生产商强生公司(Johnson & Johnson)的管理者经历了一场前所未有的危机。当时芝加哥地区的一些人由于服用了含有氰化物的Tylenol胶囊后相继死去。这条骇人听闻的消息迫使强生公司的上层领导人不得不立即做出下一步该如何走的决定。鉴于在芝加哥地区以外出售的该胶囊受到氰化物污染可能性不大的事实,美国联邦调查局建议他们不要采取任何行动。另外,如果将市场上正在出售的该药全部撤回,会使该公司蒙受一笔不小的损失。但是,强生公司的管理人员却另有想法。他们立即下令停止向美国本土市场继续供应该胶囊,并将已出售的Tylenol胶囊统统收回。这一举动最终让强生公司蒙受了1.5亿美元的损失。

1992年,作为开发硅胶乳房植入片先驱的美国另一家大型制药公司道-康宁公司(Dow Corning)也收到了令人不安的消息。美国各地越来越多的医生的诊断报告显示,那些植入硅胶乳房的女性在植入片破裂后患有不同程度的易疲劳症、关节炎甚至癌症。道-康宁公司的管理者虽然一再声称,他们坚信目前所得到的证据并不能证明植入片中液体的泄漏一定会引起上述症状,但是几个月后,道-康宁公司的执行主席宣布该公司将不再制造硅胶乳房植入片,并且关闭了生产植入片的工厂。

乍一看,两家公司的共同目标似乎都是为了保护消费者的利益,为消费者负责。但事实上并非如此。就在道-康宁公司停止制造硅胶乳房植入片不久,又爆出另一条新闻。早在1976年,道-康宁公司的一名工程师就已经对硅胶乳房植入片的安全性问题提出过质疑。1977年,这位工程师又向公司的高层管理人员递交了一份总结了4位医生临床研究结果的备忘录。这几位医生的检查报告表明,在400个植入过程中有52次植入片发生了破裂。在法庭的要求下,道-康宁公司最终不得不向公众公布这份备忘录。同期公布的还有上百页的内部文件。上百名女性向法庭提出起诉,控告道-康宁公司知情不报,蓄意出售有质量缺陷的产品。基于道-康宁公司故意误导公众,并向那些受到植入片并发症困扰的女性提供错误信息,法庭向道-康宁公司提出控告。

道-康宁公司错误地认为公司的利益大于消费者的利益,而强生公司管理人员的看法则正好相反。结果是道-康宁公司的这一本末倒置的道德观最终使公司蒙受了5亿美元的损失,并且直至1998年才算彻底解决产品赔偿的问题。强生公司做出将Tylenol胶囊如数收回的决定后,几个月之内又恢复了在止痛药片市场上的主导地位,并由于其与日俱增的对社会负责的良好信誉而扩大了其所占市场份额。

资料来源:改编自加雷斯·琼斯,珍妮弗·乔治.当代管理学.郑风田,赵淑芳,译.北京:人民邮电出版社,2005.

## 3.1 管理道德

### 3.1.1 管理道德的定义

**1. 道德与管理道德**

道德通常是指人们判断一件事情对与错的道德原则或信条。这些信条指导着人们如何与其他个人或团体(利益相关者)交往和相处,并向人们提供了一个判断自己行为是否正确或恰当的基础标准。管理道德是管理者的行为准则与规范的总和,是在社会一般道德原则基础上建立起来的特殊的职业道德规范体系,是通过规范管理者的行为去实现调整管理关系的目的,并在管理关系和谐、稳定的前提下进一步实现管理系统的优化,提高管理效益。

 知识链接

利益相关者概念最初是由安索夫在其《公司战略》一书中提及的，1984年弗里曼的《战略管理——利益相关者方式》出版后，"利益相关者""利益相关者理论"等术语才得以广泛使用。广义的观点认为利益相关者是那些能够影响企业实现目标或被企业实现目标所影响的个人或群体。按照这个定义，股东、管理层、员工、消费者、供应商、债权人、政府、社区和环境等都可以称为企业的利益相关者。

几百年来，哲学家们一直在为一个问题争论不休——究竟什么才是判断某一决定是否道德规范的标准？表3-1中总结了管理道德观的主要观点，即道德的功利观、道德的权利观、道德的公正观和社会契约整合理论（即道德的综合观），亦即管理者确定某一决定是否道德的4种模式，即功利模式、权利模式、公正模式和社会契约模式（综合模式）。

表3-1 道德的4种管理模式

| 模式 | 含义 | 管理启示 | 面临问题 |
|---|---|---|---|
| 功利模式 | 能够给大多数人带来最大益处的道德的决定 | 管理者应当在考虑到采取某一行动可能对不同的利益集团带来损益的基础上，对该行为进行分析。他们应采用可以使利益相关者获益最大的行动。例如，管理者应该在可以使利益相关者获益最大的地方修建新工厂 | 管理者该如何决定某一集团的利益比另一集团的利益更重要呢？管理者该怎样精确地估量某一行为给不同利益集团带来的利弊呢？例如，管理者该如何在股东、员工和顾客之间做出选择 |
| 权利模式 | 能够最好地保证和保护受影响的人们基本权益的道德的决定 | 管理者应当在考虑到采取某一行动可能对利益相关者带来正面或负面的基础上对备选行为进行比较和对照。他们应当采用最能保护利益相关者权利的行为。例如，那些可能对雇员或顾客的健康与安全造成实质性伤害的决定是不道德的 | 如果一项决定可能只保护一部分利益相关者而损害到另一部分的权利，管理者该选择保护哪一部分人的权利呢？例如，在决定刺探某一雇员隐私的行为是否道德时，究竟是保护雇员的隐私权重要，还是保护公司的财产和其他雇员的安全更重要 |
| 公正模式 | 能够在不同的利益相关者之间公平合理地分配利益与损害的道德的决定 | 管理者在考虑到采取某一行为可能导致的分配公平程度的基础上对备选行为进行比较和对照。例如，工作技能、表现和职能相似的雇员得到相同的报酬。报酬的分配不应武断地建立在性别、种族和宗教信仰等差异的基础上 | 管理者不能仅仅凭借人们在外表或行为上的明显差别而对他们有所歧视。管理者还必须学会使用公平和手段决定组织成员间的利益分配。例如，管理者不能因为特别喜欢某些人就多涨他们的薪水，不喜欢某些人就少涨他们的薪水，甚至通过通融迁就来帮助他们的心腹 |
| 社会契约模式（综合模式） | 能够按照企业所在地区政府和员工都能接受的社会契约的道德的决定 | 管理者在决策时应当综合考虑实证（是什么）和规范（应该是什么）两方面的因素，要求管理者考虑各行业和各企业中的现有道德准则，以决定什么是对的，什么是错的 | 管理者如果仅凭所在地区政府和员工都能接受的社会契约来判断其管理行为是否符合道德，则会发现其管理行为并非合理。因为契约有很强的情景特征，在很多场合是利益博弈的结果，与合理性无关 |

从管理者的角度来说，一个道德的决定就是那些理智的、具有代表性的利益相关者接受的决定，因为这一决定对他们、对企业甚至对社会都是有益无害的。相反，不道德的决定就是那些管理人员宁可掩盖或伪装也不愿让人知道的决定，因为这一决定只能让某一特定的人或企业在损害他人或社会的基础上获益。

**知识链接**

近些年来，由于越来越多的美国公司从雇用童工的外国供应商那里购买低成本的原料。雇用童工是否道德的问题已引起人们越来越多的关注。非洲、亚洲和南美洲等一些穷国的孩子，6岁就开始在极其恶劣的工厂环境中长时间工作，他们做的地毯等产品大都出口到西方一些国家。在工厂里雇用童工究竟是不是道德呢？美国的公司是不是应该购买和销售这些孩子们制造的产品呢？

事实上，人们在雇用童工是否道德的问题上看法大相径庭。例如，克林顿政府第一任劳工部部长、经济学家罗伯特·赖克认为，雇用童工的做法应当受到严厉谴责，并建议在全球范围内禁止这种行为。然而，《经济学家》杂志却持不同意见。该杂志撰文写道，尽管人们都不愿意看到雇用童工的现象，但富国的人们必须承认，穷国的孩子往往是家庭的经济来源。因此，若不雇用童工将会给很多家庭带来麻烦，也就是说一个错误（雇用童工）很可能会导致另一个更大的错误（贫穷）。于是该杂志建议改善童工工作环境，并希望将来穷国逐渐富裕起来以后，雇用童工的现象会慢慢消失。

实践中，有些公司在雇用童工的问题上立场鲜明，明文规定他们的外国供应商不得雇用童工，并称如果发现有供应商违反这一规定，他们将会断绝与这些供应商的业务。比如，美国沃尔玛连锁百货公司非常强调供应商的环境和人文道德管理，表示将坚决淘汰那些雇用童工的供应商。事实上，相当多的跨国公司都把这一条件视为不可违反的"天条"，一旦发现，坚决淘汰。

资料来源：道客巴巴网，http://www.doc88.com

2. 管理道德的理论争议

管理道德的理论争议，集中体现在企业这种微观组织中，企业管理道德由此成为理论争议的焦点。企业管理道德是企业各个利益相关者之间进行协商从而达成一致的范围，是指履行公司应承担的所有合法期望。企业道德不可能将其与它赖以产生的社会历史时代分离，具体至市场经济的发展条件，企业道德则表现为平等待人、诚实不欺、信守承诺及由此建立起来的广泛而普遍的人际信任关系。然而，关于企业道德这个概念的提出是否合理存在理论争议，主要表现在以下两个层面。

第一层面的争论：能否把道德引入企业组织层面。

一种观点认为，企业是"法人"，是权利和义务的主体，为此赋予了企业"人格"特征。企业组织是由权利主体，即单个的自然人组成，所以它能够像自然人一样主张权利，企业的行为不得不被认为是一种自主的行为，是公司自我管理和自我组织的产物，是能够进行道德褒贬的适宜对象。另一种观点认为，道德清白的丧失是个体成为道德领域成员的一个前提，只有成熟的行动者才是道德领域的成员。由于在丧失道德清白能力上的区别，自然人能够成为成熟行动者而公司则不能，因此企业不是道德领域的成员。由此该观点认为除了承担守约、缴税外，企业是法律实体但是不存在道德主张。

目前主流观点认为，个体行动者和企业都承担着组织框架内的道德责任，并要有效区分组织中个人的道德责任与组织本身的伦理责任，其责任大小程度的确定依据具体的案例不同而有所差别。

第二层面的争论：道德能否成为企业的内在追求。

一种观点以马克斯·韦伯为代表。马克斯·韦伯在其代表作《资本主义精神与新教徒伦理》中追溯了企业的道德传统及这些传统的消亡，得出道德意义在某一时期被赋予了企业活动，主张道德能够成为企业的内在追求。另一种观点以弗里德曼和哈耶克为代表，认为企业是天生求利的经济组织，"企业唯一的社会责任就是增加利润，即在不违背游戏规则的情况下，使用其资源，并致力于设计完备的、能够增加公司利润的活动"，如果组织资源用于"社会利益"是在增加企业的经营成本，则这些成本要么会转嫁给消费者，要么会传递给股东。

目前有关这一方面的理论争议比较大，但主流观点更认可道德成为企业的内在追求，企业理应承担与单个自然人同样的社会和伦理责任。

### 3.1.2 管理者道德行为的影响因素

一个管理者的行为合乎道德与否，是管理者道德发展阶段与个人特征、组织结构设计、组织文化和道德问题强度这些变量之间复杂的相互作用的结果。缺乏强烈道德感的人，如果被那些反对非道德行为的规则、政策、职务说明或强文化准则约束，做错事的可能性就会小很多。相反，非常有道德的人，可以被一个组织的结构和允许或鼓励非道德行为的文化所腐蚀。

管理者的行为是否道德往往取决于3方面的因素，即组织的环境因素、管理者个人因素与道德问题本身的强度。

1. 组织的环境因素

对管理者道德行为产生影响的组织的环境因素包括社会道德、职业道德与组织特征。其中，社会道德和职业道德属于组织的外部环境因素，组织特征则属于组织的内部环境因素。

1）社会道德

社会道德就是在处理诸如公平、正义、贫穷和人权问题时指导人们如何行事的标准。社会道德不仅取决于一个社会的法律、风俗、实践，而且取决于那些影响人们交往的不成文的价值观和准则。不同的社会，社会道德不相同；同一社会的不同时期，社会道德也不相同。一定的社会和时期，大多数人的世界观和价值观会从外部影响和改变个人的管理道德观。

2012年6月，在比利时首都布鲁塞尔，一群志愿者装扮成兔子在欧盟委员会大楼前游行，抗议化妆品实验中使用动物进行实验，呼吁欧盟尽快规范行业规则，禁止企业继续使用残忍且不必要的动物实验来致使无数动物被虐致死。志愿者向欧盟卫生与消费者事务委员约翰·达利递交了一份有350 000名志愿者联名签字的请愿书，要求欧盟立即禁止动物化妆品实验。化妆品因为直接接触皮肤，所以在安全性上面要求甚高，无论是国家标准还是国际标准，均要求化妆品能够尽量减小刺激性提高安全系数。在测试化妆品的安全性上面，动物成为生产制造商们首先牺牲的实验对象。

在常规化妆品实验中，有一个叫作"Draize眼睛刺激性测试"的测试环节，用于测试化妆品对眼睛的刺激程度。该实验中兔子因为天生没有泪水，不会减弱产品的刺激性，所以被选定为最佳实验对象。实验者将兔子的下眼睑翻开直接将测试产品滴入兔子眼中，然后强行闭上兔子的眼睛等待产品刺激性产生。在这个实验中,有时候因为产品刺激太大,有些兔子在挣扎的过程中骨折死亡,而那些幸免于难的兔子的眼睛会感染、化脓甚至失明。而在实验结束之后,这些曾经被虐待的兔子只有一个结局,那就是被杀死。

在整个化妆品实验环节,使用动物实验的还有很多。比如,皮肤刺激性测试,会将动物的毛发剃掉,然后直接将产品成分涂抹在上面,而无论结果如何,这些实验动物最终也都会被杀死。

使用动物进行实验在目前的化妆品研发过程中可以说是不必要的,因为随着高新科技的发展,目前已经有相当多的实验对象替代物可以取代动物。但是在化妆品生产行业,使用动物进行实验已经是一种行业习惯性现象,很多企业拒绝使用新的实验对象来取代动物。因此志愿者们才会通过游行活动和联名请求来呼吁欧盟禁止使用动物进行实验。

资料来源:环球化妆品网,http://www.hzpzs.net

2)职业道德

职业道德是指人们在职业生活中应遵循的基本道德,即一般社会道德在职业生活中的具体体现,是职业品德、职业纪律、专业胜任能力及职业责任等的总称,属于自律范围。它通过公约、守则等对职业生活中的某些方面加以规范。职业道德既是本行业人员在职业活动中的行为规范,又是行业对社会所负的道德责任和义务。管理道德作为一种特殊的职业道德,是从事管理工作的管理者的行为准则与规范的总和,是对管理者提出的道德要求。

3)组织特征

组织特征对管理者道德行为的影响主要体现在组织的结构和组织文化两方面。

组织的结构设计会对管理者的道德行为产生影响。好的组织结构有助于管理者道德行为的产生。有些结构提供了强有力的指导,而另一些结构却只是给管理者制造困惑。结构设计如果能够使模糊性和不确定性最小,并不断提醒管理者什么是道德,就更有可能促进道德行为。比如,正式的规章制度可以降低模糊程度,职务说明书和明文规定的道德准则为管理者提供了正式的指导。其他影响道德的组织机制包括目标的使用、绩效评估系统和报酬分配程序。

虽然很多组织运用工作目标来指导和激励员工,但是研究表明目标的使用会带来意想不到的问题,特别是当它与不道德行为有关联时。人们如果没有达到设定目标,他们就很有可能从事不道德行为,甚至在没有利益驱动的情况下,他们也会这么做。研究者们得出结论:设定目标会导致不道德行为。这种行为的例子很多。例如,有些公司仅仅为了达到销售目标或营业利润以实现财务分析师的预期而装运未完工的产品,有些学校为了有更高的考试通过率而在上报统考分数时删除了一部分学生。

组织的绩效评估系统同样能够影响道德行为。有些绩效评估系统仅集中于成果,但也有一些评估系统既评价结果,又评价手段。如果仅以成果评价管理者,他们就可能迫于压力而不择手段地追求成果指标。研究表明,追求成功可能会成为不道德行为的理由。考虑一下这种想法的影响。其危险在于,如果管理者对成功员工的不道德行为采取更宽容的态度,那么其他员工将会向这些员工看齐。

与评价系统密切相关的是报酬分配方式。奖赏或惩罚越是依赖于具体的目标成果,管理者实现那些目标并在道德标准上妥协的压力就越大。虽然这些结构因素对员工有着重要影响,但是它们并不是最重要的。什么才是最重要的呢?研究不断声明,上级的行为对个人在道德或不道德行为的抉择上具有最强有力的影响。人们注视着管理当局在做什么,并以此作为什么是可接受的和期望的行为的标准。

组织文化的内容和强度也会影响道德行为。最有可能形成高道德标准的组织文化，是一种高风险承受力、高度控制并对冲突高度宽容的文化。处于这种文化中的管理者，具有进取心和创新精神，意识到不道德行为会被揭露，并且对他们认为不现实或不理想的期望进行自由、公开的挑战。与弱组织文化相比，强组织文化对管理者的影响更大。如果组织文化的力量很强并支持高道德标准，它会对管理者在道德和非道德行为之间的决策产生非常强烈和积极的影响。例如，波音公司有一种长期强调与顾客、雇员、社区和股东建立合乎道德的商业往来关系的强文化。为了灌输道德的重要性，该公司设计了一系列启发思想的海报。设计这些海报是为了让员工认识到他们个人的决策和行动对公司的形象具有举足轻重的意义。而在弱文化组织中，管理者更有可能以亚文化准则作为行为的指南。工作小组和部门标准会对弱文化组织中的道德行为产生重要影响。

2. 管理者个人因素

进入组织的每一个人都有一套相对稳定的价值观。我们的价值观，是个人早年从父母、老师、朋友或其他人那里发展起来的，是关于什么是正确的、什么是错误的基本信条。故同一组织中的管理者常常有着明显不同的个人价值观。虽然价值观和道德发展阶段可能看起来相似，但它们是不一样的。价值观的范围广，覆盖的问题领域宽；而道德发展阶段是专门衡量在外界影响下的独立性的一个尺度。

研究发现，有两种个性变量影响着人们的行为，这些行为的依据是个人的是非观念。这两种个性变量是自我强度和控制点。自我强度是衡量个人自信心强度的一种个性尺度。自我强度得分高的人往往能够克制不道德行为的冲动，并遵循自己的信条。换言之，自我强度高的人更可能做他们认为是正确的事。我们可以预料自我强度高的管理者比自我强度低的管理者将在其道德判断和道德行为之间表现出更强的一致性。

控制点是衡量人们相信自己掌握自己命运程度的个性特征。内控的人认为他们控制着自己的命运；而外控的人则认为他们一生中会发生什么事全凭运气或机遇。这将如何影响一个人采取道德或非道德行为的决策呢？外控的人不大可能对他们行为的后果负个人责任，他们更可能依赖外部力量。相反，内控的人更可能对其行为后果承担责任，并依据自己内在的是非标准来指导自己的行为。内控的员工将比那些外控的员工在道德判断和道德行为之间表现出更强的一致性。

3. 道德问题本身的强度

一个从未想过闯入老师的办公室偷看一份会计学考试试卷的学生，也不会去向上学期参加了同一位老师的同一会计学课程考试的朋友打听上学期的考题是什么。同样，一个管理者如果认为拿一些办公用品回家不算什么的话，则很可能会被牵连进贪污公司公款的事件中。

这些例子描述了影响管理者道德行为的最后一个因素：道德问题的强度。与决定问题强度有关的6个特征是危害的严重性、对不道德的舆论、危害的可能性、后果的直接性、与受害者的接近程度及影响的集中性。这些因素决定了道德问题对个人的重要程度。根据这些原则，受到伤害的人越多，认为该行为是不可取的舆论越强，该行为将要造成危害的可能性越大，人们越是能够直接地感到行为后果，观察者感觉与受害者越接近，该行为对受害者的影响越集中，问题强度就越大。当一个道德问题很重要时，也就是说，问题的强度比较大时，我们就更有理由期望管理者采取道德的行为。

### 3.1.3 改善管理者道德行为的方法

如果把管理道德理解为管理者的道德和管理组织的道德两方面，那么管理道德行为的改善就必须从这两方面进行。两者之中，管理者的道德行为的改善当然具有前提性的意义。从内容上说，管理道德行为的改善又可以分为减少不道德行为和提高行为道德层次两个方面，对这两方面的改善可以从以下几个方面进行。

1. 挑选高道德素质的员工

每个人由于所处的道德发展阶段、生存环境、所接受的教育等不同，从而具有不同的个性特征，形成不同的价值观念和道德准则。这些不同的价值观念和道德准则可能会带到工作中，因此组织在员工，特别是管理人员的招聘过程中，必须进行道德考察，剔除道德上不符合要求的求职者和候选人。

2. 建立恰当的道德准则

道德准则是表明组织的基本价值观和组织期望员工遵守的道德规则的正式文件。道德准则不能太笼统，既要相当具体以便让员工明白以什么样的精神来从事工作、以什么样的态度来对待工作，规定的内容也要相当宽泛，允许员工在不违反原则前提下有个人的见解和行动自由。因此，建立道德准则是减少道德问题、改善道德行为的一项有效的办法。大多数道德准则包括 3 个方面的内容：①做一个可靠的组织公民；②不做损害组织的不合法或不恰当的事情；③为顾客着想。

3. 树立典型，加强引导和教育

在管理道德建设过程中，树立典型、发挥榜样示范的作用是很重要的。典型引导是激励人们自觉规范道德行为的有效途径。

首先，注重发挥高层管理人员管理道德的表率作用。高层管理人员是组织的精英，其模范、表率行为对其他管理者管理道德的形成具有更直接的效果。其次，树立典型人物，做好舆论导向，发挥引导作用。大力宣传典型，把道德规范人格化，有利于使管理者以典型人物为榜样，学习典型人物的人格，激发自身去追求典型人物所拥有的优秀的理想人格，并且以这种理想人格为标准塑造自己，促进管理者管理道德水平的形成和提高。同时，高层管理人员还可以通过奖惩机制来影响员工的道德行为。选择什么人和什么事作为提薪和晋升的对象及原因，会向员工传递强有力的信息。管理人员在发现错误行为时，不仅要严惩当事人，而且要把实施及时公布于众，让组织中所有人都认清后果。最后，对员工进行适当的道德教育。采取各种方式（如开设研修班、组织专题讨论会）来提高员工的道德素质。有关研究表明：①向员工讲授解决道德问题的方案，可以显著改变其道德行为；②道德教育提升了个人的道德发展阶段；③道德教育增强了有关人员对商业道德问题的认识。

4. 建立合理的工作目标

目标是行动预期要实现的结果，工作目标集中体现管理者对员工工作的要求。员工应该有明确的和现实的目标。但如果目标对员工的要求不切实际，即使目标是明确的，也会产生道德问题。例如，员工可能会通过降低预定目标，夸大最终成绩，谋取不正当利益；过高的目标会把员工压得透不过气，即使是素质较高的员工也会迷惑，很难在道德和目标之间做出选择，有时为了达到目标甚至不得不牺牲道德。

5. 综合评价绩效

绩效评价全面与否，对道德建设有重要影响。如果仅以经济成果来衡量绩效，无视工作中的道德影响，人们为了取得成果就会不择手段，从而产生不道德行为。如果组织想让其管理者坚持高的道德标准，则在绩效评价过程中就必须把道德方面的要求包括进去。

6. 进行独立的社会审计与监察

进行独立的社会审计与社会监察，是改善管理道德的重要手段。道德教育不能保证每个人都按道德准则办事，现实中总有一些道德水准差的管理者难抵利益的诱惑，利用手中的权力弄虚作假，牟取个人或小集团的利益。独立的社会审计与监察，是制止和预防这些不良行为产生的有效手段。根据组织的道德准则对管理者进行独立审计，可发现组织的不道德行为；惧于社会审计的威慑力，可以降低不道德行为发生的可能性。这种措施抓住了人们害怕被抓住的心理，被抓住的可能性越大，产生不道德行为的可能性就越小。审计可以是例行的，类似财务审计一样；或者是抽查性质的，并不预先通知。一个有效的道德评价计划应同时包括这两种形式。为了保证客观性和公正性，审计员应该对组织的董事会负责，并把执行结果直接呈交董事会。

知识链接

安达信会计师事务所，曾经是全球"五大"会计师事务所之一，却在2002年因"安然事件"被迫退出审计业务。这源于安然公司做假账事件。美国安然公司自1985年成立以来，其财务报表一直由安达信审计。2001年，由于一连串的投资失误，安然公司的利润下降很多。为了稳定股价和达到华尔街对其的盈利预期，安然开始通过关联交易做手脚。然而这种通过关联交易隐瞒债务、虚增利润的会计作弊行为得到了安达信的默认。原来，安然公司做假账的行为之所以能够顺利通过审计机构的检查，就是因为担任审计的安达信同时在负责安然公司的管理咨询。事后美国国会的6个调查组，以及司法部、联邦调查局和SEC等部门对安然公司和安达信发起的规模空前的刑事调查所掌握的初步证据，足以表明安达信在安然事件中难辞其咎。因此，独立性是社会审计的灵魂，离开了独立性，审计质量只能是一种奢谈。

资料来源：MBA智库百科网，http://www.mbalib.com

7. 提供正式的保护机制

正式的保护机制可以使那些面临道德困境的员工在不用担心受到斥责或报复的情况下自主行事。例如，组织可以任命道德顾问，当员工面临道德困境时，可以从道德顾问那里得到指导。道德顾问首先要成为那些遇到道德问题的人的诉说对象，倾听他们陈述道德问题、产生这一问题的原因及自己的解决办法，在各种解决方法变得清晰之后，道德顾问应该积极引导员工选择正确的方法。另外，组织也可以建立专门的渠道，使员工可以放心地向上一级政府部门或纪律监察委员会进行信访或上访。

## 3.2 企业社会责任

道德与社会责任作为管理学中的两个重要范畴，近年来引起了人们强烈的关注。随着道德沦丧和违背社会责任事件的屡屡发生，在组织中加强道德建设的重要性得到了广泛的认同。企业在遵守法律、追求利润的同时，需要深入理解社会责任，以社会责任为载体提升企业的管理竞争力。

 知识链接

2011年11月25日，由中国公共关系网和中国国际公共关系协会官方网站共同主办的"2011企业社会责任与公共关系高峰论坛暨第七届中国公关经纪人年会"在北京召开。"2011最具公众影响力企业社会责任事件颁奖礼"也同时举行。在此次年会上，富士胶片2011沙漠绿化行动获评"2011'最具公众影响力'企业社会责任事件"之一。

"沙漠绿化行动"由富士胶片株式会社工会委员会最早提出。其初衷是让每个工会的会员体会到自己身为社会的一员，能够为社会的进步做出应有的贡献，是自身幸福感的重要来源之一。基于此，富士胶片株式会社工会委员会于1997年，暨工会成立50周年之际，设立了"Green Smile基金"，并于第二年——1998年，成立了"绿色协力队"，让员工参与到以保护地球环境为目的的绿化活动中来。1998年，第一届富士胶片绿化沙漠行动在中国内蒙古通辽市正式发起，合作方为日本知名NGO——绿色网络。富士胶片总部从1998年开始，每年都会组织一批日本的员工志愿者到当地植树，参与防风治沙。

2011沙漠绿化行动除了富士胶片中日双方的员工参与以外，还通过线上报名选拔及线下选拔两种形式，向全国招募公众志愿者，在短短一个月时间内，官方"绿富士在行动"微博就吸引了近两万名粉丝，覆盖全国各个省市自治区及部分海外用户，微博账户也率先被认证并升级为企业微博。

富士胶片（中国）副总裁徐瑞馥表示，富士胶片在创业之初的胶片生产过程中，需要使用大量的洁净的水与空气，所有的事业活动都接受了自然环境的恩惠，所以十分重视环境保护，这也成为企业的DNA被传承了下来。自2002年4月制定了富士胶片集团绿色政策以来，集团全体都以实现产品、服务、企业活动的高度"环境质量"为目标推进着各项活动，并不断推进与环保相关的社会公益活动，努力成为"优秀的负责任的企业公民"。

资料来源：人民网-IT频道，http://it.people.com.cn

### 3.2.1 企业社会责任的定义

1. 企业社会责任的产生

企业社会责任概念的提出和理论的发展主要是基于20世纪后半期西方经济发展与许多社会问题联系在了一起，使得企业与社会的关系发生了很大变化，这些变化促使企业的经营理念和治理策略也发生了深刻的变化。

伴随着经济的发展而出现的环境问题和社会问题使我们不得不对现代企业的行为做重新彻底的思考：现代企业作为现代社会的重要经济组织，作为市场经济的重要主体，其行为对社会经济秩序、伦理道德和精神风貌都产生着巨大影响，因此企业在通过利用社会资源，生产社会所需的产品，或提供社会需要的劳务而获利时，也必须意识到其行为给社会带来的影响——企业的行为要体现出一种对全人类的道德关切，企业要为其行为承担相应的社会责任。当今的管理者在管理实践中经常会遇到如下问题。

（1）是否向被解雇工人发送遣散费以让他们维持生计，直到他们找到另一份工作。

（2）是否向工人提供进修的机会，使他们能够继续保持竞争力而不至于因为不懂高科技被时代淘汰。

（3）是否为工人安排必要的假期，并使其享受医疗保险和退休金的待遇。

（4）是否向企业所在地的慈善机构捐赠财物，或支持当地的公益事业。
（5）是否当工厂的关闭会破坏当地经济时决定继续开办工厂。
（6）是否为不污染环境投资改进工厂设备。

上述问题均与社会责任有关，而对这些问题的回答则体现了管理者社会责任感程度上的差异。我们可以根据企业管理者对这些问题的回答来判断该企业是否在对利益相关者负责，是否在对社会负责。

2. 企业社会责任的内涵

目前，关于企业社会责任有多种定义。不同学者从不同视角对企业社会责任问题的研究，使得要找寻一个普遍接受的概念框架并非易事，原因之一正如 Pinkston 和 Carroll 所指出的那样，与企业社会责任相关的信念和态度随着时代和社会发展在不断波动与演化。例如，1953年，豪伍德·博文认为，企业"有义务按照我们社会的目标和价值观的要求，制定政策、做出决定，以及采取行动"。1960年，戴维斯首先提出了企业社会责任的概念，他认为社会责任是指商业"至少是部分地超出了企业的经济和技术利益，为了某种理由而做出的决定和采取的行动"。阿齐·卡罗尔认为"企业的社会责任不仅包括经济责任和社会责任，还包括道德责任和慈善责任"。McWilliams 和 Siegel（2001）在对企业责任的功能需求进行评估的基础上，认为社会责任是企业为超越法律对企业要求的某种利益而做出的更深程度的行动。Perreault 和 McCarthy（2002）则认为企业社会责任是企业的一种义务，通过履行这种职责企业可以利用社会责任的积极效应而减弱其消极效应。Van Marrewijk（2003）则将企业社会责任界定为公司的一种自愿性活动，以此来显示企业把社会问题纳入了内部运营流程与利益相关者的互动过程之中。Poter 和 Kramer（2006）认为企业应该采取战略性社会责任替代回应性社会责任来减少有害社会的价值链活动对竞争优势的影响，从而更加有机地整合企业与社会的共同发展。

综合学者们的观点，我们将企业社会责任（Corporate Social Responsibility，CSR）概括为企业在创造利润、对股东承担法律责任的同时，还要承担对员工、消费者、供应商、社区和政府等企业利益相关者的责任，保护其权益，以获得在经济、社会、环境等多个领域的可持续发展能力。企业的社会责任要求企业必须超越把利润作为唯一目标的传统理念，强调要在生产过程中对人的价值的关注，强调对消费者、对环境、对社会的贡献。一般认为，如果一个企业不仅承担了法律上和经济上的义务（法律上的义务是指企业要遵守有关法律，经济上的义务是指企业要追求经济利益），还承担了"追求对社会有利的长期目标"的义务，那么该企业是有社会责任感的。

3. 企业社会责任的两种观点

对于企业要不要承担社会责任及承担多大范围的社会责任，20世纪70年代争论比较激烈，主要有下面两种较代表性的观点。

1）古典观

古典观代表了传统的企业理论观点，认为企业管理者只是受股东委托，唯股东利益是从。古典观认为企业是股东的企业，股东唯一关心的是利润，如果企业因为社会行为（如慈善捐款）而降低了对股东的经济回报，就等于在向股东"征税"。因此，企业的社会责任就是为股东赚取尽可能多的利润。古典观的代表性人物是经济学家和诺贝尔经济学奖获得者米尔顿·弗里德曼。他认为"企业唯一的社会责任就是在游戏规则内使得利润最大化"。支持古典观的学者认为,企业承担除利润之外的社会责任会降低企业利润和经济效益、加剧竞争者之间的不平等成本、加剧将隐性成本转换给利益相关者、要求企业有社交技巧而多数企业并不擅长、将责任置于商业(利益)层面而不是个人(利益)层面。

2)社会经济观

与古典观对应的是社会经济观。社会经济观认为除了对股东的经济责任外,企业还要承担更多的社会责任。其代表人物包括安德鲁斯、罗宾斯、格里芬等一大批经济与管理学家。他们指出,时代发生了变化,社会对企业的期望也发生了变化。安德鲁斯认为:"利润最大化是公司的第二位目标,而不是第一位目标,企业的第一位目标是保证自身的生存。"卡罗尔1979年将企业社会责任定义为4个方面的责任:经济责任、法律责任、伦理责任和慈善责任,并且认为这4个方面的责任可以用一个金字塔结构来说明。类似地,贝特曼也将企业的社会责任归纳为4个层面,如图3.1所示。支持社会经济观的学者认为,企业承担社会责任可以平衡企业权力与责任、阻止那些政府法规所不允许的行为、促进企业长期效益、关心利益相关者变化的需求、解决由企业引起的社会问题。

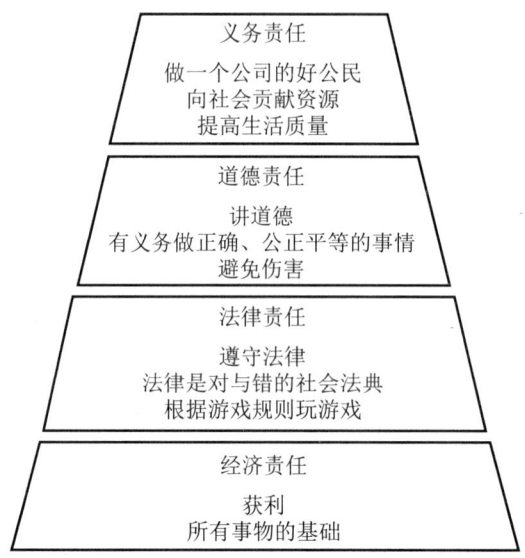

图 3.1　企业社会责任金字塔

20世纪80年代末,弗里德曼修正了其以前的观点并指出,只要企业承担社会责任能够给企业带来直接的经济利益,或企业履行社会责任源自股东的指示,则企业利润最大化可以与社会责任和谐共存。他还确信,企业的社会性行为可以使企业获得金钱难以产生的广告效应。所以,企业履行社会责任,是一种长期的自利行为。

事实上,到20世纪90年代,企业界和理论界关于企业社会责任的争论基本达成共识,认为企业应该承担社会责任。

4. 企业社会责任的具体体现

按照卡罗尔和贝特曼的观点,社会责任可以具体分为4类:经济责任、法律责任、道德责任和义务责任。经济责任是指能使投资者满意并维持企业运行的价格,按社会需求生产物品和提供服务。经济责任是企业所应承担的最基本的社会责任。经济责任要求企业能够盈利。企业为了生存和发展就必须要盈利，只有盈利才能让企业不断地发展壮大，这是企业存在的宗旨，也是企业承担其他社会责任的基础。法律责任是指至少是服从相关的国内法律和相关的国际法。法律责任也是企业应该承担的基本社会责任。法律责任要求企业必须遵守相关的法律法规。在一个法治社会里，企业的发展必须通过合法经营获取利润，也只有在这个前提下，企业的发展对广大社会成员才是有益的。道德责任包括满足社会的其他期望，并没有写在法律里。因此道德责任是社会责任的一个方面。义务责任是指企业按规定的价值观和社会的希望而采取的额外行动，如支持社会项目和慈善事业。按照利益相关者的观点，企业的社会责任具体表现为以下几个方面。

1）企业对环境的责任

企业既受环境的影响又影响着环境。从自身的生存和发展来看，企业有承担保护环境的责任。企业对环境的责任主要如下。①企业要在保护环境方面发挥主导作用，特别要在推动环保技术的应用方面发挥示范作用。②企业要以"绿色产品"为研究和开发的主要对象。企业研制并生产绿化产品既能体现企业的社会责任，又能推动"绿色市场"的发育，提高消费者在消费中的环保意识，并为企业带来合理的利润。③企业要治理环境。污染环境的企业要采取切实有效的措施来治理环境，"谁污染环境谁治理"，不能推诿，更不能采取转嫁生态危机的不道德行为。

 知识链接

通用电气（GE）公司以独特的方式庆祝进入中国市场100周年：GE公司董事长兼首席执行官杰夫·伊梅尔特在人民大会堂启动"绿色创想"计划，并与中国国家发展和改革委员会签署了一份环保技术合作谅解备忘录，双方约定加强在环境可持续发展方面的合作。

青藏线——目前中国最热门的旅游线路，每天，由16气缸、4 000马力的柴油发动机牵引的列车满载着观光的人们往来于雪域高原。不少人知道为青藏铁路特制的机车出自通用电气公司，但他们不知道的是，这些在通用电气传统柴油机车基础上改进的设备因为污染排放量减少近28%，使得这片神圣净土的污染程度得以延缓。

资料来源：中国工业新闻网，http://www.cinn.cn

2）企业对员工的责任

员工是企业重要的资源，企业必须担负起对员工进行保护的责任。企业对员工的责任主要如下。①不歧视员工。②定期或不定期培训员工。③营造一个良好的工作环境。④善待员工的其他举措，如推行民主管理、提高员工的物质待遇、对工作表现好的员工予以奖励等。

3）企业对顾客的责任

"顾客是上帝"，顾客是企业服务的对象。企业对顾客的责任如下。①提供安全的产品。安全的权利是顾客的一项基本权利。②提供正确的产品信息。企业要想赢得顾客的信赖，在提供产品信息方面不能弄虚作假，欺骗顾客。③提供售后服务。企业要重视售后服务，要把售后服务看作对顾客的承诺和责任，要建立与顾客沟通的有效渠道，如设立意见箱、热线电话等，及时解决顾客在使用本企业产品时遇到的问题和困难。④提供必要的指导。在使用产品前或过程中，企业要尽可能为顾客提供培训或指导，帮助他们正确使用本企业的产品。⑤赋予顾客自主选择的权利。在市场经济下，顾客拥有自主选择产品的权利。企业不能限制

竞争，以防止垄断或限制的出现给顾客带来的不利影响。

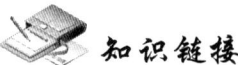

2008年陕、甘、宁、江苏等地出现多个婴儿患肾结石病例，疑为食用问题奶粉所致。9月11日，卫生部（现国家卫生和计划生育委员会）证实，经调查，高度怀疑三鹿集团旗下的三鹿牌婴幼儿配方奶粉受到三聚氰胺污染；同日，三鹿集团承认奶粉受污染。卫生部专家指出，三聚氰胺是一种化工原料，可导致人体泌尿系统产生结石。截至9月15日，全国医疗机构共接诊、筛查食用三鹿牌婴幼儿配方奶粉的婴幼儿近万名，临床诊断患儿1 253名（其中2名已死亡）。

资料来源：道客巴巴网，http://www.doc88.com

4）企业对竞争对手的责任

在市场经济下，竞争是一种有序竞争。企业不能压制竞争，也不能搞恶性竞争。企业要处理好与竞争对手的关系，在竞争中合作，在合作中竞争。有社会责任的企业不会为了暂时之利，通过不正当手段挤垮对手。

苹果公司的史蒂夫·乔布斯从一个大信封里拿出来一部笔记本电脑。这是苹果最新发布的铝外壳超轻超薄笔记本电脑MacBook Air。乔布斯称这款电脑是"全球最薄的"笔记本电脑。苹果公司做了一个广告，广告内容是用一个普通的快递公司的信封，像EMS那样大，把苹果的超薄笔记本电脑MacBook Air装进去，然后快递到客户手中，意思是说，这个电脑如何好、轻、小，等等。联想集团看到了这个广告，也设计了一个广告，内容先引用前面的动作，后来当外接USB集成器和外接光驱接上时，信封就装不下了；这时候广告出现了另外一个镜头，同样的信封，却装下了联想的ThinkPad X300超便携笔记本。这个广告告诉人们，苹果的超薄笔记本电脑MacBook Air没有光驱，需要外接；USB口也很少，无网卡，等等。

资料来源：北青网，http://ynet.com

5）企业对投资者的责任

企业首先要为投资者带来有吸引力的投资报酬。那种只想从投资者手中获取资金，却不愿或无力给投资者以合理报酬的企业是对投资者极不负责的企业，这种企业注定被投资者抛弃。此外，企业还要将其财务状况及时、准确地报告给投资者。企业错报或假报财务状况，是对投资者的欺骗。

6）企业对社区的责任

企业不仅要为所在社区提供就业机会和创造财富，还要尽可能为所在社区做出贡献。有社会责任的企业意识到通过适当的方式把利润中的一部分回报给所在社区是其应尽的义务。它们会积极寻求途径参与各种社会行动，如支持各种公益性的活动，形成社会影响力。这样，不仅回报了社区和社会，还为企业树立了良好的公众形象。

### 3.2.2 企业社会责任与经济效益

1. 企业社会责任与利润最大化

社会责任与经济效益的关系是企业最关心的问题。如果企业承担社会责任能够给企业带来经济效益，有利于企业的发展，企业将自觉地承担社会责任；如果企业承担社会责任不能给企业带来经济效益，不利于企业的发展，承担社会责任将给企业带来一种压力。

"古典观"和"社会经济观"在对待企业社会责任的观点上之所以相反，根本原因在于两者在研究企业社会责任时选择的时期、分析框架和方法论的不同导致不同的研究结果。"古典观"在分析企业社会责任与经济效益之间的关系时，是通过分析企业财务年度报告内容进行的，得出的结论是企业短期财务绩效与社会责任之间存在冲突；而"社会经济观"研究的是企业长期发展过程中企业社会责任与经济绩效之间的关系，得出的结论是两者之间存在正向的相关关系。

2. 企业社会责任对经济效益的影响机理

1) 企业对股东承担社会责任对企业经济效益的影响（图 3.2）

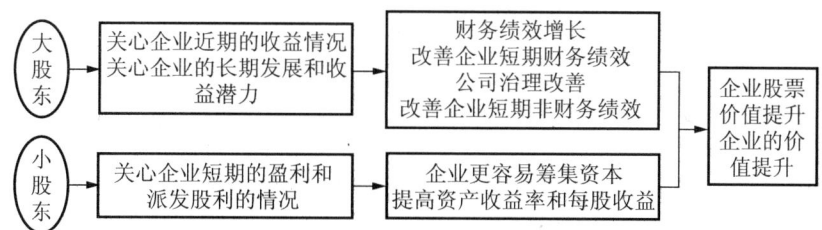

**图 3.2　股东社会责任对企业经济效益的影响机理**

企业股东按其对企业的影响不同，可分为两种。一种是持股达到一定比例，可以参与企业的重大经营决策，有表决权。这类股东不仅关心企业近期的收益情况，而且关心企业的长期发展和收益潜力。另一种是持股比例较小，基本上对企业的经营决策没有发言权。这类股东主要关心企业短期的盈利和派发股利的情况。

2) 企业对员工承担社会责任对企业经济效益的影响

工业社会已逐步发展到知识社会，人的因素越来越重要，人力资源已经成为企业不断发展的核心竞争力。只有那些真正以人为本，对员工负责任的企业，才能吸引并留住优秀的人才，增强员工的凝聚力，使其将个人目标自觉地统一到企业目标的大方向上去，从企业的整体利益出发最大化自身的价值，为企业创造效益。具体影响路径：①员工素质提高—生产效率提高—企业生产成本的降低—企业销售收入的提高—企业利润提升，对企业的短期绩效产生正面影响；②员工满意—客户满意—企业声誉提高—对企业长期经济效益产生正面影响。

3) 企业对消费者承担社会责任对企业经济效益的影响

随着消费者在买卖过程中地位的日益提升，消费者的数量及消费者的忠诚度往往决定着企业的成败得失。企业对消费者的责任主要体现在为消费者提供安全的产品、提供正确的产品信息、提供良好的售后服务、提供必要的指导及赋予顾客自主选择的权利。对消费者利益的关注能大大提升企业声誉和品牌价值，进而对企业的经济效益产生影响。

总的来讲，企业社会责任对企业经济效益的影响在于它向企业的利益相关者传递了一种积极的信号，对利益相关者的行为起着引导作用，使其朝着有利于企业的方向发展。无论是消费者还是供应商，都更愿意与能提供高质量的产品和服务、知名度更高、积极承担社会责任的企业打交道。这样的企业往往以其安全舒适的工作环境、完善的培训体系和社会保障体系吸引着更多优秀的员工。同时，其他组织在与这样具有社会责任感的企业交往时，更易采取合作的态度而不是抵触的态度，这无形之中可以降低诸如谈判费用和诉讼费用等交易费用。

相关研究结果表明，企业社会责任水平和企业经济效益之间呈现如图3.3所示的关系。企业的收入（曲线 $I$）和企业社会责任水平呈同方向变动，即企业社会责任的提高会带来企业收入的提高，并且，随着企业社会责任水平不断的提高，企业收入增加的速度会加快。而企业的费用（曲线 $C$）和企业社会责任水平最初呈现出同方向变动的关系，但随着社会责任水平的提高，成本和交易费用的减少会大于为此增加的投入，企业的费用不断降低，呈现出逐渐递减的趋势。因此，企业积极承担社会责任在最初的一段时期内会降低企业经济效益（曲线 $R$），但随着企业社会责任水平的不断提高，企业经济效益会呈现逐渐递增的趋势，企业社会责任和经济效益目标是一致的，企业积极地承担社会责任有利于企业长期的发展。

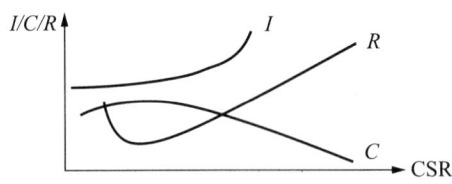

**图3.3　企业社会责任水平与企业经济效益**

2010年9月5日，有着"中国首善"之称的江苏黄埔再生资源利用有限公司董事长陈光标发出一封致比尔·盖茨和巴菲特的公开信，信中指出："在我离开这个世界的时候，将不是捐出一半财富，而是向慈善机构捐出自己的全部财产。"紧接着，9月9日上午，爱国者总裁冯军通过微博发出捐赠声明："感谢生我养我的母亲和祖国，我冯军自愿在我活着的时候，就将我个人的全部财产逐步捐献给社会，用于公益和慈善事业，当我离开这个世界的时候，身上铺着最爱的中国的五星红旗，我就心满意足了！"这两位表示要捐赠全部财产的企业家，被众多网友称为"裸捐哥"，但没过多久，"拒捐哥"开始出现。

娃哈哈集团董事长宗庆后表示，自己不会捐出全部财产，他认为，应该将自己的财富用于社会，创造更多的就业机会，这才是根本之道。宗庆后指出，做慈善履行社会责任，第一，企业要为社会创造财富，为国家创造就业机会，创造税收。到银行贷款做慈善，这不是回馈社会，反而是危害社会。第二，要对自己的员工负责，我想娃哈哈这些年是救急不救穷，我们主要是赞助教育事业。第三，我们是通过扶贫，帮助他有造血功能，通过勤劳致富，这样才能带动地方经济的发展，彻底解决问题，有些事也不是送几个钱就能够解决贫困问题。我想我们还会继续这样做下去，至于裸捐，我觉得财富掌握在会创造财富的人的手中会创造更大的机会，如果裸捐了就没了创造财富的资本，这不是起好的作用，而是起不好的作用。

事实上，捐还是不捐，虽然是一个问题，但并非本质问题。如何让更多的企业家树立优秀的责任观，并以富有创意的方式履行社会责任，才是全社会应该关注的问题。

资料来源：道客巴巴网，http://www.doc88.com

3. 企业社会责任与企业的可持续发展

企业承担社会责任是企业可持续发展的重要途径，符合社会整体对企业的合理期望，不仅不会分散企业的精力，而且能够提高企业的竞争力和声誉。全球500强企业在承担社会责任方面对我国的企业具有相当的借鉴意义，很多跨国公司都是勇于承担企业社会责任的典范。

企业勇于承担社会责任有利于推动企业文化建设，树立良好的社会形象，增强市场竞争力，给企业带来新的发展机遇，并且使企业、政府、社会之间形成良性互动，企业承担社会责任带给企业的影响是持续的和长期的（图3.4）。

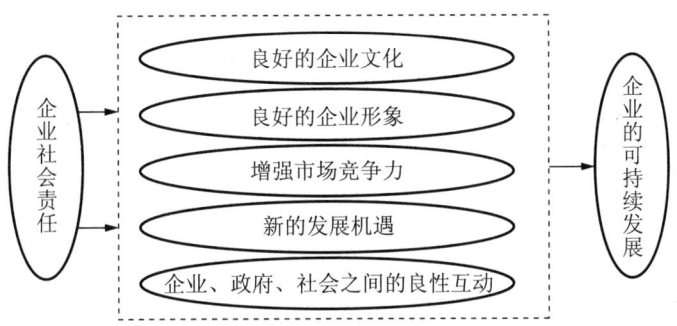

图 3.4　企业社会责任与企业的可持续发展之间的关系

## 本 章 小 结

道德是一种社会现象，是一定范围内人们普遍遵守的行为规范；它主要靠社会舆论、传统习惯、个人良知和内心来调节。管理道德是企业关注的重点，管理者常常依据功利模式、权利模式、公正模式和初会契约模式（综合模式）做出决策，而组织的环境因素、个人因素和道德问题的强度等，成为管理道德的影响因素。企业社会责任是指企业在创造利润、对股东承担法律责任的同时，还要承担对员工、消费者、供应商、社区和政府等企业利益相关者的责任，保护其权益，以获得在经济、社会、环境等多个领域的可持续发展能力。企业的社会责任分为经济责任、法律责任、道德责任和义务责任。不同的企业对承担社会责任的态度不同。

## 习　　题

1. 管理者确定某一行为是否道德的模式有哪几种？每一种管理模式中管理者会遇到什么问题？
2. 影响管理者道德行为的因素有哪些？
3. 提升管理者道德的途径有哪些？
4. 社会主义市场经济环境中的企业应当承担哪些社会责任？
5. 企业的社会责任与经济效益之间有何关系？

案例分析

### 中国平安：将低碳推动纳入绩效考核体系

一直以来，工业企业由于其本身高耗能而导致的节能减排空间大的特点被视为"节能减排"的主力部队。金融企业在其中如何有作为？

作为中国第一家以保险为核心的，融证券、信托、银行、资产管理、企业年金等多元金融业务为一体的综合金融服务集团的中国平安，正在"中国绿色综合金融领导企业"道路上摸索。

"中国平安将低碳经济和金融业务结合，证明发展绿色金融是一种切实可行的方式；同时，也意味着将企业社会责任与自己的核心业务及竞争优势结合起来，这种可持续发展战略本身就是可持续的。"气候组织大中华区总裁吴昌华如此评价。

在2010年3月26日，全球10亿人参与的"地球一小时"公益活动中，中国平安十多万名员工及中国平安约40万名业务员队伍以发送电子传单等方式倡议逾3 000万名客户参与到该活动中来，普及低碳生活理念。时任中国平安集团副董事长兼副首席执行官孙建一说："虽然我们自身的耗能和排放比较小，但也非常注重公司运营的低碳减排，制定了一系列的运营减排举措、绿色采购制度等，同时，积极在各项业务领域推出低碳产品和服务。"他在接受专访时表示，未来，平安将借助综合金融品牌优势，在保险、银行、投资三大领域通过资源整合、后台集中，全面整体地推动绿色金融企业的建设。

"环保低碳已经成为中国平安的企业文化之一。而且我们的'地球一小时'活动已经不限于每年一次。"孙建一介绍，2011年，平安不仅要继续参与3月26日晚全国所有办公场所、分支机构的熄灯一小时活动，还倡议全系统各单位制订持续的低碳节能计划。比如，每个月的最后一个周六为企业的低碳日等（熄灯一小时），将活动深入贯彻到企业的低碳运营中，践行中国平安的绿色承诺。

**1. 将低碳推动纳入绩效考核体系**

履行企业社会责任是一家企业可持续经营稳步发展的重要因素，而环境责任是其中的一个组成部分。低碳经济建设不仅是国家提出的目标和口号，更是每一个企业应承担的责任。

从根本上来说，自2010年3月启动的"绿色承诺 中国平安 低碳100行动"就是平安企业社会责任（CSR）建设过程中，因社会广泛关注的环境议题而实施的具体行动。同时，也是一项旨在塑造责任企业形象，为综合金融品牌增添更多绿色内涵的品牌传播活动。未来，中国平安将更加坚定地将低碳之路进行下去，推动绿色金融，促进社会可持续发展。

平安集团品牌宣传部下设了CSR建设团队，全面负责绿色金融企业的建设工作。

"低碳100行动"就是2010年推出的号召全系统共同执行推动的一项绿色金融CSR建设项目，由集团全面统筹部署，各业务单位在经营管理、业务发展、员工日常办公等环节中制定具体低碳举措，围绕"绿色承诺 平安中国"的统一主题，进行项目各自策划和落实。比如，平安的三大保险公司（寿险、产险、养老险）均相继推出了该主题的客户服务节活动，物业公司进行了节能降耗等多项改进工作，子公司总部及集团部门也倡议员工进行低碳绿点子征集和减少差旅等日常费用支出等。

**2. 以加减乘法组合拳带动绿色发展**

首先，建设绿色金融企业，站在自身角度做减法。

中国平安通过各种节能减排举措和技术，减少在日常办公、物业管理、后台作业等各运营环节的能源消耗和碳排放，提高环境管理水平和整体运营绩效。例如，自2010年3月开始，通过IT平台技术，将全系统的办公电脑设定每天20:00定时关闭，按照约10万台内勤电脑测算，一年节省了约4 000万度电，相当于减少碳排放3万吨。他们将这些减少企业自身碳足迹的行动称为"减法"。

其次，推出绿色金融产品和服务，站在客户角度做加法。

结合业务特点和低碳经济趋势，积极研发推出了一系列减少碳排放、促进环境保护的绿色金融产品，将低碳理念融入其中，为客户提供绿色金融服务。例如，平安产险作为首家中资保险公司，推出了"环境污染责任险"。另外，2010年7月20日在11家机构进行先行试点，2010年10月1日起在全国进行推广的个人寿险电子保单，2010年共产生电子保单16.2万件，节省纸张约22吨。2010年的信用卡电子账单共336万封，共节省纸张约67.2吨，同时还节约了336万次的邮递运力。我们将这种增加客户金融产品附加值的行动称为"加法"。

最后，站在社会角度做乘法，积极参与绿色公益活动。

中国平安携手气候组织、中国绿化基金会及联合国环境规划署，联合发起"百万森林"计划低碳车主公益活动，代表60万名平安车险VIP客户，在西部气候相对恶劣的国家级重点贫困县——甘肃省定西市通渭县种植60万棵沙棘树苗，以抵消客户驾车带来的碳排放。据统计，每棵沙棘树一年可以吸收二氧化碳1.66千克，在20年生命周期内可吸收二氧化碳33.2千克，60万棵沙棘树20年约吸收二氧化碳2万吨。以种树的方式抵消我们的客户因驾车带来的碳排放，此项活动的捐赠款项达300万元。

**3. 带动产业链上下游节能减排**

中国平安已在尝试带动产业链上下游企业共同实践低碳运营业务发展，并取得了一定成绩。在平安银行信贷方面，对"高能耗、高污染、资源消耗性"的"两高一资"的企业制定了严格的发放贷款指导原则，从而使上游企业更多地关注自身节能减排。

在平安证券IPO保荐项目上，努力加大对具有高附加值、低能耗的创新型、技术型和低碳型企业的保荐，加强保荐企业的资质审查。

在采购供应链环节，积极制定相应的绿色采购制度，在供应商管理办法中明确规定，合作对象的选择需具有良好的环境表现；供应商同等条件下，取得环境管理体系认证和产品获得环境标志的供应商优先选择，使其下游企业也投入到低碳经济的建设中。

**4. 未来发展**

孙建一表示：中国平安将继续深入推进"低碳100行动"，逐步推进在公司运营层面的数据平台搭建，加大企业社会责任培训体系的贯彻落实，将继续携手"百万森林"计划，开展低碳车主公益活动，实现平安直销车保险绿色投保，将业务推动与公益建设有机结合。继续加大对供应商的管理，逐步将CSR审查全面贯彻到供应商的管理中去。

资料来源：钟良. 中国平安：将低碳推动纳入绩效考核体系. 21世纪经济报道，http://www.21jingji.com

**案例分析题**

中国平安不是传统的制造产业，为何也把"将低碳推动纳入绩效考核体系"作为管理目标？

# 第4章 决策与决策方法

## 学习目的

管理的整个过程贯穿着决策,管理的各项职能——计划、组织、领导、控制、创新都存在各种决策。通过本章的学习,理解决策的定义,了解决策的特征和原则,理解决策理论,掌握决策的过程,掌握决策的方法,学会科学地做决策。

## 知识要点

| 知识要点 | 要求程度 | 相关知识 |
| --- | --- | --- |
| 决策的定义 | 理解 | 决策的定义 |
| 决策的特征 | 了解 | 决策的特征 |
| 决策的原则 | 了解 | 决策的原则 |
| 决策理论 | 理解 | (1) 古典决策理论<br>(2) 行为决策理论 |
| 决策的过程 | 掌握 | (1) 明确问题和识别机会<br>(2) 确定目标<br>(3) 拟订备选方案<br>(4) 评估备选方案<br>(5) 选择及执行方案<br>(6) 评价决策效果及反馈 |
| 决策的方法 | 掌握 | (1) 定性决策方法<br>(2) 定量决策方法 |

### 田忌赛马

齐国的大将田忌,很喜欢赛马。有一回。他和齐威王约定,要进行一场比赛。他们商量好,把各自的马分成上、中、下三等。比赛的时候,要上马对上马,中马对中马,下马对下马。由于齐威王每个等级的马都比田忌的马强得多,所以比赛了几次,田忌都失败了。

有一次,田忌又失败了,觉得很扫兴,比赛还没有结束,就垂头丧气地离开赛马场,这时,田忌抬头一看,好朋友孙膑出现在人群中。孙膑招呼田忌过来,拍着他的肩膀说:"我刚才看了赛马,威王的马比你的马快不了多少呀。"孙膑还没有说完,田忌瞪了他一眼:"想不到你也来挖苦我。"孙膑说:"我不是挖苦你,我是说你再同他赛一次,我有办法准能让你赢了他。"田忌疑惑地看着孙膑问:"你是说另换一匹马来?"孙膑摇摇头说:"一匹马也不需要更换。"田忌毫无信心地说:"那还不是照样得输!"孙膑胸有成竹地说:"你就按照我的安排办事吧。"齐威王屡战屡胜,正在得意扬扬地夸耀自己马匹的时候,看见田忌陪着孙膑迎面走来,便站起来讥讽地说:"怎么,莫非你还不服气?"田忌说:"当然不服气,咱们再赛一次!"说着,"哗啦"一声,把一大堆银钱倒在桌子上,作为他下的赌注。齐威王一看,心里暗暗好笑,于是吩咐手下,把前几次赢得的银钱全部抬来,另外又加了一千两黄金,也放在桌子上。齐威王轻蔑地说:"那就开始吧!"一声锣响,比赛开始了。孙膑先以下等马对齐威王的上等马,第一局田忌输了。齐威王站起来说:"想不到赫赫有名的孙膑先生,竟然想出这样拙劣的对策。"孙膑不理会他。接着进行第二场比赛。孙膑用上等马对齐威王的中等马,获胜了一局。齐威王有点慌乱了。第三局比赛,孙膑用中等马对齐威王的下等马,又战胜了一局。这下,齐威王目瞪口呆了。比赛的结果是三局两胜,田忌赢了齐威王。还是同样的马匹,由于调换一下比赛的出场顺序,就得到转败为胜的结果。

资料来源:中国历史故事网,http://www.gs5000.com

## 4.1 决策与决策理论

美国知名学者 P. Marvin 曾询问一些高层管理者三个问题:"你认为你每天最重要的事情是什么?""你每天在哪些方面花的时间最多?""你在履行你的职责时感到最困难的是什么事?"参与调查的管理者中90%的人回答是"决策"。由此可见决策对高层管理者的重要性。

在我们日常的管理工作中,管理者每天都会碰到各种问题,要解决问题就要做"决策"。决策的优劣,直接关系到整个事件的成败。一个企业,不管它如何弱小,如果管理者做出一系列正确的决策,能让企业由小变大,由弱变强;而一个企业不管它如何强大,如果管理者做了一次重大错误的决策,就能给企业带来灭顶之灾。

管理的整个过程贯穿着决策,管理的各项职能——计划、组织、领导、控制都存在各种决策。因此,有人将管理者也称为"决策者"。甚至美国决策理论学派代表人物赫伯特·A. 西蒙提出了"管理就是决策"的论断。

### 4.1.1 决策的定义

目前国内外许多研究管理的学者对决策的定义进行过探讨,但没有一个统一的定义。国内学者杨洪兰定义决策为"从两个以上的备选方案中选择一个的过程就是决策"。周三多则认为"所谓决策，是指组织或个人为了实现某种目标而对未来一定时期内有关活动的方向、内容及方式的选择或调整过程"。美国学者亨利·艾伯斯有过这样一段论述："决策有狭义和广义之分。狭义地说，进行决策是在几种方案中做出选择；广义地说，决策包括在做出最后选择之前必须进行的一切活动。"虽众说纷纭，但各种决策定义的基本内涵大致相同。

在本书中，我们采用路易斯、古德曼和范特对决策的定义——管理者识别并解决问题的过程，或者管理者利用机会的过程。

要理解决策的含义必须把握以下几个要点。

（1）决策的主体是管理者。在一个组织中做决策的只能是管理者，但管理者可以是一个人也可以是一个群体。

（2）决策的目的是解决问题或者利用机会。管理者做出某个决策是为了帮助组织在某个时期实现某个目标，没有目标的决策是无的放矢。

（3）决策的本质是一个系统动态过程。决策并非简单的"拍板定案"，而是一个多阶段、多步骤的分析判断过程，包括诊断问题、设计活动、选择活动、执行活动到下一轮决策的循环，贯穿于整个管理活动的始终。

### 4.1.2 决策的特性

决策具有如下特性。

1. 目标性

任何决策都必须首先确定决策活动的目标。目标是组织在未来特定时限内完成任务程度的指向和标志。决策是为了实现组织在某一时间内特定目标的活动，没有目标就无从决策，目标已经实现，也就无须开展决策活动。

2. 可实践性

管理者做决策是为了指导组织未来的实践活动。决策是为了正确行动，不准备实践，用不着决策。组织的任何活动都需要利用一定的资源，必须依靠必要的人力、物力和技术条件。理论上非常完善的方案，如果不能付诸实施，那也只能是空中楼阁。因此决策方案的拟订和选择，不仅要考察采取某种行动的必要性，而且要注意实践条件的限制。例如，一家矿产公司经过科学研究，发现外星球上蕴藏了丰富的金矿，但该公司就其实力而言，目前难以实现该项目，因此在现阶段，这样的决策既无必要也无意义。

3. 可抉择性

决策的基本含义是抉择。如果只有一种方案，无选择余地，也就无所谓决策。国外有一条管理人员熟悉的格言，"如果看来只有一种行事方法，那么这种方法很可能是错的"。在制定可行方案时，应满足整体详尽性和相互排斥性要求。所谓整体详尽性，是指将各种可能实现的方案尽量都考虑到，以免漏掉那些可能是最好的方案。所谓相互排斥性，是指方案之间不可雷同替代。可抉择性就是要求管理人员善于调查、集思广益及利用科学的方法产生尽可能多的方案，这样才可能找到"满意"方案。

4. 普遍性

决策是组织日常活动的重要内容，即决策无处不在，无时不有。决策渗透在管理的计划、组织、领导和控制等职能中。无论是各层级管理者，还是一般员工；无论是生产领域、市场领域，还是财务领域，都不可避免地面临着新问题或出现新机会，因而都必须就如何科学地解决问题或利用机会做出决策。另外，进行一项特定决策的过程本身是一个更复杂的决策过程。例如，制定评价方案阶段之前需要确立评价标准，而如何制定评价标准则是决策。

### 4.1.3 决策的原则

所谓决策原则，是指决策者选择方案所依据的原则和对待风险的态度和方针。在决策目标确定了以后，决策者在评判某决策方案中既定的目标要实现到何种程度时，就需要遵循某种预先设定的决策准则。一般决策准则有"最优原则"和"满意原则"两种。从"经济人"的角度，决策者总是采用"最优原则"。即决策者希望从各种可行的决策方案中选择一个最好的方案作为可行方案。

要使决策达到最优，必须具备3个条件，并且这3个条件缺一不可。

（1）在拟订决策方案前，能容易获得与决策有关的所有信息。

（2）根据所获得的信息，能拟订出所有的可行方案。

（3）能准确预测出每个可行方案在未来的执行结果。

但在现实中，最优原则所需的3个条件往往不能具备，其原因有以下几点。

（1）影响组织活动的因素有很多，每个因素对组织活动影响的程度各不相同，决策者受自身知识、经验所限很难收集到反映这些因素的所有信息。

（2）收集到有限的信息，而且由于决策者利用信息能力的有限性，因此决策者无法拟订出全部的可行方案。

（3）任何方案在实施的过程中都存在各种不确定性。决策者对这些不确定性不可能全部预知，因此决策时所预测的结果和决策真正执行的结果并不能一致。

所以，决策者采用"最优原则"在现实中是不可行的。在现实管理过程中，决策者往往遵循的是"满意原则"。

所谓"满意原则"就是决策者寻找能使自己感到满意的决策方案的原则。面对各种决策方案，决策者如果有了满足实现目标要求的方案就会确定下来，不再去寻找实现最优结果的决策方案。决策学派的学者认为，"满意原则"是比"最优原则"更现实合理的决策原则。

在一个炎热的日子里，父亲带着儿子和一头驴走过满是灰尘的街道。父亲骑着驴，儿子牵着它走。"可怜的孩子，"一位路人说道，"他短小的双腿企图努力紧跟这头驴，当这个男人看到他的儿子如此精疲力竭地跟着跑时，他怎能心安理得地懒洋洋地骑在驴背上？"父亲把这人说的话记在心上，在下一个拐角处，他从驴背上下来而让儿子骑上去。但没走多远，一位路人的声音又在耳边响起："多么不孝啊！这小家伙像国王一样骑在上面，而他可怜的老父亲却在一边跟着跑。"这句话明显地伤害了小孩，他要父亲坐在他的后面。"你们谁见过这样的事，"一位戴着面纱的女人说道，"这么残酷地对待动物。可怜的驴子的背正在下陷。这个老不中用的家伙和他的儿子却悠闲自在地闲逛，好像这驴子是个长沙发似的。多么可怜的动物啊！"不用说，被批评的对象只好从驴背上爬下来。但是，当他们徒步走了几步后，一个陌生人对他们开玩笑地说："谢天谢地，我才不会那么蠢。为什么你们俩都赶着驴走，它却不能为你们效劳？为什么不让你们当中的一位骑着走？"

资料来源：作者依据《伊索寓言》改编.

### 4.1.4 决策理论

决策理论是把第二次世界大战以后发展起来的系统理论、运筹学、计算机科学等学科知识综合运用于管理决策问题，形成的一门有关决策过程、准则、类型及方法的较完整的理论体系。其主要代表人物是美国人西蒙，其代表作为《管理决策新科学》。

决策理论的种类较多，不同学者阐述问题的角度各不相同。其中具有代表性的理论包括以下几种。

1. 古典决策理论

古典决策理论是基于"经济人"的假设基础提出来的，主要盛行于20世纪50年代以前。代表人物有英国经济学家J. 边沁、美国科学管理学家F. W. 泰罗等。古典决策理论认为决策者是坚持寻求最大价值的经济人。而经济人具有完全的理性，他们只会从经济的角度看待决策问题，认为决策的目的就是为组织获取最大的经济利益。

古典决策理论的主要内容有以下4点。

（1）决策者必须全面掌握有关决策环境的信息和情报。
（2）决策者要充分了解有关备选方案的情况。
（3）决策者应建立一个合理的自上而下的执行命令的组织体系。
（4）决策者进行决策的目的始终都是为了使本组织获取最大的经济利益。

古典决策理论假设决策者是完全理性的，在做任何决策之前会充分掌握与决策有关的任何信息，并能完全做出实现组织目标的最优决策。而现实中，决策者是无法做到完全理性的，他们在做任何决策时除了受经济因素的影响外，还会受到诸多非经济因素的影响。由于古典决策理论忽视了非经济因素在决策中的作用，因此不可能正确指导实际的决策活动，其渐渐被行为决策理论所代替。

2. 行为决策理论

行为决策理论发展始于20世纪50年代。该理论的代表人物是赫伯特·A. 西蒙。西蒙在《管理行为》一书中对古典决策理论的"经济人"假设提出异议。他认为决策者的实际行动不可能做到完全理性，决策者只是具有有限理性的"社会人"。对影响决策环境的各种复杂因素不能全部掌握，不可能拟订出与决策有关的所有可行方案，也不可能预知所有结果。所以决策者只能在可选择的方案中选出一个"满意"的方案。

行为决策理论的主要内容有以下5点。

1）决策者是有限理性的

决策者追求理性但又不是追求完全理性。这是因为在高度不确定和极其复杂的现实决策环境中，人的知识和计算能力是有限的，决策者既不可能掌握与决策有关的全部信息也不可能认识决策的详尽规律。另外，决策者的想象力和设计力也有限，不可能罗列出全部的可行性方案。人的价值取向并非一成不变，目的时常改变；人的目的往往是多元的，而且相互抵触,没有统一的标准。因此,作为决策者的个体,只能尽力追求其能力范围内的有限理性,而有限理性限制他们做出完全理性的决策。

2）决策者在做决策时会受知觉的影响

在面对未来状况做出判断时,知觉的运用往往多于逻辑分析方法的运用。决策者在识别和发现问题中容易受知觉上偏差的影响。所谓知觉上的偏差,是指由于认知能力有限,决策者仅把问题的部分信息当作认知对象。

3）决策者相对理性

由于受决策时间和可利用资源的限制,决策者即使充分了解和掌握有关决策环境的信息情报,也只能做到尽量了解各种备选方案的情况,而不可能做到全部了解。决策者选择的理性是相对的。

4）决策者厌恶风险

在风险型决策中,与对经济利益的考虑相比,决策者对待风险的态度对决策起着更重要的作用。决策者往往厌恶风险,倾向于接受风险较小的方案,尽管风险较大的方案可能带来较可观的收益。

5）追求满意结果

决策者在决策中往往只追求满意的结果,而不愿费力追求最优化方案。

3. 渐进决策理论

美国的政治经济学者C. E. 林德布洛姆是除了西蒙之外对古典决策理论的"完全理性"提出质疑的另一人。他的决策理论称为"现实渐进决策理论"。林德布洛姆认为决策过程是一个渐进过程,他的理论的基点不是人的理性,而是人所面临的现实,并对现实所做的渐进的改变。他认为决策者不可能拥有人类的全部智慧和有关决策的全部信息,决策的时间、费用又有限,故决策者只能采用应付局面的办法,在"有偏袒的相互调整中"做出决策。该理论要求决策程序简化,决策实用、可行并符合利益集团的要求,力求解决现实问题。这种理论强调现实和渐进改变,受到了决策者的重视。

除了以上3种决策理论外,还有以美国组织学者J. G. 马奇为代表提出的"理性、组织决策理论"及以奥地利心理学家S. 弗洛伊德和意大利社会学家V. 帕累托为代表提出的"非理性决策理论"。

"理性、组织决策理论"承认个人理性的存在,并认为由于人的理性受个人智慧与能力所限,必须借助组织的作用。通过组织分工,每个决策者可以明确自己的工作,了解较多的行动方案和行动结果。组织给予个人一定的引导,使决策有明确的方向。组织运用权力和沟通的方法,使决策者便于选择有利的行动方案,进而增加决策的理性。而衡量决策者理性的依据,是组织目标而不是个人目标。

"非理性决策理论"基点既不是人的理性,也不是人所面临的现实,而是人的情欲。学者们认为人的行为在很大程度上受潜意识的支配,许多决策行为往往表现出不自觉、不理性的情欲,决策者在处理问题时常常感情用事,从而做出不明智的安排。

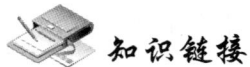

美国总统林肯在上任后不久,有一次将6个幕僚召集在一起开会。林肯提出了一个重要法案,而幕僚

的看法并不统一，于是7个人便热烈地争论起来。林肯在仔细听取其他6个人的意见之后，仍感到自己是对的。在最后决策的时候，6个幕僚一致反对林肯的意见，但林肯依然坚持己见，他说："虽然只有我一个人赞成但我仍要宣布，这个法案通过了。"

资料来源：刘汴生. 管理学. 北京：科学出版社，2010.

## 4.2 决策过程

### 4.2.1 决策的过程

管理者为提高决策水平，避免冒险性的决策，必须了解决策的流程，按照科学化、合理化的要求进行有效的决策。决策过程（图4.1）有6个步骤：明确问题和识别机会，确定目标，拟订备选方案，评估备选方案，执行方案，评价效果。

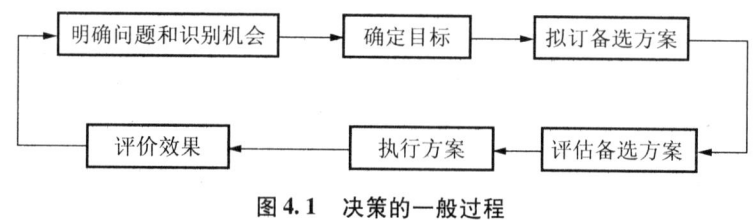

图 4.1 决策的一般过程

1. 明确问题和识别机会

决策的目的是解决问题和利用机会，所以决策的第一步应该是明确问题和识别机会。问题及机会指的是现实状况和理想状况的偏差。决策者密切注意自己职责范围内的相关数据和信息，一旦发现偏差就意味着问题和机会的出现。有时候，识别问题和机会简单明了，只要通过观察就能察觉。但有时候，识别问题和机会并不简单，它们会隐藏在个人过去的经验、组织复杂的结构及个人和组织因素的某种混合中。因此，管理者应尽可能精确地评估识别的问题和机会。

识别出问题后，评估其对组织的影响是否已产生了改变组织活动的必要。如果有必要，就需分析造成问题的原因，原因能否解决，是决策问题能否确定的依据。明确问题的成因是确立正确、合理决策目标的前提。

2. 确定目标

明确问题和识别机会之后，认定有改变组织活动的必要性，决策者应研究采取的措施。措施应符合哪些要求、应达到怎样的效果，取决于决策目标的确定。决策目标是决策者对未来一段时间内所要达到的目的和结果的判断。合理的决策目标是可续决策的前提。明确决策目标，不仅为决策方案的制定和选择提供了依据，而且为决策的实施和控制、组织资源的分配和各种力量的协调提供了标准。决策目标是制定和实施决策的基础。

确定目标的时候，根据时间的长短，可把目标分为长期目标、中期目标和短期目标。分清主要目标和次要目标，注意目标间的衔接，明确目标间的优先顺序，保证资源分配的重点，尽量排除可能的偶然性和主观因素的影响。

### 知识链接

1985 年，马来西亚国营重工业公司和日本"三菱"汽车公司合资 2.8 亿美元生产的新款汽车"沙格型"隆重推出市场。马来西亚政府视之为马来西亚工业的"光荣产品"，但产品推出后，销售量很快跌至低潮。经济学家们经过研究，认为"沙格型"汽车的一切配件都从日本运来，由于日元升值，汽车的生产成本急涨，再加上马来西亚本身的经济不景气，所以汽车的销售量很少。此外，最重要的因素是政府在决定引进这种车型时，主要考虑的是满足国内市场的需要。因此，技术上未达到先进国家的标准，无法出口。由于在目标市场决策中出现失误，"沙格型"汽车只能成为马来西亚工业的一场好梦而已。

资料来源：朱林. 管理原理与实训教程. 北京：北京邮电大学出版社，2008.

3. 拟订备选方案

确定好决策目标，就应开始拟订达到决策目标的各种可行方案。这个阶段需要决策者充分发挥自己的创造力和想象力，拟订出尽可能多的备选方案。每个方案间应能相互替代但必须要有原则性的差异。备选方案数量越多、质量越高，备选方案的相对满意程度就越高，决策就有可能越完善。

决策者一般习惯利用个人经验、经历和对有关情况的把握提出方案，为了能拟订出更多更好的方案，决策者要善于征询他人的意见，除了从过去的经验中找对策还可从未来的创造中寻找对策。

4. 评估备选方案

评估备选方案就是从各个备选方案中权衡利弊、对比分析，然后选取其一或者综合成一，作为最后选定的方案。可以从各方案需要的条件、筹集和利用这些条件需要的成本、给组织带来何种长期利益和短期利益、在实施过程中遇到的风险和失败的可能性等方面对各方案进行比较。根据比较，找出各方案的差异，分出各方案的优劣，然后对各方案进行排序。

决策者通过评估各备选方案不仅要确定出综合优势的实施方案，而且要准备好环境发生预料到的变化时可以启用的备用方案，以避免临时应变可能造成的混乱。

5. 执行方案

执行方案是决策过程中非常重要的一步。在方案执行过程中，管理者应做好以下几个方面的工作。

1）筹备好方案执行过程中需要的各种资源

如果内部存在方案执行所需资源，管理者应设法将这些资源调动起来，并注意不同种类资源的互相搭配；如果需从外部获取资源，管理者应考虑可行性和经济性。

2）做好思想工作

为保证方案的顺利执行，管理者应在方案执行前确保与方案有关的各种指令能被有关人员充分接受和彻底了解。而方案在执行过程中，不可避免会损害一部分员工的既得利益。此时管理者要善于做思想工作，帮助这部分员工认识到这种损害只是暂时的，或者说是为了组织全局的利益而不得不付出的代价。在可能的情况下，管理者可以拿出相应的补偿方案以消除他们的顾虑，化解方案在执行过程中遇到的阻力。

3）力争得到组织各级员工的支持和配合

为调动各级员工的积极性，可应用目标管理方法把决策目标层层分解，落实到每一个执行单位和个人。管理者应做好授权，做到权责对等，使相关主体拥有必要的权力，便于完成相应的目标。另设计合理的报酬制度，根据目标的完成情况对相关主体实施奖惩。

4）建立工作报告制度

建立重要的工作报告制度，以便及时了解方案进展情况，及时进行调整。

6. 评价效果

评价决策效果就是将方案实际的执行效果和当初确定的决策目标进行对比，看是否出现偏差。如果出现偏差，则应查明造成偏差的原因具体分析，根据具体情况区别对待。若是执行有误，应采取措施加以调整，以保证决策的效果；若方案本身有误，应会同有关部门和人员修改方案；若方案有根本性错误或运行环境发生不可预计的变化，使得执行方案产生不良后果，则应立即停止方案的执行，待重新分析、评价方案及环境后，再考虑执行。

值得注意的是，评价应体现在每一个阶段的工作上，而不仅仅是在方案的实施阶段。特别是重大的决策，必须时刻注意信息的反馈和工作评价，以便迅速解决突发问题，避免造成重大损失。

整个决策过程离不开信息，信息是决策的依据。决策过程的每个阶段都需要收集信息，管理者要尽力获取精确的、可信赖的信息以提高决策的精确程度。

## 4.2.2 决策的影响因素

决策的影响因素包括以下几个方面。

1. 环境的影响

环境因素从以下3个方面对组织决策构成影响。

1）环境的稳定性

在环境稳定的情况下，一般组织对同类问题的决策可以参考过去的决策。甚至，今天的决策仅仅是昨天决策的简单重复，因为今天所面临的环境和过去所面临的环境差不多。

而在环境变化剧烈的情况下，由于环境已经变化了，过去决策的借鉴意义不大，而此时，组织要做的决策通常是紧迫的，否则会被环境所淘汰。为了更快适应环境，组织可能需要对经营活动的方向等进行及时的调整。这种情况下的决策一般由组织中的高层管理者进行。

2）市场结构

如果组织面对竞争程度较高的市场，应将如何密切关注竞争对手的动向、如何针对竞争对手的行为做出快速反应、如何才能不断向市场推出新产品、如何完善营销网络等作为决策重点。激烈的竞争容易使组织形成以市场为导向的经营思想。

如果组织面对垄断程度较高的市场，应将如何改善生产条件、如何扩大生产规模、如何降低生产成本等作为决策重点。垄断程度较高容易使组织形成以生产为导向的经营思想。

3）买卖双方在市场的地位

在买方市场条件下，组织所做的各种决策的出发点是市场的需求情况。而在卖方市场条件下，组织所做的各种决策的出发点是组织自身的生产条件与生产能力。

2. 过去决策的影响

在大多数情况下，组织决策不是在一张白纸上进行初始决策，而是对初始决策的完善、调整或改革。组织过去的决策是目前决策过程的起点。过去决策方案的实施，不仅伴随着人力、物力、财力等资源的消耗，而且会给管理者心理和情感上带来变化，甚至会伴随着内部状况的改变，带来了对外部环境的影响。过去决策所带来的良好效果和记忆必然给未来的决策以有益的借鉴，过去失败的决策必然给未来的决策带来心理的阴影和消极影响。"非零起点"的目前决策不可能不受到过去决策的影响。

过去的决策对目前决策的影响程度与决策和现任决策者的关系密切程度相关。如果过去的决策是由现任决策者制定的，而决策者通常要对自己的选择及其后果负管理上的责任，因此，决策者一般不愿对组织活动进行重大调整，而倾向于仍把大部分资源投入到过去方案的执行中，以证明自己决策的正确和避免不必要的对自身形象的伤害。相反，如果现任决策者与组织过去的主要决策没有很深的关系，则愿意接受改变。

3. 决策者对风险的态度的影响

未来条件并不总能事先预料。现实生活中，许多决策是在风险条件下做出的。风险是指一个决策所产生的特定结果的概率。根据决策者对风险的态度可以将其分为3种，即风险喜好型、风险中性型与风险厌恶型。不同的决策者对风险的态度，决定了其决策的方式。风险喜好型的决策者敢于冒风险，敢于承担责任，因此有可能抓住机会，但也可能遭到一些损失。风险中性型的决策者对风险采取理性的态度，既不喜欢也不回避。风险厌恶型决策者不愿冒风险，不敢承担责任，虽然可以避免一些无谓的损失，但也有可能丧失机会。由此可见，决策者对风险的态度影响了决策活动。

4. 组织文化的影响

文化通常指人民群众在社会历史实践过程中所创造的物质财富和精神财富的总和。每一个社会都有与其相适应的文化，并随着社会物质生产的发展而发展。

组织受其文化特征的影响。组织的管理人员应该把握组织的文化特征，同时还应从组织决策的角度研究组织文化与决策的关系。一个新决策要求与原有的组织文化相配合与协调，而组织中原有的文化有它的滞后性，很难马上对新的决策做出反应。所以，组织文化可能成为实施组织决策的阻力。积极地革新组织文化也可能成为实施组织决策的动力。

在进行决策和实施一个新决策时，组织内部的新旧文化必须相互适应、相互协调，这样才能为组织决策获得成功提供保证。虽然，决策时要考虑所做出的决策尽量与组织文化相适应，不要破坏组织已有的文化。但是，当组织环境发生重大变化，组织文化也需要相应做出重大变化时，组织应考虑到自身长远利益，不能为了迎合组织现有的文化，而将组织新的决策修订得与现行组织文化相一致。因为这有可能损害组织的长远发展。

5. 时间的影响

决策受时间的制约。决策是在特定的情况下，把组织的当前情况与组织未来可能的行动联系起来，并旨在解决问题或把握机会的管理活动。这就决定了决策必然受时间的制约，一旦超出了时间的限制，情况发生了变化，再好的决策也不可能达到预期目标。寓言"刻舟求剑"的故事就充分地说明了随着时间的改变、条件的改变，决策也必须随之变化的道理。

一个方案可能涉及较长的时间，在这段时间里，形势可能发生变化。因此，管理者要不断对方案进行修改和完善，以适应变化了的形势。

## 4.3 决策方法

决策者可以采用的决策方法有很多，所有的决策方法可分为两大类：定性决策方法和定量决策方法。

### 4.3.1 定性决策方法

定性决策方法又称主观决策法，是指在决策中主要依靠决策者或有关专家的智慧来进行决策的方法。定性决策方法是一种"软技术"。决策者运用社会科学的原理并依据个人的经验和判断能力，采取一些有效的组织形式，充分发挥自己丰富的经验、知识和能力，从对决策对象本质特征的研究入手，掌握事物的内在联系及其运行规律，对组织的经营管理决策目标、决策方案的拟订及方案的选择和实施做出判断。这种方法适用于受社会、经济、政治等非计量因素影响较大、所含因素错综复杂、涉及社会心理因素较多及难以用准确数量表示的综合性问题。这种"软技术"方法是组织决策采用的主要方法，它弥补了定量决策方法——"硬"方法对于人的因素、社会因素等难以奏效的缺陷。"硬""软"两种技术相互配合，取长补短，才能使决策更有效。

1. 德尔菲法

德尔菲法是在 20 世纪 40 年代由 O. 赫尔姆和 N. 达尔克首创，经过 T. J. 戈尔登和兰德公司进一步发展而成的。该方法又称专家会议预测法，用于听取专家对某一问题的意见。德尔菲法采用匿名发表意见的方式，即专家之间不得互相讨论，不发生横向联系，只能与调查人员发生关系，通过多轮次调查专家对问卷所提问题的看法，经过反复征询、归纳、修改，最后汇总成专家意见。

德尔菲法的实施步骤如下。①组成专家小组。根据决策的问题确定专家的来源和人数，一般不超过 20 人。②向所有专家提出所要决策的问题及有关要求，并附上有关这个问题的所有背景材料，同时请专家提出还需要什么材料。然后，由专家做书面答复。③各个专家根据他们所收到的材料，提出自己的预测意见，并说明自己是怎样利用这些材料并提出预测值的。④将各位专家的第一次判断意见汇总，列成图表，进行对比，再分发给各位专家，让专家比较自己同他人的不同意见，修改自己的意见和判断。也可以把各位专家的意见加以整理，或请身份更高的其他专家加以评论，然后把这些意见再分送给各位专家，以便他们参考后修改自己的意见。⑤将所有专家的修改意见收集起来，汇总，再次分发给各位专家，以便做第二次修改。逐轮收集意见并向专家反馈信息是德尔菲法的主要环节。收集意见和信息反馈一般要经过三四轮。在向专家进行反馈时，只给出各种意见，并不说明发表各种意见的专家的具体姓名。这一过程重复进行，直到每一位专家不再改变自己的意见为止。⑥对专家的意见进行综合处理。

德尔菲法既能充分发挥各位专家的作用，集思广益，准确性高，又能把各位专家意见的分歧点表达出来，取各家之长，避各家之短。同时，德尔菲法避免了专家会议法的种种缺点。比如，权威人士的意见影响他人的意见；有些专家碍于情面，不愿意发表与其他人不同的意见；出于自尊心而不愿意修改自己原来不全面的意见等。

德尔菲法的主要缺点是过程比较复杂，花费时间较长。

知识链接

德尔菲法作为一种主观、定性的方法，不仅可以用于预测领域，而且可以广泛应用于各种评价指标体系的建立和具体指标的确定过程。

例如，我们在考虑一项投资项目时，需要对该项目的市场吸引力做出评价。我们可以列出同市场吸引力有关的若干因素，包括整体市场规模、年市场增长率、历史毛利率、竞争强度、对技术的要求、对能源的要求、对环境的影响等。市场吸引力的这一综合指标就等于上述因素加权求和。每一个因素在构成市场吸引力时的重要性即权重和该因素的得分，需要由管理人员的主观判断来确定。这时，我们同样可以采用德尔菲法。

例如，某书刊经销商采用德尔菲法对某一专著销售量进行预测。该经销商首先选择若干书店经理、书评家、读者、编审、销售代表和海外公司经理组成专家小组。将该专著和一些相应的背景材料发给各位专家，要求大家给出该专著最低销售量、最可能销售量和最高销售量3个数字，同时说明自己做出判断的主要理由。将专家们的意见收集起来，归纳整理后返回给各位专家，然后要求专家们参考他人的意见对自己的预测重新考虑。专家们完成第一次预测并得到第一次预测的汇总结果以后，除书店经理B外，其他专家在第二次预测中都做了不同程度的修正。重复进行，在第三次预测中，大多数专家又一次修改了自己的看法。第四次预测时，所有专家都不再修改自己的意见。因此，专家意见收集过程在第四次以后停止。最终预测结果为最低销售量26万册，最高销售量60万册，最可能销售量46万册。

资料来源：朱林.管理原理与实训教程.北京：北京邮电大学出版社，2008.

2. 头脑风暴法

头脑风暴法又称智力激励法、自由思考法和BS法，是美国创造学家A. F. 奥斯本提出的一种激发思维的方法。

采用头脑风暴法进行决策是为了避免集体决策中容易产生的"群体思维"，提升决策的创造力和质量。头脑风暴法将相关的专家和决策人员聚集在一起，营造宽松的氛围，参与者针对需要解决的问题，敞开思路、畅所欲言，寻求多种决策思路。

为使参与决策的人能真正做到畅所欲言，互相激发思维，头脑风暴法应遵守以下原则。①参与者对他人的任何想法和意见不得批判也不做任何评论，同时也不允许做自我批评。让大家在宽松的环境下，在别人设想的激励下，充分调动自己的思维。②决策时追求数量，越多越好，设想不必深思熟虑。③参与者一律平等。④提倡独立思考，想法越怪越好，尽量发挥。参与者不允许相互交流。⑤鼓励完善已有的想法。

参与头脑风暴法的以5~10人为宜，最好由不同专业和不同岗位的人组成。每次的时间控制在1小时左右。

3. 名义小组技术

在集体决策中，若对即将解决的问题的性质不完全了解且大家意见分歧很严重，可采用名义小组技术进行决策。

管理者针对即将解决的问题，选择对问题有研究或者有经验的人作为小组成员，并向小组成员提供与决策问题有关的信息。小组成员事先不允许相互通气，各自独立思考。小组只是名义上的。经过思考后，小组成员将自己的想法和备选方案或者建议写下来，然后按次序一一陈述自己的想法、备选方案或者是建议。陈述完毕后，全体小组成员对提出的全部备选方案进行投票，根据投票结果，得票数最多的备选方案即所要的方案，提交给管理者作为决策参考。

#### 4. 经营单位组合分析法

管理者有时需要对企业或者企业某个部门的经营活动方向进行决策，此时可以采用经营单位组合分析法。经营单位组合分析法是由美国波士顿咨询公司提出来的，所以也称"波士顿矩阵法"。

该分析方法认为，在确定某个单位经营活动方向时，应该考虑它的相对竞争地位和业务增长率两个维度。相对竞争地位经常体现在市场占有率上，它决定了企业的销售量、销售额和盈利能力；销售增长率反映业务增长速度，影响投资的回收期限。

通过以上两个因素相互作用，会出现4种不同性质的业务类型：业务增长率和相对竞争地位"双高"的明星业务；业务增长率和相对竞争地位"双低"的瘦狗业务；业务增长率高和相对竞争地位低的问题业务；业务增长率低和相对竞争地位高的金牛业务（图4.2）。

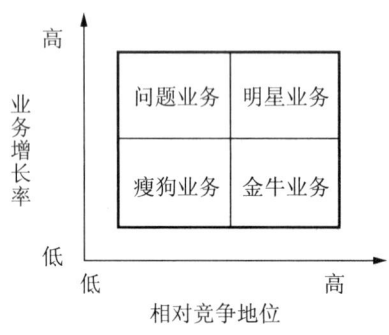

**图4.2　经营单位组合分析图**

波士顿矩阵4类业务相应的战略对策如下所述。少。因此，企业在对于"问题"业务的进一步投资上需要进行分析，判断使其转移到"明星"业务的投资量，分析其未来盈利，研究是否值得投资。

1）明星业务

这类业务处于高增长/高竞争地位。由于市场增长迅速，具有很大的市场份额。在企业的全部业务中，"明星"业务在增长和获利上有着极好的前景，但它们是企业资源的主要消耗者，需要大量的投资。为了保护和扩展"明星"业务在增长市场中的主导地位，企业一般在短期内优先供给它们所需的资源，支持它们继续发展。

2）瘦狗业务

这类业务处于低增长/低竞争地位。在相对饱和的市场中，竞争激烈，可获利润很低，不能成为企业资金的来源。如果这类经营业务还能自我维持，则应缩小经营范围，加强内部管理。如果这类业务已经彻底失败，企业应及早采取措施，清理业务或退出经营。

3）问题业务

这类业务处于高增长/低竞争地位。一方面，所在行业的业务增长率高，企业需要大量投资支持其生产经营活动；另一方面，其相对竞争地位低，能够生成的资金很少。因此，企业在对于"问题"业务的进一步投资上需要进行分析，判断使其转移到"明星"业务的投资量，分析其未来盈利，研究是否值得投资。

4）金牛业务

这类业务处于低增长/高竞争地位。在产品成熟、低速增长的市场中，市场地位有利，盈利率高，本身不需要投资，反而能为企业提供大量资金，用以支持其他业务的发展。

经营单位组合分析法的工作步骤如下所述。

（1）把企业分成不同的经营单位。
（2）计算每个经营单位的市场占有率、销售增长率。
（3）根据在企业中占有资产的多少来衡量经营单位的相对规模。
（4）绘制公司整体经营的组合图。
（5）根据每一经营单位在图中的位置，确定应选择的经营单位。

### 4.3.2 定量决策方法

定量决策方法常用于数量化决策，应用数学模型和公式来解决一些决策问题，即运用数学工具、建立反映各种因素及其关系的数学模型，并通过对这种数学模型的计算和求解，选出最佳的决策方案。定量决策方法是一种"硬技术"。对决策问题进行定量分析，可以提高常规决策的时效性和决策的准确性。运用定量决策方法进行决策也是决策方法科学化的重要标志。

#### 1. 确定型决策方法

确定型决策是指决策者对供决策选择的各备选方案所处的客观条件完全了解，每一个备选方案只有一种结果，比较其结果的优劣就可做出决策。

确定型决策应具备的条件，也就是应用确定型决策方法的条件，具体有以下几点。

（1）存在决策者期望达到的一个决策目标。
（2）未来的状况，只存在一个确定的自然状态。
（3）存在两个或两个以上的备选方案，供决策者选择。
（4）每一个备选方案在确定状态下的损益值可以计算出来。

符合上述条件的决策，就可采用确定型决策方法。

确定型决策方法有很多，常用的确定型决策方法有线性规划法和盈亏平衡分析法，这里主要介绍线性规划法。

线性规划法是在一些等式或不等式的约束条件下，求解线性目标函数的最大值或最小值的方法。运用线性规划法建立数学模型的步骤：①确定目标大小的变量；②列出目标函数方程；③找出实现目标的约束条件；④找出使目标函数达到最优的可行解，即为该线性规划的最优解。

例：某企业生产的产品是桌子和椅子，它们都要经过制造和装配两道工序。有关资料见表4-1。假设市场状况良好，企业生产出来的产品都能卖出去。试问何种组合的产品能使企业利润最大？

表4-1 某企业有关资料

| | 桌 子 | 椅 子 | 工序可利用时间/小时 |
| --- | --- | --- | --- |
| 在制造工序上的时间/小时 | 2 | 4 | 48 |
| 在装配工序上的时间/小时 | 4 | 2 | 60 |
| 单位产品利润/元 | 8 | 6 | — |

**解：**

第一步：确定影响目标大小的变量。在本例中，目标是利润，影响利润的变量是桌子数量 $T$ 和椅子数量 $C$。

第二步：列出目标函数方程：$\prod = 8T + 6C$

第三步：找出约束条件。在本例中，两种产品在一道工序上的总时间不能超过该道工序的可利用时间，即

制造工序：$2T + 4C \leq 48$

装配工序：$4T + 2C \leq 60$

除此之外，还有两个约束条件，即非负约束 $T \geq 0$，$C \geq 0$。

从而线性规划问题成为，如何选取 $T$ 和 $C$，使 $\prod$ 在上述 4 个约束条件下达到最大。

第四步：求出最优解——最优产品组合。上述线性规划问题的解为 $T = 12$ 和 $C = 6$，即生产 12 张桌子和 6 把椅子能使企业利润最大。

### 2. 风险型决策方法

风险型决策是指对未来的决定因素可能出现的结果不能做出充分肯定的情况下，根据各种可能结果的客观概率做出的决策。决策者对此要承担一定的风险。风险型问题具有决策者期望达到的明确标准，存在两个以上的可供选择方案和决策者无法控制的两种以上的自然状态，并且在不同自然状态下不同方案的损益值可以计算出来，对于未来发生何种自然状态，决策者虽然不能做出确定回答，但能大致估计其发生的概率值。对这类决策问题，常用决策树法求解。

决策树（图 4.3）是树型决策法的基本结构模型，由决策结点、方案分枝、状态结点、概率分枝和结果点等要素构成。小方框代表决策结点；由决策结点引出的每一条分支线段都代表一个可能的决策方案，称为方案分枝；方案分枝末端的圆圈称为状态结点；由状态结点引出的分枝代表可能的自然状态，称为概率分枝；在概率分枝末端的小三角代表结果点。在树型决策法中，决策的依据是各个方案在不同自然状态下的期望值，决策的原则一般是选择在各自然状态下的期望值最大（或最小）的方案作为最佳决策方案。进一步来说，如果决策目标是收益，则取期望值最大的方案作为最佳决策方案；如果决策目标是代价、成本或损失，则取期望值最小的方案作为最佳决策方案。在运用树型决策方法进行风险型决策分析时，其逻辑顺序是从树根到树干，再到树枝，最后向树梢逐渐展开；而各个方案在不同自然

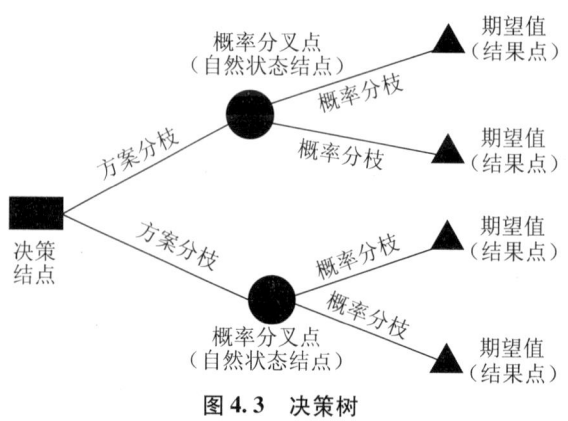

**图 4.3　决策树**

状态下的期望值的计算过程恰好与分析问题的逻辑顺序相反,它一般是从每一个树梢开始,经树枝、树干,逐渐向树根进行。

用树型决策方法分析风险型决策问题的一般步骤如下所述。

1)画出决策树

画出决策树即把某个决策问题未来发展情况的可能性和可能结果,由决策结点逐级展开为方案分枝、状态结点和概率分枝等。

2)计算期望值

在决策树中,由树梢开始,依次计算各个方案在不同自然状态下的期望值,作为决策方案选择的依据。

3)剪枝

将各个方案在不同自然状态下的期望值分别标注在其对应的状态结点上,进行比较优选,将优胜者填入决策点,用"‖"号剪掉舍弃方案,保留被选取的决策方案。

例:某公司准备生产某种新产品,可选择两个方案:一是引进一条生产线,需投资500万元,建成后如果销路好,每年可获利150万元,如果销路差,每年要亏损30万元;二是对原有设备进行技术改造,需投资300万元,如果销路好,每年可获利60万元,如果销路差,每年可获利30万元。两方案的使用期限均为10年,根据市场预测,产品销路好的概率为0.6,销路差的概率为0.4,应如何进行决策?

**解:**

第一步:将题意表格化(表4-2)。

表4-2 企业生产方案

| 自然状态 | 概率 | 行动方案盈利情况/万元 | |
|---|---|---|---|
| | | 引进新生产线 | 改进原设备 |
| 销路好 | 0.6 | 150 | 60 |
| 销路差 | 0.4 | -30 | 30 |

第二步:画决策树,如图4.4所示。

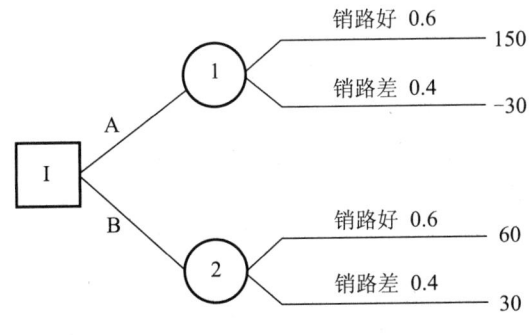

图4.4 例题决策树

第三步:计算期望值。

方案A:(150×0.6-30×0.4)×10-500=280(万元)

方案B:(60×0.6+30×0.4)×10-300=180(万元)

第四步：确定决策方案。

比较 A、B 方案的收益可知，A 方案的期望值大于 B 方案，所以决策者应选择 A 方案，即引进一条生产线。

### 3. 不确定型决策方法

不确定型决策是指决策人无法确定未来各种自然状态发生的概率的决策，是在不稳定条件下进行的决策。只要可供选择的方案不止一个，决策结果就存在不确定性。所以对不确定型问题的决策只能计算出各种方案在可能出现的几种自然状态下的收益值或损失值，并根据计算结果按照决策者个人的特点、经验和对未来状况的分析判断能力来进行决策。

例：某企业打算生产某产品，生产该产品有 3 种方案：改进生产线、新建生产线和外包生产。根据市场预测分析，产品销量有 3 种可能性：销路好、销路一般和销路差。各种方案的收益值见表 4-3。

表 4-3　企业产品各生产方案在不同市场情况下的收益　　　　　单位：万元

| 项　　目 | 销　路　好 | 销　路　一　般 | 销　路　差 |
|---|---|---|---|
| 改进生产线 | 180 | 120 | -40 |
| 新建生产线 | 240 | 100 | -80 |
| 外包生产 | 100 | 70 | 16 |

对于这一决策问题，不能简单地从表格中选取收益最大的 240 万元（新建生产线），因为"销路好"这一情况不一定能发生，甚至不知道 3 种情况各自出现的可能性（概率）。

不确定型决策方法通常有悲观（小中取大）原则决策法、乐观（大中取大）原则决策法、折中原则决策法和最小最大后悔值决策法 4 种。

#### 1）悲观原则决策法

悲观原则决策法也称小中取大法、保守法、瓦尔德决策准则。这类决策者对利益的反应比较迟钝，而对损失的反应比较敏感，对未来持悲观态度，认为未来会出现最差的情况。决策者不知道各种自然状态中任一种发生的概率，决策目标是避免最坏的结果，力求风险最小。运用悲观原则进行决策时，首先要在各方案的损益值中找出最小损益值；然后从这些最小损益值中选出一个最大值，与该最大值相对应的方案就是用悲观原则进行决策时所选择的方案。

在上例题中，3 种方案的最小损益值依次为 -40、-80 和 16，其中第三种方案对应的值最大，所以选择外包生产的方案。据此做出的决策是比较悲观且保守的决策，其总体精神是，由于前途未卜，一切以谨慎为上，确保即使在最坏的情况下也能取得最好的结果。

#### 2）乐观原则决策法

乐观原则决策法也称冒险决策法、大中取大法。这类决策者对损失的反应比较迟钝，而对利益的反应比较敏感，对未来持乐观的态度，认为未来会出现最好的情况。决策者不知道各种自然状态中任一种可能发生的概率，决策的目标是选最好的自然状态，力求获得最大的收益。运用乐观原则决策法进行决策时，首先要在各方案的损益值中找出最大损益值；然后从这些最大损益值中选出最大值，与该最大值相对应的方案就是用乐观原则进行决策时所选择的方案。

在上例题中，3 种方案的最大损益值依次为 180、240 和 100，其中第二种方案对应的值最大，所以选择新建生产线的方案。用这种决策原则，在情况好时，能确保获得最大的利益；但一旦形势不理想，其收益就大为减少，甚至可能出现亏损，所以要冒较大的风险。

3）折中原则决策法

折中原则决策法也称乐观系数法，决策者确定一个乐观系数 $\alpha$（0，1），悲观系数随之被确定为 $\beta=1-\alpha$，$\alpha$ 与 $\beta$ 是决策者乐观或悲观程度的度量。运用乐观系数和悲观系数计算出各方案的损益值，并选择损益值最大的方案。

折中原则决策法的具体步骤：①找出各方案在所有状态下的最小值和最大值；②决策者根据自己的风险偏好程度确定乐观系数 $\alpha$（$0<\alpha<1$）；③用确定的乐观系数 $\alpha$、悲观系数 $\beta$ 与各方案对应的最大最小损益值相乘、求和计算各方案的折中值；④取最大折中值对应的方案为所选方案。

用乐观系数法选择方案的结果，取决于决策者对待风险的偏好程度，当 $\alpha=0$ 时，结果与悲观原则决策法相同；当 $\alpha=1$ 时，结果与乐观原则决策法相同。这样，悲观原则决策法和乐观原则决策法便成为折中决策法的两个特例。

4）最小最大后悔值决策法

最小最大后悔值决策法又称遗憾原则决策法，决策者不愿冒大的风险，也不愿循规蹈矩。决策者不知道各种自然状态中任一种发生的概率，决策目标是确保避免较大的机会损失。决策者在选择了某种方案后，若事后发现客观情况并未按自己预想的发生，则会为自己事前的决策而后悔。在用最小最大后悔值决策法决策时，首先计算每个方案在每种情况下的后悔值（后悔值 = 该情况下的各方案中的最大收益 - 该方案在该情况下的收益）；然后找出各方案的最大后悔值；最后选择最大后悔值中最小值对应的方案。

上例题各方案在不同市场情况下的后悔值见表 4-4。

表 4-4 各方案在不同市场情况下的后悔值　　　　　　　　　　　　　单位：万元

| 项　　目 | 销　路　好 | 销　路　一　般 | 销　路　差 | 最大后悔值 |
|---|---|---|---|---|
| 改进生产线 | 60 | 0 | 56 | 60 |
| 新建生产线 | 0 | 20 | 96 | 96 |
| 外包生产 | 140 | 50 | 0 | 140 |

从表 4-4 中可看出，第一方案对应的最大后悔值最小，所以选择改进生产线方案。

## 本 章 小 结

决策指的是管理者识别并解决问题的过程，或者管理者利用机会的过程。决策具有目标性、可实践性、可抉择性和普遍性 4 大特征。在现实管理过程中，决策者进行决策时往往遵循的是"满意原则"。

具有代表性的决策理论有以英国经济学家 J. 边沁、美国科学管理学家 F. W. 泰勒为代表的"古典决策理论"，以赫伯特·A. 西蒙为代表的"行为决策理论"，以 C. E. 林德布洛姆为代表的"现实渐进决策理论"。决策过程有 6 个步骤：明确问题和识别机会、确定目标、拟订备选方案、评估备选方案、执行方案、评价效果。环境、过去的决策、决策者对风险的态度、组织文化、时间均是影响决策的因素。

进行决策的方法有定性决策方法和定量决策方法。定性决策方法包括德尔菲法、头脑风暴法、名义小组技术法、经营单位组合分析法等。定量分析方法包括线性规划法、决策树法、悲观原则决策法、乐观原则决策法、折中原则决策法和最小最大后悔值决策法。线性规划法用来进行确定型决策；决策树法用来进行风险型决策；悲观原则决策法、乐观原则决策法、折中原则决策法和最小最大后悔值决策法用来进行不确定型决策。

## 习 题

1. 一般而言，决策过程包括哪些步骤？
2. 什么是最优决策？什么是满意决策？你更倾向哪一种决策？
3. 决策受哪些因素的影响？
4. 什么是德尔菲法？简述德尔菲法的优点、缺点。
5. 某集团公司根据市场调研，准备投资建立一个新工厂来生产某种产品。现有两种方案备选：一个方案是投资20万元建立一个大厂，销路好时可获利100万元，销路差时将亏损30万元；另一个方案是投资15万元建立一个小厂，销路好时获利50万元，销路差时将获利20万元。而该产品销路差的概率是0.4，销路好的概率是0.6，请用决策树法进行决策。

## 案例分析

### 从引滦入津看决策

1981年5月，中央决定：密云水库今后不再为天津供水，它的任务是确保首都北京的供水。天津市用水，要靠滦河下游的潘家口水库解决。潘家口水库的任务有三：第一保天津，第二保唐山，第三供给农业用水。

南线，还是北线——把握决策的战略目的。

潘家口水库位于河北省的迁西县境内，距离天津市区尚有百公里之遥。通过什么路线把水引入天津？有以下两个方案。

第一个，"南线方案"，即引水河道由水库出发，一直向南，经迁安县（现迁安市）、滦县，直奔唐山再由唐山把水引到天津市区。

第二个，"北线方案"，即引水河道由水库出发，向西穿过燕山山脉的几座山到遵化县（现遵化市），输入于桥水库，然后利用旧有的水道，再加新开挖的引水渠道，把水引到天津市区。

两个方案各有优劣。

"南线方案"，一个工程可以同时解决天津、唐山及河北省沿水道地区的用水问题，总的来看，国家可以减少投资。而且南线工程已于1975年上马，施工已进行了5个年头，如果再投入一些力量的话，工程可以较早竣工，有利于解决天津市的燃眉之急。正是考虑上述优点，上级有关主管部门倾向于这个方案。当天津市连续呼喊水源告急时，1.65亿元的投资追加给了南线工程，打算以此来解决天津供水问题。

"北线方案"与"南线方案"相比，正是在于上述几个方面有"辙"可击。为天津市单独引水，投资要增加一些。最令人担心的是工程的困难。有的同志估计，仅勘测、设计至少要花一年的时间。而要打通施工难度极大的引水隧道，再加上各种配套工程，至少要5年的时间。3年完成，将是个奇迹……

引滦究竟是走南线还是走北线？这个问题，事实上从1973年起，就开始了讨论了。市委领导有同意南线的也有同意北线的。同意"南线方案"的认为，与唐山合用一个水道，对天津来说虽然不是十分有保障，因为它处在最下游，但到时自然有办法，天津这样的大城市，国家不会不管。同时认为，南线工程已经上马，事情已成定局，不好再改变了。

1981年，由李瑞环等同志组成的天津市领导班子，坚决主张上北线工程。北线的弱点确实存在，但这个方案具有以下优点。

(1) 可以利用旧有的水道，节省投资。
(2) 这条线占地少，拆迁少。
(3) 沿线有公路、有电源，施工方便。
(4) 对于处于最下游的天津来说，这个方案保障了它拥有自己专用的供水水源。

怎样比较这两个方案？把各自的优缺点罗列出来，然后以简单的数学方法，计算哪一个优点条数多，缺点条数少，就选哪一个，这样当然不行。各个优缺点的分量和地位不是同等的，只有用决策的战略目标来衡量它，才可能做出正确的估计。当时，天津市领导班子正是抓住了战略目标这一核心问题，来分析这两个方案。

"引滦入津"的根本目的是确保天津用水。"南线方案"自然有许多吸引人的优点，但是最主要是不能做到"确保"这一点。对此，天津有切身体会：大旱的时候，从密云水库放下30个流量的水给天津，可是，等水到天津只剩下0.9个流量。"理论"数字和实际数字相差如此悬殊，使人不能不认识到水资源在使用上有其特殊的规律。难怪当时国家领导人这样说："不上北线，我们就会端着金饭碗要饭吃！"

正是出于上述考虑，天津市领导班子坚定选择了"北线方案"，上报中央，并获得了批准。

这个决策的成功，主要在于抓住了决策的战略目标。做出某个决策时，我们必须对其目标十分明确，不然就会偏离方向。

**案例分析题**

1. 通过引滦入津工程，你认为决策应该包含什么样的内容？
2. 你认为"做出某个决策时，我们必须对其目标十分明确，不然就会偏离方向"的说法有道理吗？为什么？

# 第 5 章 计划与计划工作

## 学习目的

通过本章的学习，理解计划的定义，了解计划的性质和作用，了解计划的编制过程，了解计划的类型，掌握计划工作的原理，理解战略环境分析和战略计划的选择，掌握目标管理的实施过程，了解计划编制方法。

## 知识要点

| 知识要点 | 要求程度 | 相关知识 |
| --- | --- | --- |
| 计划的定义 | 理解 | 计划的定义 |
| 计划的性质和作用 | 了解 | (1) 计划的性质<br>(2) 计划的作用 |
| 计划的编制过程 | 了解 | 计划的编制过程 |
| 计划的类型 | 了解 | 计划的类型 |
| 计划工作的原理 | 掌握 | (1) 限定因素原理<br>(2) 许诺原理<br>(3) 灵活性原理<br>(4) 改变航道原理 |
| 战略环境分析和战略性计划选择 | 理解 | (1) 战略环境分析<br>(2) 战略性计划选择 |
| 目标管理的实施过程 | 掌握 | 目标管理的实施过程 |
| 计划编制方法 | 了解 | 计划编制方法 |

"休斯敦,川奎特基地'鹰号'已经着陆了。"这句话永远铭刻在全世界所有在1969年7月20日观看人类第一次登月的人们的记忆里。这一成功盛举背后的场面是令人难以置信的。因为看起来十分理想的顺利飞行,实际上按照计划几乎面临一场巨大的灾难。

把3个宇航员送入太空,其中2个驾驶太空飞船,然后着陆在月球上,这需要非常详细而周密的计划。从能量巨大的Slaturn V火箭倒计时和起飞,到太空飞船的精密操作,每个细节都做了周密计划,技术专家和飞行控制人员都是这样考虑的。当尼尔·阿姆斯特朗和巴兹·阿尔顿开始驾驶小型、极易损坏的"鹰号"太空飞船向月球表面降落的时候出了差错。突然警报响了,是一个"1202"报警声音。在指挥中心从地球上监控"鹰号"下降的一个人回忆说:"我不太清楚'1202'到底是什么。"离月球表面着陆只剩下8分钟的时候,除了史蒂夫·比尔斯,一个26岁的技术专家,指挥中心没有一个人知道"1202"意味着什么。整个太空项目组只能等待,看比尔斯是否放弃月球着陆。比尔斯最后决定,问题是由于飞船上的计算机信息太多不能处理而引起的,只要计算机不完全关闭,他们就能成功地在月球上着陆。尽管响了警报,指挥中心还是按计划向"鹰号"发出了继续着陆的信号。

当"鹰号"离月球表面只有5 000英尺,并且以每秒100英尺的速度飞向月球时,另一个问题发生了。指挥中心的计算机引导飞船进入着陆区,但是当阿姆斯特朗从飞船窗口看月球表面的时候,他没有看到任何事先研究月球表面时所能认出的东西。计算机制导系统正引导他们进入一个岩石地带——与事先计划的完全不同。着陆在像大众汽车那么大的岩石上,精密的月球着陆器将会粉身碎骨。在离月球表面350英尺时,阿姆斯特朗没有与休斯敦指挥部说一句话就直接手动操纵飞船寻找着陆地点。指挥中心的工程师和技术人员只是坐着而不能给予任何帮助。阿姆斯特朗离月球越来越近,但他能看到的还是岩石。

同时,在休斯敦,计算机显示"鹰号"着陆油箱里的燃料已经很少了。那天身处指挥中心的一个成员后来回忆说:"从那时起,我们什么忙也帮不上。我们能做的只是告诉他们还剩下多少燃料。"指挥中心的决定是如果"鹰号"不能在60秒之内着陆,登月行动即告失败。25秒,20秒,阿姆斯特朗离月球表面只有100英尺了,这时他找到了一个着陆地点,如果他能及时降落到那里的话似乎是安全的。那时,指挥中心异常的寂静,什么声音都听不到。紧接着,通信系统中传来阿姆斯特朗平静、镇定、冷静的声音:"休斯敦,川奎特基地'鹰号'已经着陆了。"

案例证明,即使在太空行动中,最聪明的管理者和技术人员已经做了最出色的计划,也不能完全按照计划行事。

资料来源:道客巴巴网,http://www.doc88.com

## 5.1 计 划 概 述

决策是计划的前提,计划是决策的逻辑延续,计划过程是决策的组织落实过程。

哈罗德·孔茨曾说:"计划工作是一座桥梁,它把我们所处的此岸和我们要去的彼岸连接起来,以克服这一天堑。"计划是组织对实现未来活动的安排,为组织提供了通向未来目标的明确道路,给组织、领导和控制等管理工作提供了基础。管理的其他活动只有在计划确定了之后才能进行,并且都随计划和目标的改变而改变。

### 5.1.1 计划的定义

人们通常从名词和动词两个角度定义计划。名词的计划是指用文字和指标等形式所表述的，在未来一定时期内组织及组织内不同部门和不同成员，关于行动方向、内容和方式安排的管理文件。动词的计划是指组织根据环境的需要和自身的特点，确定组织在一定时期内的目标，通过计划的编制、执行和监督来协调组织各类资源以顺利达到预期目标的过程。

### 5.1.2 计划的性质

计划的性质体现在以下 4 个方面。

#### 1. 目标性

任何组织都必须具有生存的价值和存在的使命。决策活动为组织确立了存在的使命和目标并且进行了实现方式的选择。计划工作是对决策工作在时间和空间两个维度上进一步的展开和细化。所谓在时间维度上进一步展开和细化，是指计划工作把决策所确立的组织目标及其行动方式分解为不同时间段（如长期、中期、短期等）的目标及其行动安排；所谓在空间维度上进一步展开和细化，是指计划工作把决策所确立的组织目标及其行动方式分解为组织内不同层次（如高层、中层、基层等），不同部门（如生产、人事、销售、财务等），不同成员的目标及其行动安排。组织正是通过有意识的合作来完成群体的目标而生存的。因此，组织的各种计划及各项计划工作都必须有助于完成组织的目标。

#### 2. 指引性

如果说决策工作确立了组织生存的使命和目标，描绘了组织的未来，那么计划工作是一座桥梁，它把我们所处的此岸和我们要去的彼岸连接起来，给组织提供了通向未来目标的明确道路，是组织、领导和控制等一系列管理工作的基础。

未来的不确定性和环境的变化使行动有如在大海航行，若要时刻保持正确的航向，就必须明白自己所处的位置，明确自己行动的目标，这不仅要求组织的一般成员了解组织的目标和实现目标的行动安排，而且更要求组织的主要领导人员明确组织的目标和实现目标的行动路径（以不至于因日常琐事和一连串的转弯迷失方向）。计划工作的目的就是使所有的行动保持同一方向，促使组织目标实现。

#### 3. 普遍性和秩序性

所有管理者，从最高层管理者到第一线的基层管理者都要进行计划工作。计划工作是全体管理者的一项职能，但不同部门、不同层级的管理者的计划工作的特点和广度都不同。当然，计划工作的普遍性中蕴含着一定的秩序，这种秩序因组织性质的不同而有所不同。最主要的秩序表现为计划工作的纵向层次性和横向协作性。虽然所有管理者都制订计划，但第一线的基层管理者的工作计划不同于高层管理者制订的战略计划。高层管理者计划组织总方向，各级管理者再据此拟订他们的计划，从而保证实现组织的总目标。另外，不可能仅通过某一类型活动（如销售活动）就实现组织的总目标，而是需要多种多样的活动相互协作和相互补充才能实现。

#### 4. 效率性

可以用计划对组织目标的贡献来衡量一个计划的效率。贡献是指扣除在制订和实施这项计划时所需要的费用和其他因素后的剩余。在计划所要完成的目标确定的情况下，可以用制订和实施计划的成本及其他连带成本（如计划实施带来的损失、计划执行的风险等）来衡量效率。如果计划能得到最大的剩余，或者计划按合理的代价实现目标，这样的计划是有效率的。特别需要注意的是，在衡量代价时，不仅用时间、金钱或者生产等来衡量，而且还要用个人和集体的满意程度来衡量。

实现目标有许多途径，我们必须从中选择最优的方法，并以最低的费用取得预期的成果。计划工作强调协调和节约，其重大安排都要经过经济和技术的可行性分析，使付出的代价尽可能合算。

### 5.1.3 计划的作用

管理者为何要做计划？计划为组织或组织目标的实现做出了什么贡献？这些是由计划的作用来体现的。

#### 1. 计划有利于管理者进行协调

管理者通过制订计划将组织的目标活动在时间和空间上进行了详细的分解，为管理工作提供了依据。管理者根据计划分派任务并确定下级的权力和责任，促使组织中全体人员的活动方向趋于一致，以保证达到计划所设定的目标。当组织所有成员了解组织的目标和为达到目标需要做出什么贡献时，他们就能开始协调各自的活动，将个人的力量朝向组织目标的方向，这可避免因缺乏计划导致的组织成员力量的内耗，有利于更有效地实现组织目标。

#### 2. 计划有利于提高效率

计划工作的一项重要任务就是根据未来可能的情况，采取相对应的措施，使未来的组织互动均衡发展。计划工作要对各种方案进行技术分析，选择最适当的、最有效的方案来达到组织目标。

由于有了计划，组织中成员的努力将合成一种组织效应，这将大大提高工作效率从而带来经济效益。计划工作有利于用最短的时间完成工作，减少迟滞和等待的时间，减少盲目性所造成的浪费，促进各项工作均衡稳定发展，为组织筹集资源提供依据，使组织的可用资源充分发挥作用，并降低成本、提高效益。

#### 3. 计划有利于组织适应环境变化

计划是面向未来的，而未来在时间和空间上具有不确定性和变动性。计划工作的意义就在于根据过去和现在的信息，预测未来可能发生的变化，尽可能地把握事物的发展趋势，并在科学预测的基础上制订相应的补救措施，最大限度地提高计划的科学性。计划通过科学的预测，还可以帮助管理者在需要的时候对计划做出必要的修正，并采取一些补救措施，将风险降低。

#### 4. 计划为控制提供标准

管理者在制订计划时设立了组织活动的目标和标准，得以对组织活动进程进行控制。如果我们不知道自己要去的方向和要达到的目的，那么我们怎么来判断自己是否在朝着正确的方向努力或是否实现了目标呢？通过计划职能为组织设立目标，使我们能够在其后的控制职能中，将实现的绩效与目标进行比较，发现偏差，采取行动予以纠正，否则我们只能任其自由发展了。

### 5.1.4 计划的编制过程

计划编制本身也是一个过程,为了保证编制的计划合理,确保能实现决策的组织落实,计划编制过程中必须采用科学的方法。

虽然可以按不同标准把计划分成多种类型,而且计划的形式也多种多样,但管理者在编制任何完整的计划时,都在遵循相同的逻辑和步骤。

1. 确定目标

确定目标是决策工作的首要任务,目标是指期望的成果。目标为组织整体、各部门和各成员指明了方向,描绘了组织未来的状况,并且作为可以衡量实际绩效的标准。计划工作的主要任务是将决策所确立的目标进行分解,以便落实到各个部门、各个活动环节,并将长期目标分解为各个阶段目标。企业的目标指明主要计划的方向,而主要计划又根据反映企业目标的方式,规定各个重要部分的目标。而主要部门的目标又依次控制下属各部门的目标。沿着这样的一条线以此类推,从而形成了组织的目标结构,包括目标的时间结构和空间结构。目标结构描述了组织中各层次目标间的协作关系。

2. 认清现在

计划是连接组织所处的此岸和组织要去的彼岸的一座桥梁,目标则指明了组织要去的彼岸。因此,制订计划的第二步是认清组织所处的此岸,即认清现在。认清现在的目的在于寻求合理有效的通向彼岸的路径,即实现目标的途径。认清现在不仅需要有开放的精神,即把组织、部门置于更大的系统中;而且要有动态的精神,即考察环境、对手与组织自身随时间的变化与相互间的动态反应。对外部环境、竞争对手和组织自身的实力进行比较研究,不仅要研究环境给组织带来的机会与威胁,与竞争对手相比组织自身的实力与不足,还要研究环境、对手及其自身随时间的变化趋势。

3. 研究过去

虽然"现在"不必在"过去"的线性延长线上,但"现在"毕竟是从"过去"走来。研究过去不仅是从过去发生过的事件中得到启示和借鉴,而且更重要的是探讨过去通向现在的一些规律。从过去发生的事件中探求事物发展的一般规律,其基本方法有两种:一种为演绎法,另一种为归纳法。演绎法是将某一大前提应用于个别情况,并从中引出结论。归纳法是从个别情况发现结论,并推论出具有普遍意义的大前提。现代理性主义的思考和分析方式基本上可分为以上两种,要么从已知的大前提出发加以立论,要么有步骤地把个别情况集中起来,再从中发现规律。根据所掌握的材料情况,研究过去可以采用个案分析、时间序列分析等形式。

4. 确定计划的重要前提条件

前提条件是指实现计划的环境的假设条件,是关于我们所处的此岸到达我们要去的彼岸过程中所有可能的情况。预测并有效地确定计划的前提条件的重要性不仅在于对前提条件认识越清楚、越深刻,计划工作越有效,而且在于组织成员越彻底地理解和同意使用一致的计划前提条件,企业计划工作就越容易协调。

由于将来是极其复杂的,要对一个计划的将来环境的每个细节都做出假设是不切合实际的，也是不必要的。因此前提条件是限于那些对计划来说是关键性的或具有重要意义的假设条件。也就是说，限于那些对计划贯彻实施有重要影响的假设条件。预测在确定前提方面很重要，最常见的对重要前提条件预测的方式是德尔菲法。

5. 拟订和选择可行性行动计划

"条条大路通罗马""殊途同归"，这些都体现了实现某一目标的途径是多条的。拟订和选择行动计划包括3个内容：拟订可行性行动计划、评估行动计划和选定行动计划。

拟订可行性行动计划要求拟订尽可能多的计划。可供选择的行动计划数量越多，被选计划的相对满意程度就越高，行动就越有效。因此，在可行的行动计划拟订阶段，要广泛发动群众，充分利用组织内外的专家，通过他们献计献策，产生尽可能多的行动计划。在寻求可供选择的行动计划阶段需要"巧主意"，需要创新性。尽管没有两个人的脑力活动完全一样，但科学研究表明创新过程一般包括浸润（对一个问题由表及里的全面了解）、审思（仔细考虑这一问题）、潜化（放松和停止有意识的研究，让下意识起作用）、突现（突现绝妙的，也许有点古怪的答案）、调节（澄清、组织和再修正这一答案）。具体的方法有头脑风暴法、提喻法。

评估行动计划要注意考虑以下几点：其一，认真考察每一个计划的制约因素和隐患；其二，要用总体效益的观点来评估计划；其三，既要考虑到每一个计划许多有形的可以用数量表示出来的因素，又要考虑到许多无形的不能用数量表示出来的因素；其四，要动态地考察计划的效果，不仅要考虑计划执行所带来的利益，而且要考虑计划执行所带来的损失，特别注意那些潜在的、间接的损失。评估方法分为定性和定量两类。

这一阶段的最后一步是按一定的原则选择出一个或几个较优计划。

6. 拟订主要计划

拟订主要计划就是将所选择的计划用文字形式正式地表达出来。作为一项管理文件，拟订计划要清楚地确定和描述"5W1H"，即What（做什么）、Why（为什么做）、Who（谁去做）、Where（何地做）、When（何时做）和How（怎样做）。

7. 制订派生计划

主要计划肯定需要派生计划的支持。比如，一家公司年初制订了"当年销售额比上年增长15%"的销售计划，这一计划发出了制订许多派生计划的信号，如生产计划、促销计划等。再如，当一家公司决定开拓一项新的业务时，这个决策也发出了要制订很多派生计划的信号，如雇用和培训各种人员的计划、筹集资金计划、广告计划等。

8. 使计划数字化

在做出决策和确定计划后，赋予计划含义的最后一步就是把计划转变成预算，使计划数字化。编制预算，一方面是为了使计划的指标体系更加明确，另一方面是企业更易于对计划的执行进行控制。定性的计划往往在可比性、可控性和进行奖励方面比较困难，而定量的计划则具有较硬的约束。

### 5.1.5　计划的类型

按照不同的标准，计划可以分为多种类型。

1. 根据时间的期限，计划可分为短期计划、中期计划和长期计划

一般，计划期限在 1 年以内的计划称为短期计划，计划期限在 1 年以上 5 年以内的计划称为中期计划，计划期限在 5 年以上的计划称为长期计划。不过这种划分不是绝对的，计划期限的长短是一个相对概念。例如，一项航天发展项目的短期实施计划可能需要 5 年，而一家小型食品加工厂，由于市场变化迅速，它的短期计划仅能使用几个月。

长期计划描述了组织在较长时期的发展方向和方针，绘制了组织长期发展的蓝图。中期计划是根据长期计划制订的，比长期计划要详细具体，是考虑了组织内部和外部的条件与环境变化情况后制订的可执行计划。短期计划则比中期计划更详细具体，一般是中期计划的分解和落实，是指导组织具体活动的行动计划，具体规定组织各部门在目前到未来的各个较短的时期阶段，特别是最近阶段，应该从事何种活动及相应的要求，从而为组织成员在近期内的行动提供依据。

在管理实践中，长期、中期和短期计划必须有机地衔接起来。长期计划要对中期、短期计划有指导作用，而中期、短期计划的实施要有助于长期计划的实现。

2. 根据组织的职能，计划可分为业务计划、财务计划和人力资源计划

组织通过从事一定业务活动立身于社会，业务计划是组织的主要计划。我们通常用"人财物，供产销"6 个字来描述一个组织所需的要素和组织的主要活动。业务计划的内容涉及"物、供、产、销"，财务计划的内容涉及"财"，人事计划的内容涉及"人"。

作为经济组织，企业业务计划包括产品开发、物资采购、仓储后勤、生产作业及市场营销等内容。长期业务计划主要涉及业务方面的调整或业务规模的发展，短期业务计划则主要涉及业务活动的具体安排。比如，长期产品计划主要涉及产品新品种的开发，短期产品计划则主要与现有产品品种的结构改进、功能完善有关；长期生产计划安排了企业生产规模的扩张及实施步骤，短期生产计划则主要涉及不同车间、班组的季、月、旬乃至周的作业进度安排；长期营销计划关系到推销方式或销售渠道的选择和建立，而短期营销计划则表现为对现有营销手段和网络的充分利用。

财务计划和人力资源计划是为业务计划服务的，也是围绕业务计划展开的。财务计划研究如何从资本的提供和利用上促进业务活动的有效进行，人力资源计划则分析如何为业务规模的维持和扩大提供人力资源的保证。比如，长期财务计划决定为了满足业务规模发展而导致的资本增加的需要，如何建立新的融资渠道或选择不同的融资方式，而短期财务计划则研究如何保证资本的供应或如何监督这些资本的利用效率；长期人力资源计划要研究如何为保证组织的发展而提高成员的素质，准备必要的干部力量，短期人力资源计划则要研究如何将具备不同素质特点的组织成员安排在不同的岗位上，使他们的能力和积极性得到充分的发挥。

3. 根据涉及范围的大小，计划可分为战略计划和战术计划

战略计划是由高层管理者制订的，全盘考虑各种确定性与不确定性的情况，为组织未来较长时期（通常为 3 年、5 年甚至更长时期）设立总体目标和寻求组织在环境中的地位的计划。战略计划具有长远性、全局性和指导性特点。它决定在相当长时间内组织资源的运动方向，并将在较长时间内发挥指导作用。战术计划是由中下层管理者制订的，在战略计划所规

定的方向、方针、政策框架内，确保战略目标的落实和实现，确保资源的取得与有效运用的具体计划。它主要描述如何实现组织的整体目标，是战略计划的具体化或是战略实施计划。战术计划具有局部性、指令性和一次性特点。战略计划侧重于确定组织宗旨、目标，战术计划侧重于明确落实战略的各种措施和方法。

4. 根据计划内容的明确程度，计划可分为指导性计划和具体性计划

指导性计划规定一般的方针和行动原则。它确定最终的目标，但不确定具体的目标和具体的活动方案，给予行动者较大的自由处置权。

具体性计划则具有明确规定的目标，内容明确。它以指导性计划的目标为最终目标，具有明确的可衡量的具体目标及一套可操作的行动方案。

一般来说，具体性计划的明确性较高但其可预见性条件难以满足，而指导性计划的灵活性较高。在管理工作中，必须根据实际问题，在灵活性和明确性之间进行权衡，选择制订不同类型的计划。

5. 根据综合性程度，计划可分为综合计划和专项计划

综合计划是对企业生产经营过程所做的整体安排，具有多个目标和多方面的内容。其特点是从整体出发，强调综合性，促使各部门、各环节协调发展。习惯把预算年度的计划称为综合计划。例如，企业年度生产经营计划，主要包括销售计划、生产计划、物资供应计划、财务计划等，这些计划都有各自的内容，但它们相互联系，相互影响，相互制约，形成一个有机整体。

专项计划是指限于制订范围的计划，是在综合计划的基础上制订的，是综合计划的子计划。其特点是内容单一，期限不定，而且比较具体。它包括各种职能部门制订的职能计划，如技术改造计划、设备维修计划等。制订专项计划一方面必须以综合计划为指导，避免同综合计划脱节；另一方面还应注意各个专项计划相互间的协调。

综合计划和专项计划是整体与局部的关系。专项计划是综合计划中某些项目的特殊安排，以便指定实施方案。

6. 根据是否为例行活动，计划可分为程序性计划和非程序性计划

西蒙把组织活动分为两类。一类是例行的重复出现的活动，对这类活动的决策称为程序化决策，也就是说有关这类活动的决策是经常反复的，而且具有一定的结构，因此可以建立一定的决策程序。每当出现这类工作或问题时，就利用既定的程序来解决，而不需要重新研究。与此相应的计划是程序性计划，包括政策、标准方法和常规作业程序等。另一类是非例行活动，不重复出现，对这类活动的决策称为非程序化决策，即处理这类问题没有一成不变的方法和程序，因为这类问题要么在过去尚未发生过，要么因为其确切的性质和结构捉摸不定或极为复杂，要么因为其十分重要而需要用个别方法加以处理。与此相应的计划是非程序性计划，包括为特定情况专门设计的方案、进度表等。

7. 根据表现形式，计划可分为9种类型

1）宗旨

宗旨是指社会赋予组织的基本职能和基本使命。它指明组织在社会上应起的作用和所处的地位，决定了组织的性质，是组织间相互区别的标志。大学的宗旨是培养人才，研究所的

宗旨是科学研究，企业的宗旨是向社会提供有经济价值的商品和服务，医院的宗旨是治病救人等。

例如，方太的企业宗旨是"不断为人类提供更新更好的家居（厨房）生活方式和文化，达到与社会共同进步"。

2）目标

组织宗旨是组织价值的高度概括，而组织目标则更加具体地说明组织从事活动的预期结果。组织目标包括了组织在一定时期的目标及各部门的具体目标。一定时期的目标是在宗旨指导下提出的，规定了组织及其各个部门的经营管理活动在一定时期要达到的具体成果。在一般情况下，可以把组织目标进一步细化，从而得出多方面的目标，形成一个相互联系的目标体系。

为实现企业宗旨，企业要相应地将宗旨具体到企业目标上。

例如，方太的企业目标是"方太成为中国厨具第一品牌，方太成为国际化的专业厨具公司"。

3）战略

任何一个组织都应该是实际而具体的，而宗旨、使命和目标的内容相对比较抽象。因此，还需要通过组织战略来实现组织目标。战略作为计划的一种形式，着重考虑的是更有效地实现组织目标。它通过指明方向、确定重点和安排资源而取得更高效益。

例如，方太的企业战略是"管理战略：制度化＋科学化＋人本化＋方太文化＝方太模式；产品战略：独特、高档、领先；开发战略：生产一代、储备一代、开发一代、研究一代；营销战略：争创厨具第一品牌，追求顾客完全满意；发展战略：站稳脚跟后再出重拳"。

4）政策

政策是处理各种具体问题的一般规定，是用文字说明的、用来指导和沟通思想与行动的意见。具体说，它规定组织成员行动的方向和界限。政策一般比较稳定，一旦制定，就要持续到新的政策出现为止。政策由最高管理层确定，但在制定时最好能参考实际执行者的意见，使他们在执行过程中能够有自信和积极的态度。

在正常情况下，各级组织都有自己的政策。制定政策有助于事先决定问题，不需要每次重复分析相同情况，从而使主管人员能够控制全局。

海尔在人力资源管理中不搞"伯乐相马"，而是实行"赛马"。通过提供岗位和岗位竞争，在企业内部创造一种人才竞争机制来选拔人才，将命运交给千里马自己而不是等待伯乐的出现，这就是海尔的用人政策。

5）程序

程序是对处理未来活动例行方法的规定，它规定了处理那些重复发生的例行问题的标准方法。程序是指导如何采取行动，而不是指导如何去思考问题。它详细列出必须完成某类活动的切实方式，并按时间顺序对必要的活动进行安排，没有给行动者自由处理的权力。

在组织里，每个层次都存在程序问题，有各种各样的程序，如高层管理者的决策程序、基层人员的请假批准程序、工人的机器操作程序、各个业务部门之间的工作程序等，只不过随组织程序的不同，程序的内涵也不同。程序可以说是为了贯彻和辅助政策的执行所需要的一种计划形式，是对大量日常工作过程及工作方法的提炼和规范。制订和贯彻各项管理工作的程序是组织的一项基础工作。

6）规则

规则是一种较简单的计划，确定在各种情况下什么是必须做的，什么是不必做的，规定了行动的是非标准。程序和规则的区别在于：程序是有时间顺序的规则或一系列规则的总和；而规则一般并不规定时间顺序，也不一定是程序的组成部分，可能与程序毫不相干，如"禁止在工作场所吸烟"就是一个与时间顺序无关的规则。

规则也常常与政策相混淆，所以要特别注意区分。政策的目的是指导行动，并给执行人员留有酌情处理的余地；而规则虽然也起指导行动的作用，但是在运用规则时，执行人员没有自行处理权。

在海尔，科研人员是流动的，对科研人员推行科研项目招标，取消基本工资和档案工资，只领取月项目承包费，收入上不封顶，下不保底。这些规则使科技人员队伍保持了最优化的结构和最富有效率的创新状态，开发研制的产品始终满足市场的需求，始终与市场和用户保持着最近的距离。

7）方案

方案是综合性的、纲要性的计划，包括目标、政策、程序、规则、任务分配、要采取的步骤、要使用的资源及为完成既定行动方针所需的其他因素。

8）规划

规划主要是根据组织总目标和各项目标去制订组织和各个部门的分阶段目标，其重点在于划分总目标实现的进度。所以，规划包括了组织的长期计划和短期计划、职能部门专业计划等。通常情况下，一个主要规划可能需要很多计划支持。

9）预算

预算作为一种计划，是以数字表示预期结果的一种报告书。它也可称为"数字化"的计划。预算可以帮助组织或企业的上层和各级管理部门的主管人员从资金和现金收支的角度，全面、细致地了解组织或企业经营管理活动的规模、重点和预期结果。

预算工作的主要优点是促使人们详细制订计划、平衡各种计划。由于预算总要用数字来表现，所以它能使计划工作做得更细致。

## 5.2 计划工作的原理

不管研制一种新产品，还是建设一所学校，每个计划涉及的人力、物力、财力等资源和所使用的时间及所需要的人都会有所不同，因而有的计划简单，有的计划复杂，但所有的计划应该遵循的原理都是相同的。计划工作的原理概括起来有以下4个。

### 5.2.1 限定因素原理

所谓限定因素，是指妨碍组织目标实现的因素，如果它们发生变化，即使其他因素不变，也会影响组织目标的实现程度。其含义正如木桶原理所表述的那样：木桶所盛的水量，是由木桶壁上最短的那块木板条决定的。这就是说，管理者在制订计划时，应该尽量了解那些对目标实现起主要限制作用的因素，才能有针对性地、有效地拟订各种方案，计划方案才可能趋于最优。

## 5.2.2 许诺原理

计划期限的合理选择应该遵循许诺原理。长期计划的编制并不是为了未来的决策,而是通过今天的决策对未来施加影响。这就是说,任何一项计划都是对完成各项工作所做出的许诺,许诺越多,计划期限越长,实现许诺的可能性越小。这就是许诺原理。该原理要求合理地确定计划期限,不能随意缩短计划期限,计划许诺也不能过多致使计划期限过长。如果主管人员实现许诺所需的时间比他可能正确预见的未来期限还要长,他的计划就不会有足够的灵活性适应未来的变化,他应减少许诺,缩短计划期限。

## 5.2.3 灵活性原理

确定计划实施的预期环境靠的是预测,但未来情况有时是难以预测的。因此,计划需要有灵活性,才有能力在出现意外时改变方向,不至于使组织遭受太大的损失。这就是计划的灵活性原理。灵活性原理在计划中非常重要,特别是承担任务重、计划期限长的情况,如战略计划,它的作用更明显。虽然,计划中体现的灵活性越大,出现意外事件时适应能力越强,对组织的危害性越小,但灵活性是有一定限度的。比如,不能为保证计划的灵活性而一味推迟决策的时间,未来总有些不确定的因素,当断不断,则会坐失良机。

## 5.2.4 改变航道原理

计划是面向未来的,而未来情况随时都可能发生变化,所制订的计划显然也不能一成不变。在保证计划总目标不变的情况下,随时改变实现目标的进程(即航道),就是改变航道原理。应该注意的是,该原理与灵活性原理不同,灵活性原理是使计划本身具有适应未来情况变化的能力。而改变航道原理是使计划执行过程具有应变能力,就像航海家一样,随时核对航线,一旦遇到障碍就绕道而行。

# 5.3 战略性计划与计划实施

战略性计划是指应用于整体组织的,为组织未来较长时期(通常为 5 年以上)设立总体目标和寻求组织在环境中的地位的计划。战略计划的任务不在于看清企业目前是什么样子,而在于看清企业将来会成为什么样子。

把战略计划转化为战术性计划的过程,既是中期与短期计划的制订过程,又是长期、中期与短期计划组织实施的过程。战术性计划是指如何实现总体目标的细化的计划,其需要解决的是组织具体部门或职能在未来各个较短时期内的行动方案。把战略性计划转化为战术性计划,要求战术性计划在不同期间内和不同职能空间上协调一致。

## 5.3.1 战略环境分析

战略环境分析是指对企业所处的内外部竞争环境进行分析,以发现企业的核心竞争力,明确企业的发展方向、途径和手段。

战略环境分析是战略管理过程的第一个环节,也是制订战略的开端。战略环境分析的目的是展望企业的未来。战略是根据环境制订的,是为了使企业的发展目标与环境变化和企业能力实现动态的平衡。

### 知识链接

沃尔玛公司是全球规模最大的连锁零售商之一，年销售额逾3 000亿美元。如今它却面临着增长速度不断减缓的尴尬境地。公司在全球各地包括美国东北部地区的转型并非一帆风顺，于是它开始了改革之路。在公司年度股东会议上，沃尔玛公司首席执行官李·斯科特（Lee Scott）介绍了新战略的主要内容，他还引用公司创始人山姆·沃尔顿（Sam Walton）的名言说道："旧方法已经时过境迁，万事万物时刻都在变化。只有领先变化而动，我们才能获得成功。"

沃尔玛公司以前瞄准的目标市场是钟爱折扣的工薪阶层消费者。当这一市场已经达到饱和状态之后，沃尔玛公司开始将商品种类扩展到有机食品、中高档酒类、高端电子消费产品及流行服饰等领域，从而将其低价战略逐渐对准中高端顾客群体。沃顿商学院的教员及市场分析人士认为，虽然该战略蕴藏着一定程度的风险，但这也是沃尔玛公司在激烈的市场竞争及缺乏其他增长机遇的双重压力之下的必然出路。

资料来源：冯开红，吴亚平．企业管理实务．北京：电子工业出版社，2009．

战略环境分析内容包括外部一般环境分析、行业环境分析、竞争对手分析、企业自身分析和SWOT综合分析法几个方面。

1. 外部一般环境分析

外部一般环境，又称总体环境，是在一定时空内存在于社会中的各类组织均面对的环境，其大致可归纳为政治、社会、经济、技术、自然5个方面。

企业的经营活动不过是企业与外部环境之间交互的动态过程，企业战略的实质就是企业内外因素的动态匹配与整合。显然，诸如政治、社会、经济、技术、自然等企业外部环境因素及其相互作用，对企业的经营或战略活动至关重要。如果无视环境带来的机遇和威胁，任何企业都不可能在日益激烈的竞争中取得成功，更不用谈可持续发展了。

政治环境包括一个国家的社会制度、执政党的性质、政府的方针、政策、法令等。不同的国家有着不同的社会性质，不同的社会制度，对组织活动有着不同的限制和要求。

社会文化环境包括一个国家或地区居民的教育程度和文化水平、宗教信仰、风俗习惯、审美观点、价值观念等。教育程度和文化水平会影响居民的需求层次；宗教信仰和风俗习惯会禁止或抵制某些活动的进行；审美观点会影响人们对组织活动内容、活动方式及活动成果的态度；价值观念会影响居民对组织目标、组织活动及组织存在本身的认可。

### 知识链接

20世纪90年代的社会和经济趋势研究表明，汽车总会有大量的购买者，他们有购买的倾向，并有购买新车的财力，其中3类人群对汽车工业来说具有特殊的意义，他们分别是人口快速增长时期出生的人群、女性和老人。

第一类群体有更多的自由收入来购买汽车，而且有相当一部分人会购买豪华汽车或跑车。他们对娱乐型车的需求也将有所增加，而对货车和微型货车的需求有所减少，因为他们的家庭已经成熟。

将有越来越多的女性购买新车，并有望在汽车市场上表现出与男性相同的购买力。20世纪90年代汽车市场的成功在于向这类群体做广告。

最后一类群体是55岁以上的老年人，他们占据了新车消费者的25%，并且这个比例还将升高。老年购买者倾向于驾驶的安全和方便，包括警告欲睡司机的电子系统、不刺眼的表盘和简化的电子控制设备等。

资料来源：道客巴巴网，http://www.doc88.com

经济环境主要包括宏观和微观两个方面的内容。宏观经济环境主要指一个国家的国民收入、国民生产总值及其变化情况,以及通过这些指标能够反映的国民经济发展水平和发展速度。微观经济环境主要指企业所在地区的消费者的收入水平、消费偏好、储蓄情况、就业程度等。

技术环境除了要考虑与企业直接相关的技术手段的发展变化外,还应及时了解:①国家对科技开发投资和支持的重点;②该领域技术发展动态和研究开发费用总额;③技术转移和技术商品化速度;④专利及其保护情况等。

自然环境主要指企业经营所处的地理位置、气候条件和资源禀赋状况等自然因素。

2. 行业环境分析

企业环境最关键的部分是企业投入竞争的一个或几个行业的环境。

根据美国学者波特的研究,一个行业内部的竞争状态取决于 5 种基本竞争作用力,如图 5.1 所示。这些作用力汇集起来决定着该行业的最终利润潜力,并且最终利润潜力随着这种合力的变化而发生根本性的变化。一个企业竞争战略的目标在于使企业在行业内进行恰当定位,从而最有效地抗击 5 种竞争作用力并影响它们朝着对自己有利的方向变化。

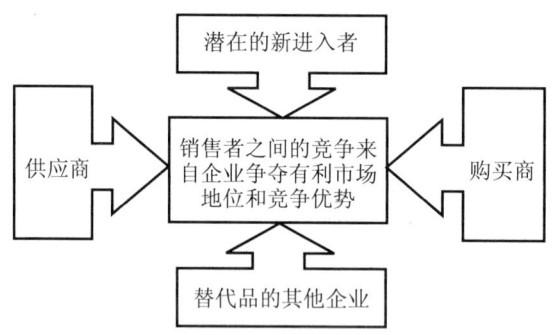

图 5.1 波特 5 种竞争作用力模型

波特五力分析属于外部环境分析中的微观环境分析,主要用来分析本行业企业竞争格局及本行业与其他行业之间的关系。根据波特的观点,一个行业中的竞争,不止是在原有竞争对手中进行,而是存在 5 种基本的竞争力量:潜在的行业新进入者、替代品的竞争、买方讨价还价的能力、供应商讨价还价的能力及行业内现有竞争者的竞争。这 5 种基本竞争力量的状况及综合强度,决定着行业的竞争激烈程度,从而决定着行业中最终的获利潜力及资本向本行业的流向程度,这一切最终决定着企业保持高收益的能力。

1) 潜在的行业新进入者

新进入者在给行业带来新生产能力、新资源的同时,希望在已被现有企业瓜分完毕的市场中赢得一席之地,这就有可能会与现有企业发生原材料与市场份额的竞争,最终导致行业中现有企业盈利水平降低,严重的话还有可能危及这些企业的生存。竞争性进入威胁的严重程度取决于两方面的因素:进入新领域的障碍大小与预期现有企业对于进入者的反应情况。

进入障碍主要包括规模经济,产品差异,资本需要,转换成本,销售渠道开拓,政府行为与政策(如国家综合平衡统一建设的石化企业),不受规模支配的成本劣势(如商业秘密、产供销关系、学习与经验曲线效应等),自然资源(如冶金业对矿产的拥有),地理环境（如造船厂只能建在海滨城市）等。这其中有些障碍是很难借助复制或仿造的方式来突破的。预期现有企业对进入者的反应情况，主要是采取报复行动的可能性大小，取决于有关厂商的财力情况、报复记录、固定资产规模、行业增长速度等。总之，新企业进入一个行业的可能性大小，取决于进入者主观估计进入所能带来的潜在利益、所需花费的代价与所要承担的风险这三者的相对大小情况。

2）替代品的竞争

两个处于不同行业中的企业，可能会由于所生产的产品互为替代品，从而在它们之间产生相互竞争行为。这种源自于替代品的竞争会以各种形式影响行业中现有企业的竞争战略。第一，现有企业产品售价及获利潜力的提高，将由于存在能被用户方便接受的替代品而受到限制；第二，由于替代品生产者的侵入，使得现有企业必须提高产品质量，或者通过降低成本来降低售价，或者使产品更具特色，否则其销量与利润增长的目标就有可能受挫；第三，源自替代品生产者的竞争强度，受产品买方转换成本高低的影响。总之，替代品价格越低、质量越好、用户转换成本越低，所能产生的竞争压力就强。而这种来自替代品生产者的竞争压力的强度，可以具体通过考察替代品销售增长率、替代品厂家生产能力与盈利扩张情况来加以描述。

3）买方讨价还价的能力

买方主要通过压价与要求提供较高的产品或服务质量的能力，来影响行业中现有企业的盈利能力。一般来说，满足如下条件的买方可能具有较强的讨价还价力量：①买方的总数较少，而每个购买者的购买量较大，占了卖方销售量的很大比例；②卖方行业由大量相对来说规模较小的企业所组成；③买方所购买的基本上是一种标准化产品，同时向多个卖方购买产品在经济上也完全可行；④买方有能力实现后向一体化，而卖方不可能实现前向一体化。

4）供应商讨价还价的能力

供应商主要通过提高投入要素价格与降低质量的能力，来影响行业中现有企业的盈利能力与产品竞争力。供应商力量的强弱主要取决于他们所提供给买方的是什么投入要素，当供应商所提供的投入要素的价值构成了买方产品总成本的较大比例，对买方产品生产过程非常重要，或者严重影响买方产品的质量时，供应商对于买方的潜在讨价还价力量就大大增强。一般来说，满足如下条件的供应商会具有比较强大的讨价还价力量：①供方行业为一些具有比较稳定市场地位而不受市场激烈竞争困扰的企业所控制，其产品的买主很多，以至于每一单个买主都不可能成为供应商的重要客户；②供应商各企业的产品各具特色，买方难以转换或转换成本太高，或者很难找到可与供应商产品相竞争的替代品；③供应商能够方便地实行前向联合或一体化，而买方难以进行后向联合或一体化。

企业在进行其产品的生产销售过程中，把经营业务向着原辅材料和配件的生产供应方面扩展，称为"后向一体化"。在对后向一体化的研究中，经济史上最经典的案例就是20世纪20年代通用汽车公司收购费雪车体公司。1919年通用汽车公司与费雪车体公司签订了一份10年期的供应合同；1926年5月，通用汽车公司购买了费雪车体公司的全部资产，并接受了其所有的债权和债务，费雪车体公司宣告解散。

资料来源：张明玉，张文松. 企业战略理论与实践. 北京：科学出版社，2005.

5) 行业内现有竞争者的竞争

大部分行业中的企业，相互之间的利益都是紧密联系在一起的。作为企业整体战略一部分的企业竞争战略，其目标在于使自己的企业获得竞争优势，所以，在实施中就必然会产生冲突与对抗现象。这些冲突与对抗构成了现有企业之间的竞争。现有企业之间的竞争常常表现在价格、广告、产品介绍、售后服务等方面，其竞争强度与许多因素有关。

一般来说，出现下述情况将意味着行业中现有企业之间竞争加剧：行业进入障碍较低，势均力敌的竞争对手较多，竞争参与者范围广泛；市场趋于成熟，产品需求增长缓慢；竞争者企图采用降价等手段促销；竞争者提供几乎相同的产品或服务，用户转换成本很低；一个战略行动如果取得成功，其收入相当可观；行业外部实力强大的企业在接收了行业中实力薄弱企业后，发起进攻性行动，结果使得刚被接收的企业成为市场的主要竞争者；退出障碍较高，即退出竞争要比继续参与竞争代价更高。在这里，退出障碍主要受经济、战略、感情及社会政治关系等方面的影响。

行业中的每一个企业或多或少都必须应付以上各种力量构成的威胁，而且企业必须面对行业中的每一个竞争者的举动。除非认为正面交锋有必要而且有益处，如要求得到很大的市场份额，否则企业可以通过设置进入壁垒，包括差异化和转换成本来保护自己。当一个企业确定了自身优势和劣势时，企业必须进行定位，以便因势利导，而不是被预料到的环境因素变化所损害，如产品生命周期、行业增长速度等。然后保护自己并做好准备，以有效地对其他企业的举动做出反应。

3. 竞争对手分析

通常情况下，企业看好的顾客，竞争者也会看好。当某一部分顾客对某种产品和服务产生需求时，市场就产生了。与此相对应，欲以生产经营类似产品和服务来满足这个市场需要的竞争者所组成的行业也就应运而生。企业在确定业务领域时还必须对行业进行深入的分析，正所谓"知己知彼，百战不殆"。

1) 竞争者的界定

任何一个企业必须处理好与直接竞争对手的关系，直接竞争对手是指那些向相同的顾客销售基本相同的产品或提供基本相同的服务的竞争者。

竞争对手一般来自同一战略群组。战略群组（也称战略集团）就是一个行业中沿着相同的战略方向，采用相同或相似的战略的企业群。只有处于同一战略群组的企业才是真正的竞争对手。因为他们通常采用相同或相似的技术，生产相同或相似的产品，提供相同或相似的服务，采用相互竞争性的定价方法，因而相互间的竞争要比与战略群组外的企业的竞争更直接、更激烈。

2) 分析竞争对手

在确立了重要的竞争对手以后，就需要对每一个竞争对手做出尽可能深入、详细的分析，揭示每个竞争对手的长远目标、基本假设、现行战略和能力，并判断其行动的基本轮廓，特别是竞争对手对行业变化，以及当受到竞争对手威胁时可能做出的反应。具体表现如下。①竞争对手的长远目标。对竞争对手长远目标的分析可以预测竞争对手对目前的位置是否满意，由此判断竞争对手会如何改变战略，以及它对外部事件会采取什么样的反应。②竞争对手的战略假设。每个企业所确立的战略目标，其根本是基于他们的假设的。这些假设可以分为竞争对手所信奉的理论假设、竞争对手对自己企业的假设、竞争对手对行业及行业内其他企业的假设3类。实际上，对战略假设，无论是对竞争对手，还是对自己，都要仔细检验，这可以帮助管理者识别对所处环境的偏见和盲点。③竞争对手的战略途径与方法。战略途径与方法是具体的、多方面的，应从企业的各个方面去分析。例如，本田公司在与哈雷公司的竞争中，从营销战略的角度看，本田的营销战略途径与方法至少包括这样一些内容：在产品策略上，以小型车切入美国市场，提供尽可能多的小型车产品型号，提高产品吸引力，在小型车市场站稳脚跟后再向大型车市场渗透；在价格上，通过规模优势和管理改进降低产品成本，低价销售；在促销上，建立摩托车新形象，使其与哈雷的粗犷风格相区别。事实证明，这些战略途径行之有效，大获成功。相对而言，哈雷公司却没有明确的战略途径与方法。哈雷公司的母公司AMF公司虽然也为哈雷公司注入资本提高产量，也曾一度进行小型车的生产，最终因多方面因素的不协同而以失败告终。④竞争对手的战略能力。目标也好，途径也好，都要以能力为基础。在分析研究了竞争对手的目标与途径之后，还要深入研究竞争对手是否具有能力采用其他途径实现其目标。这就涉及企业如何规划自己的战略以应对竞争。如果较之竞争对手本企业具有全面的竞争优势，那么则不必担心在何时何地发生冲突。如果竞争对手具有全面的竞争优势，那么只有两种办法：一是不要触怒竞争对手，甘心做一个跟随者；二是避而远之。如果不具有全面的竞争优势，而是在某些方面、某些领域具有差别优势，则可以在自己具有差别优势的方面或领域把文章做足，但要避免以己之短碰彼之长。

3）竞争对手对竞争的反应

战略管理是一个"博弈"的过程。一是要选择对手，二是要判断对手的棋路，并根据"对手会怎样反应"来决定自身的策略。

概括起来，竞争对手对竞争的反应有3种情况：不采取反击行动、防御性反击和进攻性反击。竞争对手如何反应取决于竞争对手对目前位置是否满意，它是否处在战略转变之中，以及竞争对手对他的刺激程度。具体说来，有6种反击模式。①坐观事变者。不立即采取反击行动。其原因可能是深信顾客的忠诚度，也可能是没有反击所必需的资源，还可能是并未达到应予反击的程度。所以，对于这类竞争对手就要格外慎重。②全面防御者。会对外在的威胁和挑战做出全面反应，以确保其地位不被侵犯。但是全面防御也会把战线拉长，对付一个竞争者还可以，若要同时对付几个竞争者的攻击，则会力不从心。③死守阵地型反击者。因为其反击范围集中，而且又有背水一战拼死一搏的信念，所以反应强度相当高。这类反击行动是比较有效的。又因为是集中在较小范围内的反击，所以其持久力也较强。④凶暴型反击者。这一类型的企业对其所有领域发动的进攻都会做出迅速而强烈的反击。例如，宝洁公司绝不会听任竞争者的一种洗涤剂轻易投放市场。凶暴型反击者向竞争对手表明，最好不要碰它，老虎的屁股摸不得。⑤选择型反击者。可能只对某些类型的攻击做出反应，而对其他类型的攻击则不然。因此，必须了解这种类型反击者的敏感部位，避免不必要的冲突。⑥随机型反击者。这类型企业的反击最不确定，或者根本无法预测，它可能会采取任何一种可能的反击方式。

4. 企业自身分析

根据价值链分析法，每个企业都是设计、生产、营销、交货及对产品起辅助作用的各种价值活动的集合。企业的各种价值活动分为两类：基本活动和辅助活动。

按价值活动的工艺顺序，基本活动由5部分构成。

（1）内部后勤，包括与接收、存储和分配相关的各种活动。

（2）生产作业，包括与将投入转化为最终产品形式相关的各种活动。

（3）外部后勤，包括与集中、存储和将产品发送给买方有关的各种活动。

（4）市场营销和销售，包括与传递信息、引导和巩固购买有关的各种活动。

（5）服务，包括与提供服务以增加或保持产品价值有关的各种活动。每种基本活动可以进一步细分或组合，有助于企业内部分析。

辅助活动主要包括以下几方面。

（1）企业基础设施，包括总体管理、计划、财务、会计、法律、信息系统等价值活动。

（2）人力资源管理，包括组织各级员工的招聘、培训、开发和激励等价值活动。

（3）技术开发，包括基础研究、产品设计、媒介研究、工艺与装备设计等价值活动。

（4）采购，指购买用于企业价值链的各种投入的活动，包括原材料采购，以及诸如机器、设备、建筑设施等直接用于生产过程的投入品采购等价值活动。

5. SWOT综合分析法

SWOT分析方法是一种企业战略分析方法，即根据企业自身既定的内在条件进行分析，找出企业的优势、劣势及核心竞争力所在。其中，S代表Strength（优势），W代表Weakness（劣势），O代表Opportunity（机会），T代表Threat（威胁），其中，S、W是内部因素，O、T是外部因素。按照企业竞争战略的完整概念，战略应是一个企业"能够做的"（即组织的强项和弱项）和"可能做的"（即环境的机会和威胁）之间的有机组合。

1）SWOT分析基本步骤

SWOT分析基本步骤：①分析企业的内部优势、劣势，既可以相对企业目标而言，也可以相对竞争对手而言；②分析企业面临的外部机会与威胁，可能来自与竞争无关的外部环境因素的变化，也可能来自竞争对手力量与因素变化，或二者兼有，但关键性的外部机会与威胁应予以确认；③将外部机会和威胁与企业内部优势和弱点进行匹配，形成可行的战略。

2）SWOT分析4种不同类型的组合

SWOT分析有4种不同类型的组合，即优势－机会（SO）组合、劣势－机会（WO）组合、优势－威胁（ST）组合和劣势－威胁（WT）组合。①优势－机会战略是一种发展企业内部优势与利用外部机会的战略，是一种理想的战略模式。当企业具有特定方面的优势，而外部环境又为发挥这种优势提供有利机会时，可以采取该战略。例如，良好的产品市场前景、供应商规模扩大和竞争对手有财务危机等外部机会，配以企业市场份额提高等内在优势可成为企业收购竞争对手、扩大生产规模的有利条件。②劣势－机会战略是利用外部机会来弥补内部劣势，使企业改劣势而获取优势的战略。存在外部机会，但由于企业存在一些内部弱点而妨碍其利用机会，可采取措施先克服这些劣势。例如，若企业劣势是原材料供应不足和生产能力不够，从成本角度看，前者会导致开工不足、生产能力闲置、单位成本上升，而加班加点会导致一些附加费用。在产品市场前景看好的前提下，企业可利用供应商扩大规模、新技术设备降价、竞争对手财务危机等机会，实现纵向整合战略，重构企业价值链，以保证原材料供应，同时可考虑购置生产线来克服生产能力不足及设备老化等缺点。通过克服这些劣势，企业可能进一步利用各种外部机会，降低成本，取得成本优势，最终赢得竞争优势。③优势-威胁战略是指企业利用自身优势，回避或减轻外部威胁所造成的影响。例如，竞争对手利用新技术大幅度降低成本，给企业很大成本压力；同时材料供应紧张，其价格可能上涨；消费者要求大幅度提高产品质量；企业还要支付高额环保成本等。这些都会导致企业成本状况进一步恶化，使之在竞争中处于非常不利的地位，但若企业拥有充足的现金、熟练的技术工人和较强的产品开发能力，便可利用这些优势开发新工艺，简化生产工艺过程，提高原材料利用率，从而降低材料消耗和生产成本。另外，开发新技术产品也是企业可选择的战略。新技术、新材料和新工艺的开发与应用是最具潜力的成本降低措施，同时它可提高产品质量，从而回避外部威胁影响。④劣势-威胁战略是一种旨在减少内部劣势，回避外部环境威胁的防御性技术。当企业存在内忧外患时，往往面临生存危机，降低成本也许成为改变劣势的主要措施。当企业成本状况恶化，原材料供应不足，生产能力不够，无法实现规模效益，并且设备老化时，企业在成本方面难以有大作为，这将迫使企业采取目标聚集战略或差异化战略，以回避成本方面的劣势，并回避成本原因带来的威胁。

## 5.3.2 战略性计划选择

战略环境分析使企业认识到自己所面临的机遇与威胁，了解自身的实力与不足及能为何种顾客进行服务。战略选择的实质是企业选择恰当的战略，从而扬长避短、趋利避害和满足顾客。

1. 一般竞争战略选择

企业一般战略揭示企业如何为顾客创造价值。波特认为"竞争优势归根结底产生于企业为顾客所能创造的价值，或者在提供同等效益时采取相对低价格，或者其不同寻常的效益用于补偿溢价而有余"。一般战略有3种形式：成本领先（低成本化）、标歧立异（差异化）和目标聚集（集中化）。

1) 成本领先（低成本化）战略

成本领先战略是指企业致力于使其全部成本低于竞争对手，或在全行业中保持成本领先地位。显然，成本领先对于企业竞争优势与市场优势的建立具有极重要的意义。成本领先企业既可以有效地对抗现有竞争对手的竞争和替代竞争者的威胁，又可以有效地威慑和吓阻潜在竞争者，更可以使企业在与供应商及顾客的博弈中居于谈判优势。

成功的成本领先战略需要制定一整套行之有效的具体政策措施，如高效率的设备、先进的技术与工艺、高效率的管理、高效率的团队、规模化生产或经营、经验积累与学习效应。

美国的福特汽车公司由于追求成本领先，一度生产了大量的"T型车"，使其制造成本极大地降低了，时间上减少了，企业也在当时的市场条件下取得了最佳效益。但随着社会的发展与顾客需求的变化，福特公司还在继续原有的战略，而没有注重市场与新技术的革新，致使企业出现了危机。

2) 标歧立异（差异化）战略

标歧立异战略是指企业致力于使其产品或服务区别于竞争对手，在本行业中独树一帜。标歧立异战略的实质是企业为顾客提供了相对于竞争对手而言的独特价值，因而对于企业竞争优势与市场优势的建立同样具有极重要的意义。实施标歧立异战略能为企业带来超额利润和市场份额的扩张。在当今市场竞争越来越激烈的大背景下，标歧立异战略的重要性尤为突出。正因为如此，现在几乎所有的企业都在有意无意地强调其产品或服务相对于其竞争对手的差异性与独特性。相对于竞争对手的差异化可以表现为多个方面，如产品质量与功能方面的独特性、个性化的产品设计与个性化的服务、独特的文化与品牌形象、独树一帜的创新能力。

3）目标聚集（集中化）战略

与上面两种竞争战略不同，目标聚集战略是指企业将主要精力集中于行业中某一特定的细分市场，而不是将参与竞争的范围铺展到整个行业市场。在这种战略框架下，企业同时可以采用成本领先战略或标歧立异战略，但这些都只是针对狭隘的目标市场。

2. 总体发展战略选择

企业总体发展战略选择是指企业依据其内外环境及其变化，总体战略上在保持现状即维持战略、进一步扩大经营即发展战略和进行业务收缩即收缩调整战略之间进行选择。

1）维持战略

维持战略是指使企业的经营保持基本现状的战略。

维持战略的基本特征有继续以基本相同的产品或服务满足顾客的相关需求，战略目标基本不变，经营规模基本不变或按大体相同的比率缓慢增长，经营方式、组织模式与管理范式基本不变。

有限的资源与能力，稳定的环境，成熟的企业经营方式、组织模式与管理范式，经营与战略的连贯性或连续性，成熟的决策与组织文化，变革的困难性与风险性等因素促使企业选择维持战略。

因此，对于处于稳定增长或稳定环境中的企业而言，维持战略是一种非常有效的战略体系，如在公共事业、运输、银行和保险业中的企业，许多都采取这种战略。

2）发展战略

发展战略是指企业在原有经营状态基础上进一步扩大经营规模或经营范围，或改变经营方式，实现企业快速成长的战略。

发展战略的基本特征有调整战略目标，扩大经营规模或经营范围，改变经营方式、组织模式与管理范式。

促使在现实经营中绝大多数企业都采取发展战略的原因有环境的变化，企业家的天性，企业成长的客观必然性。

发展战略有许多具体表现形式：从业务角度看，有专业化集中发展战略（单一业务扩张）、纵向一体化发展战略（价值链扩张）、横向一体化发展战略和多元化发展战略（多业务扩张）；从区域角度看，则主要是区域扩张战略（区域多元化和国际化战略）。

专业化集中发展战略是指企业主要在某个特定的业务领域进行经营扩张的战略，包括单一产品或服务的数量扩张、产品线的纵向延伸等。在市场潜力巨大、发展前景广阔且企业实力雄厚的情况下，专业化集中发展战略无疑是一种最佳发展战略，有利于充分利用自身的优势把握特定领域中的环境机会。另外，在企业发展的初、中期及企业实力较薄弱的条件下，采取专业化集中发展战略有利于集中资源，发展主业，形成竞争优势。专业化集中发展战略的主要问题是单一业务市场的波动风险和竞争风险。

纵向一体化发展战略是指企业在专业化发展的基础上，向上游或下游扩展的一种发展战略，包括前向一体化战略和后向一体化战略。前向一体化战略是指企业向下游业务延伸的战略。后向一体化战略是指企业向上游业务拓展的战略。

横向一体化发展战略是指企业获得与自身生产同类产品的竞争对手的所有权或加强对他们的控制。

多元化发展战略是指企业同时在两个或两个以上业务领域中进行扩张，或企业通过向多个不同业务领域扩张实现增长的战略。现实中的大多数企业都倾向于采取这一发展战略实现成长。

依据各业务之间的关联性，多元化发展战略可分为相关（同心）多元化战略和不相关（混合）多元化发展战略。前者是指企业在多个相互关联的业务领域中进行扩张的战略，后者是指企业在多个不相互关联的业务领域中进行扩张的战略。

区域多元化战略是指企业经营的区域扩张战略，即企业通过向多个不同的地域扩展其经营活动以实现企业成长的战略。

国际化战略是企业区域扩张的高级阶段或高级形式，是指企业的经营活动跨越了国界，延伸到了国际市场。随着经济全球一体化的不断深入，国际化已逐渐成为企业发展的必然趋势之一，实施国际化经营战略也已逐渐成为企业成长和扩张的主要方式之一。

3) 收缩调整战略

与发展战略相反，收缩调整战略（也称紧缩战略）是通过调整部分或整体来收缩企业经营规模或经营范围的。在下列情形下，企业倾向于采取收缩调整战略：企业所在的某市场领域发展前景不妙，企业在某市场领域竞争位势不高、发展潜力不大，企业已进入发展前景好、机会多、利润率高的市场领域，企业已集中力量于重点发展领域。

由此可见，本质上讲，收缩调整战略不一定就意味着"败相"，而更多的是一种应变性的战略调整、战略转移或战略撤退，即"以退为进"。

## 5.3.3 目标管理

组织有目标。组织目标的实现依赖组织中所有成员共同的努力，是组织所有成员分工合作的结果。然而组织成员因分工处在不同的岗位上，其努力程度、工作的进度等很难保持一致。通过目标管理这种有效的管理方式可以使组织成员在既定时间中恰好完成自己应完成的工作，而综合起来又恰好实现组织目标。

1. 目标管理的概念

目标管理最早是由美国管理学家彼得·德鲁克提出来的，是以泰罗的科学管理和行为科学理论（特别是其中的参与管理）为基础，形成的一套管理方式。彼得·德鲁克认为，不是先有工作再确定目标，而是先有目标才能确定每个人的工作。所以，组织的目的和任务必须化为具体各层次的目标，组织的各级管理者必须通过这些目标对下级进行领导和指导，以此达到组织的总目标。

目标管理是一种综合的以工作为中心和以人为中心的系统管理方式。它是一个组织中上级管理者同下级管理者，以及同员工一起共同来制订组织目标，并把其具体化展开至组织每个部门、每个层次、每个成员,与组织内每个单位、部门、层次和成员的责任和成果相互密切联系,明确地规定每个单位、部门、层次和成员的贡献和奖励报酬等一整套系统化的管理方式。

2. 目标管理的特点

了解目标管理的特点,才能更好地理解目标管理的真正含义。

1) 目标管理是一种程序

目标管理是将组织的任务转化为具体工作目标的程序,组织管理者通过这些工作目标对下级进行领导并以此来保证组织总目标的实现。

2) 目标管理是参与管理的一种形式

目标管理中目标的实现者同时也是目标的制订者,即由上级与下级一起共同确定目标。首先确定出总目标,然后对总目标进行分解,逐级展开,通过上下协商,制订出组织各部门、各层次直至每个员工的目标和目标实现的手段;用总目标指导分目标,用分目标保证总目标,各目标构成一个目标层级结构,最终形成一个"目标-手段"链。

3) 目标管理是"自我控制"的管理

大力倡导目标管理的德鲁克认为,员工是愿意负责的,是愿意在工作中发挥自己的聪明才智和创造性的。如果我们控制的对象是一个社会组织中的"人",则我们应"控制"的必须是行为动机,而不应当是行为本身,也就是说必须通过对动机的控制达到对行为的控制。目标管理用"自我控制的管理"代替"压制性的管理",它使管理者能够控制他们自己的成绩。这种自我控制可以成为更强烈的动力,推动他们尽自己最大的力量把工作做好,而不仅仅是"过得去"就行了。

管理者和员工靠目标来管理,以要达到的目标为依据,进行自我指挥、自我控制,而不是由他的上级来指挥和控制。

4) 目标管理是重视"结果"的管理

目标管理以制订目标为起点,以目标完成情况的考核为终结。工作成果是评定目标完成程度的标准,也是人事考核和奖惩的依据,成为评价管理工作绩效的唯一标准。至于完成目标的具体过程、途径和方法,上级并不过多干预。所以,实施目标管理,监督的成分很少,而控制目标实现的能力却很强。

5) 目标管理是一种"分权"管理

目标管理促使管理者下放权力。集权和分权的矛盾是组织的基本矛盾之一,推行目标管理有助于协调这一矛盾,促使权力下放,有助于在保持有效控制的前提下,把局面搞得更有生气一些。

3. 目标管理的实施过程

1) 组织总目标设定

组织总目标是组织共同愿景、宗旨和使命的某一阶段欲达到的状态和结果。一个组织光有共同愿景而没有具体实现达成共同愿景的阶段性目标,那么共同愿景始终是一个空想。因此,组织在有了共同愿景的条件下,重要的工作是要确定组织未来运作的一个总目标,这个总目标是共同愿景实现的阶段状态。事实上,共同愿景的塑造规定了组织行进的方向和使命,这样也就大致决定了组织总目标设定的基本方面。组织要做的事是如何在判定自己的资源实力、外部环境的条件下，设定一个符合共同愿景又切合实际的在组织发展方向方面推进的具体要求，以作为组织和全体成员在未来一段时间内努力的具体方向和既定的责任。①如何能够透彻地分析判断组织所拥有的资源实力、可调动资源的多寡、组织存在的问题和相对优势所在，从而判断自己有无核心专长。表面上组织目标的设定与组织发展方向有关，实际上组织目标设定过程中更重要的是与组织核心专长的建立与发展有关。②如何能够透彻地分析组织外部环境及这些构成环境的因素的未来变化。例如，组织面临的政治环境、文化环境、经济环境、社会环境等，一定会对组织目标的实现有影响，有时甚至是重大的约束；更重要的是，目前一些因素尚不成为目标实现的重要约束而有可能在未来某一时间成为重要约束。组织总目标设定后一定要能够实现，否则目标设定就没有价值。③组织总目标一旦设定就成了组织计划工作的前提或依据，也成了组织未来行为获得成果的标志，为此，组织总目标设定的另一个重要方面就是组织总目标是可以度量的，即可以用一系列相应指标来反映、来计量。

2）组织总目标的分解

将已设定的组织总目标按照组织架构进行纵向与横向的分解是目标管理过程中最关键的一步。①将组织总目标按组织体系层次和部门逐步展开，直至每一个组织成员。这一个展开的过程就是所谓的自上而下的过程，但这一过程只是上级给下级的一个初步的推荐目标，不是最后的决定了的目标。但这一自上而下的工作非常重要，因为如果不是如此的话，组织总目标就可能实现不了，或者组织总目标本身就需要改正。②组织体系中的每个层次、每个部门、每个成员均可以根据自己的部门、层次、岗位分工和职责要求结合初步下达的目标进行思考分析，最终提出自己的目标。显然这一目标是上级下达初步目标的一种修订。自己的目标提出后必须按层级上报，这就是所谓的自下而上的过程。③组织将自下而上的目标与下达目标进行比较，分析差异，征询下级意见，再进行修订然后下达，下级各方仍可以修正再次上报。经过这么一个上下多次反复，最终将组织总目标分解成一个目标体系，下达给组织相应的层次、部门和组织成员。组织目标下达给每个层次、每个部门、每个成员时，要求有下达目标的具体说明、具体要求、自主权限、完成后的激励等，使接受目标的每个层次、每个部门、每个成员可以有明确的努力方向，有明确的责任和行为激励。

3）目标的执行

目标的执行包括以下 3 个方面。①授予完成目标相应的权力。组织各层次、各部门的成员为达到分目标，必须从事一些活动，必须利用一些资源。为了确保他们能实现目标，必须授予相应的权力，使之有能力调动和利用必要的资源。②实行自主管理。依靠全体员工自主管理、自我控制，即由执行人主动地、创造性地工作，并以目标为依据，不断检查对比，分析问题，采取措施，纠正偏差。③检查与监督。上级授予下级权力以后仍然要承担其所授职权行使后果的最终责任。因此放权以后上级仍有责任及时了解目标的完成情况，对下级的工作进行指导、检查和提供帮助。

4）目标成果的评价

目标管理的核心思想就是把目标分解下达后成为组织每个层次、每个部门和每个单位的工作业绩的衡量标准。因此，目标管理全过程中最后一个重要工作就是根据期初下达的目标对各方工作和业绩进行检查和考评。

目标管理成果的评价可以有两种方式：一种是组织各层次、各部门、各个成员的自我考评，即自己对照目标和自己所取得的工作业绩来判断自己做得如何。好或差，或尚有差距，或有经验。另一种是组织的上级部门对下级部门及组织成员进行考评，考评过程也是对照工作业绩与下达的目标进行分析评判。实际上这两种方式各有利弊，在组织成员自觉性高、自我管理能力强时可采取第一种方式，否则可采取第二种方式。有时可以两种方式同时采用，即先由组织成员们自我评价，然后由上级部门复评，务必公正客观，实事求是。

知识链接

一家制药公司，决定在整个公司内实施目标管理，根据目标实施和完成情况，一年进行一次绩效评估。事实上他们之前在为销售部门制订奖金系统时已经用了这种方法。公司通过对比实际销售额与目标销售额，支付给销售人员相应的奖金。这样销售人员的实际薪资就包括基本工资和一定比例的个人销售奖金两部分。

销售大幅度提上去了，但是却苦了生产部门，他们很难完成交货计划。销售部抱怨生产部不能按时交货。总经理和高级管理层决定为所有部门和个人经理及关键员工建立一个目标设定流程。为了实施这个新的方法他们需要用到绩效评估系统。生产部门的目标包括按时交货和库存成本两个部分。

他们请了一家咨询公司指导管理者设计新的绩效评估系统，并就现有的薪资结构提出改变的建议。他们付给咨询顾问高昂的费用修改基本薪资结构，包括岗位分析和工作描述，还请咨询顾问参与制订奖金系统，该系统与年度目标的实现程度密切相连。他们指导经理们如何组织目标设定的讨论和绩效回顾流程，总经理期待着很快能够提高业绩。然而不幸的是，业绩不但没有上升，反而下滑了。部门间的矛盾加剧，尤其是销售部和生产部。生产部埋怨销售部销售预测准确性太差，而销售部埋怨生产部无法按时交货。每个部门都指责其他部门的问题。客户满意度下降，利润也在下滑。

资料来源：道客巴巴网，http://www.doc88.com

### 5.3.4 常用的计划编制方法

常用的计划编制方法有滚动计划法和网络计划法。

1. 滚动计划法

滚动计划法是一种定期修订未来计划的方法。由于在计划工作中很难准确地预测影响未来发展的各种因素的变化，而且计划期越长，这种不确定性就越大，因此，若硬性地按几年前制订的计划实施，可能会导致重大的损失。滚动计划法则可避免这种不确定性可能带来的不良后果。

1）滚动计划法的含义

滚动计划法根据计划的执行情况和环境变化情况定期修订未来的计划，并逐期向前推移，使短期、中期计划有机结合起来制订计划。滚动计划法（图5.2）是一种具有灵活性的、能够适应环境变化的长期计划方法，是一种动态编制计划的方法，是保证计划在执行过程中能够根据情况变化适时修正和调整的一种现代计划方法。

2）滚动计划法的制订方法

滚动计划法的具体做法是，在制订计划时，同时制订未来若干期的计划，但计划内容采用近细远粗的办法，即近期计划尽可能的详尽，远期计划的内容则较粗；在计划期的第一阶段结束时，根据该阶段计划执行情况和内外部环境变化情况，对原计划进行修订，并将整个计划向前滚动一个阶段，以后根据同样的原则逐期滚动。滚动计划法适用于任何类型的计划。

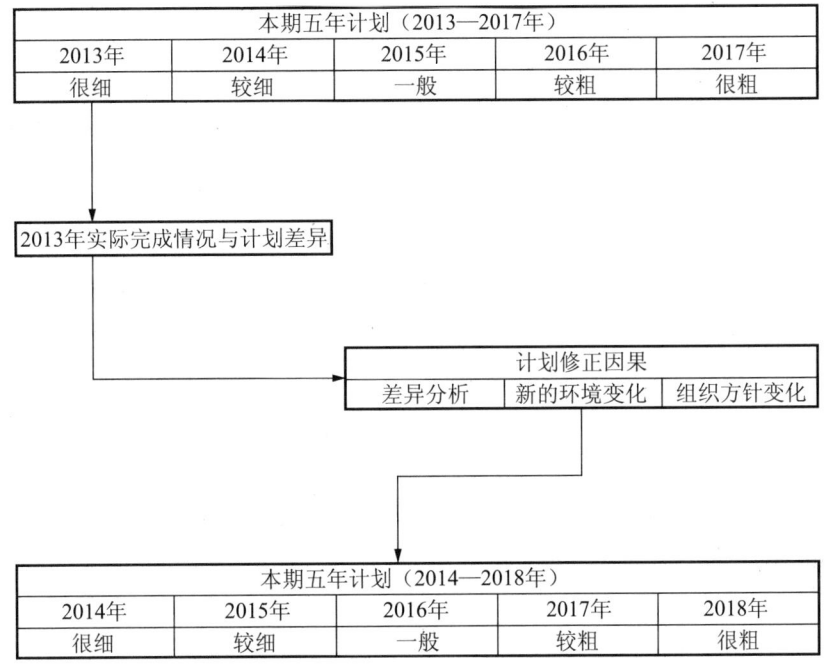

图 5.2　5 年期的滚动计划法

3）滚动计划法的优点

滚动计划法的优点：①滚动计划法使计划更加切合实际，由于滚动计划相对缩短了计划时期，加大了对未来估计的准确性，能更好地保证计划的指导作用，从而提高了计划的质量；②滚动计划法使长期计划、中期计划和短期计划相互衔接，短期计划内部各阶段相互衔接，这就保证了能根据环境的变化及时地进行调节，并使各期计划基本保持一致；③滚动计划法大大增强了计划的弹性，从而提高了组织的应变能力。

4）滚动计划法的缺点

编制工作量较大是滚动计划法的缺点。

2. 网络计划法

网络计划法即计划评审技术，又叫关键路线法，是利用网络理论来制订计划，并对计划进行评价、审定的方法。

1）网络计划法的原理

网络计划法把一项工作或项目分成各种作业，然后根据作业顺序进行排列，形成一种类似流程图的箭线图，描绘出项目包含的各种活动的先后次序，标明每项活动的时间或者相关的成本，通过网络图对整个工作或项目进行统筹规划和控制，以便以最少的人力、物力、财力资源，用最快的速度完成工作。运用网络计划法，管理者必须考虑要做哪些工作，确定时间之间的依赖关系，辨认出潜在的可能出问题的环节，确保项目按计划进行。网络计划法可以用于包括很多作业、需要众多单位配合的大型工作项目。

2）网络图

网络图是网络计划法的基础。任何一项任务都可分解成许多步骤的工作，根据这些工作在时间上的衔接关系,用箭线表示它们的先后顺序,画出一个表示各项工作相互联系并注明所需时间的箭线图,这个箭线图就称作网络图。

3) 网络计划法的应用步骤

网络计划法的应用步骤:①确定完成项目必须进行的每一项有意义的活动,完成每项活动都产生事件或结果;②确定活动完成的先后次序;③绘制活动流程从起点到终点的图形,明确表示出每项活动及其与其他活动的关系,用圆圈表示事件,用箭线表示活动,结果得到一幅网络图;④估计和计算每项活动的完成时间。

比较路线的路长,可以找出一条或几条最长的路线,这就是关键路线。沿关键路线的任何延迟都需要引起特别注意,因为沿关键线路的任何延迟都直接延迟整个项目的完成期限。

例:对建造一幢住宅进行活动分析(表5-1)。表中紧前作业是指该作业开始之前必须完成的相邻作业。

表5-1 某住宅建造活动分析

| 作业代号 | 作业名称 | 紧前作业 | 完成作业时间(天) |
|---|---|---|---|
| A | 基础工程 | — | 12 |
| B | 下水道工程 | A | 7 |
| C | 砌墙 | B | 10 |
| D | 盖屋顶 | C | 4 |
| E | 布电线(1) | C | 4 |
| F | 布电线(2) | DE | 2 |
| G | 装地板 | F | 5 |
| H | 门窗修饰 | D | 6 |
| I | 室内粉刷 | GH | 6 |
| J | 室内清理布置 | I | 2 |

根据表5-1,绘制该住宅建造网络图,如图5.3所示。

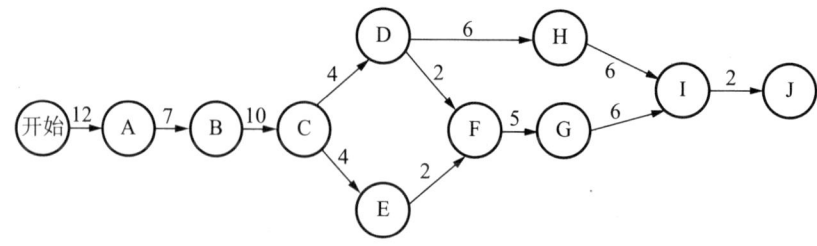

图5.3 住宅建造网络图

根据得到的网络图就可以确定关键路线,即必须按时开工与完工的作业,否则将影响整个工期。然后可以重新平衡人力、物力、财力,重新确定作业所需时间,经过几次平衡后可以得到最优方案。

## 本章小结

目标性、指引性、普遍性和秩序性、效率性是计划工作的基本性质。计划的编制过程由确定目标、认清现在、研究过去、确定计划的重要前提条件、拟订和选择可行性行动计划、制订主要计划、制订派生计划、制订预算，使计划数字化几个步骤构成。计划工作的原理概括起来有以下4个：限定因素原理、许诺原理、灵活性原理、改变航道原理。

战略环境分析是战略管理过程的第一个环节，也是制订战略的开端。战略环境分析的目的是展望企业的未来。战略是根据环境制订的，是为了使企业的发展目标与环境变化和企业能力实现动态的平衡。战略环境分析内容包括外部一般环境分析、行业环境分析、竞争对手分析、企业自身分析几个方面。

目标管理是一种综合的以工作为中心和以人为中心的系统管理方式。目标管理的特点：目标管理是一种程序，目标管理是参与管理的一种形式，目标管理是"自我控制"的管理，目标管理是重视"结果"的管理，目标管理是一种"分权"管理。目标管理的实施过程由组织总目标设定、组织总目标的分解、目标的执行、目标成果的评价4步构成。常用的计划编制方法有滚动计划法和网络计划法。

## 习 题

1. 简述计划的概念和性质。
2. 计划的作用有哪些？
3. 计划有哪些类型？
4. 计划的编制工作包括哪几个步骤？
5. 什么是战略计划？
6. 目标管理的实施过程包括哪几个步骤？

### 某机床厂的目标管理制订过程

某机床厂从1981年开始推行目标管理。为了充分发挥各职能部门的作用，调动一千多名职能部门人员的积极性，该厂首先对厂部和科室实施了目标管理。经过一段时间的试点后，逐步推广到全厂各车间、工段和班组。多年的实践表明，目标管理改善了企业经营管理状况，挖掘了企业内部潜力，增强了企业的应变能力，提高了企业素质，取得了较好的经济效益。

按照目标管理的原则，该厂把目标管理分为3个阶段进行。

第一阶段：目标制订阶段

**1. 总目标的制订**

该厂通过对国内外市场机床需求的调查，结合长远规划的要求，并根据企业的具体生产能力，提出了"三提高""三突破"的总方针。所谓"三提高"，就是提高经济效益、提高管理水平和提高竞争能力;"三突破"是指在新产品数目、创汇和增收节支方面要有较大的突破。在此基础上,该厂把总方针具体化、数量化,初步制订出总目标方案,并发动全厂员工反复讨论、不断补充,送职工代表大会研究通过,正式制订出全厂当年的总目标。

**2. 部门目标的制订**

企业总目标由厂长向全厂宣布后,全厂对总目标进行层层分解,层层落实。各部门的分目标由各部门和厂企业管理委员会共同商定,先确定项目,再制订各项目的指标标准。其制订依据是厂总目标和有关部门负责拟订、经厂部批准下达的各项计划任务,原则是各部门的工作目标值只能高于总目标中的定量目标值。同时,为了集中精力抓好目标的完成,目标的数量不可太多。为此,各部门的目标分为必考目标和参考目标两种。必考目标包括厂部明确下达目标和部门主要的经济技术指标;参考目标包括部门的日常工作目标或主要协作项目。其中必考目标一般控制在2~4项,参考目标项目可以多一些。目标完成标准由各部门以目标卡片的形式填报厂部,通过协调和讨论最后由厂部批准。

**3. 目标的进一步分解和落实**

部门的目标确定了以后,接下来的工作就是目标的进一步分解和层层落实到每个人。

(1) 部门内部小组(个人)目标管理,其形式和要求与部门目标制订相类似,拟订目标也采用目标卡片,由部门自行负责实施和考核。要求各个小组(个人)努力完成各自目标值,保证部门目标的如期完成。

(2) 该厂部门目标的分解是采用流程图方式进行的。具体方法:先把部门目标分解落实到职能组,任务级再分解落实到工段,工段再下达给个人。通过层层分解,全厂的总目标就落实到了每一个人身上。

第二阶段:目标实施阶段

该厂在目标实施过程中,主要抓了以下3项工作。

**1. 自我检查、自我控制和自我管理**

目标卡片经主管副厂长批准后,一份存企业管理委员会,一份由制订单位自存。由于每一个部门、每一个人都有了具体的、定量的明确目标,所以在目标实施过程中,人们会自觉地、努力地实现这些目标,并对照目标进行自我检查、自我控制和自我管理。这种"自我管理",能充分调动各部门及每一个人的主观能动性和工作热情,充分挖掘自己的潜力,因此,完全改变了过去那种上级只管下达任务、下级只管汇报完成情况,并由上级不断检查、监督的传统管理办法。

**2. 加强经济考核**

虽然该厂目标管理的循环周期为一年,但为了进一步落实经济责任制,即时纠正目标实施过程中与原目标之间的偏差,该厂打破了目标管理的一个循环周期只能考核一次、评定一次的束缚,坚持每一季度考核一次和年终总评定。这种加强经济考核的做法,进一步调动了广大职工的积极性,有力地促进了经济责任制的落实。

**3. 重视信息反馈工作**

为了随时了解目标实施过程中的动态情况,以便采取措施、及时协调,使目标能顺利实现,该厂十分重视目标实施过程中的信息反馈工作,并采用了两种信息反馈方法。

(1) 建立"工作质量联系单"来及时反映工作质量和服务协作方面的情况。尤其当两个部门发生工作纠纷时,厂管理部门就能从"工作质量联系单"中及时了解情况,经过深入调查,尽快加以解决,这样就大大提高了工作效率,减少了部门之间的不协调现象。

(2) 通过"修正目标方案"来调整目标。"修正目标方案"内容包括目标项目、原定目标、修正目标及修正原因等,并规定在工作条件发生重大变化需修改目标时,责任部门必须填写"修正目标方案"并提交企业管理委员会,由该委员会提出意见交主管副厂长批准后方能修正目标。

该厂在实施过程中由于狠抓了以上3项工作,因此,不仅大大加强了对目标实施动态的了解,更重要的是加强了各部门的责任心和主动性,从而使全厂各部门从过去等待问题找上门的被动局面,转变为积极寻找和解决问题的主动局面。

第三阶段:目标成果评定阶段

目标管理实际上就是根据成果来进行管理的,故成果评定阶段显得十分重要。该厂采用了"自我评价"和上级主管部门评价相结合的做法,即在下一个季度第一个月的10日之前,每一个部门必须把一份季度工作目标完成情况表报送企业管理委员会(在这份报表上,要求每一个部门自己对上一阶段的工作做恰如其分的评价)。企业管理委员会核实后,也给予恰当的评分。例如,必考目标为30分,一般目标为15分。每一项目标超过指标3%加1分,以后每增加3%再加1分。一般目标有一项未完成而不影响其他部门目标完成的,扣一般项目中的3分,影响其他部门目标完成的则扣5分。加1分相当于增加该部门基本奖金的1%,减1分则扣该部门奖金的1%。如果有一项必考目标未完成则扣至少10%的奖金。

该厂在目标成果评定工作中深深体会到:目标管理的基础是经济责任制,目标管理只有同明确的责任划分结合起来,才能深入持久,才能具有生命力,获得最终的成功。

资料来源:教育联展网,http://www.thea.cn

**案例分析题**

1. 增加和减少员工奖金的发放额是实行奖惩的最佳方法吗?除此之外,你认为还有什么激励和约束措施?

2. 你认为实行目标管理时培养完整严肃的管理环境和制订自我管理的组织机制哪个更重要?

3. 在这个实行目标管理的案例中,你认为在现今环境下还应该做哪些修正?

# 第 6 章 组织设计

## 学习目的

通过本章的学习,理解组织的定义,了解组织设计的任务与原则、组织设计需要考虑的影响因素,掌握典型的组织结构的优点与缺点,掌握管理幅度与管理层次的关系,理解直线与参谋的关系、矛盾及正确发挥参谋作用的措施。理解集权与分权的定义,理解授权的必要性及实践应用中应遵守的原则。

## 知识要点

| 知识要点 | 要求程度 | 相关知识 |
| --- | --- | --- |
| 组织的定义 | 理解 | (1) 组织的广义定义<br>(2) 组织的狭义定义 |
| 组织设计的任务与原则 | 了解 | (1) 组织设计的任务<br>(2) 组织设计的原则 |
| 组织设计的影响因素 | 了解 | (1) 环境的影响<br>(2) 战略的影响<br>(3) 技术的影响<br>(4) 组织规模与发展阶段的影响 |
| 典型的组织结构 | 掌握 | (1) 直线制组织结构<br>(2) 职能制组织结构<br>(3) 直线职能制组织结构<br>(4) 事业部制组织结构<br>(5) 矩阵结构<br>(6) 委员会<br>(7) 虚拟组织 |
| 管理幅度与管理层次 | 掌握 | (1) 管理幅度<br>(2) 管理层次 |

(续)

| 知识要点 | 要求程度 | 相关知识 |
|---|---|---|
| 直线与参谋 | 理解 | (1) 直线与参谋的关系<br>(2) 直线与参谋的矛盾<br>(3) 正确发挥参谋作用的措施 |
| 集权与分权 | 理解 | (1) 集权的定义<br>(2) 分权的定义 |
| 授权 | 理解 | (1) 授权的必要性<br>(2) 授权的原则 |

张厂长根据自己多年的管理经验,提出必须贯彻统一的指挥原则。他认为,全厂的每个人只有一个人对他的命令是有效的,其他的都是无效的,如书记有事就只能找厂长,不能找副厂长,科长只能听从一个副厂长的指令,其他副厂长的指令对他是不起作用的。因为工厂有15个厂级领导,如果每个厂级领导的命令都要求下边执行,中层干部就吃不消了。

上下级领导界限要分明。副厂长是厂长的下级,厂长做出的决定副厂长必须服从。副厂长和科长之间也应如此。张厂长认为,一个人的管理能力是有限的,所以规定领导人的直接下级只有五六个人。而他的直级下级多一点,有9个人(4个副厂长,2个顾问,3个科长)。这9个人他直接部署工作,有事可以直接找他,除此之外,任何人不准找他,找他也一律不接待。

资料来源:冯光明. 管理学. 北京:北京邮电大学出版社,2003.

## 6.1 组织与组织设计

### 6.1.1 组织的定义

组织的例子可以举出很多,但是究竟组织是什么,要给组织下一个统一的定义并不容易。不同的学者对组织有不同的定义。徐国华认为,组织是为了达到某些特定的目标经由分工协作及不同层次的权力和责任制度而构成的人的集合。邵冲认为,组织是有目标和正式结构的社会实体。美国著名管理学家罗宾斯说,组织是有既定目标的、拥有精心设计的结构和协调的活动性系统,并且是与外界相联系的一个社会实体。

一般而言,广义上的组织是指由诸多要素按照一定方式相互联系起来的系统。狭义的组织就是指人们为实现一定的目标,互相协作结合而成的集体或团体,如党团组织、工会组织、企业、军事组织等。

尽管不同学者对组织的解释不尽相同,但是他们的定义中基本都需要组织具有以下几个特点。

1. 具有自己独特的目标

每一个组织都有自己的目标,都是为了独特的目标而存在的。缺乏共同的目标,便不是一个组织。

## 2. 每个组织都是由一群人构成的，单独的个人是无法构成组织的

组织是由一群人构成的，如果没有人员，组织的目标就无法实现。单独的个人不是组织。为了组织目标的实现，需要人的结合，组织才能运作，以发挥单独的个人所无法达成的功能或目标。

## 3. 任何组织都存在分工与合作、权力与责任制度

组织必须将其成员结合在一起，以发挥群体的力量。因此组织会发展出一套系统化的结构，来界定和规范成员的角色和行为，包括工作规则、规范、职权、职责及组织成员间的从属关系。

 **知识链接**

> 古代有个国王在病危时，把他的19个儿子都叫过来，拿一支箭给其中一位儿子，叫他把箭折断，儿子轻而易举就将其折断了。然后国王拿19支箭给他，叫他把箭折断，结果儿子使了很大的劲儿，却没法折断。国王说："你们也都看得很明白了，一支箭，轻轻一折就断了，可是合在一起的时候，就怎么也折不断。你们兄弟也是如此，如果互相斗气，单独行动，很容易失败，只有19个人联合起来，齐心协力，才会产生无比巨大的力量，可以战胜一切，保障国家的安全。这就是团结的力量啊！"
>
> 资料来源：作业帮网，http://www.zybang.com

例如，大多数的企业为了达到目标，会设立采购、生产、销售、财务和人事等许多部门。不同的部门从事某一类或某几类特定的工作，同时各个部门又相互合作，相互配合。比如采购要根据销售的情况开展工作，同时销售又对采购部门有一定的依赖性，两个部门相互合作，才能使企业利益最大化。

在分工之后，各个不同的部门需要被授予不同的权力与责任。若想完成一项工作，就需要具有相应的可以完成该项工作的权力，同时也必须担负相应的责任，二者是达成组织目标的保证。

### 6.1.2 组织设计的任务与原则

组织设计的基本概念起源于20世纪初，从20世纪初到现在，组织设计的理论在众多学者的研究与努力下，得到了不断的积累与发展。

组织设计是组织工作的核心内容，是一个动态的工作过程，包含了众多的工作内容。组织设计的目的是建立一种有效的组织结构框架，对组织成员在实现组织目标过程中的工作分工及协助关系做出正式、规范的安排。

科学地进行组织设计，只有根据组织设计的内在规律性有步骤地进行，才能取得良好效果。

#### 1. 组织设计的任务

组织设计的任务是设计清晰的组织结构，规划和设计组织中各部门的职能和职权，确定组织中直线职权、参谋职权的活动范围并编制职务说明书。

组织结构是指组织的框架体系，是对完成组织目标的人员、工作、技术和信息所做的制

度性安排。就像人类由骨骼确定体型一样,组织也是由结构来决定其形状的。

在一个组织中,任何一级管理者都要将他所负责的工作分解成若干个较小单元,以便分配给不同的人员去完成。例如,总经理将企业工作分解到生产管理、财务管理、技术管理等职能部门,交给各主管副总经理和部门经理来完成;生产管理部门的经理又将工作进一步分解为生产计划、生产调度、现场管理等,交给各职能科长和车间主任来完成;科长和车间主任们又继续将工作细分下去……这样程序一步步进行下去,直到企业的全部工作被分解为许许多多的小项目,这些小项目能够由某一个人员单独承担完成。工作分解后,企业就形成了不同的管理层次,有处、科、室、车间、工段、班组等;形成了不同的管理部门,有计划处、生产处、销售处等。这种对管理层次的确定和对部门的划分及相应的职能、职责、职权等的配置问题,就是组织结构问题。

职位设计的结果是给出与组织结构系统图相对应的职位说明书。职位说明书要求能简单而明确地指出该管理职位的工作内容、职责与权力,该职位在组织中与其他职务之间的区别与联系,该职位人员应具备的专业背景、知识结构、工作经验、管理能力等基本条件。

图 6.1 中的方框表示各种管理职务或相应的部门。直线表示不同职权的指向。通过直线将各方框进行连接,虽然没有显示出各种职权与职责的具体内容及哪个部门最重要,但该示意图清晰地描述了组织内正式职位系统的决策层级和联系网络,同时也表明了各种管理职务或各个部门在组织结构中的地位及他们之间的相互关系。

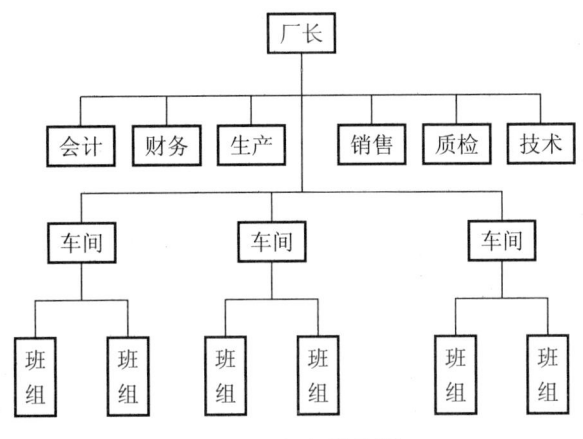

**图 6.1 组织结构图**

从图 6.1 中可以看出,组织的活动可以分解为横向和纵向两种结构形式。横向,将组织活动分解成不同的岗位和部门,即确定了每一个部门的基本职能,每一位主管的职权范围,部门划分的标准及部门之间的工作关系;纵向,根据管理幅度确定决策的层级及其管理人员的职责和权限,即确定了由上到下的指挥链及链上每一级的权责关系,并且这种关系具有明确的方向性和连续性。

尽管组织结构日益复杂、类型演化越来越多,但任何一个组织结构都存在 3 个相互联系的问题:职权如何划分,部门如何确立,管理层次如何划分。由于组织内外环境的变化影响着这 3 个相互关联的问题,使得组织结构的形式始终围绕这 3 个问题发展变化。因此,要进行组织结构的设计,首先要正确处理这 3 个问题。

1）职能与职务的分析与设计

组织首先需要将总的任务目标进行层层分解，分析并确定为完成组织任务究竟需要哪些基本的职能与职务，然后设计和确定组织内从事具体管理工作所需的各类职能部门及各项管理职务的类别和数量，分析每位职务人员应具备的资格条件、应享有的权利范围和应负的职责。

组织系统图是自上而下绘制的。在创建组织时，可以根据组织的宗旨、任务目标及组织内外环境的变化，自上而下地确定组织运行所需要的部门、职位及相应的权责。另外，组织设计也可以根据组织内部的资源条件，在组织目标层层分解的基础上从基层开始自下而上地进行。

2）部门设计

根据每位职务人员所从事的工作性质不同及职务间的区别和联系，也可以根据组织职能相似、活动相似或关系紧密的原则，将各个职务人员聚集在"部门"这一基本管理单位内。组织活动的特点、环境和条件不同，划分部门所依据的标准也是不一样的。对同一组织来说，在不同时期不同的战略目标指导下，划分部门的标准可以根据需要进行动态调整。

3）层级设计

在职能与职务设计及部门划分的基础上，必须根据组织内外能够获取的现有人力资源情况，对初步设计的职能和职务进行调整与平衡，同时要根据每项工作的性质和内容，确定管理层级并规定相应的职责、权限，通过规范化的制度安排，使各个职能部门和各项职务形成一个严密、有序的活动网络。

2. 组织设计的原则

一个组织内需要设计多少个部门？一个部门应该有多少人？每个人应该有什么职责和权利？部门里的人应该听谁的指挥？虽然不同的组织对上述问题的回答各不相同，但经过近百年的研究和实践，人们还是总结了一些成功的经验，这些经验被归纳为组织设计的原则，遵循这些原则，组织的运行就会更有效。组织设计的原则有以下几点。

1）统一指挥原则

统一指挥原则是组织设计最基本的原则。统一指挥原则要求组织的管理具备以下特点：在确定管理层次时要使上下级之间形成一条命令链；一个独立的单位应由一个人最终负责；一个下级只接受一个上级的指挥，防止多头管理的出现；下级只能向直接上级请示工作，不能越级请示工作；上级不能越级指挥下级；职能部门一般只能作为同级指挥系统的参谋，无权对下属直线领导者下达命令和指挥。

虽然统一指挥原则的合理性是毋庸置疑的，但在管理实践中要实现统一指挥却非易事。一个组织由两个人共同负责，多个领导人向同一个人发出不同的指令，上级的越权指挥和下级的越级汇报等现象在现实中可谓司空见惯。

### 知识链接

某公司有个中层干部开会时在桌子上放了一个本子、一支笔就走了，散会也没回来。事后，领导问他怎么回事，他说有3个地方要他开会，这里热，所以就放一个笔、本，而去了另外的会议。此事，不能怪中层领导，只能怪高层领导。后来公司规定，同一个时间只能开一个会，并且事先要把报告交到党委和厂长办公室统一安排。

资料来源：世界经理人网，http://www.ceconlinebbs.com

2）有效管理幅度原则

管理幅度就是指一个管理者能够有效控制下属的人数。有效管理幅度原则是一个非常具有现代意义的组织原则。

管理幅度在组织管理中非常重要，因为它在很大程度上决定了一个组织要设置的层级和配备的人员数量。如果控制幅度过窄，则必然会增加组织的层级数，使得中层人员的数量庞大起来，这对组织的沟通是非常不利的，而且会滋生官僚主义作风。但是，控制幅度也不能过宽。人的精力是有限的，当一名管理者面对过多的下属时，他往往会因多个下属的事务而无法集中精力做出关键的决策，这反而降低了管理的有效性。

 **知识链接**

美国著名心理学家米勒曾写过一篇很有影响力的文章《奇妙的7加减2》。他认为人的短期记忆的容量为7个左右，把这个理论应用到控制幅度中，合理的管理幅度应该是一个上级管理5～9名下属。一般而言，中高级管理者的控制幅度不应太大，以4～8人为宜，而低层和基本管理者的控制幅度可相对大一些，可达到8～12人。不过，该数值也并非一成不变的，组织在确定控制幅度时可根据上述推荐值做一定的调整。日本著名企业家松下幸之助的话或许对我们有一定的启示，有一次他在对中层管理者的培训中讲到："如果你连直接下属的名字和分工都弄不清楚，那你的控制幅度就太大了。"

资料来源：廖建桥. 管理学. 武汉：华中科技大学出版社，2010.

3）责任与权力对等原则

责任与权力对等原则是组织工作的基本原则之一。其内容就是指管理者所承担的责任不可以大于或小于授予他的职权。即承担某一岗位职务的管理者，必须对该岗位所规定的工作完全负责。但要做到对工作完全负责就必须授予管理者相应的权力。因为组织中任何一项工作都需要利用一定的人力、物力和财务的权力。没有明确的权力，或权力应用范围小于工作的要求，可能会使责任无法履行、任务无法完成。当然，对等的权责也意味着要服务某位置的权力不能超过其应负的责任，否则会导致不负责任地滥用职权，甚至会危及整个组织系统的运行。完全负责也就意味着责任者要承担全部风险，而要求管理者承担风险，就必须给予其与风险相对应的收益作为补偿，否则，责任者不会愿意承担这种风险。

 **知识链接**

刚刚过了春节，但是王专文的心情一点也不好。每年这个时候，公司就会给各个地区的销售公司经理下达当年的销售任务。根据过去的经验，今年公司下达给他的销售任务至少比去年要高20%。在过去几年，由于市场处于开发期，竞争不是很激烈，完成20%的增长任务并不难。但是，现在市场竞争越来越激烈，市场潜力已经被挖光，在这种情况下，公司仍然要求销售任务增加20%。为了完成这新增加的销售任务，王专文要求增加人手，到更多的下属地区增加销售网点，但公司不同意，并说所有增加的销售成本将在他的利润中扣除。他实在不知道，用他现在的销售队伍和销售预算如何能完成这一年度的销售任务。

资料来源：廖建桥. 管理学. 武汉：华中科技大学出版社，2010.

4）执行与监督分离原则

执行和监督分离原则是指组织内的执行功能与监督功能应该分开设立，不能置于同一个部门或归同一个人领导，应该设置相对独立的监督机构。在组织结构的层级中，监督应在执行之上或与之平行,而不是在执行人员的领导之下,否则就无法起到监督的作用。

例如,在企业里,生产与质量监督检验是独立分开的。如果生产与质量检验不分开设立部门,或设立在同一个部门,很多不合格的产品就会因为生产人员的自我包庇行为而流入市场。执行与监督分设的实例还有企业的财务部门与审计部门的设立。企业中的财务部门是控制企业资金来源和去向的中枢,而资金流动也是相对容易控制的范畴。所以财务部门在企业中是一个相对重要的部门,是企业实施监督机制的首要环节。在财务部门内,重要职位尤其是和现金、账目相关的职位一般由多人担任。按照会计制度规定,财务会计和出纳必须由不同的人担任,这就是执行与监督原则的应用之一。

5) 专业化分工的原则

组织活动过程的复杂性决定了任何个人都不可能同时拥有所有知识和技能,每个人都只能在有限的领域掌握有限的知识和技能,从而相对有效率地从事有限的活动。组织需要利用拥有不同技能和知识的人从事不同的活动。专业化分工就是要把组织活动的特点和参与组织活动的人的特点结合起来,把每个人都安排在适当的领域积累知识、发展技能从而不断地提高工作效率。

所以从某种意义上来说,组织设计就是对人员的劳动进行分工:部门设计是根据相关性或相似性的标准对不同部门的人员进行横向分工;层级设计则是根据相对集权或相对分权的原则,把与资源配置方向或资源配置方式相关的权力在不同层级的部门或岗位间进行纵向安排。

6) 柔性经济原则

组织的柔性,是指组织的各个部门、各个人员都可以根据组织内外环境的变化进行灵活的调整和变动。组织结构应当保持一定的柔性以减少组织变革带来的冲击和震荡。组织的经济性是指组织的管理层次与幅度、人员结构及部门工作流程必须设计合理,以达到管理的高效率。组织的柔性与经济性是相辅相成的,一个柔性的组织必须符合经济的原则,一个经济的组织又必须使组织保持柔性。只有这样,才能保证组织结构既精简又高效,避免形式主义和官僚主义作风的滋长和蔓延。

## 6.1.3 组织设计的影响因素分析

在现实生活中,组织结构是千姿百态的,普遍适用的组织结构是不存在的。管理者必须根据所面临的特定情况,制订适合本组织的结构设计方案。"依条件而变""因地制宜""量体裁衣",是指导组织设计工作的一条基本原则。现代管理学者提出的"权变理论",就是强调不同的组织及同一组织在不同发展阶段,都应当根据特定的具体条件来选取和设计与之相适应的组织结构。影响组织模式选择的主要权变因素包括环境、战略、规模、技术、人员素质等。

由于组织的各种活动总是要受到组织内外部各种因素的影响,因此,不同的组织具有不同的结构形式。也就是说,组织结构的确定和变化都受到许多因素的影响,这些因素称为"权变"因素,即权宜应变的意思。权变理论认为,不存在一个唯一的"理想"组织设计适合于所有情况,理想的组织设计取决于各种权变因素。

面对竞争日趋激烈的外部环境和不确定的市场需求变化,任何组织都会察觉到管理日趋复杂。这就必须把权变的组织设计观引入组织设计的思想中。所谓权变的组织设计,是指以系统、动态的观点来思考和设计组织，要把组织看成一个与外部环境有着密切联系的开放式组织系统。综合而言，影响组织设计的主要因素有以下4个：环境、战略、技术、规模与发展阶段。

### 1. 环境的影响

从广义来讲，组织外部存在的一切都是组织的环境，我们选择环境中对组织来说敏感的和必须做出反应的方面进行分析，所以组织的外部环境可以被定义为存在于组织边界之外，并对组织具有潜在的直接影响的所有因素。

处于动荡多变环境中的组织，与处于相对稳定环境中的组织相比，其组织结构要求具有更好的弹性和适应性，能及时地对外部环境的变化做出灵活而有效的反应。矩阵型、网络型组织就是比较适用于此种特定条件的组织形式。而处于相对稳定环境中的组织，则通常要求组织较正规和集权，主要追求组织结构方面的刚性和稳定性。直线职能制就是这种条件下比较适用的组织形式。

### 2. 战略的影响

战略是指决定和影响组织活动性质及根本方向的总目标，以及实现这一总目标的路径和方法。钱德勒认为，新的组织结构如不因战略而异，就将毫无效果。组织必须服从组织所选择的战略的需要。不同的战略要求不同的业务活动，从而影响管理职务的设计。战略重点的改变，会引起组织的工作重点的改变，因此要求各管理职务及部门之间的关系做出相应的调整。

### 3. 技术的影响

技术是指把原材料等资源转化为最终产品或服务的机械力和智力。任何组织都需要通过技术将投入转化为产出，那么组织的设计就需要因技术的变化而变化，特别是技术方式的重大转变，往往要求组织结构做出相应的改变和调整。

技术及技术设备的水平不仅影响组织活动的效果和效率，而且会作用于组织活动的内容划分、职务的设置和工作人员的素质要求；信息处理的计算机化必将改变组织中的会计、文书、档案等部门的工作形式和性质。

### 4. 组织规模与发展阶段的影响

布劳等人曾对组织规模与组织设计之间的关系做了大量研究，认为组织规模是影响组织结构的最重要的因素，即大规模会提高组织复杂性程度，并连带提高专业化和规范化的程度。可以想象，当组织业务呈现扩张趋势、组织员工增加、管理层次增多、组织专业化程度不断提高时，组织的复杂化程度也会不断提高，这必然给组织的协调管理带来更大的困难，而随着内外环境不确定因素的增加，管理层也越难把握实际变化的情况并迅速做出正确决策，组织进行分权式的变革成为必要。

组织处在不同的发展阶段对组织设计有不同的影响。企业创业之初，组织层次比较简单，可能以个人业主或手工作坊等简单的形式出现。随着企业逐步向高级阶段发展，要求企业有相应的层级组织来执行行政协调配置资源的功能，组织层级可能会增加，由简单的层级跃为三级或者更多级，或者组织形式发展成为更高级的股份制等。企业逐步走向老化或者处于衰退阶段时，需要进行裁员等调整。

### 6.1.4 典型组织结构形式

原则上每一个组织的组织结构都是独一无二的,特别是在考虑到组织结构的运行因素时更是这样。就组织结构的整体架构而言,目前比较典型的组织结构有直线制组织结构、职能制组织结构、直线职能制组织结构、事业部制组织结构、矩阵结构、委员会等几种形式。

1. 直线制组织结构

直线制组织结构(图6.2)是一种最简单的集权式组织结构形式,又称军队式结构。其领导关系按垂直系统建立,所有下属都是同质的,不设专门的职能机构,自上而下形同直线。这是一种最古老的组织结构形式。如果追究其起源的话,从刚刚产生分工的氏族公社开始就出现了这种形式。其特点是一个下属人员只接受一个上级领导人员的指令,所有管理职能都由一个领导者承担。

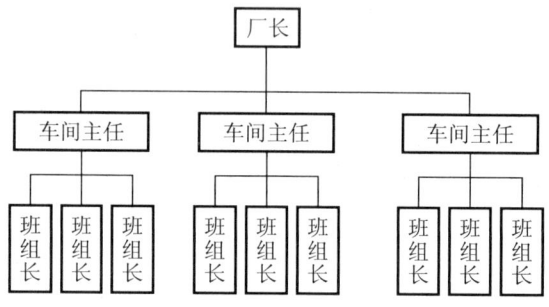

**图 6.2 直线制组织结构**

一般来说,直线制组织结构常应用于小型组织特别是组建初始的组织。其优点主要表现为机构简单,指挥管理统一,责任和权限比较明确。

但在组织发展过程中,直线制组织结构缺乏专业化分工的特点就会慢慢显露。其主要表现为要求行政人通晓各种专业管理知识,亲自处理许多业务;领导者忙于日常业务,不能有效决策。

2. 职能制组织结构

在职能制组织结构(图6.3)中,除了直线主管以外,还设立了一些职能部门,各职能部门有权在自己的业务范围内下达命令和指示,下级直线主管除了接受上级直线主管的领导外,还要受上级职能部门的指挥。

职能制组织结构可以应用于各种类型组织中,只是随着不同组织目标和活动的改变,职能也相应改变。其优点表现为充分发挥专业管理机构的作用,适应现代组织管理工作较复杂的需要和进行专业分析的需要。其缺点表现为妨碍集中统一指挥,形成多头领导,不利于明确划分各级行政负责人和职能科室的职责权限。

职能制组织结构主要应用于确定环境下的中小组织,也很好地适用于那些拥有固定技术且各个职能部门相互依赖的组织。

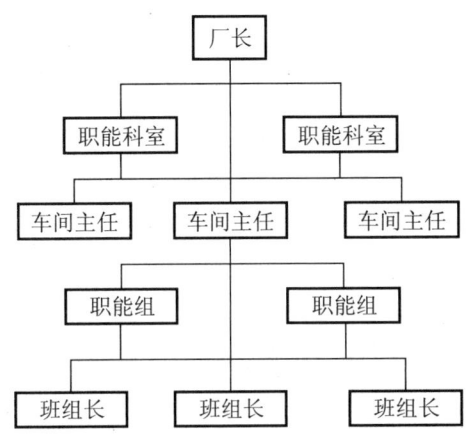

**图 6.3　职能制组织结构**

3. 直线职能制组织结构

直线职能制组织结构（图 6.4）是将直线制组织结构和职能制组织结构相结合的产物，是工业化时期产生的典型组织结构类型，是当今国内外各类企业组织较常用的一种组织结构形式。

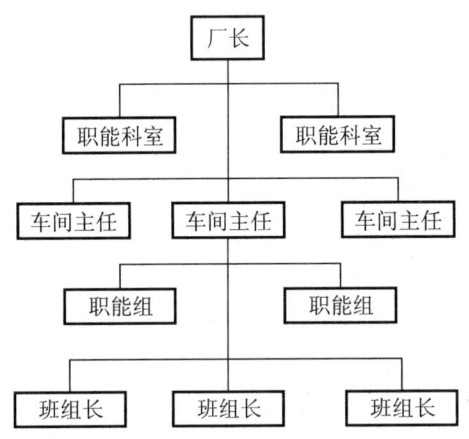

**图 6.4　直线职能制组织结构**

这种组织结构按照一定的职能专业分工，各级都建立职能机构担负相应的职能管理工作，各级领导都有相应的职能机构作为助手，以发挥职能机构的专业管理作用。整个系统中管理人员分为两类：一类是直线指挥人员，相当于军队中的各级军官，他们可以对下级发号施令；另一类是职能人员，相当于军队中的参谋、后勤人员，他们只能对下级机构进行业务指导，而不能直接对下级发号施令，除非上级直线人员授予他们某种权力。这种划分保证了统一的生产指挥和管理。另外，这种结构导致权力高度集中，凡不能在一个部门范围内做出决定的问题，最后必须由厂长做出决定。

直线职能制组织结构之所以被广泛地采用，是因为这种结构分工细密，任务明确，而且各个部门的职责具有明显的界限；各职能部门仅对自己应做的工作负责，可以专心从事这方面工作，因此有较高的效率；结构的稳定性较高，在外部环境变化不大的情况下，易发挥组织的集团效率。

直线职能制组织结构的缺点：缺乏信息交流，各部门缺乏全局观点，不同的职能机构之间，职能人员与指挥人员之间目标不易统一，矛盾较多，最高领导者的协调工作量大；不易从企业内部培养熟悉全面情况的管理人才，使职能组织促使职能人员仅重视其有关的专业知识和才能，而不重视管理；整个组织系统刚性较大，分工很细，手续繁杂，反应较慢，不易迅速适应新的情况。

尽管直线职能制组织结构有一些缺点，但同其他类型的组织结构相比，还是一种比较好的组织形式。目前大部分企业采用此类结构形式。但它不适宜多品种生产和规模很大的企业，也不适宜创新性的工作。

4. 事业部制组织结构

事业部制组织结构（图6.5）简称M型结构，也称联邦分权制结构。这种结构是由美国通用汽车公司前总裁斯隆创立的，所以又称"斯隆模式"。事业部制是西方经济从自由资本主义过渡到垄断资本主义后，在企业规模大型化、企业经营多样化、市场竞争激烈化的条件下，出现的一种分权式的组织形式。

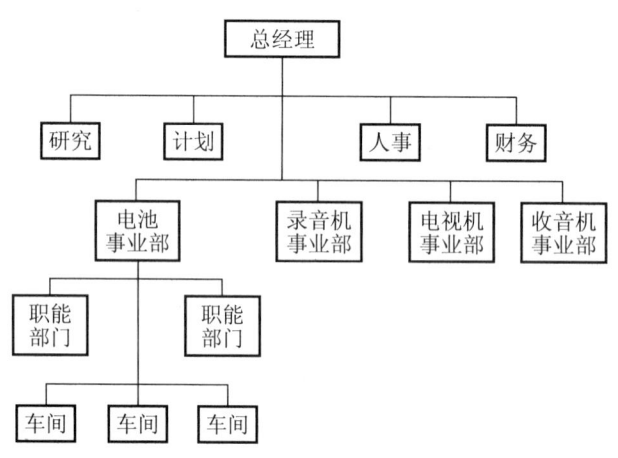

**图 6.5　事业部制组织结构**

采用事业部制的组织是把政策制定与行政管理分开，政策管制集权化，业务营运分权化。企业的最高管理层是企业的最高决策管理机构，以实行长期计划为最大的任务，集中力量研究和制订公司的总目标、总方针、总计划及各项政策。事业部的经营活动只要在不违背总目标、总方针、总计划的前提下完全由事业部自行处理，因而事业部成为日常经营活动决策的中心，是完全自主的经营单位，可以充分发挥自己的主观能动性。

事业部制组织结构具有许多优点：能使最高管理部门摆脱日常行政事务，成为坚强有力的决策机构，并使各个事业部发挥经营管理的主动性，而高层领导不至于忙于协调、监督等较低层的管理工作；既有较高的稳定性，又有较高的适应性；是培养管理人才的最好组织形式之一；扩大了有效控制的跨度，使上级领导直接控制下层单位的数目增加。

事业部制组织结构也有其相对不足的地方：对事业部一级的管理人员水平要求较高，每个事业部都相当于一个单独的企业,事业部经理要熟悉全面业务和管理知识才能胜任工作;集权与分权关系比较敏感,一旦处理不当,可能削弱整个组织的协调一致性。

需要提及的是,当企业的规模比较小时,是无法采用此种组织结构的。当企业规模比较大,而且下层单位能够成为一个"完整的企业机构"时,可以采用这种组织结构,即下层单位除了要有自己的设计制造外,还要有自己的市场,自己的销售,并能自己选择进货,这样才能组成事业部门。

目前,许多大型企业采取产品多元化或品牌多元化的经营方式。在这种情况下,传统的直线职能制组织结构在管理和控制多元化的生产过程中显得力不从心,管理成本大大提高。这种情况下必须对传统的结构进行调整。企业的第二级机构不是按职能而是按企业的事业,包括按产品、按品牌、按顾客等来划分部门——事业部。每个事业部都有自己的产品和特定的市场,能够完成某种产品或服务的全过程。事业部有较大的生产经营权限,实行独立核算,自负盈亏,是一个利润责任中心,基本相当于一个独立的企业。在事业部内部能够按照职能制组织结构设计管理部门。

 **知识链接**

事业部制组织结构最初是由皮埃尔·杜邦于1920年改组杜邦公司时提出的,但当时只是一种很粗略的形式。1921—1922年,阿尔弗雷德·斯隆作为总裁在通用汽车公司推行了更完善的"联邦分权制"。之后,许多企业对其加以模仿和改进。其中,美国通用电气公司于1950—1952年进行改组时提出的组织结构形式,已成为全世界流行的标准模式,称作事业部制组织结构(图6.6)。据统计,到1969年,在美国500家大公司中,有380家以不同方式采用了通用电气公司的组织模式,在日本也有大约一半的大公司采用。

资料来源:廖建桥. 管理学. 武汉:华中科技大学出版社,2010.

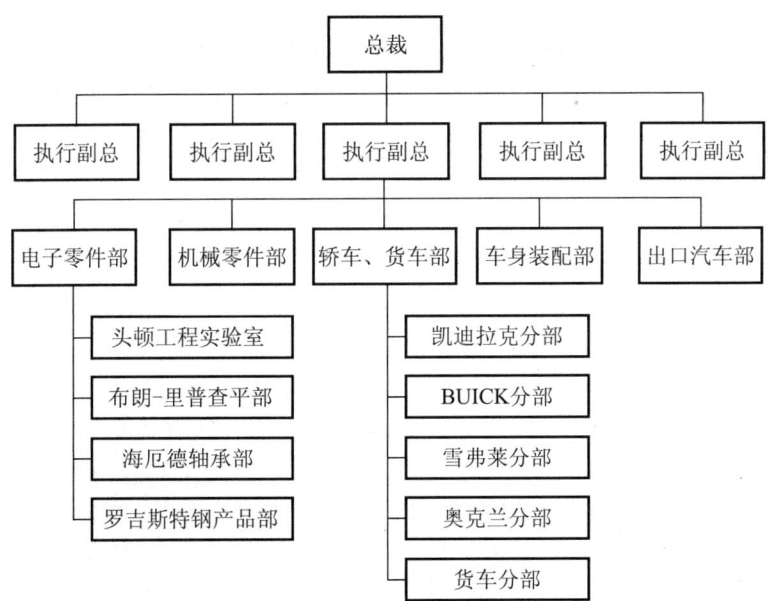

图6.6 通用汽车公司事业部制组织结构

5. 矩阵结构

矩阵结构（图6.7）是第二次世界大战后在美国首先出现的，是为了适应在一个组织内同时有几个项目需要完成，每个项目又需要具有不同专长的人在一起工作才能完成这一特殊的要求。在这种组织中，每个成员既要接受垂直部门的领导，又要在执行某项任务时接受项目负责人的指挥。可以说，矩阵结构是对统一指挥原则的一种有意识的违背。

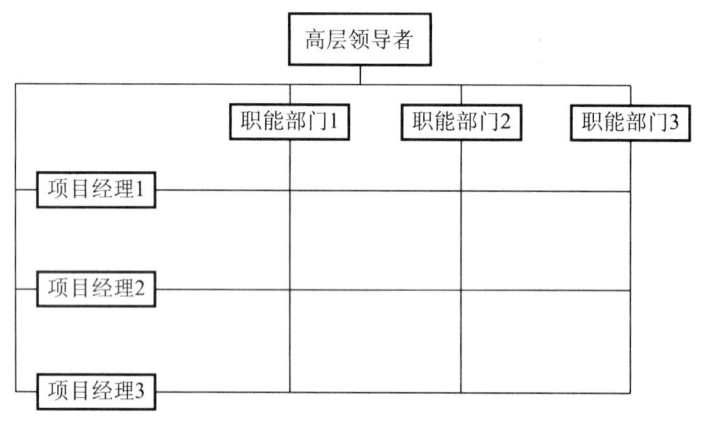

图6.7　矩阵结构

矩阵结构的优点表现为由于矩阵结构是按项目进行组织的，因此它加强了不同部门之间的配合和信息交流，克服了直线职能结构中各部门互相脱节的现象；它同样具有工作小组那种机动灵活性，可随项目的开始与结束进行组织或给予解散，这就大大提高了人员的利用率；由于参与人员直接参与项目，而且在重要决策问题上有发言权，这使他们增加了责任感，激发了工作热情。

矩阵结构最主要的缺点表现为项目负责人的责任大于权力。因为参加项目的每个人都来自不同的部门，一般隶属关系仍在原部门，而仅仅是临时参加该项目，所以，项目负责人对他们工作的好坏，没有足够的激励手段与惩治手段，这些权力依然在原部门领导人手中。矩阵结构造成双重领导也是一大缺陷，项目负责人和原部门负责人都对参加该项目的人员有指挥权。

 *知识链接*

矩阵结构最早应用于飞机制造和航天器械的生产项目中。职能部门包括研发、工程、安装、测试等单位。每一个项目部需要全新的产品，如新型飞机、宇宙火箭等。现在，矩阵结构已经在跨国公司普遍使用，极有代表性的公司为"世界电器巨人"ABB公司。ABB公司拥有25万名员工，在每一个国家和地区都采取矩阵式结构，将公司按区域和业务维度划分。这样做是为了既保证公司产品的本土化特点，又保证规模效应和技术的领先性。ABB公司本土的经理负责自行开发新产品和拓展市场及进行政府攻关，而业务经理负责全球的产品战略决策。根据这样的结构，ABB公司在全球范围成立合资企业，每个合资企业规模都很小（ABB公司有1 200个合资公司），但约1 100个合资公司的总经理都同时向区域经理汇报，也向全球业务经理汇报。通过这样的管理，ABB公司作为一个有整体战略的公司，成为世界电气巨人。

资料来源：新浪网，http://www.sina.com.cn

6. 委员会

采用最普遍而且争议最多的一种组织形式是委员会。委员会可以是正式也可以是非正式的。如果所建立的委员会是作为组织机构的一部分，并有特殊的职责，那么它就是正式的，大多数永久设立的委员全都属于此类。委员会也可以是非正式的，未授予其特别的职权，通常为解决某一专题而展开集体讨论并集体决策，这样的委员会便是非正式的，临时性的。

教育组织中，有些大学有超出100个常设委员会参与领导工作或提供咨询服务，范围包括学术审评会、预算委员会及协调委员会、校友档案委员会、福利委员会、监考委员会等。

企业中的委员会也很盛行。董事会是一种委员会，还有其他指定的组织，如执行委员会、财务委员会、审计委员会等。有时，一个公司的业务由管理委员会负责而不是由总经理负责。

委员会制组织结构的优点在于其决策是集体做出的，在决策过程中比较容易协调，而且委员会决策体现的是决策集团的利益，相对客观和顾全大局，下级参与的积极性较高。因此，委员会在政府机关、事业单位、学校和企业中被广泛应用。但委员会的缺点也很明显，主要是委员会在决策过程中要相互协调，这不仅会使决策速度变慢、效率降低，而且在委员会成员意见相左时往往容易产生相互妥协的现象，从而产生一个妥协方案。这种妥协方案也许并不能像原先那样行之有效。在决策失误时，由于决策的集体性，容易产生决策责任不清的现象。

7. 虚拟组织

虚拟组织又称网络组织、网络结构等。虚拟组织是一种目前流行的组织设计形式，可使管理人员面对新技术、新环境时显示出极大的灵活性。所谓虚拟组织，是指那种以计算机信息网络系统为联系工具，以知识共享、信息共享为基础而组建的动态的组织群体。"虚拟"一词是相对"实体"而言的。在组织语言中，虚拟的含义是"真实的超越"，即对组织实际功能、资源及空间的超越。管理组织虚拟化运行的关键点是合作化。

网络组织的主要优点在于它只保留了组织本身最专业、最擅长或最具竞争优势的部分，而将其他部分分散到全球各地，如此可使组织在全球的基础上寻求机会与资源；同时可降低管理成本，应变能力也很强。其缺点是组织对各合作方的控制有限。

从上述对虚拟组织的介绍和分析不难看出，虚拟组织的产生与运行背景是经济的信息化和知识化。虚拟组织的良好运行，需要如下一些基础条件。

1）建立起知识与信息共享的理念

在虚拟组织中，计算机网络仅仅是一个必不可少的工具和手段，但是保证虚拟组织运行更重要的条件是虚拟组织的知识与信息共享理念。

2）紧密合作的愿望

在虚拟组织中，协同合作的组织或个人很多。因此，参与合作的某一个体如果不能很好地履行自己的义务和完成自己的任务，其产生的不利影响是相当广泛的。在这种带有临时合作性质的组织形式中，如果个体之间缺乏高度的合作愿望，虚拟组织就难以存在下去。

3）要有较高的管理控制水平

虚拟组织中的合作伙伴不是固定的，因此虚拟组织对核心成员的管理要求相当高。

## 6.2 组织关系与组织运作

### 6.2.1 管理幅度与管理层次

**1. 管理幅度与管理层次的互动性**

所谓管理幅度，又称管理宽度，是指在一个组织结构中，管理人员能直接管理或控制的部属数目。这个数目是有限的，当超过这个限度时，管理的效率就会下降。因此，主管人员要想有效地领导下属，就必须认真考虑究竟能直接管辖多少下属的问题，即管理幅度问题。

一般来说，管理层次与组织规模成正比，即组织规模越大，包括的成员越多，则层次越多；在组织规模已定的条件下，它与管理幅度成反比，主管直接控制的下属越多，管理层次越少，相反，管理幅度减小，则管理层次增加。

在组织中，管理层次和管理幅度的反比关系决定了两种基本的管理组织结构形态：扁平结构形态和锥形结构形态。

扁平结构形态是指在组织规模已定的条件下，管理幅度较大、管理层次较少的一种组织结构形态。这种结构的优点表现为层次少，信息传递速度快；能尽早发现信息反馈的问题，尽早解决；信息失真可能性小。其缺点表现为主管不能对每位下属有充分的了解；主管得到的信息太多，不利于及时利用。

锥形结构形态是指管理幅度较小，管理层次较多的高、尖、细的金字塔形态。这种结构的优点表现为较小的管理幅度可以使主管对每个下属进行详尽的指导。其缺点表现为过多的管理层次会影响信息从基层传递到高层的速度，而且由于经过的层次太多，每次传递都被各层主管加进了许多自己的理解和认识，从而可能使信息在传递过程中失真；使各层主管感到自己在组织中的地位相对渺小，从而影响积极性的发挥；往往容易使计划的控制工作更加复杂。

组织设计要尽可能地综合两种基本组织结构形态的优势，克服它们的局限性。

**2. 管理幅度设计的影响因素**

任何组织都需要解决管理人员直接指挥与监督的下属的数量问题。在成功的组织中，不同管理者直接管理的下属数量往往不同。有效的管理幅度受到诸多因素的影响，主要有管理者和被管理者的工作能力、工作内容和性质、工作条件与工作环境等。

1）工作能力

管理人员的综合能力、理解能力、表达能力强，则可以迅速地把握问题的关键，就下属的请示提出恰当的指导建议，并使下属明确地理解，从而可以缩短与每一位下属在接触中占用的时间。同样，如果下属具备符合要求的能力，受过良好的系统培训，则可以自主解决很多问题，从而减少向上级请示。这使得管理幅度变宽。

2）工作内容和性质

管理人员越接近组织的高层，其决策职能越重要，因此其管理幅度较中层和基层管理人员要小。下属从事的工作内容和性质相近，则管理人员对每人工作的指导和建议也大体相同。这种情况下，管理人员对较多下属的指挥和监督是不会有什么困难的。下属如果单纯地执行计划，并且计划本身制订得详尽周到，下属对计划的目的和要求明确，那么，管理人员指导下属所需的时间就少；相反，如果下属不仅要执行计划，而且要将计划进一步分解，或计划本身不完善，那么管理人员对下属指导、解释的工作量就会相应增加，从而减小有效管理幅度。管理人员作为组织不同层次的代表，往往必须占用相当多的时间去处理非管理性事务，这也会使管理幅度变窄。

3）工作条件

如果有关下属的所有问题，不分轻重缓急，都要管理人员亲自处理，那么，必然要花费管理人员大量的时间，管理人员能直接领导的下属数量也会受到进一步的限制。如果给管理人员配备了必要的助手，由助手和下属进行一般的联络，并直接处理一些次要问题，则可以大大减少管理人员的工作量，使管理幅度变宽。利用先进的技术去收集、处理、传输信息，不仅可帮助管理人员更早、更全面地了解下属的工作情况，从而可以及时地提出忠告和建议，而且可使下属了解更多的与自己工作有关的信息，从而能更自如、自主地处理分内的事务。这显然有利于扩大管理人员的管理幅度。不同下属的工作岗位在地理上的分散会增加下属与主管及下属之间的沟通困难，从而影响主管直属部下的数量。

4）工作环境

组织环境稳定，组织与环境之间的适应性工作就相对简单，新问题比较少，经常性的问题可以按照既定的程序来解决，管理幅度就可以大些；反之，环境变化快，新问题多，管理人员的时间和精力必须用来应对出现的各种问题，管理幅度就会受到限制。

 知识链接

摩西的岳父乔叟看到摩西从早到晚整天坐在那里，以色列人在他面前排起了长队，耐心地等着见他，表达自己的愿望和倾诉心中的不满。乔叟对摩西说："你这样做不太好。你和那些等着见你的人都受不了，你们会累坏的。你不应该自己一个人做这件事。"然后乔叟建议摩西在每1 000人中选出一位代表，再在其中每100人选出一位代表，每50人及每10人选出一位代表。重大事项仍然由摩西自己来决定，但琐碎的事情就由那些选出的代表做出裁决。摩西接受了建议。从那之后，摩西就轻松了许多。

资料来源：道客巴巴网，http://www.doc88.com

### 6.2.2　直线与参谋

组织中的管理人员有直线主管和参谋主管两种不同身份。直线关系是由管理幅度的限制而产生的管理层次之间的关系。从组织的最高层，经过中间层，一直延伸到最基层，每一个环节的管理人员都有指挥下级工作的权力，同时又必须接受上级管理者的指挥，并且这种指挥和命令的关系越明确，权限越清楚，就越能保证整个组织的统一指挥。直线关系是一种命令关系，是自上而下的，上级指挥下级的关系，直线关系在组织关系中占主要地位。

参谋关系是伴随着直线关系而产生的。组织的规模越大，活动越大，活动越复杂，参谋人员的作用就越重要，参谋的数量就越多，从而参谋与直线的关系就越复杂。在组织中常借助设置一些助手，利用不同的助手来补偿直线主管的专业知识的不足，协助他们

的工作。这些具有不同专业知识的助手一般被称为参谋人员。参谋人员的设置是为了减轻直线人员的负担,随着组织规模的增大,参谋人员的数量会不断增加,参谋机构会逐渐规范化。

1. 直线与参谋的关系

直线与参谋是两种不同的职权关系。直线关系是一种指挥和命令的关系,授予直线人员的是决策和行动的权力。而参谋关系是一种协助和服务的关系,授予的是筹划、建议的权力,不具备决策和行动的权力。

通常把对组织目标的实现负有直线责任的部门称为直线机构,而把那些为实现组织基本目标提供协助作用而设置的部门称为参谋机构,如将致力于生产或销售的部门称为直线机构,而采购、人事、会计等部门划到参谋机构。

2. 直线与参谋的矛盾

当参谋作用发挥不当时,会破坏统一指挥的原则,或者虽然保持了命令的统一性,但参谋作用不能充分发挥时,直线人员和参谋人员都可能对对方产生不满的情绪。

参谋机构人员一般只有提出建议的权力,对直线人员的工作没有较强的约束力。如果直线人员对参谋人员的建议不予重视,只根据自己的认识和判断行事,并认为参谋人员不考虑实际情况,不了解本部门的特点,纸上谈兵,会使得参谋人员的专业知识得不到充分利用。同时,参谋人员会因为直线主管的轻视而产生不满。他们也希望通过提出的建议被采纳来证明自己的价值,作为进取的途径。当有人告诉他们,决策是直线管理的职能,他们的作用只是辅助性的、次要的时,他们会有挫败感,从而产生对直线人员的不满。

在上面的矛盾情况下,参谋人员往往会寻求直线主管的支持,直线主管再对直线下属施压,要求其认真考虑参谋人员的建议,这时对参谋人员比较有利,但是参谋人员可能会借助直线主管的支持,以指挥者的姿态强迫直线人员接受自己的观点,这时又会激化参谋人员与直线人员的矛盾。

当参谋人员过高估计了自己的作用时也会产生矛盾,甚至会有成绩归功于参谋,失误怪罪于直线的心理,那样,直线人员就会更加漠视参谋人员的建议与作用。

知识链接

王华明近来感到十分沮丧。一年半前,他获得某名牌大学工商管理硕士学位后,在毕业生人才交流会上,凭借出众的能力成为某大公司的高级管理职员。由于其卓越的管理才华,一年后,他被公司委以重任,出任该公司下属的一家面临困境的企业的厂长。当时,公司总经理及董事会希望王华明能重新整顿企业,使其扭亏为盈,并保证王华明拥有完成这些工作所需的权力。考虑到王华明年轻,而且肩负重任,公司为他配备了一名高级顾问严高工(原厂主管生产的副厂长),为其出谋划策。

然而,在担任厂长半年后,王华明开始怀疑自己能否控制住局势。他向办公室高主任抱怨道:"在执行厂管理改革方案时,我要各部门制订明确的工作职责、目标和工作程序。而严高工却认为,管理固然重要,但眼下第一位的还是抓生产、开拓市场。更糟糕的是他原来手下的主管人员居然也持有类似的想法,结果这些经集体讨论的管理措施执行受阻,倒是那些生产方面的事情推行起来十分顺利。有时我感到在厂里发布的一些命令,就像石头扔进了水里,只看见了波纹,随后,过不了多久,所有的事情又回到了发布命令以前的状态,什么都没改变。"

资料来源:道客巴巴网,http://www.doc88.com

3. 正确发挥参谋作用的措施

1)明确职权关系

只有明确了各自工作的性质与职权关系的特点,直线人员与参谋人员才有可能防止相互之间矛盾的产生或以积极的态度去解决已产生的矛盾。

直线人员要了解参谋工作,利用参谋人员的知识,认真对待参谋人员的建议,充分吸收其中合理的内容,而不是在出现问题时去责怪参谋人员的脱离实际。

参谋人员要充分认识自己的价值是为了协助和改善直线人员的工作,而不是削弱直线人员的职权,才可能在工作中不越权争权,从而更加努力地提供好的建议,推荐自己的主张,宣传自己的观点,并且在方案实施、取得成绩以后不居功自傲,而只是充分认识到,方案的成功首先在于直线人员采纳了建议,而采纳建议行为本身也是要承担一定风险的。

2)授予必要的职能权力

为了确保参谋人员作用的合理发挥,授予他们必要的职能权力往往是必须的。直线主管可以将指挥、命令直线下属的某些权力授予参谋部门或参谋人员,从而使参谋部门具有一定的决策、监督和控制权。但是,必须要谨慎授予职能权力,避免多头领导、破坏命令统一性的情况发生。

3)向参谋人员提供必要的条件

直线人员要想合理利用参谋人员的工作,必须首先帮助参谋人员,向他们提供必要的有关信息情报,使他们能及时地了解直线部门的活动进展情况,从而能够提出有用的建议。

## 6.2.3 集权与分权

集权就是决策权在较高管理层次的集中,是将职权和职责集中在组织层级的高层。分权就是决策权在较低管理层次的分散,是将职权和职责沿着组织层级向下分散。

集权是与职责的集中相联系的,组织整体目标的实现需要有人负责并具有与职责相对应的职权,才能实现组织的统一,同时带来了较高的工作效率和较低的决策成本。分权是与迅速变化的环境相联系的,把决策权交给处在变化环境中的管理者现场处理,往往更加正确,也更容易调动他们的积极性。集权和分权对于组织来讲都是需要的。

绝对的集权、没有分权意味着组织中的全部权力集中在一个管理者手中,组织活动的所有决策均由该管理者做出,管理者直接面对所有的执行者,没有任何中间管理人员,没有任何中层管理机构,也就没有了专业分工的优势。而绝对的分权、没有集权则意味着全部权力分散在各个管理部门,甚至分散在各个执行者手中,没有任何集中权力,也就没有了对组织整体目标负责的责任人和统一指挥职权,组织成员将各行其是,部门间协调困难。

因此,将集权和分权有效地结合起来是组织存在的基本条件,也是组织既保持目标统一性又具有灵活性的基本要求。戴尔(R. Dell)曾提出判断一个组织分权程度的4条标准:较低的管理层次做出的决策数量越多,分权程度就越大;较低的管理层次担任的决策重要性越大,分权程度就越大;较低的管理层次担任的决策影响面越大,分权程度就越大;较低的管理层次做出的决策审核越少,分权程度就越大。

在组织层级化设计中，影响组织分权程度的主要因素有以下几个方面。

第一，政策的一致性。如果高层管理者希望保持政策的一致性，则趋向于集权化，反之则会放松对职权的控制程度。第二，组织规模的大小。组织规模较小时，一般倾向于集权，当组织规模扩大后，组织的层次和部门会因管理幅度的限制而不断增加，从而造成信息延误和失真。因此，为了加快决策速度、减少失误，最高管理者就要考虑适当地分权。第三，员工的数量与素质。如果员工的数量和素质能够保证任务的完成，组织可以更多地分权，但是如果没有下属可以胜任，即使高层管理者有意分权，也不敢分权。管理人员的素质不高会限制组织实行分权，反之，如果管理人员数量充足、经验丰富、训练有素、管理能力强，则可较多地分权。第四，控制的可能性。高层管理者在将决策权下授时，必须同时保持对下属的工作和绩效的控制。一般来说，控制技术与手段比较完善，管理者对下属的工作和绩效控制能力强的，可较多地分权。第五，组织所处的成长阶段。成立初期绝大多数组织都采取和维持高度集权的管理方式。随着组织逐渐成长，规模日益扩大，则由集权的管理方式逐渐转向分权的管理方式。第六，管理哲学。有些组织采用高度集权制，有些组织推行高度分权制，原因往往是高层管理者的个性和管理哲学不同。

知识链接

历史上，南美洲的印加帝国在经济、政治、生活上都在统治者高度而严格的控制之下，即便是一件小事也要请示最高当局。有一天，西班牙征服者皮萨罗带领一支 168 人分遣队来攻打印加，强大的印加帝国虽然拥有 20 万人的军队，但必须经过层层请示才可以出兵。西班牙人抓住时机，先活捉了印加皇帝。印加大军赶到时，看到皇帝被捉，便群龙无首，乱成一团，被几十名西班牙骑兵追杀。最终印加帝国战败，这一战中被杀死的印加人不下 7 000 人，而西班牙人却损失很小。

资料来源：道客巴巴网，http://www.doc88.com

### 6.2.4 授权

授权是将完成某特定工作所承担的职责和相应的职权委派给下属，使下属在一定的监督下行使职权的过程。下属在授权范围之内自行决定如何完成工作，并有责任向上级管理者汇报。上级管理者在授权后，还具有解除授权的权力。

**1. 授权的必要性**

法约尔指出，组织管理所处的时代背景已经发生了很大的变化，没有一个领导人有足够的知识、精力、时间来解决一个大企业面临的所有问题，授权式管理已成为必需。设想一个上千人的大企业每件事都要最高管理者事必躬亲的话，这个管理者就是再有精力也会被累倒。尤其是组织扁平化流行的今天，管理者的必然选择就是把职权分散到低层管理者和不是管理者的员工手里。如果高层管理者把责任交给低层的员工，自己只负责制订重要决策和管理突发事件，那么原来突出的沟通缓慢和信息扭曲的问题就会降至最少。

**2. 授权的优点和缺点**

授权的优点主要包括：减轻高层管理人员决策的负担；给管理者更多的决策自主权和独立权，有助于适应快速变化的环境；有利于增强激励作用，有利于管理人员能力的培养。

然而，授权也并非十全十美的管理方式，它同样存在一些缺点，具体包括：授权后难以控制；对下级授权必须进行监控，这样就会增加监控的成本；授权后会增加协调的复杂性，容易形成官僚主义。一般来说，处于发展期的中小型企业应该以集权管理为主。这是因为中小型企业的优秀管理人员相对缺乏，如果采取分权管理进行授权就需要对管理者进行大量的培训，这样会大大增加成本。所以当组织发展到一定程度时才需要进行广泛的授权。

 **知识链接**

诸葛亮被认为是智慧的化身和高尚人格的典范，但他同时也是一个授权方面的反面案例。诸葛亮对20军杖以上的事都管，最后累死在五丈原，"出师未捷身先死，长使英雄泪满襟"。由于没有授权，下属也没有得到锻炼，使得诸葛亮去世之后，蜀国人才严重缺乏，后继乏力。

3. 授权的原则

1）适度原则

授权的职权是上级职权的一部分，不能是全部，仅限于完成任务所必需的。若涉及组织全局等重大职权，不能轻易授权。

2）责权一致原则

授权应明确任务目标和职责权限，这不仅有利于下属完成工作，又能避免其推卸责任。

3）级差授权原则

不可越级授权。只能对直接下属授权，不可越级，否则会让中层被动，容易造成上下级矛盾。

4）因事设人，视能授权

被授权者的才能大小，知识水平的高低是授权大小的基础。

5）适当控制

授权不是一了百了，撒手不管，上级还要进行监督控制，以保证工作顺利完成。

6）相互信任

有效的授权是基于上下级之间的相互信任，否则"用人又疑"必然导致最后的失败。

7）责任共担

在授权过程中，责任是不可下授的。上级管理者即使授权于下属去完成某项任务，但仍然负有对于该项任务的责任。

 **知识链接**

古代有一个国王，对宫中生活感到厌倦，为了解闷，他叫人从附近的一个集市上买了一只猴子给自己做伴。自从给国王做伴以后，猴子得到了很多好吃的东西，渐渐地长得又肥又壮了，国王周围的人也都很尊重它。国王对这只猴子十分宠爱，连自己的宝剑也让猴子拿着。

在国王的房子附近，有一片树林。一天，国王进树林游玩后感到有点困了，就想休息一会儿，于是，他就对猴子说："我想在这座花房里躺下睡一会儿，你要全神贯注地保护我，以防有人伤害我。"说完这句话，他就睡着了。

有一只蜜蜂闻到花香飞来，落在国王头上，猴子一看就火了，它想到："真是个倒霉的家伙，竟敢在我的眼前来当国王!"于是,它就开始阻挡。那一只蜜蜂虽然被赶走了,但是又有一只蜜蜂飞到国王身上。猴子大怒,抽出宝剑,照着蜜蜂砍下去,这一砍却把国王的脑袋给砍了下来。

　　授权是必需的,但是授给谁,授权的程度如何,却是授权者必须考虑的。授权给无法胜任的人或赋予过多的权力,都是一种冒险。

资料来源:冯光明. 管理学. 北京:北京邮电大学出版社,2003.

## 本章小结

　　在现代社会生活中,组织是人们按照一定的目的、任务和形式编制起来的社会集团。组织不仅是社会的细胞、社会的基本单元,而且可以说是社会的基础。

　　组织设计的任务是设计清晰的组织结构,规划和设计组织中各部门的职能和职权,确定组织中直线职权、参谋职权的活动范围并编制职务说明书。组织设计要遵循统一指挥、有效管理幅度、责任与权力对等、执行与监督分离的原则。

　　组织的各种活动总是要受到组织内外部各种因素的影响。典型的组织结构有直线制组织结构、职能制组织结构、直线职能制组织结构、事业部制组织结构、矩阵结构和委员会等几种形式。

　　管理幅度,又称管理宽度,是指在一个组织结构中,管理人员能直接管理或控制的部属数目。这个数目是有限的,当超过这个限度时,管理的效率就会下降。

　　组织中的管理人员有直线主管和参谋主管两种不同身份。直线关系是由管理幅度的限制而产生的管理层次之间的关系。在组织中常借助设置一些助手,利用不同的助手来补偿直线主管的专业知识的不足,协助他们的工作。这些具有不同专业知识的助手一般被称为参谋人员。

　　集权就是决策权在较高管理层次的集中,是将职权和职责集中在组织层级的高层。分权就是决策权在较低管理层次的分散,是将职权和职责沿着组织层级向下分散。授权是将完成某特定工作所承担的职责和相应的职权委派给下属,使下属在一定的监督下行使职权的过程。下属在授权范围之内自行决定如何完成工作,并有责任向上级管理者汇报。上级管理者在授权后,还具有解除授权的权力。

## 习　题

1. 什么是组织?组织具有哪些基本的特点?
2. 组织设计的原则是什么?
3. 组织设计要考虑哪些影响因素?
4. 试简述直线职能制组织结构的优点与缺点。
5. 直线与参谋的矛盾有哪些?
6. 授权的原则有哪些?

## 金果子公司的组织结构设计

金果子公司是美国南部一家种植和销售黄橙和桃子两大类水果的家庭式农场企业，由老祖父约翰逊于五十多年前开办。公司长期以来积累了丰富的水果储存、运输和营销经验，能有效地向海内外市场提供保鲜、质好的水果。经过半个世纪的发展，公司已初具规模。老祖父十年前感到自己体衰，将公司的管理大权交给儿子杰克。孙子卡尔两年前从农学院毕业后，回到农场担任了父亲的助手。

金果子公司大体上开展如下3个方面的活动：相当一批工人和管理人员在田间劳动，负责种植和收获橙和桃；另一些人员从事发展研究，他们主要是高薪聘来的农业科学家，负责开发新的品种并设法提高产量水平；还有一些人员从事市场营销活动，他们由一批经验丰富的销售人员组成，负责走访各地的水果批发商和零售商。

杰克和卡尔对金果子公司的管理一直没有制定出什么正式的政策和规则，对工作程序和职务说明的规定也很有限。杰克相信，一旦人们对工作有了亲身了解后就应当而且能够有效地开展工作。

但是，金果子公司目前规模已经发展得相当大了。杰克和卡尔都感到有必要为公司建立一种比较正规的组织结构。杰克请来了他年轻时的朋友，现在已成为一名享有知名度的管理咨询人员比利来帮助他们。比利指出，他们可以有两种选择：一种是采取职能结构形式，另一种是按产品来设立组织结构。那么，他们该选取哪种组织设计呢？

资料来源：嘉应学院经济管理学院网络课程，http://www.jyu.edu.cn

### 案例分析题

1. 职能制组织结构和事业部制组织结构各有什么优缺点和适用的条件？

2. 你认为，当金果子公司经营规模扩大到要求建立正规化的组织结构时，职能制组织结构还是事业部制组织结构对它更合适？为什么？

3. 请给本案例设计出适合的职能制组织结构和事业部制组织结构。

# 第7章 人力资源管理

**学习目的**

通过本章的学习，理解人力资源的定义，理解人力资源管理的定义及主要内容，理解人力资源规划的定义、分类、内容、程序，理解人力资源供需平衡。掌握人员招聘的程序与方法、人员培训的方法及员工绩效考核和薪酬管理的基本内容，并且会应用所学知识解决组织管理中存在的与人力资源相关的问题。

**知识要点**

| 知识要点 | 要求程度 | 相关知识 |
| --- | --- | --- |
| 人力资源概述 | 理解 | （1）人力资源的定义<br>（2）人力资源的特征 |
| 人力资源管理 | 理解 | （1）人力资源管理的定义<br>（2）人力资源管理的内容 |
| 人力资源规划 | 理解 | （1）人力资源规划的定义<br>（2）人力资源规划的分类<br>（3）人力资源规划的内容<br>（4）人力资源规划的程序<br>（5）人力资源供需平衡 |
| 人员招聘 | 掌握 | （1）人员招聘的定义<br>（2）人员招聘的原则<br>（3）人员招聘的渠道<br>（4）人员招聘的程序与方法 |
| 人员培训 | 掌握 | （1）人员培训的目标及原则<br>（2）人员培训的方法<br>（3）人员培训的程序 |
| 绩效考核 | 掌握 | （1）绩效考核的内容与类型<br>（2）绩效考核的程序 |

(续)

| 知识要点 | 要求程度 | 相关知识 |
|---|---|---|
| 薪酬管理 | 掌握 | （1）薪酬管理的含义<br>（2）薪酬管理的原则与程序 |

### 美国新移民法——与亚洲的人才争夺战

2011年11月29日晚上，美国国会参议院和众议院出现了难得一见的两院合作，以压倒性的389对15的票数，通过一项吸引高学历移民的法案，取消职业移民的国家配额上限；并将亲属移民的国家配额上限由全体人数的7%增至15%。媒体评论说，国会两院这一罕见的合作显示，美国正在设法留住高学历高科技人才，与中国和印度展开一场人才争夺战。

美国每年接受约14万名职业移民。为求平均，移民法规定每个国家的移民人数不得超过总配额的7%，亦即9 800名。但是这个办法却对人口少的冰岛与人口多的中国及印度定下相同标准。法案提案人之一查菲兹11月29日在众院审议时指出，此案让每一个人都公平地等签证。法案使亲属移民的国家配额上限放宽一倍多，也对中国、印度、墨西哥、菲律宾人士有利。

资料来源：人民网–国际频道，http://world.people.com.cn

## 7.1 人力资源管理概述

### 7.1.1 人力资源的定义及特征

要了解人力资源管理，首先我们必须要了解人力资源。从字面上看，人力指体力和脑力（创造力）的总和，资源指通过体力或脑力（创造力）劳动所创造出的有用价值。

1. 人力资源的定义

人力资源是指在一定时空范围内，可用于生产活动及具有创造力的人数总体可产生的有用价值的总和。对人力资源的定义，需要从以下几方面把握。①人力资源作为经济资源，实质就是人所具有的运用和推动生产资料（物质资源）进行物质生产或社会经济活动的能力，亦即社会劳动能力。它包含体能、技能和智能3个基本方面。②构成人力资源实质的劳动能力，乃人类所独具。③人力资源是个时空概念。④人力资源，既有质的规定性，又有量的可计量性，是质和量的统一。

彼得·德鲁克曾指出："企业只有一项真正的资源：人。"小托马斯·沃特森的话则更加形象："你可以搬走我的机器，烧毁我的厂房，但只要留下我的员工，我就可以有再生的机会。"胡锦涛指出："当今世界，经济全球化深入发展，科技进步日新月异，国际竞争日趋激烈，知识越来越成为提高综合国力和国际竞争力的决定性因素，人才资源越来越成为推动经济社会发展的战略性资源。"

资料来源：中国人力资源开发网，http://www.chinahrd.net

### 2. 人力资源的特征

任何组织（包括工商企业、机关、学校、军队、教会）要进行正常的活动必须拥有各种资源，如人、财、物、技术、信息等。这些资源又具有不同的属性，使得组织在进行管理时，必须从其属性出发，采用有针对性的管理模式和手段。人力资源也不例外，在进行组织的人力资源管理之前，我们必须要了解相对于组织拥有的其他资源，人力资源的一些特征。

一般认为人力资源具有以下几大基本特征。

#### 1）能动性

人力资源是生产活动中始终占据主导位置的资源。这是因为人类具备较强的动手能力，可以认知世界，有改造世界的能力，行为具有目的性，具有社会意识。人可以在一定的外部条件和自身条件、愿望下，有目的地从事生产活动。人力资源管理者根据此特征可以通过有效的激励，将人的能动性发挥得更高。

#### 2）再生性

再生可划分为生理再生和技能再生两种情况。生理再生：人有出生、生育后代、生病、衰老等过程，人力资源主体集中在青年和中年阶段。此阶段为体力及脑力（创造力）的旺盛时期，同时也是生育后代的时期。老年人身体机能衰竭及脑力思维衰退，已经不适宜过多从事生产活动。人力资源生理再生循环过程一般表现为一代人力生产—培育二代—一代人力消耗—二代人力接替生产……技能再生：社会在进步，人的认知也在不断进步，因此人需要不断学习，推陈出新，提升技术及能力，以满足人类对社会的物质和文化需求的不断提升。人力资源技能再生循环过程一般表现为培训学习—人力生产—技能落伍—再培训学习—人力再生产……

#### 3）时效性

在分析人力资源再生性时已经提及，人力资源主体集中在青年和中年阶段，少年和老年在正常条件下均不适宜过多从事生产活动。所以，作为人力资源的管理者，必须要客观看待人力资源的时效性，并且做好人力持续发展的安排，使人力持续平稳。因此在国家层面，要有合理的生育政策及匹配的教育条件培养接班人，要有公平公正的社会劳动分配政策。另外，要有养老及医疗等相关社会保障及福利关爱老人，使社会稳定，老有所依，老有所养。在企业组织层面，要有完整的人才培养体系，建立人才梯队，合理的分配制度、激励制度及劳动保护，使员工有归属感，用心积极工作，保障企业持续稳定发展。

#### 4）生产与消费双重性

人的自然属性决定了人的生存必须吸收身体所需的养分及消耗各类的物质资源，人的社会属性决定了人需要消耗文化资源。自然资源具有不稳定性及不可控性，满足不了人类的需求，因此人类文明之初就已经开始圈养动物及种植作物，随着人类社会的不断发展，物质资源已经进入工业化、机械化的大生产，产品琳琅满目，文化资源也随着人类的发展进步及对世界的探索发现，不断地更新和丰富。

#### 5）可塑性

人有很强的接受外界及适应外界的能力。人力资源管理者应根据国家或企业组织的需要，按人的客观能力情况，培养符合特定岗位的特定要求的人才。人力资源的可塑性给人力资源的管理者提供了人力资源开发的基础条件。

6）社会性

人类是高度社会化的高等动物，人既存在于自然，同时也存在于社会中。社会是人类赖以生存的，由通过地缘、血缘、文化、利益等关系建立的各式各样的组织、团体、团队构成的生活环境，因此，人类也称"社会人"。作为人力资源的管理者，要深刻地了解人类的社会属性，充分尊重人所关心的地缘、血缘、文化、利益等因素，调动人的积极性及团队凝聚力，创造人性化的工作氛围，使人力资源发挥最大效用。

## 7.1.2 人力资源管理的定义及内容

通过上述内容了解了人力资源，我们就可以深入了解和研究人力资源管理。人力资源管理通俗的意思就是在人力资源的基础上运用"管理"，其目的就是通过有效的管理，运用计划、组织、领导、控制、创新等管理职能发挥人力资源的最大效用。

1. 人力资源管理的定义

关于人力资源管理的表述，综合起来有以下一些学说。

（1）过程说：招录、培训、使用、评价、考核、推出的过程。

（2）职能说：鉴于管理的职能，对人的计划、组织、监督等。

（3）资源说：对人力资源的合理开发和利用。

（4）领导说：引导和动员人们思想和行为的过程，是一种领导方式的管理。

以上几种学说，是站在不同的立场和角度对人力资源管理做出的定义。在这里，我们主要通过一般社会组织（主要是企业）的立场，将人力资源管理定义为在组织战略目标的基础上制订相应的人力资源规划，通过相关的技术手段展开管理，以最有效率地完成组织目标的过程。

2. 现代人力资源管理的特点

相对于传统的带有更多行政色彩的、机械式的人事管理模式，现代组织的人力资源管理具有了一些新的特点。

（1）具有整体性、战略性、未来性。

（2）将人力资源视为组织的第一资源，注重对其的开发，具有主动性。

（3）人力资源管理部门日益成为组织的生产效益部门。

（4）实行"人本化管理"——以人为中心的管理。

3. 人力资源管理的内容

人力资源管理工作是一项系统工程，管理的内容贯穿于组织运营的整个过程，涉及组织正常运转的各个方面，常态下，主要有以下几个方面的内容。

1）人力资源规划

人力资源规划是根据组织发展战略与目标的要求，预测分析组织在变化的环境中人员的供给和需求的变化，制定相应的规范和措施，以确保组织在需要的时间和岗位上获得各种需要的人员（数量和质量），并使组织和个人的利益相一致的过程。

2）人员招聘

人员招聘指企业在组织总体发展战略规划的指导下，制订相应的职位空缺计划，并决定如何寻找合适的人员来填补这些职位空缺的过程。

3）人员培训

人员培训是组织为适应业务工作及培育人才的需要，对全体员工采取训练、进修等方式，有计划地增进其所需学识和技能，减少个体差异，使员工能适应现时的工作或未来担任更重要职务的活动。

4）绩效考核

绩效考核是组织运用系统的方法、原理来评定和测量员工在岗位上的工作行为和工作效果的活动和过程。

5）薪酬管理

薪酬管理指一个组织根据员工所提供的服务来确定他们应当得到的薪酬总额及确定薪酬结构和薪酬形式的过程。

另外，人力资源开发、人力资源战略、工作分析、职业生涯管理、劳动关系等也属于人力资源管理的内容，受到篇幅的限制，本书不做详细分析。

## 7.2 人力资源规划

一个组织要实现自己的战略目标，在发展的每个阶段都要拥有与工作岗位相适应的人员。由于内外部环境在不断变化，对人力资源不断提出新的要求，因此企业必须对未来的人力资源需求和供给进行合理的预测和计划，实现组织的良性运行。人力资源规划正是在这样的基础上形成的。

### 7.2.1 人力资源规划的定义及作用

**1. 人力资源规划的定义**

人力资源规划主要是指根据组织发展战略与目标的要求，预测分析组织在变化的环境中人员的供给和需求的变化，制定出相应的规范和措施，以确保组织在需要的时间和岗位上获得各种需要的人员（数量和质量），并使组织和个人的利益相一致的过程。

**2. 人力资源规划的作用**

1）保障主体战略目标的实现

人力资源作为生产活动的主体，是不可或缺的，组织要实现既定的战略目标，必须由不同岗位的人共同分工合作完成，因此人员配备必须到位。因为人力资源及组织的战略目标都处于动态变化中，所以人力资源管理者要依据组织人力资源现状、组织内外环境及组织战略目标的变化提前做好评估和计划，这样就可以保障组织战略目标的实现。

2）开展人力资源管理的基础

人力资源管理者要开展工作，首先要了解组织的人力资源配备情况，根据组织的战略目标做好人力配备计划，这样就可以为接下来的人员招聘、培训、激励等人力资源管理工作提供科学合理的依据。

3）合理控制人力成本

为了使组织可持续、健康地发展，人力资源的生产活动需要持续地投入才可以获取持续的产出。因为投入是前期，而产出需要时间，所以在一定的生产周期内（投资回报期），产出总量必须大于投入总量，这样才能避免出现持续投资的资金断裂，才可保障主体健康持续地发展。人力资源作为生产活动的主体，根据劳动分配，主体需要支付相应劳动报酬，其成本也需要合理控制。避免人浮于事浪费人力成本的同时也要避免人力紧缺影响主体战略目标的实现，因此人力资源规划不可或缺。

除了上述几点之外，人力资源规划还对满足组织成员的需求、调动职工的积极性和创造性及指导人力资源管理的其他职能方面起着重要的作用。

## 7.2.2 人力资源规划的分类

人力资源规划的存在形式有很多，在不同的分类标志下，有着不同的程序、内容和手段，常见的分类模式主要有以下几种。

1. 总体规划和具体规划

人力资源总体规划指计划期内人力资源管理总目标、总政策、总步骤和总预算的安排。人力资源具体规划是总规划的分解，包括职务规划、人员配置规划、人员需求规划、人员供给规划、人员补充规划、人员分配规划、人员接替提升规划、教育培训规划、工资薪酬规划、劳动关系规划和退休解聘规划等。人力资源的具体规划是总体规划的展开和具体细化，每一项业务规划都由目标、任务、政策、步骤及预算等部分构成，从不同角度保证人力资源总体规划的实现。

2. 长期规划、中期规划和短期规划

按照规划涉及的时间长短，人力资源规划可分为长期规划、中期规划和短期规划 3 种。

1）长期人力资源规划

长期人力资源规划指跨度为 5~10 年或以上的具有战略意义的规划。它为社会组织的人力资源的发展和使用状况指明了方向、目标和基本政策。长期人力资源规划的制订需要对内外环境的变化做出有效的预测，只有这样才能对社会组织的发展具有指导意义。长期人力资源规划比较抽象，在实际中可能会出现由于内外环境的变化而发生改变的情况。

战略性人力资源规划要求规划主体在组织愿景、组织目标和战略性规划的指引下针对人力资源活动的特点，战略性地把握人力资源的需求与供给，站在战略的高度动态地对人力资源进行统筹规划，努力平衡人力资源的需求与供给，从而促进组织目标的实现。

2）中期人力资源规划

中期人力资源规划一般为 1~5 年的时间跨度。其目标、任务的明确与清晰程度介于长期规划和短期规划之间，是实现长期人力资源规划目标过程中的具体环节，也是制订短期人力资源规划的具体指导。

3）短期人力资源规划

短期人力资源规划一般为 1 年左右的时间跨度。与长期人力资源规划相比，短期人力资源规划对各项人事活动要求明确、任务具体、目标清晰。

### 7.2.3 人力资源规划的内容

1. 晋升规划

晋升规划是根据组织工作的需要和人员分布状况制订的员工提升方案。对于组织来说，要尽量使人和事达到最大程度的匹配，这对于调动员工积极性和提高人力资源利用率是非常必要的。对于员工来讲，晋升不仅是员工个人利益的实现，而且意味着工作责任和挑战的增加。二者结合起来，会使员工产生一种能动性，使社会组织获得更大的利益。

一般来说，晋升规划中对晋升比率、年资、晋升时间和晋升条件等都做了明确的规定。当然，晋升规划中也应有对特殊情况的处理，如有特别突出贡献的员工可以破格提前晋升、跨级晋升等。

2. 补充规划

补充规划是根据组织运行的情况，参照战略目标所需的职位空缺、新编制及人员流失率等综合因素，对评估所需的人才类型、数量进行有计划的外部招聘及内部提升，确保人力配备平稳，保障组织的正常运转。

3. 配备规划

组织员工在未来职位上的安排和使用，是通过组织内部人员有计划的流动实现的，这种人员流动计划称为配备规划。

配备规划一般在以下几种情况下执行：第一，当组织要求某种职务的人员同时具备其他职务的经验或知识时，就应使之有计划地流动，以培养高素质的复合型人才；第二，当上层职位较少而等待提升的人较多时，通过配备规划进行人员的水平流动，可以减少他们的不满，使他们有耐心等待上层职位空缺的产生；第三，在组织人员过剩时，通过配备规划可以改变工作分配方式，对组织中不同职位的工作内容进行调整，解决工作负荷不均的问题。

4. 培训开发规划

组织要树立"全员培训"的思想，并针对每位员工的状况来制订培训开发计划。同时，现代管理强调"以人为本"，越来越多的管理者都认识到人力资本是企业的第一资本。与物质资本相比，拥有人力资本才更拥有主动权，因此组织增加对人力资本的投资，对员工进行的各种培训、研修或研讨的计划也属于人员发展规划。

5. 薪资激励规划

薪资激励规划对于社会组织来说，一方面是为了确保社会组织人工成本与经营状况保持恰当的比例关系，另一方面是为了充分发挥薪酬的激励作用。薪资的分配取决于组织内员工不同的分布状况和工作绩效。社会组织通过薪资激励规划，可以在预测组织发展的基础上，对未来的薪资总额进行测算和推测，并确定未来时期内的激励政策，如激励方式的选择、激励倾斜的重点等内容，以充分调动员工的积极性。

6. 员工职业生涯规划

社会组织的员工职业生涯规划，是指对员工在组织内的职业发展做出系统的安排。通过职业生涯规划，能够把员工个人的职业发展和组织需要结合起来。所以，这项工作对于个人和组织都非常重要。社会组织加强员工职业生涯规划的管理，除了晋升规划、激励规划和培训开发规划外，制订和实施平行调动或岗位轮换规划等也是激励员工成长的手段。

除以上6项外，人力资源规划一般还包括人员发展规划、劳动关系规划、退休解聘规划等。

### 7.2.4 人力资源规划的程序

人力资源规划的程序，一般可分为以下几个步骤。

1. 收集有关信息资料

人力资源规划的信息包括组织内部信息和组织外部环境信息。

组织内部信息主要包括主体的战略目标、行动方案、人力资源现状等。

组织外部环境信息主要包括宏观经济形势和行业经济形势、技术的发展情况、行业的情况、劳动力情况、社会发展趋势、政府的有关政策变动等。

2. 人力资源需求预测

人力资源需求预测包括短期预测和长期预测，总量预测和各个岗位需求预测。

在进行人员需求预测时，需要先了解组织的人力资源现状，在此基础上，根据主体战略目标需求及人员流失率预算，得出人力资源需求预测结果。

3. 人力资源供给预测

人力资源供给预测包括组织内部供给预测和外部供给预测。

根据组织现有的人力资源情况，结合过往人员流动率（同一时期人员离职、新员工入职、人员净增长率）情况，预测未来某一时期内组织的人力资源供给趋势。

内部人力资源供给预测指根据组织内部人员年龄、学历、技能、经验、职业规划等因素结合主体发展所需进行的留用、晋升、同级调动、降职、辞退、退休等预测。

外部人力资源供给预测需要根据组织战略发展所需人才而内部无法补给的空缺进行招聘。将组织内部人力资源供给预测和组织外部人力资源供给预测汇总，得出组织人力资源供给总体数据。

4. 确定人力资源净需求及编制人力资源规划

在对人力资源未来的需求与供给进行预测的基础上，将组织人力资源需求的预测数与在同期内组织本身可供给的人力资源预测数进行对比分析，从比较分析中可测算出各类人员的净需求数。这里所说的"净需求"既包括人员数量，又包括人员的质量、结构，即"需要多少人"及"需要什么人"。这样就可以有针对性地进行外部招聘或内部提升，为制定人力资源政策及措施提供依据，为实现主体战略目标提供人力支持及保障。

根据组织战略目标及人力资源的净需求量，编制人力资源规划，包括总体规划和人力资源规划所属的各项业务规划。同时要注意总体规划和各项业务规划及各项业务规划之间的密不可分的关系，提出调整供给和需求的具体政策和措施。

### 7.2.5 人力资源供需平衡

在整个组织的发展过程中,组织的人力资源状况始终不可能自然地处于平衡状态。人力资源部门的重要工作之一就是不断调整人力资源结构,使组织的人力资源始终处于供需平衡状态。只有这样,才能有效地提高人力资源利用率,降低组织人力资源成本。

一般情况下,组织的人力资源供需不平衡状态主要有需求大于供给和供给大于需求两种情况。

1. 需求大于供给时的调整方法

1)雇佣招聘

雇佣招聘是最常用的人力缺乏调整方法。当人力资源总量缺乏时,采用此种方法比较有效。但如果组织有内部调整、内部晋升等计划,则应该先实施这些计划,将外部招聘放在最后使用。

2)内部晋升

当较高层次的职务出现空缺时,优先提拔组织内部的员工。在许多组织里,内部晋升是员工职业生涯规划的重要内容。对员工的提升是对员工工作的肯定,也是对员工的激励。由于内部员工更加了解企业的情况,会比外部招聘人员更快地适应工作环境,提高工作效率,同时节省外部招聘成本。

3)继任计划

继任计划的具体做法是,部门对组织的每位管理人员进行详细的调查,确定哪些人有权力升迁到更高层次的位置,然后制订相应的职业计划储备组织评价图,列出岗位可以替换的人选。

4)技能再培训

对组织现有员工进行必要的技能再培训,使之不仅能适应当前的工作,还能适应更高层次的工作。这样,就为内部晋升政策的有效实施提供了保证。如果组织即将出现经营转型,组织应该及时向员工培训新的工作知识和工作技能,以保证组织在转型后,原有的员工能够符合职务任职资格的要求。这样做的最大好处是防止组织出现冗员现象。

另外,加班、临时雇佣、外包、减少员工流动数量和技术创新等方法也可以用来对人力缺乏进行调整。

2. 供给大于需求时的调整方法

1)提前退休

组织可以适当放宽退休的年龄和条件限制,促使更多的员工提前退休。如果将退休的条件修改得有足够的吸引力,会有更多的员工愿意接受提前退休。

2)自然减少

当人力过剩时,社会组织可以减少人员补充。当出现员工退休时,可以不进行人员补充。

3)增加无薪假期

当组织出现短期人力过剩的情况时,采取增加无薪假期的方法比较适合,如规定员工有一个月的无薪假期。

4）裁员

裁员是一种最无奈，但最有效的方式。在进行裁员时，要制定优厚的裁员政策，如为被裁减者发放优厚的失业金等，可以先裁减那些主动希望离职的员工，然后裁减工作考评成绩低下的员工。

除上述几点之外，减薪、降级、工作轮换、工作分享等方法也可以用来对人力过剩进行调整。

## 7.3 人员招聘

### 7.3.1 人员招聘概述

**1. 人员招聘的含义**

人员招聘是指在企业总体发展战略规划的指导下，通过对组织空缺职位的分析，运用相关的技术手段寻找足够量的合格的工作候选人，通过对候选人的识别来填补这些组织空缺的过程。

人员招聘，实际上分为"招"和"聘"两个部分。"招"就是征召部分，"聘"就是选择部分。前者是指组织根据自身的需求状况，通过发布广告、推荐、职业介绍机构等各种渠道把可能的候选人召集到社会组织应聘的过程，这一过程确保社会组织有人可选。后者是指社会组织按照一定的条件和标准，采用适当的方法，选拔录用社会组织所需的各类人员的过程。

**知识链接**

仲尼曰："君子中庸，小人反中庸。君子之中庸也，君子而时中。小人之反中庸也，小人而无忌惮也。"（孙伋，《中庸》）孔子分析君子与小人的差异，认为君子的言行符合中庸的标准，而小人的言行违背了中庸的标准。可见，可以通过一定的标准将人分类。如果这些标准是科学的、可行的，那么就可以用于识别人力资源。甄选工作是在一群人中挑选，选中的人员就是被认为最符合组织需要的人员。而什么是最符合需要，就需要用一系列的标准衡量。

资料来源：中国文明网，http://www.wenming.cn

人员招聘工作主要在以下几种情况下进行：第一，新组建一个社会组织；第二，原有社会组织由于业务发展而员工不够；第三，员工队伍结构不合理，在裁减多余人员的同时，需要及时补充短缺的专业人才；第四，社会组织内部由于原有员工的调任、离职、退休或死伤而出现职位空缺。

**2. 人员招聘的原则**

1）人岗匹配原则

人岗匹配，就是人员招聘应以空缺岗位所需的人员特性为出发点，以岗位对人员的知识、技能和道德等方面的实际要求为标准选拔录用人才。人岗匹配必须量才录用，就是根据对应聘者的测评成绩和录用标准，从中选择优秀者安排到合适的岗位。量才录用是招聘成败的关键因素之一。唯有任人唯贤、量才录用，才能做到人岗匹配。

2）效益性原则

从总体上看，人员招聘应当以确保社会组织的经济效益为目标。招聘计划的拟订要以组织的需要为依据，以保证经济效益的提高为前提。因此，在招聘时不仅要考虑人员的素质，还要考虑报酬因素，综合分析对社会组织现在和将来经济效益的影响，坚持"可招可不招时尽量不招""可少招可多招时尽量少招"的原则。招聘来的人一定要充分发挥其作用。也就是说，一个岗位宁可暂时空缺，也不要让不适合的人占据。这就要求我们必须广开贤路、量才录用，特别要依法办事，杜绝不正之风。

3）公平竞争原则

只有通过公平竞争才能使人才脱颖而出，才能吸引真正的人才，才能起到激励作用。公平竞争原则主要包括3方面的公平要求。一是要公开招聘，指把招考单位、种类、数量、报考资格、条件、考试方法、科目和时间均面向社会通告周知，公开进行。二是要竞争招聘，指通过考试竞争和考核鉴别，以确定人员的优劣和人才的取舍。三是要平等招聘，指对所有报考者一视同仁，不得人为地制造各种不平等的限制或条件，如性别歧视、身高歧视等。也不得人为地制造各种不平等的优先优惠政策，社会组织应努力为社会上有志之士提供公平竞争的机会，不拘一格地选拔录用各方面的优秀人才。

4）全面择优原则

招聘工作是保证员工队伍素质的重要一环，是提高员工劳动效率的前提，因此必须全面择优，才能使招聘成功有效。全面择优原则包括两方面。一是全面考查招聘对象，就是对报考人员的品德、知识、能力、智力、心理、过去的工作经验和业绩等进行全面考试、考核和考察。二是要择优招聘，择优是招聘的根本目的和要求。只有坚持这个原则，广揽人才，选贤任能，才能为单位引进或为各个岗位选择最合适的人员。为此，应采取科学的考试考核方法，精心比较、谨慎筛选。招聘决策时，一定要树立"宁缺毋滥"的观念，应坚持少而精的原则。

 **知识链接**

所谓STAR原则，即Situation（情景）、Task（任务）、Action（行动）和Result（结果）4个英文单词的首字母组合。STAR原则是结构化面试当中非常重要的一个理论。

S指的是Situation，中文含义是情景，也就是在面谈中我们要求应聘者描述他在所从事岗位期间曾经做过的某件重要的且可以当作我们考评标准的事件所发生的背景状况。

T指的是Task，中文含义为任务，即要考察应聘者在其背景环境中所执行的任务与角色，从而考察该应聘者是否做过其描述的职位及其是否具备该岗位的相应能力。

A指的是Action，中文含义是行动，是考察应聘者在其所描述的任务当中所担任的角色是如何操作与执行任务的。

R指的是Result，中文含义为结果，即该项任务在执行后所达到的效果。

通常，应聘者求职材料上写的都是一些结果，描述自己做过什么，成绩怎样，比较简单和宽泛。而我们在面试的时候，则需要了解应聘者如何做出这样的业绩，做出这样的业绩都使用了一些什么样的方法，采取了什么样的手段，通过这些过程，我们可以全面了解该应聘者的知识、经验、技能的掌握程度及他的工作风格、性格特点等与工作有关的方面。而STAR原则正是帮我们解决上述问题的。

资料来源：豆丁网，http://www.docin.com

## 7.3.2 人员招聘的渠道

当组织出现岗位空缺需要招聘人员时，既可以从组织内部挑选合适的人员填补岗位空缺，也可面向外部社会招募。内部挑选和外部招募是人员招聘的两大来源，各有优缺点，各组织要根据不同的人员需求，从自身出发，选择合适的招聘渠道。

1. 内部招聘

内部招聘也就是内部选拔，是员工招聘的一种特殊形式，是指在组织内部现有的人力资源中，通过提升、工作调配和内部人员的重新培养等方式挑选出组织所需人员的一种方法。

内部招聘的主要方式有以下几种。

1）提升

从组织内部提拔一些合适的人员来做组织的管理人员是最常用的方法。一般的管理人员都是通过内部提拔的方式选聘的。因为通过内部提拔方式选聘的管理人员对组织的情况较了解，对工作环境适应得比较快。

2）工作调配

工作调配是指从组织内部人员中选聘一部分人做管理人员，但是这些人的职务、岗位或级别可能都不变，只是从原有的工作岗位变动到另一个工作岗位或职务上。工作调配是内部招聘中使用最多的一种做法。

3）内部人员重新聘用

内部人员重新聘用是指在组织进行内部招聘的过程中，要求录用的人员与原有部门解除聘约，然后与组织重新签署聘用合约，从而在组织内部获得人力资源的一种方式。这种重新聘用的方式是一种介于内部和外部招聘之间的做法。人的来源是内部的，聘用合同方式与外部招聘相似。

4）推荐法

推荐法指根据组织的人员需要计划，由组织内部的员工推荐其熟悉的合适人员，供组织的人力资源部门进行选择和聘用。

内部招聘的优点有以下几点。

（1）对于内部员工工作成绩是一种肯定，能激发内部员工的工作热情和进取心，使他们乐于长期工作，有利于合理利用现有人力资源。

（2）内部招聘的人员，其能力已经得到验证，更容易适应岗位要求，无论是文化、技能及环境都已经适应，降低了用工流失风险并且节约了外部招聘所耗费的时间及各项开支。

（3）内部挑选可以及时填补岗位空缺，减少因岗位空缺带来的间接损失。

内部招聘的缺点有以下几点。

（1）岗位空缺通常较少，因此竞争激烈，难以做到公平，会间接导致内部竞争对手间的矛盾深化。

（2）难免会对落选人员的工作热情、忠诚度及稳定性造成一定影响。

（3）容易导致小团体的出现，拉帮结派，不利于团队建设。

（4）选择范围小，很难满足高级岗位要求，内部人员原岗位工作业绩突出，调到新岗位或许不适应，会导致主体双向损失，对主体是较大的风险，需要认真评估。

2. 外部招聘

外部招聘是从组织外部获取所需人力资源的一种方法。一般来讲，外部招聘的主要是入门水平的新员工，高于入门水平的工作通常通过晋升的方法由目前的员工来补充。

外部招聘的主要方式有以下几种。

1）自行招聘

由用人单位自行组织招聘员工，由人力资源部负责具体组织协调和操作。招聘过程中，按招聘程序进行。应聘人员的面试和筛选应会同有关业务部门共同进行，并由业务部门拿出主导意见。

2）委托人力资源管理咨询公司招聘

用人单位可以与人力资源管理机构签订委托招聘协议，由人力资源管理机构负责按用人单位的要求发布信息、组织招聘、收集整理应聘人员资料、联系办理调动等事项。用人单位人力资源部应派员工全程参与，特别是对应聘人员的资格审查、面试、筛选、体检等关键环节，必须由双方共同进行，由用人单位拿主导意见。

3）委托职业中介招聘

职业中介是帮助社会组织招聘员工和帮助个人找到工作的一种组织，包括各种职业介绍所、人才交流中心等。

4）校园招聘

校园招聘主要有 3 种形式：①社会组织到校园招聘；②学生提前到社会组织实习；③社会组织和学校联手培养，以补充组织所需要的专门人才。

5）猎头公司招聘

猎头公司最早成立于第二次世界大战后的美国。它是一种特殊的职业中介，专门帮助客户搜寻符合特定职位的中高级管理人员和特殊技术人员。猎头公司的业务有两项：一是为企业寻找所需的特殊人才，二是为需要工作的个人提供服务。

6）网络招聘

借助互联网和组织内部的人力资源信息系统，将申请过程、招聘过程及录用过程有机融合，形成一个全新的网络招聘系统，使组织能够更好、更快并且以更低的成本获得所需的人力资源。

外部招聘的优点有以下几点。

(1) 面向社会招聘选择范围广，尤其是高级岗位，容易找到相匹配的人员。

(2) 外来人员具有新鲜血液，有利于拓宽视野，打破原有落后陈旧的规条。

(3) 与内部人员没有利益关系，没有小团体，利于管理及打破原有小团体。

外部招聘的缺点有以下几点。

(1) 容易被潜在对手窥探。

(2) 招聘到合适人员可能要花费大量时间和金钱，还有可能找不到。

(3) 新招聘人员需要长时间适应工作岗位及环境。

(4) 内部没提拔人员士气可能受到打击，影响工作效率。

### 7.3.3 人员的招聘程序与方法

招聘的基本程序包括：制订招聘计划、确定招聘策略、发布招聘信息、招聘测试和筛选、招聘评估、撰写招聘小结六大步骤。

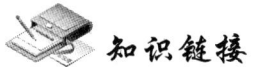 **知识链接**

## 2010年九芝堂校园招聘程序

**1. 简历投递**

网络投递简历：从9月25日起，公司开始接受网上申请。请您在9月25日—10月20日，通过智联招聘网站、前程无忧网站或公司网站投递邮箱zhaopin@hnjzt.com投递您的简历。

现场投递简历：未进行网络投递简历的同学，还可以直接携带个人简历参加我们的校园宣讲会，进行现场投递。

注意事项：您最多可同时申请两个招聘职位，但我们优先考虑第一志愿，请您慎重选择第一志愿；同时，请选择是否服从分配。

**2. 简历筛选**

网络简历筛选：10月21日起，停止接受网上申请，并开始筛选所有网络投递的简历，我们将于10月24日前通知所有通过网络简历筛选的同学参加相应地点的校园宣讲会。网上申请时，请注意所有必填项目都应填写完整，漏填或填写不完整，都可能影响您的简历通过（务必注明您的所在地，以便合理安排您参加宣讲会的站点）；网上申请后，请您及时关注您在网上申请时填写的个人电子邮箱并保持手机开通，以了解应聘进展。

现场简历筛选：宣讲会现场接收的简历，我们一般会在校园宣讲会结束后当天进行筛选。投递简历后，请您保持手机畅通。

**3. 校园宣讲**

我们将在全国4个城市4所高校开展校园宣讲活动。请您随时关注我们最新公布的宣讲会时间与地点。欢迎就近选择参加我们的宣讲会，并请您携带附有一寸免冠彩照的简历一份。

**4. 笔试**

如果您通过了我们的简历筛选，我们会给您发送笔试消息，有详细的笔试时间、地点等信息。您需要携带身份证、学生证前来参加笔试。

**5. 初试**

如果您通过了我们的笔试，我们会给您发送初试消息，有详细的初试时间、地点等信息。您需要携带身份证、学生证、既往学习成绩单、英语等级成绩报告单、获奖证书等资料（原件）。请按通知时间提前15分钟到达初试地点。

**6. 复试**

通过初试的同学将参加复试，复试安排在长沙的九芝堂股份有限公司或成都的成都九芝堂金鼎药业有限公司进行，公司会承担您的往返费用。在您收到的复试通知中会有详细的复试时间、地点等信息，请您提前做好来公司的安排，以免耽误课程或考试。

**7. 公布录取名单**

在目标高校的校园招聘全部结束后的7个工作日内，公司将通过九芝堂网站、校园宣讲学校的就业网公布录取名单或电话告知录取结果，并将邮寄录用通知书到您手中，请随时关注相关网站并保持手机畅通。

**8. 签订就业协议**

公司将通过九芝堂网站、校园宣讲学校的就业网或电话通知签订就业协议书。请随时关注相关网站并保持手机畅通。

资料来源：九芝堂网，http://www.hnjzt.com

1. 制订招聘计划

招聘计划是根据组织人力资源规划，在进行工作分析的基础上，通过分析与预测组织内岗位空缺及合格员工获得的可能性，制订的关于实现员工补充的一系列工作安排。

2. 确定招聘策略

招聘策略是为了实现招聘计划而采取的具体手段和措施，具体包括招聘人员、招聘地点、招聘时间、招聘渠道及招聘的宣传策略等。

3. 发布招聘信息

招聘信息发布的方式和招聘方式往往是联系在一起的，大致可以分为3类：一是招聘广告类，根据选择的媒体不同有报纸、杂志、电视、广播和网络等方式；二是中介招聘类，根据利用的中介机构不同有人才市场、猎头公司等方式；三是联合招聘类，根据联合的对象不同有校园招聘、活动招聘等方式。

4. 招聘测试和筛选

（1）审查求职申请表，了解个人简历，进行筛选。

（2）有目标地选拔面谈。

（3）考试和测试。

（4）品行能力检查。

（5）面试。主试者一般由组织人事部门主管、用人部门主管及有关专家组成。

（6）做出聘用决定。

### 知识链接

企业越来越需要以科学的手段挑选员工，促使甄选技术不断发展。很多甄选方法已比较成熟，还有些甄选方法正在兴起，但是对这些方法的检验从未停息。严格地讲，只要是可以用来挑选人员的方法都属于甄选方法。因此，除了人们正在关注的甄选方法外，还有一些方法早已被用于实践。整理人们普遍关注和普遍运用的甄选方法，大致可归纳如下：筛选申请表、专业知识测试、智力测试、人格测试、运动和身体能力测试、职业性向测试、评价中心、面试、背景调查等。

资料来源：全球品牌网，http://www.globrand.com

5. 招聘评估

一个完整的招聘过程应该有一个评估程序。招聘结果的评估一般包括招聘成本效益评估、录用人员的数量和质量评估。

6. 撰写招聘小结

撰写招聘小结应遵循以下原则：真实地反映招聘的全过程，由招聘主要负责人撰写，明确指出招聘工作中的主要成绩和不足之处。招聘小结的主要内容有以下几个方面：招聘计划、招聘进程、招聘结果、招聘经费、招聘评定。

## 7.4 人员培训

在前面我们通过人员招聘学习了组织如何努力招募和挑选最合格的工作候选人，但我们发现即使组织雇用到非常合格的人，也不能保证所有的工作将被分配给完全胜任的人。几乎所有的雇员，即使是那些在受雇时高度合格的人，也需要一些额外的培训用于完成他们被分配的工作。

知识链接

20世纪90年代美国企业调查统计分析认为，对员工培训每投入1美元就能得到50美元的经济收益。早在20世纪80年代，美国就有90%的公司有正式的培训预算，员工每年平均接受15小时以上的培训，大公司每年平均花费52.7万美元用于培训，小公司每年平均花费21.8万美元，全美每年花费300亿美元用于正式的培训方案，1 800亿美元用于非正式的培训。

### 7.4.1 人员培训的目标及原则

对员工的培训是指有计划、针对性地对于组织内某一特定人员进行知识能力提升的学习。

1. 人员培训的目标

人员培训的目标是使受训人员了解、掌握培训的知识、技能、规范等（这些与提升工作绩效密切相关），并在日常工作中加以运用，以提升工作绩效。

2. 人员培训的原则

（1）培训的普遍性（全员培训）和培训的连续性（终身教育）相结合的原则。
（2）通识教育与专业教育并重，普及与提高相结合的原则。
（3）科学文化教育和思想道德教育并重的原则。
（4）理论与实践相结合的原则。
（5）提高个体素质与提高群体素质相结合的原则。

### 7.4.2 人员培训的方法

人员培训的方法种类繁多，因此，培训要根据不同岗位、不同要求选取有效的培训方法，提升培训效率、降低培训成本。

常见的员工培训方法有以下几种。

1. 讲授法

讲授法属于传统模式的培训方式，指培训师通过语言表达，系统地向受训者传授知识，期望受训者能记住其中的重要观念与特定知识。

讲授法要求：培训师应具有丰富的知识和经验；讲授要有系统性，条理清晰，重点、难点突出；讲授时语言清晰，生动准确，必要时运用板书；应尽量配备必要的多媒体设备，以加强培训的效果；讲授完应留有适当的时间使培训师与学员进行沟通，用问答方式获取学员对讲授内容的反馈。

讲授法的优点：运用方便，可以同时对许多人进行培训，经济高效；有利于学员系统地接受新知识；容易掌握和控制学习的进度；有利于加深理解难度大的内容。

讲授法的缺点：学习效果易受培训师讲授水平的影响；由于主要是单向性的信息传递，缺乏教师和学员间必要的交流和反馈，学过的知识不易巩固，因此常被运用于一些理念性知识的培训。

2. 工作轮换法

工作轮换法是一种在职培训的方法，指让受训者在预定的时期内变换工作岗位，使其获得不同岗位的工作经验，一般主要用于新进员工。现在很多企业采用工作轮换是为培养新进入企业的年轻管理人员或有管理潜力的未来的管理人员。

工作轮换法要求：在为员工安排工作轮换时，要考虑培训对象的个人能力及需要、兴趣、态度和职业偏爱，从而选择与其相适的工作；工作轮换时间长短取决于培训对象的学习能力和学习效果，而不是机械地规定某一时间。

工作轮换法的优点：能丰富培训对象的工作经历；企业能通过工作轮换了解培训对象的专长和兴趣爱好，从而更好地开发员工的所长；能增进培训对象对各部门管理工作的了解，扩展员工的知识面，为受训对象以后完成跨部门、合作性的任务打下基础。

工作轮换法的缺点：如果员工在每个轮换的工作岗位上停留时间太短，则所学的知识不精；由于此方法鼓励"通才化"，适合于一般直线管理人员的培训，不适用于职能管理人员的培训。

3. 工作指导法

工作指导法是由一位有经验的技术能手或直接主管人员在工作岗位上对受训者进行培训，如果是单个的一对一的现场个别培训则称为师带徒培训。负责指导的教练的任务是教给受训者如何做，提出如何做好的建议，并对受训者进行鼓励。这种方法一定要有详细、完整的教学计划，但应注意培训的要点：第一，关键工作环节的要求；第二，做好工作的原则和技巧；第三，须避免、防止问题和错误的发生。这种方法应用广泛，可用于基层生产工人。

工作指导法要求：培训前要准备好所有的用具，搁置整齐；让每个受训者都能看清示范物；教练一边示范操作一边讲解动作或操作要领。示范完毕，让每个受训者反复模仿实习；对每个受训者的试做给予立即的反馈。

工作指导法的优点：通常能在培训者与培训对象之间形成良好的关系，有助于工作的开展；一旦师傅调动、提升，或退休、辞职，企业能有训练有素的员工顶上。

工作指导法的缺点：不容易挑选到合格的教练或师傅，有些师傅担心"带会徒弟饿死师傅"而不愿意倾尽全力。所以应挑选具有较强沟通、监督和指导能力及胸怀宽广的教练。

4. 企业内部计算机网络培训法

企业内部计算机网络培训法是一种新型的计算机网络信息培训方式，主要是指企业通过内部网，将文字、图片及影音文件等培训资料放在网上，形成一个网上资料馆、网上课堂供员工进行课程的学习。这种方式由于具有信息量大，新知识、新观念传递优势明显等优点，更适合成人学习。因此，特别受实力雄厚的企业青睐，也是培训发展的一个必然趋势。

企业内部计算机网络培训法的优点：使用灵活，符合分散式学习的新趋势，员工可灵活选择学习进度，灵活选择学习的时间和地点，灵活选择学习内容，节省了员工集中培训的时间与费用；网络上的内容易修改，并且修改培训内容时，不需重新准备教材或其他教学工具，可及时、低成本地更新培训内容；可充分利用网络上大量的声音、图片和影音文件等资源，增强课堂教学的趣味性，从而提高员工的学习效率。

企业内部计算机网络培训法的缺点：网上培训要求企业建立良好的网络培训系统，这需要大量的培训资金；该方法主要适用知识方面的培训，一些如人际交流的技能培训就不适用于网上培训方式。对以上各种培训方法，我们可按需要选用一种或若干种并用或交叉应用。

### 7.4.3 人员培训的程序

组织在进行员工培训时，在基本流程上要依照前面所制订的培训计划内容展开，主要步骤有3个。

1. 确定培训目标

由企业目标分解出具体的培训目标，包括改善管理效率、提高经营业绩、提升客户满意度、人力资源开发等内容。制订培训学习的具体目标，如增加知识、培养理解力、发展技能、形成态度、提高兴趣、形成价值观等。培训目标的确定必须结合企业的长期发展需要、员工的个人发展需要和员工目前的素质水平，实事求是地制订。

2. 选择受训对象

根据不同培训项目的宗旨，确定培训对象的具体选择标准。配合人事部门的人员选拔、培养计划，挑选有发展潜力的员工。把培训作为一种员工激励手段，并征求受训者对培训的意见。

3. 实施培训项目

明确培训课程设计的原则，即完整性、动力性、联系性、平衡性。按照课程决策、课程设计、课程改进和课程评鉴4个环节来完成课程发展工作。明确课程的涵盖范围和课程单元之间的次序逻辑关系。

不同类型的培训项目在计划流程方面有所差异，因此具体的培训计划必须根据实际情况和需要做出适当的调整。

 知识链接

在员工培训中，过程指导尤为重要。但大部分员工经过"过程指导"后仍是一知半解，达不到管理者的要求，主要原因是培训者（师傅）没有完全掌握过程指导的技巧。

经过总结分析，发现过程指导有5个关键要素，并且这5个关键要素缺一不可。它们分别为样板、协同、观察、纠正和强化。

1. 样板："师傅做给徒弟看"

样板即根据各项标准要求所做的模板，是员工日常工作的参照物。培训者必须按各种工作标准做出样子来，以最直观的方式让被培训者明白什么是正确的。

2. 协同:"师傅徒弟一起做"

协同即带领、陪同员工完成各项工作。培训者按工作标准做出样板后,要亲自和被培训者按样板要求共同完成各项工作,一方面使被培训者更理解样板内容,另一方面可以帮助被培训者解决初次工作遇到的困难和心理障碍。

3. 观察:"师傅看着徒弟做"

观察即通过对员工工作的全过程进行观察,了解员工工作中的优缺点。

经过"样板"和"协同"后,被培训者已具备一定的操作技能,这时培训者不能再帮助被培训者去完成工作了,而要让其独立完成。这时,培训者一定要站在被培训者旁边,选取不影响被培训者工作的位置进行观察,并进行记录,对做得不足的地方进行标注。

4. 纠正:"师傅指着徒弟做"

纠正即根据观察被培训者工作的结果,指出做得好的和做得不足的地方,然后对做得不足的地方进行纠正。

5. 强化:"师傅逼着徒弟做"

强化即按照样板标准坚持做下去,最终形成习惯。

强化是一个长期的过程,培训者必须逼迫被培训者不断坚持去做,而且要根据样板标准做出考核指标,没达到标准的要进行处罚。

这5个步骤有效完成后,被培训者也就可以"出师"了。

资料来源:中国人力资源开发网,http://www.chinahrd.net

## 7.5 绩效考核与薪酬管理

### 7.5.1 绩效考核

1. 绩效考核概述

绩效考核是通过系统的方法、原理来评定和测量员工在职务上的工作行为和工作效果的活动和过程,简称"考评"或"考绩"。

一般情况下,绩效考核的内涵有两层:一是对员工在工作中的素质能力及态度进行评价;二是对员工的工作业绩或工作结果,即其在组织中的相对价值或贡献程度进行评价。

2. 绩效考核的内容和类型

因为员工工作性质不同,所以绩效考核的内容也不完全相同。一般情况下,社会组织绩效考核的内容包括德、能、勤、绩等方面的考评。

按考核时间和性质的不同,绩效考核可以分为以下几种。

1) 正式考核和非正式考核

正式考核有明确的目的和周密的计划,有完整的体系和程序;非正式考核则事先无系统计划。

2) 日常考核

日常考核指企业每天对每个员工都要进行的考核,主要考核员工的生产成绩、劳动态度、业务知识、安全生产等,并认真进行记录统计。

3) 定期考核

定期考核是每年或每半年对员工进行的政治、技术、业务的全面考核,包括试用期转正考核，各种训练、培训考核等。这种考核的绩效应放入员工技术、业务档案，作为晋升、使用和奖惩的依据。

4）关键设备、关键岗位工种的考核

它是对关键设备、关键岗位，从事危险性作业的工种，或在要害部门工作的人员进行的考核。通过专门培训，经考核合格后发给"技术等级证书"。

5）晋升考核

晋升考核是为了对员工升级加薪而进行的考核，内容包括劳动态度好坏、技术水平高低、贡献大小。工人的技术等级标准考核，也包括技术理论和实际操作考试，其成绩作为升级的依据。

3. 绩效考核的作用

1）确定员工奖惩和薪酬的重要依据

定期的、规范的绩效考核可以为员工报酬的确定提供客观有效的依据，使工资、奖金等物质报酬的高低与员工的贡献大小相联系，从而使员工感到公平合理，以激励其为社会组织的发展多做贡献。

2）决定员工升降调配的基本前提

人力资源管理要做到用人取其长避其短，只有通过各种绩效考核。通过绩效考核，可以提供有关员工的工作信息，如工作成就、工作态度、知识和技能的运用程度等。根据这些信息，可以进行人员的晋升、降职、轮换、调动等人力资源管理工作。

3）对员工进行培训工作的准备条件

绩效考核可以考查员工在知识、技能、素质等方面的长处与不足、优势与劣势，并以此为依据，为工作发展的实际需要制订培训计划。有效的员工培训必须针对员工目前的表现、业绩和素质特征与其所在岗位的岗位规范、组织发展要求等方面的差距来进行，并以此合理地确定培训目标、培训内容，选择相应的培训方法。

4）社会组织与员工合理建立目标的关键环节

一方面，绩效考核工作为员工建立自我发展的目标明确了方向；另一方面，绩效考核工作要求上下级之间对考核标准、考核方式及考核结果进行充分沟通。因此，绩效考核有助于社会组织员工之间信息的传递和感情的融合。通过沟通，可以促进员工相互之间的了解和协作，有助于员工加深对社会组织目标的理解，使个人目标同组织目标达成一致，建立共同愿景追求，增强组织吸引力和凝聚力，从而提高社会组织的竞争能力。

4. 绩效考核的程序

1）制订绩效考核计划

为了保证绩效考核顺利进行，必须事先制订计划，在明确评价目的的前提下，根据目的的要求选择考核的对象、内容、时间等。

2）确定考核的标准和方法

绩效考核标准指对员工绩效进行考核的标准和尺度。考核标准一般可分为绝对标准、相对标准和客观标准3类。

在确定考核目标、对象、标准以后，就要选择相应的考核方法。需要注意的是，绩效考核的方法很多，每种方法都有自己的特点，在实际工作中，应根据具体的考核要求有针对性地加以选择。常见的绩效考核方法有等级排序法、量表考核法、行为锚定等级法、目标管理法、关键事件法及关键业绩指标法等。

3）收集数据

绩效信息的收集与记录是指主管人员从各个渠道收集员工工作绩效的信息，如亲自观察，查阅各种工作记录，以及了解同事反应、客户表扬与投诉等，把这些资料及时记录下来，以备日后绩效评价时用作参考。收集信息资料的主要方法有考勤记录法、生产记录法、项目评定法、关键事件法、减分按查法等。

4）分析评价

组织可以对员工每一个考核项目评定等级，如工作质量、出勤、协作精神等，一般可分为3~5个等级，如可分为好、中、差，也可分为优、良、合格、稍差、不合格。

为了综合不同性质的考核项目结果，必须分别对各个项目予以量化，即赋予不同评价等级以不同分数值，用以反映实际特征。以好、中、差为例，可以把"好"这一等级定为10分、"中"这一等级定为6分，"差"这一等级定为3分。

在考核过程中，要对每一个员工的每一个考核项目进行评定打分，然后做出综合的评定。有时，同一项目由若干人对某一员工同时进行考核，但得出的结果不一定相同，为综合这些考评意见，可采用算术平均法或加权平均法进行综合。

在考核时，往往需要从总体上对一个人进行评价，需要将其知识能力、判断能力、社会交际能力等综合起来考核，而这些项目由于受考核的目的、被考核人的具体职务的影响，同一项目在整个评价体系中的地位是不同的，因此，必须将各个项目分配以合适的权重数。

5）绩效考核反馈

绩效考核反馈是指将考核的意见反馈给被考核者，一般有以下两种形式。

绩效考核意见认可是指考核者将书面的考核意见反馈给被考核者，由被考核者予以同意认可，并签名盖章。如果被考核者有不同意见，可以提出异议，并要求上级主管或人力资源部门予以裁定。

绩效考核面谈是指通过考核者与被考核者之间的谈话，将考核意见反馈给被考核者，征求被考核者的看法。绩效考核面谈记录和绩效考核意见，也需要被考核者签字认可。

6）绩效考核结果运用

在绩效考核过程中获得的大量有用信息可以运用到社会组织的各项管理活动中。首先，可以利用向员工反馈评价结果，帮助员工找到问题、明确方向，这对员工改进工作、提高工作绩效会有促进作用。其次，可以为人力资源决策，如任用、晋升、加薪、奖励等提供依据。最后，可以用来检查社会组织管理的各项政策的运用结果，如人员配置、员工培训等方面是否有失误，还存在哪些问题等。

### 7.5.2 薪酬管理

**1. 薪酬概述**

在现代人力资源管理中，薪酬已成为社会组织支付给劳动者的劳动报酬的一个专用名词，与薪金、薪水、薪资等含义相同。

一般情况下，薪酬主要是由基本薪酬、可变薪酬及间接薪酬三大部分构成的。

基本薪酬是以员工的劳动熟练程度、工作的复杂程度、责任大小、工作环境、劳动强度和不同工作在国民经济中的地位，并考虑劳动者的工龄、学历、资历等因素，按照员工实际完成的劳动定额、工作时间或劳动消耗而计付的劳动报酬。可变薪酬是指薪酬系统中与绩效直接挂钩的部分，有时也称浮动薪酬或奖金。间接薪酬是指员工福利等。员工福利之所以被称为间接薪酬，是因为福利不是以员工向社会组织提供的工作时间为单位来计算的薪酬。

2. 薪酬管理概述

1) 薪酬管理的含义

薪酬管理是人力资源管理的一项重要职能，涉及员工工资、奖金、津贴、股权、福利、服务等经济性报酬分配的方方面面，是一种包括组织薪酬水平、薪酬体系、薪酬结构、薪酬形式、特殊群体薪酬等多种决策和组织实施内容，并且不断进行拟订薪酬计划和预算、制定管理政策、控制成本、加强与员工沟通、做出有效性评价的薪酬分配的持续而系统的组织管理过程。

2) 薪酬管理的原则

①合法性原则。为了维持社会经济持续稳定发展，为了保护员工的利益，各国政府都制定了一系列法规，直接间接地控制员工的薪资状况，如《最低工资法》《反歧视法》等。②公平性原则。薪酬管理的公平原则，一般包括外部公平和内部公平两方面的要求。外部公平是指社会组织的薪酬水平与劳动力市场中的薪酬水平相当。重视外部公平是社会组织薪酬管理的一个重要要求。内部公平是指同一社会组织中每人所得工资与其他人所得的工资相比，应该公平合理。它既包括各种职位、同等绩效下薪酬是相等的；也包括不同职位、不同绩效下的薪酬是不等的。③效益性原则。在实际工作中，员工薪酬一般可以分为两部分：一是基础工资，二是效益工资。前者一般计入成本，后者可以从利润中提取。社会组织可以在现有的基础工资的基础上，利用与利润挂钩的考核指标建立薪酬体系，使员工与组织形成利益共同体，经营好时分享利润，经营差时共担风险。④激励性原则。社会组织薪酬管理的目的，是调动员工的工作积极性，提高劳动生产率，促进组织的发展。从原则上说，社会组织劳动关系的基础就是合理的薪酬分配关系。社会组织必须根据这一特点制订员工薪酬激励计划。⑤相符性原则。在企业薪酬分配中，必须注意货币工资与实际工资相符。货币工资，是职工通过劳动领取的货币收入；实际工资是指员工用所得货币能够实际买回的消费品和服务。通常情况下，员工的货币工资水平并不直接表现其实际购买水平，真正表现员工薪酬水平的是实际工资。实际工资是货币工资扣除通货膨胀率之后的工资收入。实践中，为了保证员工的实际生活水平不断提高，社会组织要随着社会消费品物价指数的变化，相应地调整员工的货币工资水平。

3) 薪酬管理的程序

①薪酬调查。薪酬调查是社会组织通过了解组织内外薪酬分配的有关状况，找出差距和问题，为改进薪酬管理提供的信息支持。薪酬调查对确定社会组织不同职务的薪酬起着关键作用。一般来说，管理人员可以用两种方式获得薪酬信息：一种是社会组织的人力资源部门直接进行的正式或非正式调查；另一种方式是依靠商业机构、专业协会或政府部门的调查报告。②确定薪酬总额。薪酬总额，包括组织中所有员工的工资、奖金、加班费、职务补贴、退职退休金、福利安全费、劳动保险费、培训经费等费用开支。③确定薪酬差异。在现代企

业中，通常从员工劳动能力、劳动付出、劳动效果3个方面确定员工之间的薪酬差异。其中员工所任职务的价值差异和员工与职务相关的技能差异，是两个最基本的决定因素。④薪酬制度的管理和控制。薪酬制度一经建立，就要进行适当的控制与管理，使之能够和组织的管理环境相适应，以便于最大限度地发挥应有的功效。

## 本 章 小 结

随着现代社会经济的发展，许多社会组织尤其是企业的生产经营活动中，人的作用越来越明显，对人这一特殊资源的管理已经成为一个组织战略和目标实现的核心影响因素。

人力资源是指在一定时空范围内，可用于生产活动及具有创造力的人数总体可产生的有用价值的总和。一般认为人力资源具有的基本特征为能动性、再生性、时效性、生产与消费双重性、可塑性和社会性。

人力资源管理定义为在组织战略目标的基础上制订相应的人力资源规划，通过相关的技术手段展开管理，以最有效率地完成组织目标的过程。

人力资源管理的内容为人力资源规划、人员招聘、人员培训、绩效考核、薪酬管理。另外，人力资源开发、人力资源战略、工作分析、职业生涯管理、劳动关系等也属于人力资源管理的内容，受到篇幅的限制，本书不做详细分析。

企业必须要对未来的人力资源需求和供给进行合理的预测和计划，实现组织的良性运行。人力资源规划正是在这样的基础上形成的。

人员招聘是指在企业总体发展战略规划的指导下，通过对组织空缺职位的分析，运用相关的技术手段寻找足够量的合格的工作候选人，通过对候选人的识别来填补这些组织空缺的过程。即使组织雇用到了非常合格的人，也不能保证所有的工作将被分配给完全胜任的人。几乎所有的雇员，即使是那些在受雇时高度合格的人，也需要一些额外的培训用于完成他们被分配的工作。

绩效考核是通过系统的方法、原理来评定和测量员工在职务上的工作行为和工作效果的活动和过程，简称"考评"或"考绩"。薪酬管理是人力资源管理的一项重要职能，涉及员工工资、奖金、津贴、股权、福利、服务等经济性报酬分配的方方面面，是一种包括组织薪酬水平、薪酬体系、薪酬结构、薪酬形式、特殊群体薪酬等多种决策和组织实施内容，并且不断进行拟订薪酬计划和预算、制定管理政策、控制成本、加强与员工沟通、做出有效性评价的薪酬分配的持续而系统的组织管理过程。

## 习 题

1. 人力资源规划在企业组织运行中起到什么作用？
2. 员工培训的方法有哪些？各方法有哪些优缺点？
3. 组织人员招聘的常见渠道有哪些？
4. 在进行员工绩效考核时可以采用哪些考核方法？
5. 组织进行薪酬管理的原则有哪些？

 案例分析

### 第一康复医院：人才的摇篮

伴随着全国第一座超高层现代化医疗大楼的建成，第二军医大学附属第一康复医院的人才梯队和学科建设也站在了上海市医疗卫生系统的制高点。在上海市卫生系统最高荣誉奖"银蛇奖"的名单上，该院已连续5届榜上有名，并成为唯一的一等奖"三连冠"获奖单位。"八五"计划期间，第一康复医院获得的国家科技进步奖和发明奖居全军医院前列；近4年来，论文发表数一直名列全国医院的前10名。

**1. 能否在南京路上站住脚**

1979年初，第二军医大学召开了一次全校科技成果表彰大会。这次会上第一康复医院没有一个人上台领奖，坐了冷板凳。回院的路上，一位老教授禁不住发出了感慨："这样下去，第一康复医院还能否在南京路上站住脚？"这件事在全院上下引起了巨大震动。的确，当时该院医护科技人员队伍素质参差不齐，结构不合理，全院有高级职称的仅12人、中级职称的有73人，没有一个硕士生、博士生导师。

面对日新月异的世界医学科技成就，面对国内同行的激烈竞争，第一康复医院领导者意识到了危机。反思之后，第一康复医院党委决定，要采用超常规的办法，尽快培养出一批高质量的人才，缩短与国内外同行的距离。院领导首先提出了"四个舍得"，即舍得给时间、舍得给车辆、舍得给场地、舍得给经费。在人员极其紧缺的情况下，该院把青年医生送出去培养、脱产学习，并因地制宜腾出场地，开办补习班。医院每年用于人才培养的经费从几年前的10万元、15万元、30万元一直增加到300多万元。

**2. 站起来是架梯子，躺下去是座桥**

第一康复医院拥有骨科学界泰斗和一批老专家、老教授。医院党委号召所有的老专家、老教授甘当人梯，甘当年轻一代跨向21世纪的桥梁，为国家和军队培养更多的栋梁之材。"站起来是架梯子，躺下去是座桥"。这些老专家、老教授用自己的肩膀托起了一个个学科。脑外科黄一诚教授便是其中的一位。每个新分配到脑外科的大学生一到，黄教授就会有针对性地为其制订一个为期3年的业务培训安排和学术发展规划。为了使学科发展跟上国外的研究水平，黄教授积极联系建立了与美国、日本、德国等国的中外合作研究点，一批批留学生带着科研课题出去，揣着科研成果回来，使第一康复医院脑外科跨入了世界先进行列。多年来，黄教授共培养出硕士研究生19名，博士研究生18名，博士后研究人员1名。填补了我国免疫球蛋白分子病空白的林务波教授，总是勤奋地收集国内外各种有关资料来丰富自己的学识，学生们常说："林教授本身就是一个宝贵的资料库。"他为学生们确定的课题、科研设计皆获得很大成功。近年来，林教授的学生先后荣获军队一、二、三等奖17项，国家二、三等奖3项，并培养出只有27岁的全国最年轻的教授。

**3. 我们的舞台在第一康复医院**

良好的环境建造起人才脱颖而出的摇篮。一个个学科带头人、一批批科研成果从这里走向全国，走向世界舞台。

该院皮肤科主任周兰军教授是年轻的学科带头人。当年，他开始真菌病学研究后，发现该领域中有许多问题需要探索。于是他向领导提出将一间5平方米的小厕所改做实验室的要求。院领

导被他这种精神所感动,硬是挤出一间18平方米的房子给他做实验室。周兰军辛勤的耕耘,取得了丰硕的果实。周教授终于在医学上取得了巨大成就:建立了全国唯一的隐球菌专业实验室,并经卫生部批准成为中国医学真菌保藏管理中心隐球菌专业实验室;两次首先发现国际上新的致病真菌;三次首先发现国内新的致病真菌,使我国真菌病研究跻身世界先进行列。周教授因此被吸收为"亚洲皮肤学会""世界人和动物真菌学会"会员。

20世纪80年代中期,第一康复医院办起了一年一度的学术擂台赛,参加打擂的是清一色的年轻人。课题由医院定,经费由医院出,此举极大地调动了年轻人的积极性。8年来,全院有370人参加打擂,125人获得总计200万元的科研资助,115人取得了科研成果。

**4. 真诚的心温暖着海外年轻学子**

1992年,年轻的肾内科主任刘永和作为当年上海市"银蛇奖"获得者即将赴美进修时,正逢职称评定工作开始。若错过这次职称晋升机会,一等将是两年。不能因出国学习而影响他的职称晋升。爱才心切的领导提前请来职称评审委员会的专家们专门为他举行了一个别开生面的"个人述职答辩专场"。3个月后他在国外收到了晋升为教授的通知。该院脑外科的吴海涛做梦也没有想到,自己还身在国外求学,领导已帮他的妻子办妥了从外地调到上海工作的一切手续,并为他们夫妇在上海安置了两室一厅的新家。

为了让归来的学子有施展才华的广阔舞台,院领导对归国留学人员在事业发展上的要求,总是一条条、一件件地满足和落实。对确有才华和学术专长的人才,还让他们走向领导岗位。

资料来源:爱博高级人才网,http://www.abler.cn

**案例分析题**

1. 第一康复医院是如何确立自己的学术领先地位的?他们采取了哪些措施?
2. 第一康复医院是如何培养、吸引和留住优秀人才的?你对他们的举措有何评价?
3. 在培养、吸引和留住人才方面,领导者和管理者应起什么作用?

# 第8章 组织变革与组织文化

## 学习目的

通过本章的学习,理解组织变革的动因,了解组织变革的过程与内容、组织变革的类型。理解组织文化的定义及特性,掌握组织文化的结构与内容、组织文化的功能,了解组织文化培育应遵循的原则及程序,从学习中总结组织变革与组织文化培育的具体对策思路。

## 知识要点

| 知识要点 | 要求程度 | 相关知识 |
| --- | --- | --- |
| 组织变革的动因 | 理解 | (1) 组织变革的动因<br>(2) 组织变革的影响因素 |
| 组织变革的过程与内容 | 了解 | (1) 组织变革的过程<br>(2) 组织变革的内容 |
| 组织变革的类型 | 了解 | (1) 渐进式变革和激进式变革<br>(2) 主动性变革和被动性变革<br>(3) 战略性变革、结构性变革、流程主导性变革、以人为中心的变革 |
| 组织文化的定义及特性 | 理解 | (1) 组织文化的定义<br>(2) 组织文化的特征 |
| 组织文化的结构与内容 | 掌握 | (1) 组织文化的结构<br>(2) 组织文化的内容 |
| 组织文化的功能 | 掌握 | (1) 导向功能<br>(2) 约束功能<br>(3) 辐射功能<br>(4) 改善功能<br>(5) 凝聚功能<br>(6) 激励功能 |
| 组织文化的培育 | 了解 | (1) 组织文化培育的原则<br>(2) 组织文化培育的程序 |

### 通用的组织结构创新

1916年,随着联合汽车公司并入通用公司,阿尔弗雷德·斯隆出任通用副总裁。作为通用副总裁的斯隆,发现了通用管理上存在的问题。他先后写了3份分析通用内部管理弱点的报告。但是,总裁杜兰特只是赞赏,不予采纳。1920—1921年经济危机期间,通用公司在经营管理上的问题彻底暴露了出来。公司危机四伏,摇摇欲坠。这时杜兰特引咎辞职,皮埃尔·S.杜邦兼任总经理。斯隆在他的支持下,开始了改革的进程。这场改革从1921年开始,一直持续了10年。

斯隆分析了通用公司的弊病,指出公司过去将领导权完全集中在少数高级领导人身上,他们事无巨细,大包大揽,反而事与愿违,造成了公司各部门失去控制的局面。他认为,大公司较完善的组织管理体制,应以集中管理与分散经营两者之间的协调为基础。只有在这两种显然相互冲突的原则之间取得平衡,把两者的优点结合起来,才能获得最好的效果。由此他认为,通用公司应采取"分散经营、协调控制"的组织体制。根据这一思想,斯隆提出了改组通用公司组织机构的计划,并第一次提出了事业部制的概念。

资料来源:道客巴巴网,http://www.doc88.com

## 8.1 组织变革

组织面对的是一个动态的、变化不定的大环境。人们对环境特点的认识、了解是一个不断完善的过程。在这种情况下,一种组织结构、组织制度在当前是合适的,可过一段时间,在新的环境因素下,可能就不适用了。为使组织适应环境的变化,组织的任务、目标、机构设置等也应随之不断调整,不断进行变革。可以说,组织变革是组织保持活力的一种手段。所以,要使组织顺利地成长和发展,就必须自觉地研究组织变革的内容、阻力与其一般规律,研究有效组织变革的具体措施和方法。

### 8.1.1 组织变革的动因

组织变革就是组织根据内外环境的变化,及时对组织中的要素进行结构性变革,以适应未来组织发展的要求。

组织变革的含义:组织变革是组织用系统的思想与方法指导和作用本体后,自身所发生的一些变化,是组织通过革故鼎新,实现动态平衡的发展阶段和活动过程。组织变革活动是组织应对内外部环境的变化而做出的反应,是使组织管理更符合组织存续与发展要求的努力过程。

组织变革的目的就是提高组织的效能,特别是在动荡不定的环境下,组织要顺利地成长和发展,就必须自觉地研究组织变革的内容、阻力及其一般规律,研究有效管理变革的具体措施和方法。

组织变革是不以人的意志为转移的客观必然过程。生活在环境之中的组织,随环境而生,随环境而变,环境变化了,客观上要求组织也要跟着环境的变化而变化。组织变革是环境变化对组织的客观要求。

在全球化和信息化日益发展的今天，组织面对的是一个动态的、不稳定的环境。组织要生存、发展、壮大，并不断地趋于成熟，不断取得成功，就必须根据外部环境和内部条件的变化而适时地调整其目标与结构。所以，不仅老化的组织需要变革，实际上，处于每一个成长阶段的组织都需要变革。比如，企业内外客观条件的变化，组织本身存在的问题，各层次管理者居安思危的忧患意识及变革可能带来的权力和利益关系的变化，这些都可能引发变革的动机，形成变革的推动力量。促使组织变革的动因可以归纳为以下两个方面。

1. 外部环境因素

从系统的观点看，任何组织都是一个开放的系统，它属于社会大环境中的一个子系统，因此，它无力控制外部环境，而只能主动适应外部环境。它通过与其所在的环境不断地进行物质和能量、信息的交换而生存与发展。组织外部环境的变化是组织变革的重要动因，具体如下。①经济变化对组织的影响。这主要是指全球经济一体化所带来的影响。各国合作生产已经成为新的全球模式，"全球相互依赖"的格局已经形成。首先，引起企业经营战略的变化。国际化经营要求企业都要修正或制订新的发展战略。由于组织服从于战略，企业的战略变化，必然导致组织的变化。其次，世界经济一体化使远程协调控制工作越来越重要。如何将远距离的人员很好地协调起来，使之达到企业共同的目标，是企业组织工作面临的新任务。最后，全球性经营导致了不同文化的接触与交流。不同文化背景的企业员工的思维方式、价值观念有很大的不同，容易造成冲突。这些对沟通、人员培训、选拔、授权等组织工作提出了新的挑战。成功的组织将是能根据经济竞争的需要做出相应快速变革的组织。由于社会发展呈现出人口老龄化、组织员工多元化、家庭结构小型化等趋势，这就要求组织重新审视自己的目标消费群体及其需要。另外，客户的要求比以前更高，他们想要得到的不仅是高质量的产品和服务，还希望与公司保持一种简单、直接的关系。面对变化的市场与客户要求，组织要考虑的是如何通过变革适应变化的市场和满足客户的要求。②知识与技术的进步对组织的影响。知识经济的到来为企业生产经营活动带来了持续而深远的影响。首先，信息知识取代资本成为价值增长的决定因素。企业正在转变为以信息或知识为基础的组织，人们在组织中的地位更多取决于其知识的掌握和更新。其次，组织工作的重要任务是战略性地开发和利用知识资源。由于信息自身时效性、真实性的要求，组织结构将变得更加扁平，权力更加分散，决策更加迅速。再次，知识经济加速了高技术企业的发展。高科技企业具有人才密集、产品生命周期短、竞争激烈、风险大等一系列新特征。最后，信息技术的普遍应用正在改变传统的组织管理模式。计算机取代了企业大量中层管理人员的工作，减少了企业的管理层次。③企业竞争优势的新来源。环境的剧烈变化，在很大程度上改变了企业传统的竞争方式，迫使企业本着创新的思想寻找新的竞争优势来源。企业竞争优势新的来源基础有信息技术、服务增值等。

### 知识链接

作为 PC（个人计算机）产业的缔造者 IBM 公司，却全部出售了自己的 PC 业务，这或许使人无法理解。但实际上，从 20 世纪 90 年代开始，IBM 就开始了战略转型，为集团客户提供 IT 服务成了 IBM 新的利润增长点。IBM 战略转型的主要原因是 PC 业务外部竞争环境不断变化，特别是竞争对手戴尔、惠普公司在商用台式机和笔记本计算机上不断采取各种价格策略，严重影响到了 IBM 的 PC 销售。2002 年，IBM 公司将硬盘业务卖给了日立公司，将 PC 制造业务卖给了 Sanmina-SCI 公司。2005 年，IBM 将全球的 PC 业务全部售给联想公司，从而完成了从进行计算机制造到提供 IT 服务的战略转变。

资料来源：廖建桥. 管理学. 武汉：华中科技大学出版社，2010.

2. 内部环境因素

内部环境因素具体如下。①组织目标的重新定位。组织目标决定着组织变革的方向和变革的范围。往往在两种情况下要重新定位组织目标：一是当组织的既定目标已经或即将实现时；二是当组织既定目标在实施过程中无法实现，而新的市场机会出现时。为实现新的组织目标，就要考虑对组织进行变革。②组织成员素质、内在动机与需求的变化。一个有效的组织，其组织目标和成员目标往往在素质、内在动机与需求上是一致的。因此，一定的组织结构与组织管理总是与一定的成员的需要相适应。由于成员素质的变化，成员希望得到具有挑战性并能促进个人成长的工作，组织就要考虑是否从以"任务为导向"转向以"人为导向"的组织结构再设计的组织变革。③组织管理中的不良表现。如果在现实组织管理中出现了下述情况，也要考虑是否应进行组织变革：组织机构臃肿、职能重复、人浮于事或组织机构明显漏缺、经营管理环节脱钩；岗位间、部门间的冲突得不到协调，组织职能难以正常发挥，职工的责任感和积极性低落；组织信息沟通不畅，决策形成过程过于缓慢或时常做出错误的决策，组织缺乏创新等。

上述原因的存在影响到每一个组织，这种影响无论其大小，都可能产生许多的机会，也可能产生许多的威胁。而利用各种机会、应对各种威胁，组织变革是一种重要的手段。当组织认识到上述情况时，可考虑通过组织变革适应组织外部环境的变化和满足组织内部管理的需要。

知识链接

HBE 出版社是一家以出版中小学教材为主、一般图书为辅的地方出版社。在计划经济时代，由于中小学教材的发行是受国家垄断和控制的，HBE 出版社的业务和利润都能得到很好的保证。近年来，由于中小学教材市场的逐步放开和一般图书空前激烈的竞争，HBE 出版社的利润直线下降，原有的管理体制已经严重阻碍了 HBE 出版社的发展。但是，要在 HBE 出版社进行改革却困难重重，因为虽然 HBE 出版社的领导有足够的权力进行改革，各级员工也认识到了改革的必要性，但员工对领导者缺乏信任，员工在利益受损时不愿意做出牺牲；HBE 出版社现行的政策并不鼓励创新和冒险；HBE 出版社向上和向下沟通的渠道并不畅通，特别是 HBE 出版社刚刚经历过一次失败的改革。这些都说明，HBE 出版社改革的条件不成熟，改革的环境比较差，它只能进行一些比较小的改革或需要借助于外力来进行改革。

## 8.1.2　组织变革的过程与内容

1. 组织变革的过程

组织变革是一个过程。心理学家库尔特·勒温从变革的一般特征出发，总结出组织变革过程的 3 个基本阶段，得到学界广泛的认可。

1）解冻阶段

解冻阶段是变革前的心理准备阶段。成功的变革必须对组织的现状进行解冻，解冻意味着人们认识到组织的某些状态是不适合的，因而有变革的需要。一般来说，如果没有特殊的

情况，组织的原有状态是很难改变的。只有当组织面临某种危机或紧张状况时，才有可能出现变革的要求。例如，一个企业销售额急剧下降，一个政府组织的社会支持率突然下降，这时，组织成员感觉到了危机形势，有了紧张感，并开始认识到组织目前的状况与应达到的状况之间存在较大差距，而且这种差距已严重影响到组织利益。这时，在组织中就会形成要求变革的呼声，组织成员认识到按照原样继续下去已不可能，过去的规则和模式因而不再神圣不可侵犯。组织的管理人员不仅自己寻求新的方法，而且会动员职工寻求新的方法。原有的状态被打破，人们从既定的行为模式、思想观念和制度中解脱出来，准备进行变革。

因此，解冻的过程总是伴随着对旧事物的批判，包括旧的习惯、行为、观念和制度，旧的人物及其评价，新人的出现等。正如毛泽东同志所说的：不破不立，破字当头。这是任何变革的首要一步。

2）变革阶段

变革阶段即变革过程中的行为转换阶段。在认识到变革需要的基础上，改变是新的方案和措施的实施。这个阶段是以行动为特征的，即在组织内推行新的观念、行为和制度模式，这种实施很可能是强制性的。其实施过程应该包括几个方面：①判定组织成员对新方式的赞成或反对情况，以及不同情况的力量大小；②分析哪些力量可以变化，在什么程度改变，哪些力量必须要改变；③制定变革的策略，决定通过什么方式、在什么时间实施变革；④评估变革的结果，总结经验教训。

3）再冻结阶段

再冻结阶段即变革后的强化阶段。这个阶段的目的是要能通过对变革驱动力和约束力的平衡，使新的组织状态保持相对的稳定。这个阶段中新的观念、行为和制度模式被固定下来，使它们稳定在新的水平上，成为组织系统中一个较固定的部分。尽管不存在绝对稳定的东西，但相对稳定对于组织来说是绝对必要的，否则组织的持续活动无法得到保证。

再冻结的过程，除了组织在制度上采取措施外，另外一个重要的机制是"内在化"。所谓"内在化"，是指将一些行为模式转变为职工个人的观念或信念的过程。组织变革的措施一般是由领导人推行的，对于职工来说，它们是外在的规定。当职工认为这些规定会给他们带来好处，并愿意自觉遵守时，这些外在规则就内化为自觉的行动。只有这时，某种变革才不可逆转，才算告一段落。

勒温的变革过程模型是最早的关于组织变革的研究。从 20 世纪 40 年代开始，他就在美国开始了组织变革与组织发展的研究。这个模型后来成为人们讨论变革过程的基础。

2. 组织变革的内容

组织变革的内容涉及方方面面，基本的思路应该是无论哪方面的组织变革，均应该与组织战略保持一致，战略是龙头。此外，组织战略与内外部环境要保持一致。管理者可以从以下 4 个方面进行组织变革。

1）技术变革

技术结构方面的变革与人事、组织结构、规模、分权有非常密切的联系。技术变革是指组织在作业流程和方法方面的变革，涉及领域广泛，主要有产品或服务的生产技术、工作方式、装备、业务流程等。

2)产品与服务变革

环境的变化与组织目标的变化都会引起组织产品与服务的变革。当新的市场出现时,意味着新的客户需求的产生,如果组织将这种新的客户需求定为组织新的目标,组织的新产品与服务就会产生,组织产品与服务变革就是必然的。例如,电信企业在原来固定电话业务的基础上又引入 Internet 业务就是产品与服务变革。

3)战略与结构变革

组织的战略是随着所处的外部环境的变化而变化的,战略的变化要求组织结构做相应的调整。战略重点的改变会引起组织工作重点的改变,从而导致各部门与职务在组织中重要程度的改变,因此要求对各管理职务及部门之间的关系加以调整,如是以技术研发为中心还是以产品销售为中心的工作重点的调整等。不同的工作重点,使这两个部门与其他部门有着不同的相互关系。

组织变革不仅需要做战略的调整,还需要一张新的组织结构图,并且从新的角度综合考察环境和组织内部的各种关系。改变企业结构主要包括管理层次、分权管理和业务流程的变革。①变革管理层次。传统的组织结构强调确定职责、明确分工和固定工作流程。而现代组织结构最明显的一种趋势是管理层次越来越少,向扁平化发展,从高层管理者到基层管理者的中间环节逐渐减少。②变革分权管理。通过减少管理层次、授权和建立规模较小但组织完善的工作单位等方式,促进工作人员提高工作效率,赋予基层管理者更多的职权,把职权授予最需要的地方。③变革业务流程。变革业务流程,精心组织不同专业生产,可以提高生产效率和工作积极性。

4)人员与组织文化变革

人员与组织文化变革指员工和组织在哲学、理念、价值观、精神、伦理和道德行为等方面的变革。

人员变革是组织变革的基本方面,能建立沟通网络,促进员工目标与组织目标一致。人员的变革也是组织变革中最复杂、最深刻及最难以把握的。组织变革最终是通过人和工作的改变来实现的。这种改变不仅意味着对员工工作内容的影响,而且更主要的是方式方法的变革。一般是通过培训与开发、沟通与参与、决策与问题解决过程来改变组织成员的态度、技能和行为,使个体和群体更有效地工作。当管理者认识到人力资源成为制约组织成效的主要因素时,就应考虑人员变革措施了。

环境是在不断变化的,之前已经根深蒂固的文化可能会变得不合时宜,随着时间的推移逐渐变成组织发展的障碍,这时组织文化的变革就显得尤为必要。组织文化变革应以营造一种危机即将来临的氛围作为切入口,采取聘请或解聘高层管理人员、发动一次组织重组、引入新故事和新典礼来传播新观念等措施加以推进。

### 8.1.3 组织变革的类型

依据不同的划分标准,组织变革可分为不同的类型。

(1)按变革的程度与速度不同,可分为激进式变革和渐进式变革。

激进式变革是指在较短的时间内对组织进行大幅度的全面调整,以彻底打破初始组织模式并迅速建立新的组织模式;渐进式变革则是通过对组织进行小幅度的局部调整,经由一个渐进的过程来实现组织模式的转变。

（2）按管理者控制程度的不同，可分为主动性变革和被动性变革。

主动性变革是指管理者在全面观察或充分意识到环境变化对组织的影响时，以主动出击的方式进行的变革；被动性变革是指管理者由于以前没有预测或认识到环境变化给组织带来的影响而不得不对组织进行被动的调整。

（3）按变革的侧重点不同，可分为战略性变革、结构性变革、流程主导性变革和以人为中心的变革。

战略性变革是指组织对其长期发展战略或使命所做的变革；结构性变革是指组织需要根据环境的变化适时对组织的结构进行变革，并重新在组织中进行权力和责任的分配，使组织变得更灵活、易于合作；流程主导性变革是指组织紧密围绕其关键目标和核心能力，充分应用现代信息技术对业务流程进行重新构造，这种变革会对组织结构、组织文化、质量、成本等各个方面产生较大的改变；以人为中心的变革是指组织致力于改变员工态度、价值观、同事关系及提升员工能力、素质的变革。

## 8.2 组织文化

### 8.2.1 组织文化的定义及特性

**1. 组织文化的定义**

每个组织都有自己特定的环境条件和历史传统，从而也就形成了自己独特的哲学信仰、意识形态、价值取向和行为方式，具有自己特定的组织文化。对组织文化的界定向来是众说纷纭，莫衷一是。比较经典的是西方学者希恩于1984年下的定义：组织文化是特定组织在适当处理外部环境和内部整合过程中出现的种种问题时，所发明、发现或发展起来的基本假说的规范。这些规范运行良好，相当有效，因此被用作教导新成员观察、思考和感受有关问题的正确方式。

在此，可将组织文化定义为组织在长期发展中所形成的日趋稳定的、独特的价值观及以此为核心而形成的行为规范、道德准则、群体意识和风俗习惯等的总称。任何一种组织文化都是特定历史的产物，当组织的内外条件发生变化时，不失时机地调整、更新、丰富和发展组织文化的内容和形式总会经常地摆上议事日程。这既是一个不断淘汰旧文化性质和生成新文化特质的过程，也是一个认识与实践不断深化的过程，组织文化由此经过循环往复达到更高的层次。虽然"组织文化"中的"组织"包含了企业在内的其他所有组织，但在大多数情况下，组织文化指的是"公司文化"或"企业文化"。

 知识链接

美国希尔顿饭店创立于1919年，从一家饭店扩展到一百多家，遍布世界五大洲的各大城市，成为全球最大规模的饭店之一。希尔顿饭店生意如此之好，财富增长如此之快，他的成功的秘诀是什么呢？通过研究发现其成功的秘诀在于牢牢确立自己的企业理念，并把这个理念上升为品牌文化，贯彻到每一个员工的思想和行为之中。饭店创造"宾至如归"的文化氛围，注重企业员工礼仪的培养，并通过服务人员的"微笑服务"体现出来。

资料来源：白马. 大企业小故事. 北京：中华工商联合出版社，2004.

## 2. 组织文化的特性

溯本才能清源。组织文化建设，只有在明确理解组织文化特性的前提下进行，才能取得事半功倍的功效。具体说来，可以将组织文化的主要特性归纳为以下几方面。

### 1）社会性

组织在建设组织文化时要意识到组织文化是社会文化的一个组成部分，并且与社会文化紧密相联。社会文化时时处处在渗透、影响和制约着组织文化的发展，而组织文化也通过其辐射功能推动社会文化的进步，使其成为社会文化新的生长点。社会意识形态、社会价值观念、社会行为准则、社会文化心理、社会人际关系和社会道德规范等无不影响着组织。注重其社会性，对组织而言，在建设组织文化时就有了方向基准。

值得注意的是，国情不同，传统文化不同，组织文化也不同。组织文化建设必须从国情出发，对民族传统文化进行挖掘、筛分、利用，培育有民族特色的价值观和伦理精神，只有这样，才能因地制宜地建设具有民族特色的组织文化。

知识链接

1999年，一向以美国文化、美国风格著称的肯德基，首次打破全球惯例，"入乡随俗"换上了整套中式装修。位于北京前门箭楼古城墙附近的肯德基中国第一店，装修后以长城、四合院等中国传统建筑风格为主要基调，辅以天津和无锡彩塑泥人、山东潍坊风筝、山西皮影、民俗剪纸和民间布制手工艺装点各层餐厅。在前门餐厅三楼的空间内，还特意布置了一个文化长廊，免费不定期展出民间艺术家们的作品。现在，肯德基的形象已经在中国有了根本的改变。为了摆脱外界对于洋快餐不健康的抨击，肯德基正在重新定义新快餐，不健康的油炸食品只剩下香辣鸡翅等极少数产品，取而代之的是多种烹饪方式的多品种的产品。为了迎合中国人爱吃蔬菜及喝汤的习惯，各种蔬菜沙拉、蔬菜鲜汤相继推出。目前，中国市场是除美国市场以外最大的市场，门店超过500家，拥有6 000多万名线上会员，这与肯德基在企业文化建设中融入中国化是分不开的。

### 2）相对稳定性

美国著名的管理学家彼得·圣吉在其著作《第五项修炼》中预言道，21世纪竞争胜利的企业只能是那些学习性的组织，最终的竞争优势取决于一个企业的学习能力及将其迅速转化为行动的能力。因此企业必须不断地扬弃过去、超越自我、展望未来，提升原有的企业价值观和企业文化，坚持创新、改造自己、追求卓越。

组织文化具有相对的稳定性，特别是在社会运行机制没有发生重大变革和组织自身没有发生重大变化的阶段，总是稳定在一定水平上。但从总体来看，组织文化随着社会生产力的不断发展，在生产关系调整变化过程中不断向前发展，形成动态开放的系统。只有在立足于组织自身特色的基础上不断吸收社会文化和外来文化的精华，剔除原文化中积淀的消极成分，才能使组织文化不断升华与提高，保持组织内部的感召力和凝聚力的长久不衰。这对于建设符合时代特色的、顺应潮流的组织文化是至关重要的。

正如海尔集团张瑞敏所言："创新的成果都是暂时的，只能是相对的，今天的成果明天不一定是成果，所以你这个成果在别人打倒你以前，自己先否定自己，只有自己不断打倒自己，才能永远不被别人打倒。"不断创新是海尔企业文化的灵魂。从一个亏损147万元的集体小厂迅速成长为国际性的大企业，成为拥有白色家电、黑色家电和米色家电的中国家电第一品牌，这一切都源于不断自我提升。

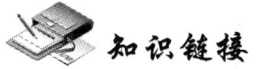

## 知识链接

宜家的文化适应性

1943年,宜家集团(IKEA)由坎普拉创办于瑞典,是当今全球最大的家具生产与零售厂商。宜家今天繁荣背后的强大力量是其多年来坚定不移的文化理念。其企业文化来源于北欧斯堪的纳维亚和瑞典文化,如非正式、关注成本、幽默和脚踏实地,其文化的核心之一就是平等主义。坎普拉倡导平等、反官僚、信任员工、建立扁平化的组织,以利于快速决策。

虽然宜家曾经认为瑞典人更适合做公司的经理,但后来放弃了这一思想,倡导对不同国家雇员的平等对待。"多样化能够产生更加具有挑战性的工作氛围并且加强了我们的雇员基础"达尔维格说。在瑞典,宜家还相当注重性别问题,在员工队伍中男女各占一半,在国外的宜家公司还要汇报不同国籍、种族和肤色员工的比例。

宜家的成长轨迹折射了第二次世界大战后跨国公司发展壮大的一般规律:遵循国际化战略的黄金定律,在全球复制公司成功经验的同时兼顾公司文化的适应性。宜家生产销售的全球化已经进入成熟阶段,母国概念日渐模糊;公司在世界范围推销其指导的生活方式,产品作为公司文化的载体受到重视;注重公司文化的适应性,适当地将当地生活方式和文化元素融入产品设计。

资料来源:马作宽.组织文化.北京:中国经济出版社,2009.

3)人文性

所谓组织文化的人文性,就是从组织文化的角度来看,组织内外一切活动都应是以人为中心的。组织文化关注的中心,在于对组织中人的因素的管理与激发,虽然如此做的终极目标在于组织价值的顺利实现,但这并不妨碍组织以开发人的潜能为切入点的管理模式为组织带来的巨大张力。组织的价值准则、精神道德、经营哲学、行为规范等是依靠组织全体成员的共同努力建立和完善起来的,只有广大组织成员认可的组织文化,才是有生命力的组织文化。

一个人一生中最宝贵、历时最长的时间与空间都是用于职业生涯的,所以,要力求组织的成长及发展需求与个人的成长及发展需求在组织文化这个层面达到完美的契合。尊重和重视人的因素在组织发展中的作用,这样的组织文化建设才能赢得广大组织成员的拥护。

美国通用公司自1984年以来,投入数十亿美元专门对员工进行培训,目前该公司已有40多万名员工得到了培训。通用公司已成为美国最大的"民间教育机构"。相应的,通用公司也得到了有目共睹的丰厚回报。

4)目的统一性

组织文化具有鲜明的目的性,紧紧围绕组织自身为其终极目标服务。组织文化是由组织内部全体成员创造出来的,具有整合功能。这就要求组织内个人的思想行为至少与组织利益密切相关的思想和行为应当符合组织的共同价值观,与组织文化认同一致。当组织成员的思想行为与组织文化发生矛盾时,应当服从组织整体文化的规范要求,在这一规范下,组织力图使个人利益与集体利益、个人目标与组织目标统一起来。

组织文化与组织同生死、共存亡。但值得注意的是,组织文化是根据组织的状况和环境发展的。组织如果不适应某种新生文化,硬要强加之,会适得其反,明智的做法是循序渐进,不可操之过急。

张瑞敏接手青岛电冰箱总厂时,下发的第一道命令竟然是"车间禁止大小便",先整顿企业的混乱现象,在提高质量、降低成本的基础工作落到实处后,才果断地提出创新的口号,通过创新,海尔走向了世界。在这个过程中,员工看到了创新对于企业的重要意义,统一了奋斗目标,围绕创新形成了自己的企业文化。假如张瑞敏开始就提出创新,员工是不会看到创新对于濒临破产企业的意义的,企业精神都难以树立,更谈不上统一奋斗目标了。

5)差异性

如同世界上没有两片完全相同的树叶一样,任何组织都有自己的特殊品质。每个组织的组织文化都具有其鲜明的个体性、殊异性特色。对企业而言,从生产设备到经营品种,从生产工艺到经营规模,从规章制度到企业价值观,都各有各的特点。即使是生产同类产品的企业,也会有不同的文化设施、不同的行为规范和技术工艺流程,如劳斯莱斯车的精益求精,大众车的豪华气派,丰田车的经济可靠,沃尔沃车的耐用。正是这些差异,成就了企业令其他企业难以超越甚至无法企及的核心竞争力,使企业获得了成功。

通过以上的了解,我们不难看出,组织只有先真正深入地、透彻地了解组织文化的特性之后,才能更明确、有效地建设符合自身特点的组织文化。只有这样,才能使组织真正拥有属于自己的灵魂,在激烈的市场竞争中永远立于不败之地。

## 8.2.2 组织文化的结构与内容

**1. 组织文化的结构**

从现代系统论的观点看,组织文化的结构层次有3个,即表层、中层和深层。

表层的组织文化指可见之于行、闻之于声的文化形象,即所谓外显部分,又称物质层,如企业生产经营的物质技术条件,诸如厂貌、厂容、机器设备,产品的外观、质量、服务,以及厂徽、厂服等;组织的物质文化都是以物质形态作为载体,因而是有形物,是人们可以直接感受到的。它们虽然以物质形态存在,但往往能够从中反映出组织的精神状态。物质文化的实质是企业精神文化的体现和外在表现。

某酒店在大厅内书写了几个字:顾客发现酒店缺陷奖励1 000元。一个顾客吃饭,需要安静,但服务员为做好服务,一会儿倒水,一会儿清理桌面。顾客就找经理,说我认为你们服务太热情了,我不满意。经理给顾客免费签单,并奖励1 000元。顾客给其提议,应该做"隐形"服务。后来此酒店的生意越做越好。

资料来源:冯开红,吴亚平. 企业管理实务. 北京:电子工业出版社,2009.

中层的组织文化是居于表层、深层之间的那部分文化,又称为制度层,如组织规章制度、组织机构等。

深层的组织文化是指积淀于组织及其员工心灵中的意识形态,如理想信念、道德规范、价值取向、行为准则等,即所谓内隐部分;精神文化层是组织文化的最深层结构,是组织文化的核心和灵魂。

上述3个层次中,最重要的是深层的组织文化,它是支配组织及其职工行为趋向、决定中层及表层的组织文化的内核所在。当然，表层及中层的组织文化的状况也会反作用于深层的组织文化，影响组织的凝聚力。

 **知识链接**

比尔·盖茨独特的个性和高超的技能造就了微软公司的文化品位。这位精明的、精力充沛且富有幻想的公司创始人，极力寻求并任用与自己类似的既懂得技术又善于经营的经理人员。他向来强调以产品为中心来组织管理公司，超越经营职能，大胆实行组织创新，极力在公司内部和应聘者中挖掘同自己一样富有创新和合作精神的人才并委以重任。比尔·盖茨被其员工形容为一个幻想家，是一个不断积蓄力量和疯狂追求成功的人。他的这种个人品行，深深地影响着公司。他雄厚的技术知识存量和高度敏锐的战略眼光，以及在他周围汇集的一大批精明的软件开发和经营人才，使他及其公司矗立于这个迅速发展的行业的最前沿。比尔·盖茨善于洞察机会，并紧紧抓住这些机会，而且能使自己个人的精神风范在公司内贯彻到底，从而使整个公司的经营管理和产品开发等活动都带有"盖茨色彩"。

资料来源：新浪博客，http://blog.sina.cn

**2. 组织文化的内容**

组织文化是一个有着丰富内涵的系统体系，包括许多相互联系、相互制约的基本要素。迪尔和吉尼迪认为构成组织文化的要素有 5 种：①环境条件；②价值信仰；③英雄人物；④风俗礼仪；⑤文化网络。

而美国学者彼得斯和沃特曼认为至少有 7 种要素：①战略；②结构；③作风；④体制；⑤人员；⑥技能；⑦共同价值观。这 7 种要素称为麦金瑟 7-S 结构，如图 8.1 所示。

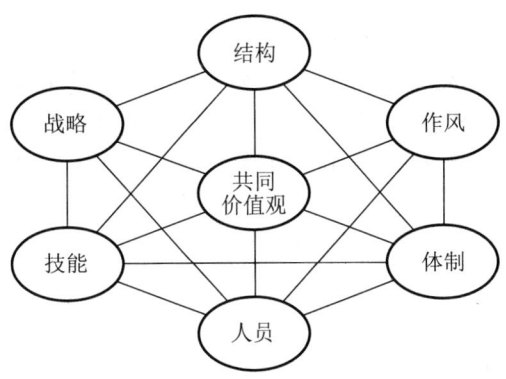

**图 8.1　麦金瑟 7-S 结构**

组织文化的表现形态有物化文化、管理文化、制度文化、生活文化和观念文化。它的构成要素有组织精神、组织理念、组织价值观、组织道德、组织素质、组织行为、组织制度和组织形象等，由此构成一个有着内在联系的复合网络图，如图 8.2 所示。

如果从最能体现组织文化特征的角度看，组织文化的基本要素包括以下几点。

**1）组织精神**

如同人类和民族有精神一样，组织作为有机体也是有精神的。正如美国管理学家劳伦斯·米勒在《美国企业精神》中所说："一个组织很像一个有机体，它的机能和构造更像它的身体，而坚持一套固定信念、追求崇高的目标而非短期的利益，是它的灵魂。"

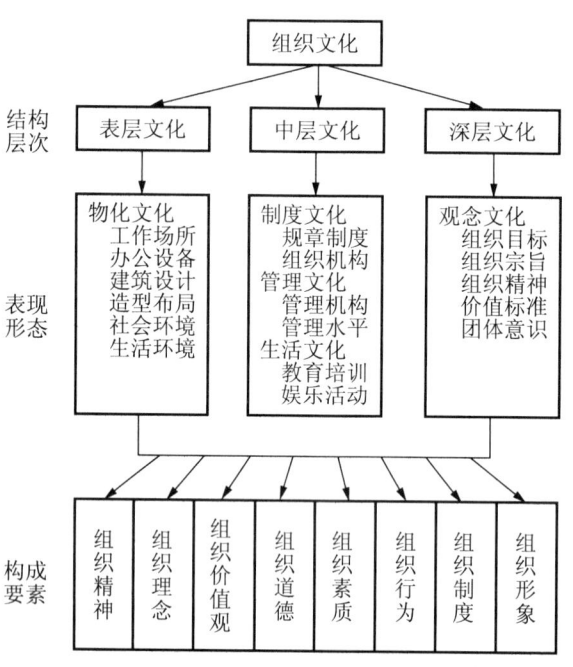

图 8.2 复合网络图

作为组织灵魂的组织精神,一般是指经过精心培养而逐步形成的并为全体组织成员认同的思想境界、价值取向和主导意识。

组织精神反映了组织成员对本组织的特征、地位、形象和风气的理解和认同,也蕴含着对本组织的发展、命运和未来所抱有的理想与希望,折射出一个组织的整体素质和精神风格,成为凝聚组织成员的无形的共同信念和精神力量。组织精神一般是以高度概括的语言精练而成的,如日本松下电器公司的"七精神"——工业报国、光明正大、团结一致、奋发向上、礼节谦让、适应形势、感恩报国,美国 IBM 公司的精神——IBM 就是服务等。

 **知识链接**

皮尔·卡丹既是举世闻名的时装设计师,又是杰出的企业家。皮尔·卡丹精力过人,设计、生产、经营、人事等一切重大问题都由他本人拍板定案。他从不召集会议,而是由他本人跟各主管经理直接对话,了解情况,做出决定,然后放手让主管经理去执行。

人才是企业的灵魂。一个企业不仅要有优秀的人才,而且要考虑怎样运用这些人才。卡丹在用人上非常有眼光,他以用人之长作为标准。只要他发现某人在某一方面有专长,就会毫不犹豫地用其所长,完全没有年龄及资格限制。

卡丹的成功在于他善于用人,敢于用人,并及时地纠正自己的偏差。北京崇文门外马克西姆餐厅开业时,卡丹从法国聘请了一名经理,但这位经理对中国的情况毫不了解,经营起色不大。卡丹发现后,把那位经理调离北京并聘请了一位新经理。新经理上任后,经营很快大有改观。

资料来源:道客巴巴网,http://www.doc88.com

2)组织价值观

组织价值观是指组织评判事物和指导行为的基本信念、总体观点和选择方针,具体表现如下。①调节性。组织价值观以鲜明的感召力和强烈的凝聚力,有效地协调、组合、规范、影响和调整组织的各种实践活动。②评判性。组织价值观一旦成为固定的思维模式,就会对现实事物和社会生活做出好坏优劣的衡量评判,或者肯定与否定的取舍选择。③驱动性。组织价值观可以持久地促使组织去追求某种价值目标,这种由强烈的欲望形成的内在驱动力往往构成推动组织行为的动力机制和激励机制。

组织价值观具有不同的层次和类型,而优秀的组织总会追求崇高的目标、高尚的社会责任和卓越创新的信念。例如,美国百事可乐公司认为"顺利是最重要的",日本三菱公司主张"顾客第一",日本 TDK 生产厂则坚持"为世界文化产业做贡献"。

3)组织形象

组织形象是指社会公众和组织成员对组织、组织行为与组织各种活动成果的总体印象和总体评价,反映的是社会公众对组织的承认程度,体现了组织的声誉和知名度。

组织形象包括人员素质、组织风格、人文环境、发展战略、文化氛围、服务设施、工作场所和组织外貌等内容,其中对组织形象影响较大的因素如下。①服务(产品)形象。对于企业来说,社会公众是通过产品和服务来了解企业的,在使用产品和享受服务的过程中形成对企业的感性化和形象化的认识。因此,那些能够提供品质优良、造型美观的产品和优质服务的企业,总是能够赢得良好的社会形象。②环境形象。这主要指组织的工作场所、办公环境、组织外貌和社区环境等。它反映了整个组织的管理水平、经济实力和精神风貌。因为整洁、舒适的环境条件不仅能够保证组织工作效率的有效提高,而且有助于强化组织的知名度和可信赖度。③成员形象。这是指组织的成员在职业道德、价值观念、文化修养、精神风貌、举止言谈、装束仪表和服务态度等方面的综合表现,是组织形象人格化的体现。一般而言,组织成员整洁美观的仪容、优雅良好的气质、热情服务的态度,再加上统一鲜明的衣帽服装,既反映了个人的不俗风貌,也反映了组织的高雅素质,有利于在社会公众之中树立良好的组织形象。④组织领导者形象。组织领导者(也指企业家)的形象是指其在领导行为、待人接物、决策规划、指导监督、人际交往乃至言谈举止之中的文化素质、敬业精神、战略眼光、指挥能力上的综合体现。那些富有领导能力、公正可靠、气度恢宏、勇于创新、正直成熟、忠诚勤奋的组织领导者不仅能以无形的示范魅力潜移默化地影响组织中的每个成员,而且会在社会公众中争取对组织的信赖和支持,以有利于不断扩大和巩固组织的知名度。⑤社会形象。这是指组织对公众负责和对社会贡献的表现。组织要树立良好的社会形象,一方面有赖于与社会广泛的交往和沟通,实事求是地宣扬自己的社会形象;另一方面在力所能及的条件下积极参与社会公益活动,如支持公益事业、支援受灾地区、开展社区文明共建活动等。良好的社会形象会使组织在社会公众的心目中更加完美,使之增加对组织的认同。

## 8.2.3 组织文化的功能

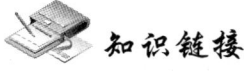
知识链接

1994年11月,华为从一个默默无闻的小公司一跃成为热门企业,视察过该公司的上级领导都称赞华为的文化好,到底企业文化是什么,谁也说不清。于是,任正非就指派一位副总监与中国人民大学的几位教授联系，目的是梳理华为的文化，总结成功的经验，结果全员参与形成了"基本法"。究竟它对华为的发展起了什么作用？对华为而言，"基本法"不仅仅是 6 章 103 条 16 400 字，它是华为成年仪式的见证。中国人民大学教授彭剑锋曾经这样总结：华为基本法最大的作用，就是将高层的思维真正转化为大家能够看得见、摸得着的东西，使彼此之间能够达成共识，这是一个权力智造化的过程。虽然员工不知道"基本法"长什么样，但从上到下潜移默化的工作方式，逐渐使员工了解并认同华为的价值观，并愿意为此奋斗。如果没有"基本法"，华为将怎样？历史不能假设。没有"基本法"，华为一定还是发展的，也许会发展得慢一些，因为少了纪律；也许会发展得更快，因为少了框框。

资料来源：搜狐网，http://www.sohu.com

组织文化的好坏与组织经营的成败关系极大。优秀的组织之所以优秀，是因为它们具有独特的文化特质，组织文化的功能得到了充分发挥。组织文化的功能主要表现在以下几方面。

1) 导向功能

组织文化能对组织整体和组织每个成员的价值取向及行为取向起引导作用，具体表现在两个方面：一是对组织成员个体的思想行为起导向作用，二是对组织整体的价值取向和行为起导向作用。这是因为组织文化一旦形成，就建立起了自身系统的价值和规范标准，如果组织成员在价值和行为取向上与组织文化的系统标准产生悖逆现象，组织文化会对其纠正并将之引导到组织的价值观和规范标准上来。

**知识链接**

日本的住友银行，在一次职工录取考试中出了一道考题：当国家利益和住友银行的利益发生冲突时，你应该如何做？大多数应聘者说，"应以住友银行的利益为准"；还有一部分应聘者说，"应以国家的利益为准"，考官们将这些应聘者全部淘汰了。只有几个应聘者答："作为住友银行的员工，我们将不允许国家利益和住友银行的利益发生冲突这样的事情发生。"结果，这几名应聘者被录用。这说明了住友银行企业文化的价值取向。

资料来源：冯开红，吴亚平. 企业管理实务. 北京：电子工业出版社，2009.

2) 约束功能

组织文化是一种不成文的约束，对组织成员的思想、心理和行为具有约束和规范作用。组织文化的约束不是制度式的硬约束，而是一种软约束，这种约束产生于组织文化氛围、群体行为准则和道德规范。群体意识、社会舆论、共同的习俗和风尚等精神文化内容，会造成强大的使个体行为从众化的群体心理压力和动力，使组织成员产生心理共鸣，继而达到行为的自我控制。IBM 公司注重企业文化中的一条原则——以销售为中心，以用户为动力的工作环境。新进入 IBM 公司的员工在参加岗位培训期间会参加一个重要的环节，即在老员工的带领下进行现场实践，目睹公司员工对顾客无微不至的服务，对新员工工作上的耐心培养和指导、协作，以及同事之间的协作和团结，使新员工通过实践，深刻感受到老员工优秀的工作作风及对顾客服务至上的组织文化。

3) 辐射功能

组织文化一旦形成较固定的模式，则不仅会在组织内部发挥作用，对本组织成员产生影响，而且会通过各种渠道（宣传、交往等）对社会产生影响。组织文化的传播对树立组织在公众中的形象很有帮助。美国微软公司由舒展的个性激发出的创造力和日本丰田公司严格的纪律和协同作战的团队意识所建立的企业文化,让中国很多企业深受感触(如海尔、海信公司等)。它们借鉴这些优秀的企业文化,将两者有机地结合起来,即舒展个性与团队协作相结合,既满足了个人想要成为某一伟大集体中一员的需要,又为个人的自我表现创造了条件。

4) 改善功能

组织文化是组织管理的改造、完善和发展过程中所形成的文化积淀,通过无数次反馈和强化,不断地随着实践的发展而更新和优化,推动组织文化从一个高度向另一个高度迈进,从而推动组织本身的上升发展。相应的组织的进步和提高又会促进组织文化的改进、完善和升华。日本的丰田公司在本企业强有力的团体意识文化精髓基础上进一步改善公司企业文化,建立了有效的生产管理方式,如建立看板体系、强调实时存货、标准作业彻底化、排除浪费、生产平衡化,充分运用"活人和活空间",养成自动化习惯,弹性改变生产方式等,使丰田公司在团结、协作的企业文化基础上,进一步改善,实现了生产管理零库存和生产流程的无缝化衔接的首创。

5) 凝聚功能

组织文化的凝聚功能是指当一种价值观被组织成员共同认可后,它就会成为一种黏合力,从各个方面把其成员聚合起来,从而产生一种巨大的向心力和凝聚力。一个组织要能够对其成员产生很强的凝聚力,从根本上说,就是它能够影响成员的理想、信念、目标、追求和价值观念的形成,这是所有想在竞争中取得胜利的组织管理者关心的一个问题,也是组织文化功能的作用所在。组织文化这种自我凝聚、自我向心、自我激励的作用,构成组织生存发展的基础和不断成功的动力。从这个意义上来说,任何组织若想取得非凡的成功,其背后无不是有强大的组织文化作为坚强的后盾。但是,要指出的是,这种内聚力量不是盲目的、无原则的、完全牺牲个人一切的绝对服从,而是在充分尊重个人价值、承认个人利益、有利于发挥个人才干的基础上而凝聚的群体意识。华为公司的狼性文化注重通过集体的团结和集体力量与外界抗衡。"胜则举杯同庆、败则生死相救"的理念是公司员工狼性文化的体现,对叛离华为并自立门户与华为抗争的个别员工则采取不遗余力的"拼杀",外界评论虽褒贬不一,但狼性文华对华为公司确实起到了强有力的凝聚作用。

 **知识链接**

玫琳凯化妆品(Mary Kay Cosmetics)公司是一个具有强文化的非常成功的公司。文化的塑造者同该公司的创始人是同一个人——玛丽·凯·阿什(Mary Kay Ash)。玛丽·凯·阿什的故事对每一个有创业抱负的人来说,都是一个鼓舞。在她50岁出头时,用5 000美元的积蓄,开始在达拉斯的一家小商店出售护肤产品。20年后,她的公司成为一家跨国企业,年销售额达3亿美元,并拥有一支20万人的销售队伍。今天,玫琳凯化妆品公司的平均净资产利润达到40%以上,这是美国产业中最高的净资产利润率。

玛丽·凯·阿什将她的成功归功于培育了一种鼓励和奖赏员工的公司文化——尤其是鼓励和奖赏那些推销公司化妆品的独立销售人员。正像她所说的,"我们公司只是同我们的员工一样出色"。尽管她承诺提供可靠的最优质的产品,但她并不打算垄断同类产品。玫琳凯公司与其竞争者的区别在于公司对销售人员、管理者的责任。玛丽·凯·阿什挑选那些最优秀的人员,并付给他们最高的报酬,她尽一切努力去鼓励公司的人员,以巩固所有积极的销售成果。她建立了一套报酬和奖金方案,使得公司上千位销售代表的年收入实实在在地超过5万美元。

如果说有哪一项活动最能代表玫琳凯公司文化的话，那么就是公司每一年都要举行的3天年度会议。这是一项壮观的，有如"竞技场般的"盛大活动，融进了鼓舞，纵情欢乐。盛会的主要目的之一是让尽可能多的公司销售人员抛头露面。销售成绩斐然的人员会获得金钱、珠宝及闻名的玫琳凯粉红色凯迪拉克车奖励。按照玛丽·凯·阿什的观点，重要的是在他们脱颖而出之前，他们就得到了大家的认同。结果，公司文化造就出一个具有无限热情及团队精神的销售组织。

资料来源：中国人力资源开发网，http://www.chinahrd.net

6）激励功能

组织文化具有使组织成员从内心产生一种高昂情绪和奋发进取精神的效应。组织文化把尊重人作为中心内容，以人的管理为中心。组织文化给予成员多重需求的满足，并能对各种不合理的需求用它的软约束来调节。所以，积极向上的思想观念及行为准则会形成强烈的使命感、持久的驱动力，成为组织成员自我激励的一把标尺。

**知识链接**

台塑集团创始人王永庆虽然采取的是中央集权式"推"的压力管理，对部属的要求近乎苛刻，但同时还采用了奖金制度来贯彻"拉"的管理，通过年终奖金和改善奖金两项，对部属予以高额奖金。这一"推"（压力管理）—"拉"（奖励管理），收放与拿捏恰到好处，使员工养成了积极工作的态度，而且大多数员工绩效显著，以身为台塑人为荣。

资料来源：华锐. 企业文化教程. 北京：企业管理出版社，2003.

### 8.2.4 组织文化的培育

1. 组织文化的培育应遵循的原则

1）以人为中心

人不仅是组织文化的创造者，而且是组织文化的发展丰富者。组织活动不能单纯地以追求利润为组织的目标或宗旨，而应把组织"人"的幸福（包括盈利、个人所得收入等在内）作为组织发展的最高目标。以人为中心，是以本组织员工为中心，不能一味强调"老板文化"，忽视员工群众的积极性、智慧和创造力。例如，哈佛大学学者曾到美国约80家公司做过调查，结果表明，1/3的公司是以利润为最高目标的，而这些公司并不一定都能取得好成绩；另外2/3的公司不以利润而以一些崇高的信念、人的价值、理想作为最高目标，却取得了卓越的成绩。

2）重在管理

管理者既是组织文化的倡导者，又是组织者和缔造者。美国管理学家伦斯·米勒指出："没有一家公司在缺乏强有力的高级主管的领导下，能成功地改变其文化。"由此可见，管理者在组织文化建设中起到了决定性作用，主要体现在以下方面。①管理者在组织中的地位及所掌握的权力，使他有可能集思广益，熟悉和了解组织问题之所在，把个人意见变成组织管理层的集体意见，成为组织的集体意志和群体意识，有力地倡导和推动组织文化的开展。②管理者可运用自己的威望和组织成员对他的信任，扮演组织文化宣传员和鼓动家的角色。他通过对组织成员宣传、灌输组织文化，使员工的价值观念、思维方式和行为方式与其所倡导的组织文化融为一体。③管理者的个人思想、信念、性格、气质乃至言谈举止都会对组织成员产生模仿效应。当管理者重视组织文化建设，率先示范，并表现出一抓到底的精神时，组织成员必然会为组织文化建设而努力。

3）突出特色

由于组织的规模、技术、成员构成等因素的不同，各个组织所建设的组织文化模式也不同。因此，组织在建设组织文化时，要抓住组织的特点、组织的具体情况，建设具有特色的组织文化模式。主要体现在几方面：要根据自己组织的性质，突出文化模式特色、规模大小和技术先进程度，充分显示组织的优势，在组织文化模式上深深打上属于本组织独有的烙印，如工厂突出"最优产品"，商店突出"最优服务"等。

4）科学求实

组织文化的建设虽然是一项主观的活动，但必须立足于组织的客观实际，以科学的态度，实事求是地进行组织文化的建设。要如实承认组织的客观实际，不能人为拔高地建设组织文化模式，也不能想当然地提"口号"，即使是一些钟爱的"格言""精神"，也必须在组织的实践中进行检验。要深入调查研究，积极探讨组织文化的发展规律，保证建设组织文化模式的资料的准确性，正确对待和解决建设组织文化模式中遇到的问题，并在实践中逐步积累经验。要根据组织实际确定与之相适应的组织文化模式，正确决策。尤其要注意做到尊重群众的实践，尊重群众的意见，尊重群众的经验。

5）追求卓越

追求卓越是一种高品位的劳动品质，是优秀组织面向时代的组织文化象征。21世纪的组织文化起点要高，要有超前意识，体现时代感。否则，组织文化发展到一定程度，组织往往容易满足现状，失去新的追求，变得保守起来，使组织文化的"文化力"减弱，丧失对卓越的追求。因此，建设组织文化，必须坚持卓越原则，使组织成员始终感到总有一股追求卓越的激情在激励着他们，使组织保持创新上的不满足，崇尚革新，容忍失败，不懈地追求完美和第一，以高起点、高品位的组织文化作支撑，从而促进组织文化的健康发展。

6）努力创新

组织文化建设是不断发展的。中国的很多组织在组织文化建设中继承、吸收中国传统文化的精髓，借鉴、消化西方发达国家的组织文化，并把这两者在实践中结合起来，不断创新，这是组织文化建设具有生命力的源泉。在组织文化建设中要注意以下几点。①把中国传统文化中的精华，融入管理活动中去，以使组织的管理理念富有中华民族的特色和风格，使组织文化的内容不断丰富。②学习借鉴国外先进经验，在组织文化实践中消化吸收，为我所用，成我所长。③继承优秀文化传统，借鉴国外先进经验，都要认真做好注释、解释工作。古代的孔孟之道，西方的行为学、心理学、CI（企业形象统一战略）设计，都是在不同社会背景和不同生产力水平的基础上产生的，我们要运用它，进行创新，必须对其有全面的认识，做出新的解释。总之，要考虑国情、时代、群众等因素。

2. 组织文化培育的程序

1）选择价值标准

由于组织价值观是组织文化的核心和灵魂，因此选择正确的组织价值观是塑造组织文化的首要战略问题。

选择组织价值观有以下两个前提。①要立足于本组织的具体特点。不同的组织有不同的目的、环境、习惯和组成方式，由此构成千差万别的组织类型，因此必须准确地把握本组织的特点，选择适合自身发展的组织价值观，否则就不会得到广大组织成员和社会公众的认同与理解。②要使组织价值观与组织文化各要素之间相互协调，因为各要素只有经过科学的组合与匹配才能实现系统整体优化。

在此基础上，选择正确的组织价值标准要抓住以下4点。①组织价值标准要正确、明晰、科学，具有鲜明特点。②组织价值观和组织文化要体现组织的宗旨、管理战略和发展方向。③要切实调查本组织员工的认可程度和接纳程度，使之与本组织员工的基本素质相协调，过高或过低的标准都很难奏效。④选择组织价值观要坚持群众路线，充分发挥群众的创造精神，认真听取群众的各种意见，并经过自上而下和自下而上的多次反复筛选出既符合本组织特点又反映组织成员心态的组织价值观和组织文化模式。

2）强化成员认同

选择和确立了组织价值观和组织文化模式之后，就应把基本认可的方案通过一定方式强化灌输使其深入人心。具体要做好以下方面。①充分利用一切宣传工具和手段，大张旗鼓地宣传组织文化的内容和要求，使之人人皆知，以创造浓厚的环境氛围。②树立榜样人物。典型榜样是组织精神和组织文化的人格化身与形象缩影，能够以其特有的感染力、影响力和号召力为组织成员提供可以仿效的具体榜样，而组织成员也正是从英雄人物和典型榜样的精神风貌、价值追求、工作态度和言行表现中深刻理解组织文化的实质和意义。尤其是组织发展的关键时刻，组织成员总是以榜样人物的言行为尺度来决定自己的行为导向。③培训教育。有目的的培训与教育，能够使组织成员系统接受和强化认同组织所倡导的组织精神和组织文化。但是，培训教育的形式可以多种多样，当前，在健康有益的娱乐活动中恰如其分地融入组织文化的基本内容和价值准则，不失为一种有效的方法。

3）提炼定格

①精心分析。在经过群众性的初步认同实践后，应当将反馈回来的意见加以剖析和评价，详细分析和仔细比较实践结果与规划方案的差距，必要时可吸收有关专家和组织成员的合理化意见。②全面归纳。在系统分析的基础上，进行综合的整理、归纳、总结和反思，采取去粗取精、去伪存真、由此及彼、由表及里的方法，删除那些落后的、不为组织成员所认可的内容与形式，保留那些进步的、卓有成效的、为广大组织成员所接受的内容与形式。③提炼定格。把经过科学论证的和实践检验的组织精神、组织价值观、组织文化，予以条理化、完善化、格式化，加以必要的理论加工和文字处理，用精练的语言表述出来。

建构完善的组织文化需要经过一定的时间过程。例如，我国的东风汽车公司经过将近20年的时间才形成"拼搏、创新、竞争、主人翁"的企业精神。因此，充分的时间、广泛发动、认真提炼、严肃定格是创建优秀的组织文化所不可缺少的。

4）巩固落实

①建立必要的制度。在组织文化演变为全体组织成员的习惯行为之前，要使每一位成员都能自觉主动地按照组织文化和组织精神的标准去行事，几乎是不可能的。即使在组织文化业已成熟的组织中，个别成员背离组织宗旨的行为也会经常发生。因此，建立某种奖优罚劣的规章制度是十分必要的。例如，具有高度文明和自律精神的新加坡也少不了近乎苛刻的处罚制度。②管理者率先垂范。组织管理者在塑造组织文化的过程中起着决定性的作用，他本人的模范行为就是一种无声的号召和导向，会对广大组织成员产生强大的示范效应。所以任

何一个组织如果没有组织管理者的以身作则，要想培育和巩固优秀的组织文化是非常困难的。这就要求组织管理者观念更新、作风正派、率先垂范，真正肩负起带领组织成员共建优秀组织文化的历史重任。

5）丰富发展

任何一种组织文化都是特定历史的产物，所以当组织的内外条件发生变化时，需要不失时机地调整、更新、丰富和发展组织文化的内容和形式。这既是一个不断淘汰旧文化性质和生成新文化特质的过程，也是一个认识与实践不断深化的过程，组织文化由此经过循环往复达到更高的层次。

塑造组织文化的途径如图 8.3 所示。

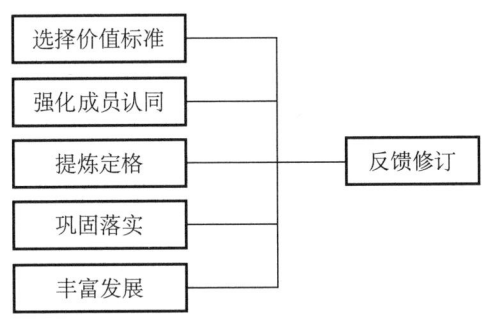

图 8.3　塑造组织文化的途径

## 本 章 小 结

组织结构、组织制度在当前是合适的，可过一段时间，在新的环境因素下，可能就不适用了。所以，为了使组织顺利地成长和发展，适应环境的变化，更有效地利用资源，最大限度地实现组织目标，组织需要不断进行变革。可以说，组织变革是组织保持活力的一种手段。

组织变革就是组织根据内外环境的变化，及时对组织中的要素进行结构性变革，以适应未来组织发展的要求。促使组织变革的动因可以归纳为经济、知识与技术、企业竞争优势的新来源等外部环境因素及一些内部环境因素两方面。组织变革是一个过程。心理学家库尔特·勒温从变革的一般特征出发，总结出组织变革过程的 3 个基本阶段——解冻阶段、变革阶段、再冻结阶段，得到广泛的认可。管理者一般从技术、产品与服务、战略与结构、人员与组织文化 4 个方面进行组织变革。

组织文化是指组织在长期发展中形成的日趋稳定的、独特的价值观及以此为核心而形成的行为规范、道德准则、群体意识和风俗习惯等的总称。组织文化的特性为社会性、相对稳定性、人文性、目的统一性、差异性。组织文化主要包括 3 个层次：表层、中层和深层。组织文化作为一种自组织系统，具有许多独特的功能，包括导向功能、约束功能、辐射功能、改善功能、凝聚功能和激励功能。

要培育新的组织文化，应遵循相应的原则。选择正确的组织价值观是培育组织文化的首要战略问题，之后，就应把基本认可的方案通过一定的强化灌输使其深入人心。认真提炼、严肃定格是创建优秀的组织文化不可缺少的。组织领导者应观念更新、作风正派、率先垂范，真正肩负起带领组织成员共建优秀组织文化的历史重任，还要不失时机地调整、更新、丰富和发展组织文化的内容和形式。

## 习 题

1. 组织变革的影响因素有哪些？
2. 请简述组织变革的过程。
3. 组织变革一般包括哪些内容？
4. 如何理解组织文化的概念？
5. 组织文化的基本特征有哪些？
6. 组织文化有哪些重要的功能？
7. 请联系某企业实际分析构造企业文化的途径。

## 蒙牛的企业文化建设

中国奶业龙头蒙牛集团，将企业文化建设列入企业发展战略体系中，他们的企业发展之路也是一条探索和创造符合自身特点的企业文化之路。

**1. 出人意料的蒙牛神话**

蒙牛用让世人跌破眼镜的速度前进，一次又一次创造"蒙牛奇迹""蒙牛神话"。并且以看上去不可思议的速度成长为国际上知名的乳业集团，被世人誉为"绑在火箭上的企业"。

**2. 神话的背后**

蒙牛企业文化的四大管理思想中有一个是98%法则，即"品牌的98%是文化，经营的98%是人性，资源的98%是整合，矛盾的98%是误会"。文化以人为本，无人无以成文化。作为企业生存发展的根本，品牌和经营是重点。企业文化建设在蒙牛人心目中的地位很重要。

**3. 透过蒙牛看企业文化构建之路**

1）思想认识是企业文化建设的前提

蒙牛现在的企业文化已经形成了一套完整的科学的文化体系。以"总篇"来提纲挈领，按照不同的方面分为"伦理篇""道德篇""管理篇""奋斗篇""理念篇"和"科学发展篇"。

从蒙牛企业文化体系的结构来看，贯穿整体的思路不是对员工进行生硬的生产管理方面的说教，而是用通俗易懂的语言指导所有员工如何走好人生路，正是"用辅导代替领导"。

2）企业文化建设的过程

蒙牛企业认为企业若要做到科学的可持续发展，必须综合考虑企业发展阶段、目标、经营策略和企业内外环境等多种因素，建设有特色的企业文化。

（1）企业名称建设。蒙牛企业认为企业自身和产品的名称就是企业给广大市场受众的第一印象，企业人的思想能够从一个好的名字表现出来，有了一个好的题目，就能为企业写出一篇优秀的企业文化篇章。"蒙牛"这两个字，既响亮，又有深刻的内涵。"蒙"——内蒙古。背后是蓝天、白云、草原、畜的故乡、奶的摇篮。"牛"——奶牛、牛奶。背后是牛根生、牛气、勤奋的牛、气壮如牛。蒙牛把起名作为创办企业的第一步，足见其对无形资产的高瞻远瞩。

(2) 企业价值观建设。蒙牛对其事业定位是，百年蒙牛、强乳兴农，做一个致力于人类健康的牛奶制造服务商。致力于为国家创建一个具有国际竞争力的卓越企业，为民族创建一个具有百年发展力的世界品牌，为提升消费者的健康品质服务，为员工搭建实现人生价值的平台。

这些都体现蒙牛人要做承担社会责任的"社会企业"。2008年发生的国内乳制品三聚氰胺事件，虽然蒙牛也是事件当事人之一，但蒙牛是国内乳制品企业第一个站出来承担责任的企业。牛根生在公司全体员工会议上发表的《在责任面前，我们唯一的选择就是负起完全的责任》足以说明，蒙牛人是敢于承担的，在努力演好"社会企业"这个角色。

(3) 以人为中心。蒙牛的用人原则是有德有才破格重用，有德无才培养使用，有才无德限制录用，无德无才坚决不用。

民营企业员工是企业文化的创造者，同时又是企业文化的接受者和传播者。管理当以人为本，说白了，管理就是管人，管人就是管理人心。蒙牛的管理理念是用文化凝聚人心，用制度驾驭人性，用品牌成就人生。

3）企业文化的传播

蒙牛意识到需要尽快打破多等级企业文化界限，减少企业文化形成、传播与扩散的程序，缩短企业文化渗透流程。由专门部门负责、统一协调、强化管理，把企业领导的最高理念和最高境界及崇高品德传播和扩散给广大员工，减少传统的以纵向型组织结构为基础的企业文化流程。

资料来源：世界经理人网，http://www.ceconline.com

**案例分析题**

1. 蒙牛的企业文化建设采取了什么原则和程序？
2. 你认为蒙牛企业的企业文化有什么独特之处？
3. 你认为蒙牛企业的企业文化建设还可从哪些方面加以完善？

# 第9章 领导概论

## 学习目的

领导既是一门科学,又是一门艺术。通过本章的学习,理解领导的定义与作用,了解领导与管理的关系、领导权力的来源及领导方式的基本类型,掌握领导理论及领导者的素质,能应用领导艺术去实践领导技巧。

## 知识要点

| 知识要点 | 要求程度 | 相关知识 |
| --- | --- | --- |
| 领导的定义与作用 | 理解 | (1) 领导的定义<br>(2) 领导的作用 |
| 领导与管理的关系 | 了解 | (1) 领导与管理的共同之处<br>(2) 领导与管理的不同之处 |
| 领导权力的来源 | 了解 | (1) 职位权力<br>(2) 非职位权力 |
| 领导方式的基本类型 | 了解 | (1) 集权型<br>(2) 民主型<br>(3) 放任型 |
| 领导理论 | 掌握 | (1) 领导特性理论<br>(2) 领导行为理论<br>(3) 领导权变理论 |
| 领导者的素质 | 掌握 | (1) 领导者素质的含义<br>(2) 领导者素质的基本内容 |
| 领导艺术 | 应用 | (1) 领导艺术的含义<br>(2) 领导艺术的内容 |

**华为员工为何如此拼搏**

华为创始人任正非是一个非常低调的人。他不愿接受记者采访,也很少参加令许多商界精英趋之若鹜的媒体盛事。尽管如此,其杰出的领导力依然能够"引无数英雄竞折腰"。

印尼 M8 项目是华为在海外的第一个融合计费项目,也是通信业界屈指可数的真正的融合计费项目之一。出于对华为的信任,客户把全网搬迁原有计费系统的项目交给了华为,但也提出了在 6 个月内交付商用的要求,这几乎只有常规期限的一半。

任务如此艰巨,故无论是一线工作人员还是总部支持团队,都在工作上和心理上承受着巨大压力。华为前后派四五批研发专家团到现场与客户交流,其中有两次是大规模的,每次都有 20 多人的专家队伍到场。其根本目的就是弄清楚客户的真正需求,如哪些是最重要的需求,哪些是最紧急的需求,哪些是不必要的功能等。只有不厌其烦地把这些搞清楚,才能实现最终的优质交付,才能体现华为一贯坚持的"实现客户梦想"的基本原则。

双方五六个团队封闭在酒店里,白天开会,当夜就要输出会议纪要,并进行相互确认。在此过程中,华为的本地员工发挥了很大的作用,他们既是一线工作人员,又担任了翻译和沟通的角色。研发部门也非常卖力,对客户提出的问题,他们都尽可能地给予现场解答。对于客户提出的要求,他们也会仔细地分类整理:可以做的、必须做的、没必要做的、无法做到的,然后坦诚地与客户进行沟通,直到最终达成一致。

由于准确把握了客户的需求,并突出了重点,确保了进度,该项目最终成功地按期交付客户使用,并受到印尼合作方极高的评价。

关于领导,美国前国务卿基辛格博士有一个非常著名的说法:领导就是要让他的人们,从他们现在的地方,努力走向他们还没有去过的地方。

这一说法很容易理解,但是在具体操作中又对领导者提出了非常高的要求。因为人不是机器,不会无条件地按照领导的意图去努力工作。

目前,华为已经成为一家名副其实的全球化公司,产品及解决方案被推广至全球 100 多个国家和地区,并在海外设立了 20 多个地区部和 100 多个分支机构,拥有全球员工 17 万多名。对于这样一家精英云集、发展迅速的高科技企业来说,只有具备足够的杰出的领导能力才能使它高效运转。

资料来源:新浪网-教育,http://edu.sina.com.cn

## 9.1 领导的内涵

### 9.1.1 领导的定义

汉语中的"领导"可以作名词用,即领导者,就是在组织中发挥领导作用的人;作为动词,是一种管理职能,即通过运用影响力对他人施加影响的过程。管理学研究的领导主要是后者。

在人类社会中,只要有组织群体存在,就会有领导的存在。领导是与人类社会共生的,人类社会的群居生活是领导产生的首要原因。领导普遍存在于社会生活中任何一个以人为中心的系统中,是人类社会中产生最早、影响最深、范围最广的社会活动之一。

可以说,领导没有一个明确统一的定义。最近几十年来,不同的专家和学者从不同的角度对领导的概念做了解释,以下是几种有代表性的观点。

（1）领导是影响人们自动为实现团体目标而努力的一种行为。

（2）领导是人们促使其部属充满信心，满怀热情地完成他们的任务的艺术。

（3）领导是对组织内群体或个人施行影响的活动过程。

（4）领导是关于影响别人来完成某项目所发生的两个人或更多人之间的相互关系的过程。

（5）领导是指为了完成目标而影响他人的能力。

（6）领导作为一种活动，是一种行为过程，是在一定组织或团体内，统御和指导人们实现一定目标的高层次的社会管理活动。

（7）领导是一种能将其想做的事或其发展设想为一种远见，并能使其他人理解、采纳这种远见，以推动这种远见成为现实的人。

（8）领导是对一个组织起来的集体为确立目标和实现目标所进行的活动施加影响的过程。

综合他人的研究，我们认为：领导是指在一定的环境下，通过指导和影响其下属或组织成员为实现一定组织目标而努力的各种活动的过程。

这一概念包含以下几个方面的内涵。

（1）领导的目的是实现组织的目标。

（2）领导的本质是领导者对被领导者的一种指导和影响过程。领导的每一个职能、每一个领导环节都包含着指导和影响，使组织成员的努力和组织目标保持一致。

（3）领导必定产生于一定的社会组织当中，单个的人不可能形成领导。正是基于社会组织的生存和发展，领导的存在才显得尤为必要。

（4）领导是一种人的活动，是人与人之间的一种互动。领导任何活动既需要领导者的发起与组织，也需要被领导者的积极配合与执行。

## 9.1.2 领导的作用

在组织目标完成的过程中，领导起着非常重要的作用，主要包括指挥、激励和协调3个方面的作用。

### 1. 指挥作用

在人们的集体活动中，需要有头脑清醒、胸怀全局，能高瞻远瞩、运筹帷幄的领导者，帮助成员认清所处的环境和形势，指明组织活动的目标和达到目标的途径。领导者只有站在群众的前面，用自己的行动带领人们为实现企业目标而努力，才能真正起到指挥作用。

### 2. 激励作用

在现代组织中，大多数员工都具有积极工作的热情和愿望，但也未必能自动地长久保持下去。这主要是因为劳动仍然是现阶段谋生的手段，人们需求的满足还受到种种限制。当人们的学习、工作和生活中遇到困难、挫折或不幸，某种物质的、精神的需要得不到满足时，就必然会影响工作热情。这就需要通情达理、关心群众的领导者为他们排忧解难，激发和鼓励他们的斗志，发掘、充实和加强他们积极进取的动力。

### 3. 协调作用

在组织系统中，即使有了明确的目标，但由于组织成员中，个人的才能、理解能力、工作态度、进取精神、性格、作用、地位等不同，加上外部各种因素的干扰，人们在思想认识上也会发生各种分歧，行动上出现偏离目标的现象是不可避免的。因此，要求领导者来协调人们之间的关系和活动，把大家团结起来，朝着共同的目标前进。

### 9.1.3 领导与管理的关系

管理是与领导意义最接近、关系最密切的社会行为，也是最容易与领导相混淆的社会行为。两者的关系还是一个有争议的课题。有的学者认为领导包括管理，而有的学者则主张管理包括领导。简单地说，领导是指在一定环境下，对组织目标的规划及带领与引导被领导者实现目标的行为过程。管理是指为实现一定的目标，通过管理职能，对人、财、物的管辖和治理。

我们认为，领导是管理的重要组成部分，但领导又可以从容不迫地从管理中独立出来。两者既有紧密联系，又有很大差异。

1. 领导与管理的共同之处

从行为方式看，领导和管理都是一种在组织内部通过影响他人的协调活动，实现组织目标的过程。从权力的构成看，两者也都与组织层级的岗位设置有关。

2. 领导与管理的不同之处

管理学的创始人法约尔在论及领导与管理的区别时，认为无论在层次上还是在意境上，领导都高于管理。美国前总统尼克松在其所著的《领导者》一书中，提出了领导与管理、领导者与管理者的不同之处。他说："伟大的领导者是一种特有的艺术形式，既需要超群的力量，又需要非凡的想象力。尽管领导需要技术，但领导远远不是有技术就行。从某种意义来说，管理好比写散文，领导好比写诗。在很大程度上，领导者办事必然是靠符号——形象，以及成为历史动力的、能启发觉悟的思想。人们可以被道理说服，但要用感情来感化。领导者必须既能说服人们，又能感动人们。管理者考虑的是今天和明天，领导者必须考虑后天。管理代表一个过程，领导代表理事的方向。因此一个没有管理对象的管理者就不能称其为管理者，但是一个领导者即使失去了权力，也能对其追随者发号施令。"

从本质上说，管理是管理者依据法定职权规定下属的工作方向和方式，对其工作过程进行计划、组织、协调和控制的活动。而领导则是领导者率领和激励下属为实现组织或群体的目标而努力的过程。两者的差异主要在于其作用的基础不同。

就组织中的个人而言，可能既是管理者，也是领导者，但是，领导者与管理者存在分离的情况也是有的。领导者与管理者存在分离的原因在于，管理者的本质是依赖上级任命而拥有某种职位所赋予的合法权利而进行管理，被管理者往往因追求奖励或害怕处罚而服从管理；而领导者的本质就是被领导者的追随和服从，它完全取决于追随者的意愿，而并不完全取决于领导者的职位及其所赋予的合法权利。

一个人可能是领导者而不是管理者。例如，非正式组织中具有影响力的人，组织没有赋予他们职位和权力，他们也没义务去负责企业的计划和组织工作，但他们却能引导和激励，甚至命令自己的成员。

一个人可能是管理者而不是领导者。有些具有职权的管理者可能没有部下的服从，也就谈不上是真正意义上的领导者。

从企业的工作效果来看，应该选择好的领导者从事管理工作。对非正式组织中有影响力的人参与企业正式组织的管理，会大大有益于管理的成效。对不具备领导才能的人应该从管理队伍中剔除或减少。

组织当中的主管人员多集管理者和领导者于一身，只不过有些人倾向于领导者的特征（被领导者的追随和服从），而有些人倾向于管理者的特征（被管理者因追求奖励或害怕处罚而服从）。

被誉为"领导力第一大师"的哈佛商学院教授约翰·科特说："管理者试图控制事物，甚至控制人，但领导者却努力解放人与能量。"这句话实际上已经阐述了领导与管理之间的辩证关系：管理和领导互不相同——管理工作是计划与预算、组织及配置人员、控制并解决问题，其目的是建立秩序；领导工作是确定方向、整合相关者、激励和鼓舞同人，其目的是产生变革，显然，这也正是领导力的运行轨迹。

如果说管理侧重技术和手段，侧重过程和方法，那么领导则侧重人文和目的，侧重结果和艺术。具体地说，领导通常关注做人，关注人的尊严、人的价值、人的潜能、人的激励和发展，关注意义和价值，关注所要达到的目标是否正确、是否值得。

资料来源：中金在线网，http://news.cnfol.com

### 9.1.4 领导权力的来源

领导者之所以能在领导活动中对其下属施加影响，是因为他拥有了影响他人的基础——权力。可见，权力是有效领导的基础。领导者需要权力来完成主要的领导目标；没有权力，他们也不能引导下属来达到自己的目标。

1. 权力的概念

权力一词来源于拉丁语"autoritas"，通常有两种含义。其一，权力就是意志与法令；其二，权力就是权势与权威。在中国古代汉语中，"权"多指衡量、揣度之意，而在《庄子·天运》中有"亲权者，不能与人柄"，这里"权"即含有政治权力之意。

权力是指一个人影响他人或对他们实施控制的能力，其中还蕴含有效性的程度。权力是领导影响力的来源和基础。领导是一种影响力，这种影响力来源于权力。

2. 领导权力的来源

一种最广泛使用的理解权力来源的方法是来自于弗伦奇和雷温（French and Raven, 1968）所做的研究，该研究提出2类5种个人权力的来源：职位权力（合法权力、报酬权力、强制权力）和非职位权力（专家权力、关系权力）（表9-1）。

表9-1　弗伦奇和雷温的个人权力来源

| | |
|---|---|
| 合法权力 | 基于个人拥有的正式职位。他人之所以服从是因为他们承认权力拥有者职位的合法性 |
| 报酬权力 | 基于一个人报酬的获取。他人之所以服从是因为权力拥有者能够提供他们想要得到的报酬 |
| 强制权力 | 基于一个人惩罚的能力。他人之所以服从是因为他们惧怕惩罚 |
| 专家权力 | 基于一个人在某一领域的专业技能、资格和掌握的信息。他人之所以服从是因为他们相信权力拥有者的知识和资格 |
| 关系权力 | 基于一个人有吸引力及友情。他人之所以服从是因为他们尊敬和喜欢权力拥有者 |

1）职位权力

职位权力是领导者依据其职位所取得的权力，是领导者行使指挥与统御过程的支配性影响的实质条件。职位权力与职位具有同质同量的关系，其大小同职位的高低相向对称。它同领导职位一样，都须有法律的认可和确认，并都会对领导效能产生一种双向的影响。职位权力主要包括以下 3 种。

（1）合法权力。它指因拥有组织中的正式职位而获得的权力。它常常同职位联系在一起，须与一定的权力容量相结合，得到下属和人们的认可才能使占据某一职位的人拥有权力。合法权力是由法律赋予拥有一定职位的领导者在其职权范围内依法行使的权力，其行为的后果是由组织承担的。

（2）报酬权力。它是指对于被领导者施加的影响。被领导者基于这样一种信念，如果接受这一影响，就必然会得到某种程度的奖励。通常情况下，同领导者报酬权力的大小密切相关的因素如下。一是被领导者对领导者实施奖赏的能力的信任程度，被领导者只有在认为领导者具备这种能力时才会接受他的影响。二是领导者实施的奖励与被领导者所期望的奖励的吻合程度。这种吻合时间越长，领导者的影响力持续得也就越久；吻合程度越高，领导者的影响力就越大。三是领导者所实施的奖励大小。奖励越大，领导者的影响力就越大。

（3）强制权力。它与报酬权力相对应，建立在组织成员认为不接受服从便会受到惩罚的基础之上。它是领导者对其下属不服从其领导所给予的一种强制性剥夺。强制权力通常会立即见效，但它易产生抑制和报复、破坏信任及破坏人与人之间的关系等后果。所以，对于一个成功的领导者来说，除非必须，应尽量避免使用强制权力。领导者使用强制权力时应注意：将规定和罚则明示，在处罚之前有足够的警告，在处罚之前了解事实真相，处罚要适度，维持惩罚的公正等。

2）非职位权力

非职位权力又称个人权力，是指与组织的职位无关的权力。也就是说，领导者非职位权力的获得不是依赖于他在组织中的职位，而是因为领导者具备某方面的特质。非职位权力主要是指专家权力和关系权力。

（1）专家权力。专家权力是指专家在他们的专业知识和技能领域所具备的权威。在日趋高度专业化和精细分工的组织背景下，具有专门知识和技能的专家在组织中的地位越来越高。应用专家权力时应注意以下几点。一是建立专家形象，即领导者应使其下属、同事和上级确知其教育背景和相关的工作经验及在专业领域显著的成就。二是维持信用，即领导者对于不太了解的事情应避免随意评论，否则，领导者的专家权力会大打折扣。三是做到果敢而自信，特别在危急时刻，领导者行使专家权力要果敢而自信。四是保持信息灵通，即领导者必须了解和掌握相关专业领域的发展及变化。五是避免伤害下属的自尊心。

（2）关系权力。它是指一个人的行为、意见、态度、气质等个人特质成为他人采取行为、表达意见和参考的对象。也就是说，领导者的关系权力是建立在组织成员对领导者的忠诚、敬仰和个人情愫的基础之上。关系权力主要包括如下内容。第一，个人魅力权。它是由领导者个人的魅力所"派生"出来的权力，人们由于被领导者的魅力所吸引而成为他的追随者。第二，背景权。这种权力来自一个人的辉煌经历或特殊的人际关系背景、血缘关系背景。第三，感情权。这是一个人由于同被影响者的感情融洽而获得的一种权力。

**知识链接**

*权力是一种资源分配。权力越大，可支配的资源越多，所带来的收益也就越高，所以企业的权力所有者，如果不能有效分配资源，不能实现资源的最大化效用，要么让渡权力，要么承担后果。权力是一种制度激励。把"权力"完全排斥在个人需求之外，既不客观，也不现实，而且这往往成为一些人在不能获得"权力"现实下的一种"释然"的解释，他们会因此而否定那些通过正当途径获得"权力"的人，这一点儿都不公平。权力是一种责任机制，想得到权力，必须先准备好承担责任，否则，权力来得快，去得也快。除了那些非正当的竞争途径外，权力带给人的也包括"枷锁"：不逃跑、不逃避、不推脱，承担到底，负责到底。没有约束的权力是猛兽，没有责任的权力是寻租。*

资料来源：博思人才网，http://www.bosshr.com

### 9.1.5 领导方式的基本类型

关于领导方式的基本类型，至今还没有一个公认的最好的分类。但目前大部分仍按领导者权力运用方式，将领导方式分为3种基本类型，即集权型领导、民主型领导和放任型领导。

**1. 集权型领导**

集权型领导也称"独裁型"领导。集权型领导指所有政策均由领导者决定；所有工作计划及具体的方法、技术和步骤都由领导者发号施令，并要求下属不折不扣地服从；工作内容、资源的分配及组合，也大多由他单独决定；平时他们对下属和员工的接触、了解不多，如有奖惩，也往往对人不对事。大多数集权型的领导者为人教条而且独断，往往借助报酬权力和强制权力实现对别人的领导，对下属既严厉又充满要求。

**2. 民主型领导**

民主型领导也称"参与型"领导。民主型领导者一般会在理性的指导下及一定的规范中，使下属及员工为了目标做出自主自发的努力，他们往往认真倾听下属的意见并主动征求他们的看法。

民主型领导者将下属视为与己平等的人，给予他们足够的尊重。在民主型领导者管理的团队中，主要政策由组织成员集体讨论、共同决定，领导者采取鼓励与协助的态度，并要求下属员工积极参与决策；在确定完成工作和任务的计划、方法、技术和途径上，组织成员也有相当的选择机会。通过集体讨论，领导者使团队成员对工作和任务有更全面、更深刻的认识，并就此提出更切实可行的计划和方案。

民主型领导方式按照下属及员工的参与程度又可分为3种不同的类型。

1) 咨询式

领导者在做出决策前会征询组织成员的意见，但对于组织成员的意见，他们往往只是作为自己决策的参考，并非一定要接受。

2) 共识式

领导者鼓励组织成员对需要决策的问题加以充分讨论，然后由大家共同做出一个大多数人同意的决策。

3) 民主式

领导者授予组织成员最后的决策权力，他们在决策中的角色则更像是一个各方面意见的收集者和传递者，主要从事沟通与协调工作。

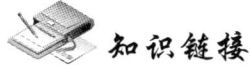 **知识链接**

荀子说："故用国者，义立为王（儒家），信立为霸（法家），权谋立而亡（私利）。三者，明主之所谨择也，仁人之所务白也。"这也就是说，要治理一个国家，其实有3种选择。随着实践总结，我国的管理之道自汉朝以后形成了外儒（家）内法（家），或者说阳儒阴法。也就是说，统治者在治理国家时，表面上宣讲儒家思想的教义，但暗地里却采用法家的权谋智慧。外儒内法可以说是千余年来，中华文化中最重要、最根本的管理之道。但现在我国的许多企业，讲求民主平等的王道管理法衰弱不堪，而讲求威权独断的霸道管理法大行其道。王道管理法起效较慢，但效果更持久、稳定。而霸道管理法起效较快，但效果并不持久，也不稳定。因此，两者应融为一炉，外儒内法。

3. 放任型领导

放任型领导者喜欢松散的管理方式，极少运用手中的权力，他们几乎把所有的决策权都完全下放，并鼓励下属独立行事；他们对下属员工基本采取放任自流的态度，由下属自己确定工作目标及行动；他们只为组织成员提供决策和完成任务所必需的信息、资料、资源和条件，提供一些咨询，并充当组织与外部环境的联系人，而尽量不参与也不主动干涉下属、员工的决策和工作过程，只是偶尔发表一些意见，任务的完成几乎全部依赖团队成员的自主工作。这种领导方式虽然控制力较弱，但对专业人员而言可以收到不错的效果。

下属在以上3种领导方式下的工作效率和态度是不一样的，以下是研究所得的一些结果。

（1）在这3种领导风格中，下属最喜欢民主型的领导者，因为这种类型的领导者能使下属的积极性和创造性得到充分的发挥。与现代组织的支持性与开放性一致，目前的管理趋势倾向于采取民主型的领导方式，如目标管理。

（2）集权型的领导者与放任型的领导者相比，下属更喜欢后者。对于下属而言，混乱与压制相比，他们更喜欢混乱。

（3）集权型的领导者更容易使下属产生好胜或冷漠的行为，这些行为被认为是集权型领导所导致的失败的反应。

（4）随着领导者的行为类型从集权型向放任型转变，下属的行为也会由冷漠向好胜转变，而放任型的领导者会产生最大限度的好胜行为。

（5）集权型领导的生产率短期有较高的增长，略微高于民主型领导，但长期来看，集权型领导的生产率最终会明显低于民主型领导，而放任型领导的生产率是最低的。

 **知识链接**

20世纪70年代以来，研究领导者和下属之间关系的问题——魅力型领导研究在国外兴起。魅力型领导者对下属的情感会产生深刻影响，下属不仅把他们当作上级看待，而且把他们当作比人生意义更重要的英雄或楷模式的人物。有学者研究了魅力型领导和腐败问题。假若魅力型领导者具备和下属保持良好关系的能力，而且能对下属施加影响力，那么他们能够轻而易举地掩饰法人的错误和腐败行为。研究学者卡特琳·德赛勒和迈克尔·普法勒（Katherine DeCelles and Michael Pfarrer, 2004）共同开发出一种能够解析领导魅力的影响力、股东压力、下属属性、腐败的环境因素的模式。此模式解决了令某些研究人员感到困惑的问题，即有必要把魅力型领导置于更广阔的背景中加以考量。同时，他们还提出了如何将魅力型领导与组织重大成果挂钩的方法。

资料来源：安弗莎妮·纳哈雯蒂. 领导学. 王新，陈加丰，译. 北京：机械工业出版社，2007.

## 9.2 领导理论

现代领导理论仍来自西方的研究。现代西方领导理论产生于现代化大生产和管理科学高度发展的时代,为我们认识领导现象提供了不同的视角和有效的工具。现代西方领导理论的研究有很多流派、很多观点,经历了许多不同的发展阶段,按理论的时间和逻辑顺序,现有的领导理论可以分为三大类。

### 9.2.1 领导特性理论

领导特性理论侧重研究领导者的性格、品质方面的特征,作为描述和预测其领导成效的标准。

早期提出这种理论的学者认为,领导者所具有的特性是天生的,是由遗传决定的。显然,这种认识是不全面的。领导特性理论出现了一些新的观点,认为领导者确实具有某些共同的特性,但是领导者的特性并不是先天具有的,而是在实践中逐渐形成的,可以通过教育和培训造就。他们都是经过非常勤奋的努力学习和在实践中长期艰苦锻炼,才渐渐成为有效领导者的。当然,不同的环境,对合格领导者提出的标准是不同的。对于领导者应当具有哪些特性,不同的研究者得到的结论并不相同。一些研究表明,个人品质与领导有效性之间确实存在某种相互联系。另外,特性理论系统地分析了领导者所应具有的能力、品德和为人处事的方式,向领导者提出了要求和希望,这对组织选择、培养和考核领导者是有帮助的。

在早期的领导理论和假说中,比较著名的是亨利的特质理论。亨利认为成功的领导者应具有以下12种特质:①成就欲望强烈,把工作当成乐趣,对工作成就的关注及追求超过对金钱报酬和职位晋升的关注及追求;②敢于承担责任,干劲大,希望迎接工作的挑战;③尊重上级,认为上级水平高、经验多,能够帮助自己上进和提高,与上级关系好;④组织能力强,把混乱的事情组织得很有条理;⑤决断力强,能在较短的时间内对各种备选方案加以权衡并迅速做出决断;⑥思维敏捷,有较强的预测能力,能从有限的材料中预测出事物的发展动向;⑦自信心强,对自己的能力有充分的自信,目标坚定,不受外界干扰;⑧极力避免失败,不断接受不确定因素的影响;⑨讲求实际,重视现在,比较少地受不确定因素的影响;⑩眼睛向上,对上级亲近而对下级较疏远;⑪对父母没有感情上的牵连,而且一般不同父母住在一起;⑫忠于组织,忠于职守。

经过40多年的研究,尽管不同的研究者都发现和确认了领导者的一些优秀品质,但仍未能找到有效的领导者所应具有的区别于被领导者的才智、个性、身体等方面的普遍特质。

20世纪70年代以来,由于社会环境发生了巨大变化,知识经济对领导者提出了新的挑战,人们对领导者特性的理论研究又迅速升温。虽然之前的研究有局限性,但人们始终认为有效领导者必须具备一定的素质。

世界著名的管理学大师德鲁克认为,一个有效的领导者必须具有以下5项主要习惯:善于利用时间;注重贡献,确定自己的努力方向;善于发现和用人之所长;分清主次,集中精力;做有效的决策。

美国著名的领导学专家詹姆斯·库泽斯和巴里·波斯纳认为,领导是人类组织中不可或缺的重要事务,为此领导者必须具有一定特性。他们分别于1980年、1987年和1995年进行了3次调查,经过调查发现排在前4位的领导特性是诚实、有远见、懂得鼓舞人心、能力卓越。

领导特性理论研究表明,领导者至少在某些领域确实有天赋和才能,成功的领导者具有某些共同的特性。领导特性理论只能说明具有哪些素质会有较大的机会成为领导者、成为有效的领导者,但能否真正成为领导者、成为有效的领导者,其制约因素还有很多。领导者的特性只为其成功提供了某种可能,重要的还是后天的学习和锻炼。但无论如何,领导特性理论为培养、培训和选拔领导者提供了一定的标准和依据。

## 9.2.2 领导行为理论

由于领导特性理论的研究没有取得预期的效果,加之20世纪40年代中期行为科学的兴起,研究者从领导特性研究转向了领导行为研究,通过考察领导者实际做了什么和怎么做的来寻找影响领导效果的因素。领导行为能被观察、被测量且可以学习,这与领导特性不同,领导特性一般是先天的或在个人的早期生活中形成的。领导行为研究理论从研究领导者的内在特性转移到外在行为上,即对领导者的各种领导行为进行研究,以找出何种领导行为、领导方式最有效。领导行为研究的理论模式很多,归纳起来大致分为两类。

1. 四分图理论

四分图理论的研究来源于20世纪40年代末期美国俄亥俄州立大学。该研究工作是在斯托格迪尔(Stogdill)教授的指导下进行的,研究的目标是确定领导行为在实现群体和组织目标过程中的重要性,采用的方法主要是问卷调查,让下属来描述领导者的行为。研究者们收集了大量的有关领导行为描述的数据资料,通过逐步筛选、归并,最后归纳为两个独立的维度:结构维度和关怀维度。

结构维度指的是领导者更愿意界定和建构自己与下属的角色差异,强调组织的需要,以达到目标。领导者的主要工作就是抓组织建设,即为职工提供组织结构方面的条件,使之做出令人满意的成绩,包括进行组织设计、制订计划和程序、明确职责和关系、建立信息通道、安排并确定工作日程、强调工作的最后期限等。高结构特点的领导者向组织成员分配具体任务,要求员工保持一定绩效标准。

关怀维度指的是领导者尊重和关心下属的观点与情感,更愿意同下属建立相互信任的工作关系,其工作主要以人际关系为中心,关心人,尊重下级意见,注重员工需要。高关怀度的领导者帮助下属解决个人问题,友善且平易近人,公平对待每一个下属,关心下属的生活、健康、地位和满意度。

他们依照这两方面的内容设计了领导行为描述问卷(Leader Behavior Description Question,LBDQ),就这两方面各列举15个问题,发给企业员工来描述领导人的行为如何。最后,他们把领导行为分为4种类型:高关怀(高体贴)、低组织;高关怀(高体贴)、高组织;低关怀(低体贴)、低组织;低关怀(低体贴)、高组织。所谓"高关怀(高体贴)",是指领导者高度关怀、尊重下属,建立高度信任的人际关系;"低关怀(低体贴)"则相反。所谓"高组织",是指领导者高度关注界定和建构自己与下属的角色,高度强调组织的需要;"低组织"则相反。调查结果表明,以人为重和以工作为重并不是一个连续带的两个端点,这两方面常常是同时存在的,只是可能强调的侧重点不同,领导者的行为可以是这两个方面的任意组合，即可以用两个坐标的平面组合来表示，如图9.1所示。由这两方面可形成4种类型的领导行为，这就是所谓的领导行为四分图。

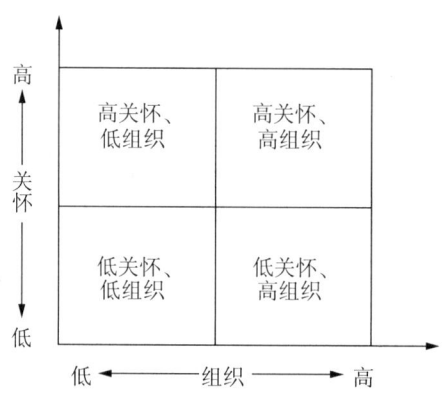

图 9.1　领导行为四分图

研究结果表明，不同的领导方式对工作效率和职工情绪有直接影响。他们发现低关怀、高组织的领导方式容易造成领导和下属的对立情绪，下属的满意率低，缺勤率高且流动性大，工作效率较低。斯托格迪尔等人认为，所谓领导行为就是领导者率领群体去实现组织目标的行为，领导行为的这两个维度并不是相互排斥对立的，可以且应该把两者结合起来。他们认为，一个两方面结构维度都很高的领导者，其工作效率与领导的有效性必然较高。

2. 管理方格图理论

在俄亥俄州立大学提出的四分图基础上，美国心理学家布莱克（R. Blake）和莫顿（S. Mouton）提出了管理方格图理论。

他们将四分图中以人为重改为对人的关心度，将以工作为重改为对生产的关心度，用纵坐标表示对人的关心，横坐标表示对生产的关心，并将两个坐标轴划分为9等份，于是便形成了81种领导方式。在评价管理人员的领导行为时，就按他们这两方面的行为寻找交叉点，这个交叉点就是其领导行为类型。纵轴的积分越高，表示他越重视人的因素；横轴上的积分越高，表示他越重视生产。

布莱克和莫顿在管理方格图中列出了5种典型的领导行为（图9.2）。

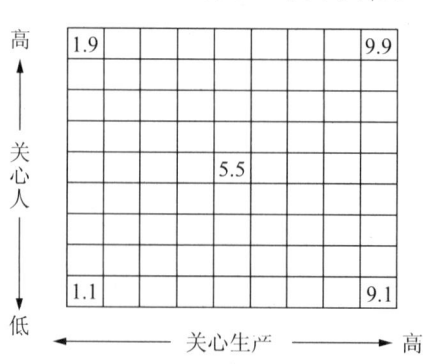

图 9.2　管理方格图

图9.2中（1.1）为贫乏型管理。采取这种领导方式的领导者希望以最低限度的努力来完成组织的目标，对员工和生产均不关心，这是一种不称职的领导。这种领导者最大的特征是身在其位，不谋其事，对下属和工作都漠不关心，放任自流。这是最低能的领导方式，也是很少见的极端情况。但这种领导者能胜任日常单调、重复而没有挑战性的工作。在激烈的竞争环境中，这样的领导方式必然导致失败。

图9.2中（1.9）为俱乐部型管理。采取这种领导方式的领导者的最大特征是把对员工的关心放在第一位，重视下级的态度和情况，对下级关心备至，一味迁就，做老好人，不关心工作，认为只要职工精神愉快，生产成效自然好。领导者只注重搞好人际关系，以创造一个舒适的、友好的组织气氛和工作环境，而不太注重工作效率，这是一种轻松的领导方式。

图9.2中（9.1）为任务型管理。采取这种领导方式的领导者的最大特征是好强和有力量，控制他人的欲望特别强烈，只注重任务的完成，强调生产和效率，不注重人的因素，把员工看成机器。对他们来说，任务是第一位的，成功是最重要的。他们常常独断专行，喜欢监督别人，喜欢使用能力强的人，常常发怒，尤其在失败的时候。领导者全神贯注于任务的完成，很少关心下属的成长和士气；在安排工作时，尽力把人的因素的干扰减少到最低限度，以求得高效率；只关心生产，不关心人。这种领导方式把人的因素的影响降到最低，在竞争激烈的有限时间内，可能效果显著，但长期下去，这种领导者就会疏远下属，造成生产效率的下降。

图9.2中（9.9）为团队型管理。采取这种领导方式的领导者对人的关心与对工作的关心都达到了最高点。领导者诚心诚意地关心职工，把对人的关心与工作任务的完成和谐地统一起来，使组织的目标和个人的需要最完美、最有效地结合起来，使下属了解组织目标，关心工作成果，进而形成休戚与共、士气旺盛的团队，并能出色地完成任务。管理者既重视人的因素，又十分关心生产，努力协调各项活动，使它们一体化，从而提高士气，促进生产。这是一种协调配合的管理方式。这种领导方式既可以增加组织的竞争能力，改善各单位、各部门之间的关系，又可以增进员工间的相互理解与合作，增强员工的创造力，发扬团队精神，强化员工的责任感。这是一种最理想的领导方式，这种方式可以在激烈的竞争中获得成功。

图9.2中（5.5）为中间型管理。采取这种领导方式的领导者对人的关心与对生产的关心程度基本保持平衡，既不过分偏重人的因素，也不过分偏重任务，努力保持两者的和谐统一，以免顾此失彼。领导者对人和生产都有适度的关心，保持完成任务和满足人们需要之间的平衡，既有正常的效率完成工作任务，又保持一定的士气，都过得去但又不突出，实行的是中间式管理。他们喜欢显示民主作风，不喜欢冲突，希望维持现状，不能促使下属发挥创新精神。因此，从长远来看，这种类型的领导者难以在激烈的竞争中立足。

到底哪一种领导方式最好呢？布莱克和莫顿组织了很多研讨会。绝大多数参加者认为（9.9）型最佳，也有不少人认为（9.1）型好，其次是（5.5）型。布莱克和莫顿认为，（9.9）型领导方式是可以学习的，只要认清自己的风格，客观地分析各种情况，通过一系列的步骤，领导者可以转变自己的领导方式，使之成为团队的领导方式，以取得成功。管理方格图理论在理论方面和实践方面都取得了相当的成功，在领导理论中占有一定的地位。许多组织都采用这种领导风格理论来培训自己的领导者。

领导行为理论有助于增强对各种不同类型领导行为的理解,注重行为模式而非领导特性,强调了领导培训的重要性。但和领导特性理论研究一样,都属于静态层面上的研究,只注重行为而没有考虑环境因素,也仅为高度复杂的领导过程提供了一个简单的视野,只考察了领导过程的强化因素,因此,其指导意义也是有限的。

### 9.2.3 领导权变理论

由于领导特性理论和领导行为理论都没有从根本上解决领导的有效性问题,人们开始重视情境因素对领导活动的影响,并在此基础上逐渐形成了领导权变理论。

"权变"一词有"随具体情境而变"或"依具体情况而定的意思"。领导权变理论主要研究与领导行为有关的情境因素对领导效果的潜在影响。该理论认为,在不同的情境中,不同的领导行为有不同的效果,所以又称领导情境理论。

领导权变理论所关注的是领导者与被领导者的行为与环境的相互影响,尤其关注不同的领导方式与各种环境之间的适应性。该理论认为,在领导活动中并不存在一种普遍适用的"最好的"或"不好的"领导方式,任何领导类型都可能是有效的,也可能是无效的,关键是看它与环境是否相适应,用公式表示为

$$S = f(L, F, E)$$

式中,$S$ 为领导方式;$L$ 为领导者特征;$F$ 为被领导者特征;$E$ 为环境特征。即领导方式是关于领导者特征、被领导者特征和环境特征的函数。

比较有代表性的领导权变理论有菲德勒模型、罗伯特·豪斯的路径-目标理论、赫塞和布兰查德的领导生命周期理论等。

1. 菲德勒模型

美国当代著名心理学家、管理学家弗雷德·菲德勒在大量研究的基础上提出了有效领导的权变理论(1951)。他认为不存在一种"普遍适用"的领导方式,任何形态的领导方式都可能有效,其有效性完全取决于领导方式与环境是否适应。换句话说,领导和领导者是某种既定环境的产物。

菲德勒模型是"权变理论"的第一个领导模型。菲德勒模型指出,有效的群体绩效取决于以下两个因素的合理匹配:与下属相互作用的领导者的风格,情境对领导者的控制和影响程度。

首先,菲德勒开发了一种工具,称为最难共事者问卷。让一位领导者在所有过去与现在的同事中选取他认为不受欢迎、最难合作的人,以一套截然相反的形容词来描述他们,然后根据程度高低选取相应的得分,用以确定个体是任务导向型还是关系导向型。通过调查表的得分高低来衡量领导的个性,从而确定领导风格。问卷以等级记分,累加得分高的人是关系导向型的,是宽容且关心人的领导。他们主要以人际关系为目标来激励自己,通过与其他人建立良好的人际关系来实现自我。而累加得分低的人则是任务导向型的,是对人苛刻、以工作为中心的领导。他们主要依靠任务和成就来激发自己的动机,凭借完成任务的好坏来实现自我。

其次,菲德勒还分离出三项情境因素。他认为决定领导绩效高低的情境因素有 3 个:上下级关系、任务结构和职位权力。领导者只有与这 3 个情境因素相匹配,才能进行有效的领

导。①上下级关系。菲德勒认为这个因素是最重要的，因为职位权力和任务结构大多可以置于组织的控制之下，但是领导者与被领导者的关系不易控制，如果处理不好，可能影响下级对领导者的信任和爱戴。领导者和成员之间的良好的人际关系意味着他们具有一种团队精神，相互支持，凝聚力强。②任务结构。它是指工作任务的明确程度和人们对这些任务的负责程度。当下属成员对所承担任务的性质、目的、方法和绩效标准清晰明确时，领导者对工作质量较易控制。模糊不清的任务会带来一种不确定性，从而降低领导者对情境的控制度。③职位权力。这是指领导者所拥有的对下属的雇用、解雇、报酬和奖惩等与领导者相关联的正式权力，以及领导者从上级和整个组织各个方面取得的支持程度。职位权力是领导者对其下属的实有权力。当领导者拥有一定明确的正式的职位权力时，更容易使群体成员遵从他的领导。拥有较多正式权力的领导者比那些权力少的人更容易控制执行。根据这3个权变因素可以评估环境是否对领导者有利。菲德勒指出，领导者与下属关系越好，任务结构化程度越高，职位权力越大，领导者拥有的控制力和影响力也越高，环境对领导者越有利；反之，环境对领导者则不利。这3个权变因素组合起来，可以得到8种不同的情境和类型，每个领导者可以从中找到自己的位置。

最后，进行领导与情境的匹配。菲德勒把8种情境的每一种与3个权变因素分别组合起来，进行各种匹配。他认为，在领导职位权力不足、任务结构不明确、领导与下属的关系恶劣的情境因素下，任务导向型的领导将是最有成效的。在职位权力很高、任务结构明确、领导者与其成员关系良好等情境因素下，任务导向型的领导也是最有成效的。但当情况在中等有利时，关系导向型的领导是最有成效的。总之，在情境因素最好或最差的条件下，应选择任务导向型的领导方式，在情境因素中等的条件，则应选择关系导向型的领导方式，如图9.3所示。

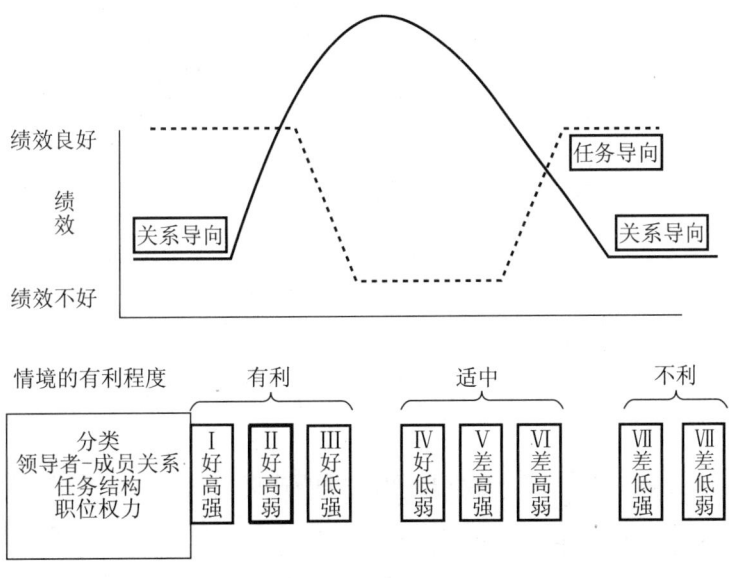

图9.3　菲德勒模型

菲德勒领导权变模型的应用非常广泛。菲德勒认为，个体的领导风格是稳定不变的，个体的LPC分数决定了他最适合于何种情境条件，因此，提高领导有效性的途径只有两条：

第一条是替换领导者以适应情境，如果领导者不能适应他所在的领导情境，那么只能用另外一个领导者来替换他；第二条是改变情境以适应领导者，重新建构任务结构和领导职位权力，使环境符合领导者的风格。

2. 罗伯特·豪斯的路径－目标理论

路径－目标理论（Path – Goal Theory）是由加拿大多伦多大学教授埃文斯（Martin G. Evans）在1968年提出并经过罗伯特·豪斯（Robert House）等人在1974年进一步完善而创立的一种领导权变理论。该理论认为，领导者的绩效以他在多大程度上能激励下属达到组织的目标，并使其在工作中得到满足的能力来衡量。任何领导模型都不可能指出一条最佳的路径，因此要允许领导者在特定的情境下选择一种最适合的领导方式。

路径－目标理论同以前的各种领导理论的最大区别在于，它立足于部下，而不是立足于领导者。在豪斯眼里，领导者的基本任务就是要发挥部下的作用，也就是说要帮助部下设定目标，把握目标的价值，支持并帮助部下实现目标。在实现目标的过程中提高部下的能力，使部下得到满足。

和菲德勒不同，豪斯主张领导方式的可变性。他认为，领导方式是有弹性的，不同的领导方式可能在同一个领导者身上出现，因为领导者可以根据不同的情况斟酌选择，在实践中采用最适合于下属特征和工作需要的领导方式。豪斯强调，领导者的责任就是根据不同的环境因素来选择不同的领导方式。如果强行用某一种领导方式在所有环境条件下实施领导行为，必然会导致领导活动的失败。路径－目标理论如图9.4所示。

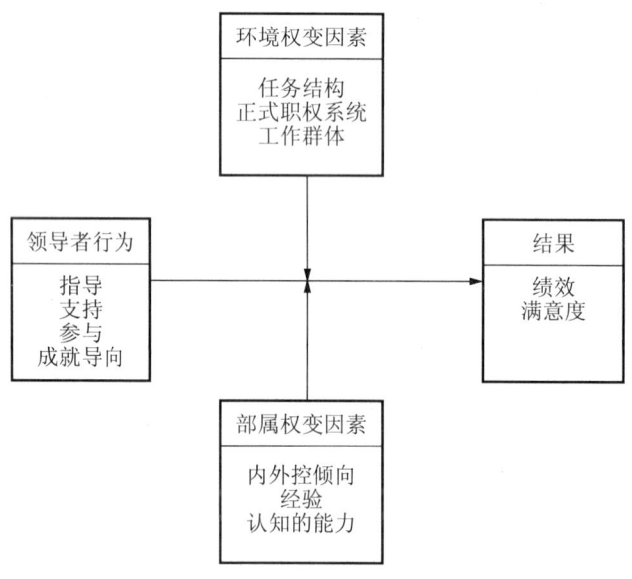

图9.4 路径－目标理论

3. 赫塞和布兰查德的领导生命周期理论

领导生命周期理论是由美国管理学家保罗·赫塞（Paul Hersey）和肯尼斯·布兰查德（Kenneth Blanchard）提出的。该理论受到了广大领导者的推崇，并被作为培训下属的主要手段和方式。领导生命周期理论与菲德勒权变理论的不同点在于它把研究的重点放在被领导者身上，重视下属的作用。领导生命周期理论认为恰当的领导方式必须根据下属的成熟度来确定，因为领导是通过被领导者起作用的，领导权力从某种意义上说来自被领导者。如果被领导者不认同、不接受领导者，无论领导者的观点多么正确，行动计划多么周密，都只能是领导者自己的事，难以变成现实，也就没有什么绩效可谈。领导方式的选择应根据被领导者的成熟度而定。成熟度包括工作成熟度和心理成熟度两方面，两个不同方面成熟度的高低结合形成了4种类型的成熟度构型，领导方式应随着被领导者成熟度的变化而变化。

领导者授权下属的程度（授权依赖度）和依赖下属获取信息的程度（信息依赖度）因国家而异。研究人员埃弗·范·德·弗里尔特（Evert Van de Vliert）和彼得·史密斯（Peter Smith）就国家富裕程度、经济发展水平，以及气候环境等影响领导者依靠下属的程度进行了研究。他们认为，与欠发达国家相比，发达国家的领导者授权下属和依赖下属的程度要高一些，所处的气候环境更差一些（或酷热或寒冷）。此外，他们在先期研究的基础上提出，富裕国家的领导者，即使在恶劣的气候环境中，也能坚持实施参与式领导。相比之下，当气候变恶劣时，贫穷国家的领导者则不太愿意进行参与式领导。

资料来源：安弗莎妮·纳哈雯蒂. 领导学. 王新，陈加丰，译. 北京：机械工业出版社，2007.

## 9.3 领导者的素质与艺术

### 9.3.1 领导者的素质

1. 领导者素质的含义

要了解领导者的素质，首先须清楚"素质"的概念。所谓"素"，就是本来的、原有的意思；所谓"质"，就是指一事物区别于他事物的内在规定性。素质就是指一个事物固有的区别于其他事物的性质和特点。

领导者素质就是担当领导者角色的主体为履行领导职能、发挥自身影响和作用所具备的主观条件，是基于人的一般素质又符合领导者角色的特点而形成和具备的胜任领导工作的各种条件及特质。换一个角度说，领导者素质就是领导者的一切内在构成，是领导者借以完成所担负的工作任务的内在条件和特殊本领。

2. 领导者素质的基本内容

人的素质一般具有稳定性、潜在性、基础性等特点，但作为领导者的素质，除了具有上述特点外，还具有比一般人更加表现明显的综合性、动态性、层次性等特点。领导者素质是决定领导行为和领导结果的特别能动的因素，是开展领导活动的前提、基础，是领导者取得成功的最重要的内在条件。

著名管理学大师彼得·德鲁克认为，一个有效的领导者必须具备以下5种主要素质：①要善于处理和利用自己的时间，把认清自己的时间应该花在什么地方作为起点；②注重贡献，确定自己的努力方向；③善于发现人才和用人所长，包括他们自己的长处、他们上级的长处和下级的长处；④能分清工作的主次，集中精力于少数主要的领域；⑤能有效地决策，他们知道一项有效的决策是在"议论纷纷"的基础上做出的判断,而不是在"众口一词"的基础上做出的判断。

领导者素质一般包括以下几个方面。

1) 政治素质

领导者的政治素质是指领导者从事领导活动所必须具备的政治立场、政治价值观、政治态度和政治品质等各方面的基本要素。政治素质从根本上决定着领导活动的性质和方向,决定着领导者站在什么立场、为什么目标、为什么对象而行使权力及怎样行使权力的问题。所以,政治素质在整个领导者素质系统中居首要和根本地位,对于其他素质的发挥具有决定性的影响,是领导者的核心素质,是培养和选拔领导者的重要标准和内容。领导者应具备以下基本的政治素质:①正确的政治立场;②崇高的政治理想;③高度的政治责任感;④民主政治素养。

2) 法律素质

(1) 领导者必须掌握相关的法律知识。知法是守法和执法的基本前提。领导者掌握基本的法律知识,是依法行政、依法领导的基础和前提。领导者要认真学习和掌握有关法理学的基本知识,熟练掌握宪法和其他履行领导职责所必需的各种法律法规,如行政法规、经济法规等方面的知识。

(2) 领导者必须有强烈的法治意识。领导者必须强化自己的法治意识,自觉维护宪法和法律的权威,树立依法领导、依法行政和依法办事的意识。增强法治意识成为领导者法律素质的一个重要方面。

(3) 领导者要依法领导,注重职务守法。领导者要身体力行,严格守法,严格在宪法和法律规定的范围内活动,绝不能凌驾于法律之上。

3) 能力素质

所谓能力,即人的主观能动性,是指人们认识问题和解决问题的本领和技能。从实践领域的角度,从领导职能的角度,强调领导者应该具有以下几方面的能力。

(1) 科学决策能力。决策能力,是指领导者根据环境、事件与信息情况,对预定目标与行动方案做出决断的本领。领导决策正确与否,直接决定着一个组织的兴衰成败。决策水平的高低是衡量一个领导者素质高低、领导艺术水平高低的重要标准。科学决策的能力主要表现在善于利用外脑资源、善于处理复杂信息、善于洞察事物变化、善于预见未来情形、善于应对紧急情况、善于想象事业蓝图和创新工作思路等方面。

(2) 知人善任能力。知人善任能力就是领导者善于识别人才和使用人才的本领,这是领导者的基本能力之一。知人善任能力主要表现在善于识别人才、善于凝聚人才、善于使用人才、善于培养人才、善于激励人才、善于协调人才、善于举荐人才等方面。

(3) 激励能力。激励,是一种刺激需要、满足需要、激发动机、引导行为、实现目标的动力过程。激励可以使人兴奋起来并保持积极状态,从而推动人们的行为朝向预期的目标。领导工作的一个重要职能,就是调动人才的积极性和激发人的创造性,把组织中单个人的行为凝聚在一起变成组织的行为,形成强大的实现组织目标的集体合力。

(4) 沟通能力。对领导者来说,沟通能力是一项基本能力。提高领导者的沟通能力,有助于发挥领导者的作用,更好地协调复杂的关系和优化组织的生存发展环境,更有效地配置资源和实现组织目标。沟通能力主要表现在善于倾听和反馈意见、善于表达和传递信息、善于动员和组织群众、善于说服和引导舆论、善于概括和总结要点、善于利用和驾驭会议、善于控制和调整情绪、善于处理谈判事项等方面。

（5）创新能力。领导者的创新能力就是及时发现新问题、善于提出新思想、敢于采用新方法、有效解决新问题的能力。它主要表现在善于敏锐地洞察旧事物的缺陷、准确地捕捉新事物的萌芽方面，具体包括大胆的怀疑精神、勇敢的批判意识、强烈的新异志趣、敏锐的洞察能力、独立的思考习惯、坚韧的意志品质和超越传统、战胜偏见的魄力与方法等。

（6）危机管理能力。当代社会，随着科学技术的进步、社会生产力的发展及全球化进程的加速，尤其是互联网的迅速发展，各种危机发生的频率加快并且破坏性越来越大。因此，领导者的危机管理能力显得日益重要。危机管理能力成为新时期领导者素质的一项重要内容。领导者的危机管理能力主要表现为危机预防能力、危机识别能力、危机处置能力和危机善后管理能力等。

4）道德素质

领导者的道德素质是指领导者所具有的品德修养和在领导者活动中自觉遵守社会规范，恪守领导活动职业道德的基本素质。道德素质在领导活动中居于特殊的重要地位，是领导者自我约束、自我教育、自我管理的内在手段，是领导者影响力的主要源泉。领导者具有良好的道德素质，不仅有利于提高领导绩效，塑造良好的领导形象，增强领导者的威信，而且有利于净化社会风气，促进精神文明建设。

道德素质是领导干部自身的行为准则和良好素质的一个方面。其内容主要包括：①事业心和使命感；②进取心；③胸怀宽阔；④公正；⑤自身廉洁。

5）知识素质

知识素质是指领导者做好本职工作所必须具备的基础知识与专业知识及合理的知识结构。领导者是率领和引导下属工作的人。较高的知识素质不仅是领导者走上领导岗位的必备条件，而且是领导者不断适应环境变化，更好地履行领导工作职能的重要条件。具体来说，领导的知识素质主要包括以下几个方面的内容。

（1）宽广的知识面。领导工作的综合性和多样性，特别是知识经济时代的到来，更是对领导者在知识素养方面提出了更高的要求。随着新技术革命的不断深入，各门学科的信息相互渗透、交叉，现代科学出现了既高度分化又高度综合的发展趋势。学科规模不断扩大，新的学科不断出现，这就需要现代领导者与时俱进，不断拓宽知识面，树立大科学、大经济的新观念。

（2）熟悉现代管理知识。领导者应具有统筹全局的思考能力，深入基层、善于倾听的探讨能力，权衡利弊的决断能力，突出重点、兼顾一般的计划能力，而这些能力在很大程度上来自于对现代管理知识的熟悉，所以领导者应熟悉或了解包括经济管理、行政管理、领导科学、人才学等在内的多方面现代管理知识。

（3）一般的科学知识。一般的科学知识是指一般社会科学、自然科学各方面的知识，通常要经过比较系统的学习过程才能获得。一定的学历就是一定文化程度与一般科学知识水平的反映。

（4）本职专业知识。一个领导者只有系统全面地掌握本职专业方面的知识，成为本专业的行家，才能尊重科学，按科学规律办事，成为一个合格的领导者。一个缺乏专业知识的领导者，是不可能实施具体的领导工作的。

（5）丰富的社会实践知识。领导者应积极参加社会生活实践，熟悉社会生活，了解社会生活实际知识,积累丰富的工作经验。这有助于领导者从理论和实际的最佳结合点上解决问题。

6) 身心素质

(1) 身体素质。身体素质包括体质和体貌两个方面。体质就是我们通常所说的体格或体魄,是指人承受体力、脑力劳动的程度,是身体素质的内在成分、质量、结构、性状和特征。一个领导者即使能力很强,但如果身体很差,没有充沛的精力,也应付不了劳动强度过大的工作,显然是适应不了时代要求的。体貌即外形,指身体素质的外在成分、质量、结构、形态和特征,包括相貌、气色、声音、体态、身高、体重等各个方面。体貌对领导者来说,是具有重要辅助作用的自然生理条件,它有助于领导者塑造更完美的形象。

(2) 心理素质。领导者必须具有健康的心理素质,其内容主要包括以下几个方面。①乐观的情绪。领导者具有的乐观情绪可以给人以开朗、豁达、友好的亲近感,能感染下属,起到鼓舞、激励和提高他们战胜困难、实现组织目标的士气的作用。②坚强的意志。意志是人自觉地确定目的,并且根据目的来支配和调节自己的行为,克服种种困难,进而实现目的的心理过程。领导者只有具备了坚强的意志,才能在矢志不渝地开拓进取的过程中,抗拒重重压力,克服种种困难,取得预期的胜利。③广泛的兴趣。兴趣是人力求认识某种事物或爱好某种活动的心理倾向。它表现为渴望深入认识某种事物,并力求加入活动的心理倾向。兴趣对人的认识活动和实践活动有着十分重要的推动作用。它可以促使人去关注、认识、探索和创造。所以,一个领导者只有具备了广泛的兴趣,才能孜孜不倦地学习、探索,避免知识和管理方法过时,保持组织和自身的活力。④开朗的性格。开朗性格的典型表现为乐观、坦率、随和、善交际、好介入、喜欢变化和冒险。在科学技术高速发展的当今社会,组织所面对的环境挑战异常严峻,凡不能迅速适应客观环境和外界变化的组织和领导者,都不可避免地要被淘汰。另外,领导者在工作中必然要与各种人打交道,要随时介入各种矛盾中,这就要求领导者要以开朗的性格去面对工作和现实。

知识链接

智力与领导的联系,是许多研究的重点课题。研究人员蒂莫西·贾奇、安娜·考尔伯特和雷莫斯·伊列什(Timothy Judge, Anne Colbert and Remus Ilies, 2004)运用间位分析法(Meta-analysis,对一组研究结果进行评估的统计方法),评测了智力与领导的联系。他们发现,领导者真实并且具客观性的智力与领导有效性的相互关系相对较弱。他们建议,应进一步加强对智力其他层面的研究,特别是社商(Social Intelligence)和情商(Emotional Intelligence)的研究。

资料来源:安弗莎妮·纳哈雯蒂. 领导学. 王新,陈加丰,译. 北京:机械工业出版社,2007.

### 9.3.2 领导艺术

1. 领导艺术的含义

在领导活动中,常常出现这种情形:同一层次的领导者,为完成基本相同的工作任务,运用基本相同的领导策略和工作方法时,有的领导者得心应手、事半功倍;有的领导者则勉强应对、事倍功半。究其原因,与领导者自身的素质及领导艺术的水平有关。可以说,领导艺术是决定领导事业成败的关键因素之一。

所谓领导艺术，是指领导者在一定的知识、经验、才能和气质等因素的基础上逐步形成的，创造性地运用各种领导策略、资源、方法和原则以有效实现组织目标的技能技巧。

领导者的知识、经验、智慧、才能等因素是领导艺术得以发挥的前提；对领导原则、条件、资源、方法等纯熟巧妙的运用并富有创造性，是领导艺术的核心；而领导风格和领导者创造性的实践所塑造的"美"的形象，是两者结合的结果，是领导艺术的外在表现。因此，领导艺术是非规范化、非程序化、非模式化的领导行为，是领导者把握领导规律、履行领导职能的最高境界。

2. 领导艺术的内容

领导艺术，是领导者在实施领导活动过程中提高领导效能的一个重要手段。领导艺术的内容非常丰富，贯穿于领导活动的各个方面。

1）领导授权艺术

领导授权艺术主要有以下几个要点。①确保领导目标。任何组织都有自己的发展目标，领导者只有将组织的总目标进行科学分解，授权下属，共同分担，才能实现。因此，领导者在授权后，必须加强目标管理，及早发现和及时纠正局部存在的问题，以确保整体目标的达成。②了解熟悉下属。授权在很大程度上应取决于下属的具体情况。领导者在授权过程中应当仔细观察、教育和考验下属，根据他们的成熟度，逐步扩大授权。对处于不同成长阶段的下属，应授予与其能力相当的权力。对那些已经显示出才能的下属应给予更大的权力；而对那些未能很好运用自己权力的下属，则应收回和缩减他们的权力。③明确授权责任。授权之后，领导者应责任明确，各负其责。这是实现整体目标最重要的保证。领导者应集中精力处理领导工作中的责任问题，因为工作的职责和责任来自并导向完成既定的目标，下属完成工作职责和责任的评价标准也是领导者下达的工作目标。领导者应牢记领导责任是不能分派也不能委任的。④灵活掌握授权方式。领导者应因人、因事、因时、因地、因条件不同，而确定适当的授权方式和授权方法。如果要激励下属实现目标的成就感，可以采取分解授权法；如果工作重要性较低，完成与否不会对全局工作造成太大的影响，则可以采取充分授权法；如果工作重要性较高，则可以采取不充分授权法，授予下属部分权力；如果工作复杂，环境条件多变，对下属的能力、水平无充分把握时，宜采用弹性授权和单项授权，即把解决某一特定问题的权力授予某人，随着问题的解决，收回权力；对于工作性质极复杂，或者容易出现疏漏，而领导者任务繁重的情况下，则可采用制约授权法，即把某项任务的职权分解成两个或若干部分并分别授予不同的下属，使之相互制约，以有效地防止工作中出现纰漏。⑤坚持指导控制。授权在某种意义上说，是实行"分而治之"。这就要求领导者分权而不放任，必须加强指导和控制。领导者应从整体目标和全局利益出发，对下属的工作行为和方向进行科学的指导，并通过这种指导，对下属实施有效的控制。为此，要明确授权的内容与范围，建立和健全审查评价制度，畅通信息渠道，以保证下属工作上不至于因授权而偏离正确方向和组织的整体目标。

2）领导用人艺术

领导用人是领导活动中非常重要的一个环节。爱才、识才和求才最终都是为了用才。用人，对领导者来说是一个十分重要的职责。从大的方面看，用人关系着国家的兴亡；从小的方面看，用人可以决定一个组织能否顺利实现目标。领导者要做到善于用人，必须坚持用人不疑、任人唯贤、用人之长、人尽其才的用人原则。

在现实生活中，领导用人境界的高低往往能折射出一个人是否具有高超的领导艺术。不管领导者用人的技巧有何区别，其领导境界几乎是一致的，具体包如下。①使员工和下属接受远景目标。领导大师丹尼斯曾提出，领导者应具备正面的激励能力。领导者应具有创造令人殷殷期盼的远景，将之转化为行为，并贯彻达成的能力。因此，领导用人的境界首先体现在提出的远景目标能不能转化为下属为之奋斗的目标。丹尼斯提出把下属接受领导者提出的远景目标及通过领导动员支持将远景目标转化为行动和成果，是检验领导艺术高低的一个重要标志。因此，领导者首先要得到下属的支持，使下属主动为其工作，否则目标便无从实现。无论什么样的领导，他们都在谋求获得支持。动员成功后，便可通过激励促使下属以其自觉行动完成组织目标。②使组织目标转化为个人目标。领导活动能顺利展开的一个前提就是组织目标必须通过一系列激励机制转化为个人目标。如果组织目标的实现与个人的生活与发展没有什么联系，那么员工的积极性难以充分体现出来。一般来说，成功的领导活动必须依赖于3个条件，即目标对组织有利、对个人有利、对领导有利。只有做到这3个方面，才能将领导者智慧、组织的整体利益及个人的积极性完美地结合在一起。一般来说，高超的用人艺术必然是建立在组织目标转化为个人目标这一基础之上的。③建立能令人才脱颖而出的机制。实现从"伯乐相马"到"赛马而不相马"的用人新境界。从"相马"提升到"赛马"，从而使人才的选拔与使用确立在一种机制上，而不是单纯地依赖领导者自身的识人断人。如果能将领导者自身的识人、断人能力与赛马机制实现有效的整合，将是一种高超的用人境界。④选用比自己更强的人来为自己工作。选用比自己更强的人来为自己工作是领导用人的最高境界。领导者不是万能的，领导者之所以会成为领导者，不在于其无所不知、无所不晓，而在于他能通过组织、协调及用人，使社会有限的资源通过一定的规则聚合在一起，释放出更大的效用。可见，一个人能否成为优秀的领导者，关键在于他是否能使比自己更强的人来为他工作。⑤让每一位下属感觉到自己是最重要的。一般来说，领导者用人的关键就是让每一位下属都感觉到自己是最重要的。下属之所以感觉到自己最重要，关键在于其才能能够得到充分的发挥，而他的这种才能又是其他人所不可替代的。领导者将每一位下属的长处发挥到极限，这就为下属对其重要性的领悟提供了深厚的基础。

3) 领导的团队艺术

团队，是指一群人，他们在一定的时间内相互配合、相互依赖也相互尊重，在行动上规范一致，并为一个目标或多个目标共同努力。团队是现代组织的重要形式，比一般的组织群体更具凝聚力、亲和力和辐射力。著名管理大师彼得·德鲁克曾说过："现代的组织绝不能只有老板与伙计、领导与部属的上下关系，它一定得以团体的形式重新组合。"

成功的团队具有如下作用：一是减少摩擦和内耗，节约成本；二是可以使成员获得安全感，免于被排斥的恐惧；三是可以为成员提供社交满足，从中获得友爱、支持、信任和信息；四是可以使成员体会到工作的价值，在工作场所获取集体情感的满足；五是能够帮助成员克服单独面对新问题的胆怯和恐惧心理；六是可以增强成员的自信心。总之，一个成功的团队可以使组织保持强大的生命力和战斗力，这是防止组织衰败、不断实现自我革新的内生资源。

著名的军事家拿破仑曾说过："一只狮子领导一群羊，可以战胜一只绵羊领导的一群狮子。"因此，有效的团队应该做到在一个人的领导下用一个声音说话，就好像大家是一个整体。把具有不同文化背景、个性、知识结构的个体，整合成战无不胜的团队，是领导者的主要职责。

 **知识链接**

2012年7月，前思科中国区总裁林正刚花两年时间撰写的《正能量》出版。这是一本关于职业经理人成长的书。在书中，他总结多年来的经验体会：领导力不是岗位给予的权力，而是管理自己、影响别人的能力，正能量的领导力就是找到每个人的正能量，然后帮他放大。

资料来源：商和网，http://www.bizmatch.com.cn

## 本 章 小 结

领导是指在一定的环境下，通过指导和影响其属下或组织成员为实现一定组织目标而努力的各种活动的过程。

在组织目标的完成过程中，领导起着非常重要的作用，其领导作用和管理作用不可替代，主要集中在指挥、激励和协调3个方面。

领导是指在一定环境下，对组织目标的规划及带领与引导被领导者实现目标的行为过程。管理是指为实现一定的目标，通过管理职能，对人、财、物的管辖和治理。领导是管理的重要组成部分，但领导又可以从容不迫地从管理中独立出来。两者既有紧密联系，又有很大差异。

弗伦奇和雷温提出2类5种个人权力的来源：职位权力（合法权力、报酬权力、强制权力）和非职位权力（专家权力、关系权力）。

关于领导方式的基本类型，至今还没有一个公认的最好的分类。但目前大部分仍认按领导者权力的运用方式，将领导方式分为3种基本类型，即集权型领导、民主型领导和放任型领导。

现代领导理论仍来自西方的研究，现有的领导理论可以分为三大类：领导特性理论、领导行为理论、领导权变理论。

领导者素质就是担当领导者角色的主体为履行领导职能、发挥自身影响和作用所具备的主观条件，是基于人的一般素质又符合领导者角色的特点而形成和具备的胜任领导工作的各种条件及特质。领导艺术，是指领导者在一定的知识、经验、才能和气质等因素的基础上逐步形成的，创造性地运用各种领导策略、资源、方法和原则以有效实现组织目标的技能技巧。

## 习 题

1. 你如何理解领导？领导与管理有何不同？
2. 简述领导在社会组织中的作用。
3. 为什么许多人认为获取权力是件好事情？
4. 请描述一位你喜欢的领导者，并分析该领导者的领导方式是什么样的类型。
5. 简述3种领导理论的基本观点。
6. 领导者应具备哪些素质？

7. 谈谈你对领导科学和领导艺术的看法。
8. 请说出你认为杰出的企业领导者,向大家介绍这位领导者是如何实施领导艺术的。

## 谁 之 过

吴为被重金聘为销售部经理。刚上任3个月,其手下销售代表小李被客户投诉贪污返利,审计部审查,确实如此,返利单据上面还有吴经理的签名。这件事,惹得张总非常生气,亲自到销售部质问此事。

张总对吴为说:"你手下的销售代表,竟然贪污客户的返利,这么长时间了,你居然不知道?等客户投诉到我这里才知道,也不知道你是怎么做管理的。"

"我也刚知道此事,"吴经理辩解道,"按照公司流程,小李需要把返利单报到我的助理何小姐那里,她审核一下,整理好,给我签字,我的工作也多,没能仔细审核。"

"就那么简单吗?你的工作比我多吗?"张总怀疑地看着吴为。

吴经理无奈地说道:"是我工作的疏忽,回头我会和助理商量改进工作流程,并要求公司处理她,也请处理我。"

"处理助理能补回公司的损失吗?这件事应该负全责的是你!"张总对吴经理这种模糊的态度很气愤。

"是这样的,"吴经理继续辩解道,"张总,你也知道我刚来,销售部很多关系还没有理顺,我的助理何小姐很能干,在工作上是一把好手。但她和我的关系,我总感觉存在问题,没有理得很顺,甚至有时,我还要顺着她的意思来签署一些文件。毕竟我是新来的,有适应的过程,我保证今后,这样的事情一定不会发生了,你再给我一次机会吧。"

张总听后说道:"本来我过来,是想了解一下事情的原因,并不是要处理你的,不过现在得考虑一下你的能力问题了。"

资料来源:道客巴巴网,http://www.doc88.com

**案例分析题**

1. 有权就能领导吗?为什么?
2. 在本案例中,究竟是谁的过错?
3. 你认为吴经理应该怎么做?

# 第10章 激励理论与方法

## 学习目的

通过本章的学习,理解激励的定义与对象;了解激励的基本过程、激励的目标与作用;掌握激励的主要理论及基本原则;会应用激励方法解决管理中的问题。

## 知识要点

| 知识要点 | 要求程度 | 相关知识 |
| --- | --- | --- |
| 激励的定义与对象 | 理解 | (1) 激励的定义<br>(2) 激励的对象 |
| 激励的过程 | 了解 | 需要、动机、行为和激励的关系 |
| 激励的目标与作用 | 了解 | (1) 激励的目标<br>(2) 激励的作用 |
| 激励理论 | 掌握 | (1) 需要层次理论<br>(2) 期望理论<br>(3) 强化理论<br>(4) 公平理论 |
| 激励的原则 | 掌握 | 激励的基本原则 |
| 激励的方法 | 应用 | 激励的方法与技巧 |

**难以留人的高薪**

某重点大学财务管理专业学生王星，大学刚毕业就被一家著名的会计师事务所录用。上班后的第一个月，他拿到6 000元的工资，而且事务所对他承诺，一年后他的收入就可翻一番。拿了高薪的王星很快成为同学们羡慕的对象。

可是，几个月下来，王星的神气劲儿仿佛没有了。每天要工作十几个小时，经常加班到凌晨两点不说，最让他受不了的，是他那脾气古怪、方法呆板而且刚愎自用的顶头上司。他工作干出成绩了，这位上司就阴阳怪气地说他运气好，当心下次栽跟头；他工作若偶尔出了差错，这位上司便会暴跳如雷地骂他猪脑子。

实在是忍无可忍，王星辞去了这份高薪的工作。现在，王星重新找了份工作，这份工作薪水尽管比原来少一半，但能正常上下班，人际关系也很融洽。通过这件事，王星深有感触，他说："在宽松和谐的氛围中快乐工作是最重要的，我不能把自己的青春葬送在高薪工作中。"

资料来源：豆丁网，http://docin.com

## 10.1 激励概述

### 10.1.1 激励的定义与对象

可以说，每个人都需要来自自身、同事、领导等方面的激励。管理人员如果不知道怎样激励人，便不能胜任这个工作。如何激发人的工作积极性，是管理学的关键问题。所以，对激励的研究，就成为各国管理学家、心理学家、社会学家的重要研究课题。

1. 激励的定义

激励是对人的一种刺激，是促进和改变人的行为的一种有效手段。激励的过程就是管理者引导并促进工作群体或个人产生有利于管理目标的行为的过程。每一个人都需要激励。在一般情况下，激励表现为外界所施加的推动力或吸引力转化为自身的动力，使得组织的目标变为个人的行为目标。

可以从以下3个方面来理解激励的定义。

1）激励是一个过程

人的行为是在某种动机的推动下完成的。对人行为的激励，实质上就是通过采用能满足人需要的诱因条件，引起人的行为动机，从而推动人采取相应的行为以实现目标，然后根据人的新需要设置诱因，如此循环往复。

2）激励受内外因素的制约

各种管理措施，只有与被激励者的需要、理想、价值观和责任感等内在的因素相吻合，才能产生较强的合力，从而激发和强化工作动机，否则不会产生激励作用。

3）激励具有时效性

每一种激励手段的作用都有一定的时间限度，超过时限就会失效。因此，激励不能一劳永逸，需要持续进行。

## 知识链接

美国哈佛大学的心理学家威廉·詹姆士在对职工的激励的研究中发现，按时计酬的职工仅能发挥其能力的20%～30%。而如果受到充分激励的职工其能力可发挥到80%～90%，甚至更高。这就是说，同样一个人在通过充分激励后所发挥的作用相当于激励前的3～4倍。由此他得出一个公式：工作绩效＝能力×动机激发。这就是说，在个体能力不变的条件下，工作成绩的大小取决于激励程度的高低。激励程度越高，工作绩效越大；反之，激励程度越低，工作绩效就越小。

资料来源：李品媛. 管理学. 大连：东北财经大学出版社，2005.

2. 激励的对象

从激励的定义不难看出，激励是针对人的行为动机而进行的工作，因此，激励的对象主要是人。所以在开展激励工作之前，管理者首先要正确地认识人，这正如人们操纵一台机器之前必须首先了解它的工作原理一样。作为管理者，他的人性观及他对被管理者人性方面的基本认识，决定着他将追求的目标，为实现目标可能采取的行为及对被管理者所采取的基本态度。

人究竟是为了什么样的利益而采取行动呢？不同时期的管理学者和组织行为研究者们都提出了各自的见解，从而形成了不同的人性假设理论。

1）"经济人"假设

"经济人"假设认为，人的本性是懒惰的，人的一切行为都是为了最大限度地满足自己的利益，工作动机是为了获得经济报酬，或者是为了避免受到惩罚。作为管理者无需关心人的感情和愿望，组织应以金钱刺激员工的生产积极性，而对消极怠工者采取严厉的惩罚措施。对组织而言，管理是管理者的事，与广大员工无关。管理者用权力和控制手段来保护组织本身及引导员工为其工作，制定各种严格的工作规范，加强各种法规管理。员工的责任就是工作，服从管理者的指挥。

2）"社会人"假设

"社会人"假设是梅奥通过霍桑试验提出来的。"社会人"假设认为，人工作的动机不只在于经济利益，社会性需要（如社交）的满足往往比经济上的报酬更能激励人。管理人员对员工的管理不应只注重完成生产任务，而应把重点放在关心和体贴员工，重视员工之间的社会交往关系上，通过培养和形成员工的归属感来调动人的积极性，以此来提高生产率。

3）"自我实现人"假设

"自我实现人"假设认为，人是能自我激励、自我指导和自我控制的，人都需要发挥自己的潜力，表现自己的才能，实现自己的理想。组织应把人作为宝贵的资源看待，通过提供富有挑战性的工作使人的个性不断成熟并体验到工作的内在激励。这样就不需要其他外来的激励，人可以在自我内在激励中自动地将自己的才能发挥出来。采用授权、工作扩大和丰富化、目标管理等具体管理方法，都能收到一定的成效。

## 知识链接

大连三洋制冷有限公司（简称大连三洋）的经营领导者在实践柔性管理中深深地领悟到，公司不能把员工当成"经济人"，他们是"社会人"和"自我实现的人"。基于此，大连三洋形成了自己特有的经营理念和企业价值观，并逐步形成了职工自我改善的柔性管理。通过这种管理和其他改革办法，大连三洋不但当年投产当年盈利，而且5年利税超亿元，合资各方连续3年分红，很快就收回投资，并使总资产增加了两倍。

资料来源：制慧网，http://www.1mfg.com

4）"复杂人"假设

"复杂人"假设认为，现实组织中存在各种各样的人，工作动机不仅因人而异，而且一个人在不同的年龄、地点、时期其工作动机也会有所不同。管理者必须具体了解不同员工在需要和能力方面存在的差异，并按照不同人的不同情况，采取相应的激励方法，才能取得预期的效果。由于"复杂人"假设强调对人性的认识要根据具体情况具体分析，因此对实际工作具有较强的实用价值。

5）"文化人"假设

随着企业文化管理的逐步流行，诞生了"文化人"假设。"文化人"假设认为，人的行为及价值选择是由所处的文化决定的，有什么样的文化，就会有什么样的人的行为。企业文化是以主导价值观为核心的观念系统，以及与之相适应的管理制度和组织行为的总和。组织要建立一种适合于企业发展的企业文化，提高员工对企业的认同感和归属感，以改变人的态度和行为，从而获得较高的管理效率和效果。也就是说，通过企业文化的建立，用正确的企业文化引导人、约束人、凝聚人、塑造人。

6）5种假设的意义

上述5种人性的假设所提出的管理主张和管理措施中有许多观点至今对我们仍有借鉴作用。"经济人"假设提出的工作方法标准化、制订劳动定额、实行有差别的计件工资、建立严格的管理制度等，至今仍是管理的基础工作；"社会人"假设提出尊重人、关心人、满足人的需要，培养员工的归属感、整体感，主张实行参与管理；"自我实现人"假设提出给员工创造一个发挥才能的环境和条件，重视人力资源的开发，重视内在奖励等，这些都是现代管理应遵循和坚持的基本原理和原则；"复杂人"假设提出的因人、因事、因时而异的管理，是具有辩证思想的管理原则；"文化人"假设被当代的企业家广泛认同，管理者大多致力于在企业中尽力营造一种体现自己发展理念、价值观及行为模式的企业文化氛围。

7）中国古代对人性的认识

人性是积极（善）的还是消极（恶）的，至今仍是众说纷纭。我国西汉的董仲舒提出了一个颇为折中的人性观，那就是稻米理论。即稻子就像是人性，其中的米粒就是其善良的本性，而枝叶、稻根及稻糠，就是其恶的部分。人性并不能简单地说等于善，而是包含隐藏了善，而这个善，也需要一定的条件，才能够显现生长出来。善与恶就像两条阴阳鱼一般，隐藏在人性的太极图上。东汉的荀悦在此基础上，将性善恶之争综合起来，达到一个新的高度。例如，在其所著的《申鉴》一书中，他就谈到"性虽善，待教而成；性虽恶，待法而消，唯上智与下愚不移，其次善恶交争，于是教扶其善，法移其恶"。由此，儒家的教化与法家的法制，就能够有机地结合起来，形成一种新的管理智慧。

## 10.1.2 激励的过程

心理学研究表明，人的行为具有目的性，而目的源于一定的动机，动机又产生于需要。由需要引发动机，动机支配行为并指向预定目标，是人类行为的一般模式，也是激励得以发挥作用的心理机制。

1. 需要

激励的实质就是通过影响人的需要而使人产生心理紧张,进而引发动机从而达到引导人的行为的目的。它实际上是一种对人的行为的强化过程。研究激励,先要了解人的需要。需要是人的一种主观体验,是人们在社会生活中对某种目标的渴求和欲望,是人们行为积极性的源泉。需要越强烈,它的推动力就越强越迅速。一个人的行为动机总是由其全部需要结构中最重要、最强烈的需要所支配、决定的。这种最重要、最强烈的需要就叫优势需要。人的需要有3个方面:①生理状态的变化引起的需要,如饥饿时对食物的需要;②外部因素影响诱发的需要,如对某种新款商品的需要;③心理活动引起的需要,如对事业的追求等。

2. 动机

动机是建立在需要的基础上的。当人们有了某种需要而又未能满足时,心理上便会产生紧张和不安,这种紧张和不安就会成为一种内在的驱动力,促使个体采取某种行动。动机不仅来源于内在需要的不满足,同时也受到外界环境刺激的影响。当物质方面或精神方面的外在刺激与人的内在需要产生共鸣时,就会激发和强化人的行为动机,动机越强烈,行动的积极性越高。例如,一个精美的玩具可以让想得到它的孩子付出极大努力,但对一个成年人却没有什么吸引力;一个感到孤独寂寞的人渴望与人交往,他(她)会积极参与热闹的社交聚会,可是工作繁忙、总感到时间不够的人则会设法推辞一些邀请。

实际上一个人会同时具有许多种动机,动机之间不仅有强弱之分,而且会有矛盾,一般来说,只有最强烈的动机才可以引发行为,这种动机称为优势动机。

3. 行为

行为是指个体在环境影响下所引起的内在生理和心理变化的外在反应。在企业组织中,员工的行为与工作、生活环境相互作用,任何一种行为的产生,都有其内在原因。动机对于行为有着重要的功能,具体如下:一是始发功能,即推动行为的原动力;二是选择功能,决定个体的行为方向;三是维持和协调功能。行为目标达成时,相应的动机就会获得强化,使行为持续下去或产生更强烈的行为,趋向更高的目标;相反,则降低行为的积极性,或停止行为。

4. 需要、动机、行为和激励的关系

人的任何动机和行为都是在需要的基础上建立起来的,没有需要,就没有动机和行为。人产生某种需要后,只有当这种需要具有某种特定的目标时,需要才会产生动机,动机才会成为引起人行为的直接原因。但并不是每个动机都必然会引起行为,在多种动机下,只有优势动机才会引发行为。管理者实施激励,是一个做好需要引导和目标引导,强化员工动机,刺激员工的行为,从而实现组织目标的过程。

## 10.1.3 激励的目标与作用

1. 激励的目标

激励的目标就是正确地诱导员工的工作动机,调动他们的工作积极性和创造性,使他们在实现组织目标的同时实现自身的需要,提高其满意程度,以使他们的积极性和创造性继续保持和发扬下去。

## 2. 激励的作用

激励是与人的行为过程紧密联系在一起的。激励的作用主要表现在以下 3 个方面。

1) 通过激励可以稳定人才队伍，吸引外部人才

在激烈的市场竞争中，任何企业的发展都基于企业稳定的人才队伍，以及优秀人才的加入。管理者应精于激励，善于用有效的激励手段，营造一种和谐、信任和融洽的企业氛围，为员工的发展创造机会，用以吸引并保留企业优秀的人才。企业可以通过提供有竞争性优势的薪酬制度等方法，把急需的、有才能的人吸引过来，并长期为组织工作。

**知识链接**

美国特别重视人才的引进，它从世界各国吸引了大量有才能的专家、学者，这正是美国在许多科学技术领域保持领先地位的重要原因之一。为了吸引人才，美国不惜使用支付高酬金、创造良好的工作条件等激励办法。例如，美国 IBM 公司有许多有效的激励办法：提供养老金、集体人寿保险和优厚的医疗待遇；为那些愿意重返学校学习知识和技能的员工提供全部或部分学费等。

资料来源：道客巴巴网，http://www.doc88.com

2) 通过激励可以提高人们工作的主动性、积极性和创造性

通过激励可以让人们明白在实现组织目标的过程中，也能实现个人利益和个人目标。个人目标与组织目标的统一程度越高，职工的主动性乃至积极性、创造性就越能得到充分的发挥。

3) 通过激励可以激发人们的热情和兴趣

激励不仅可以提高人们对自身工作的认识，而且能激发人们的工作热情和兴趣，解决工作态度和认识倾向等问题。通过激励，使员工对本职工作产生强烈、深刻、积极的情感，并以此为动力，将自己的全部精力投入到实现预定目标中。兴趣是影响动机形成的重要因素，通过激励使人们对工作产生稳定而浓厚的兴趣及高度的注意力、敏感性、责任感，形成对自身职业的偏爱。个人的知识、技术和能力，一般也是在浓厚的职业兴趣的基础上发展起来的。因此，强烈而稳定的职业兴趣，也是人们提高技能，保证技术、知识、能力充分发挥的心理条件。

# 10.2 激励理论

自 20 世纪二三十年代以来，国外许多管理学家、心理学家和社会学家从不同角度对怎样激励人的问题进行了大量的研究，并提出了许多激励理论。

## 10.2.1 需要层次理论

### 1. 需要的层次

关于人类需要的讨论至今仍是众说纷纭，其中最为广泛引用和讨论的激励理论是由美国心理学家马斯洛于 20 世纪 40 年代提出的需要层次理论。该理论认为，人都有许多复杂的需要，而这些需要可以按其优先次序排列成阶梯式的层次系列。从低级到高级划分为 5 个层

次，即生理的需要、安全的需要、社交的需要、尊重的需要与自我实现的需要，如图10.1所示。

图 10.1 马斯洛需要层次

1）生理的需要

生理的需要指人类生存最基本的需要，如食物、水、住房、医药、基本的工资水平等。这是动力最强大的需要，如果这些需要得不到满足，人类就无法生存，也就谈不上其他的需要。

2）安全的需要

安全的需要是指保护自己免受身体和情感伤害的需要。这种需要体现在社会生活中是多方面的，如要求摆脱失业的威胁，要求在生病及年老时生活有保障，要求工作安全并免除职业病的危害，希望解除严格的监督及不公正的待遇，希望免除战争和意外的灾害等。

3）社交的需要

社交的需要包括友谊、爱情、归属、信任与被接纳的需要。人们一般都愿意与他人进行社会交往，想和同事们保持良好的关系，希望给予和得到友爱，希望成为某个团体的成员等。这一层次的需要得不到满足，可能会影响人精神上的健康。

4）尊重的需要

尊重的需要包括自尊和受到别人尊重两方面。自尊是指自尊心，工作努力不甘落后，有充分的自信心，获得成就后的自豪感。受人尊重是指自己的工作成绩、社会地位能得到他人的认可。这一层次的需要一旦得以满足，必然信心倍增，否则就会产生自卑感。

5）自我实现的需要

自我实现的需要是最高一级的需要，指个人成长与发展，发挥自身潜能、实现理想的需要。即人希望自己能够充分发挥自己的潜能，做自己最适宜的工作。

2. 需要层次理论的基本观点

（1）人是有需要的动物，已经满足的需要不起激励的作用，因而不再是激励因素，只有尚未满足的需要能够影响行为。

（2）5种需要像阶梯一样从低到高，逐层上升。一个层次的需要相对满足了，就会向高一层次发展。

（3）多数人的需要结构是很复杂的，在每一时刻都会同时有许多需要在影响着人们的行动，而不会是单一的需要支配着人们的行动。

(4) 各层次的需要相互依赖、相互重叠，任何一种需要并不因为下一个高层次的需要的发展而消失。高层次的需要发展后，低层次的需要仍然存在，只是对行为的影响比重减轻了。

(5) 人的需要有轻重层次，在一般情况下，只有在低层次的需要得到满足后，才能使高层次的需要有足够的动力去驱动行为。

(6) 一般情况下，满足较低层次的需要途径少，而满足较高层次的需要途径多。

(7) 5种需要不可能完全满足，越到上层，满足程度越小。

(8) 需要有高级和低级之分。生理的需要和安全的需要为较低级需要，而社交的需要、尊重的需要、自我实现的需要则为较高级的需要。

3. 需要层次在企业中的应用

没有满足的需要是激励的开端，而需要的满足则是激励过程的完成。可见，需要是人类行为的出发点、基础和最根本的原因。管理者只有了解了员工的需要及员工之间需要的差异，然后有针对性地采取管理措施，才能收到良好的激励效果，充分调动员工的工作积极性。需要层次在企业中的应用见表10-1。

表10-1 需要层次在企业中的应用

| 需要层次 | 激励因素（追求的目标） | 应用 |
| --- | --- | --- |
| 生理的需要 | 工资和奖金<br>各种福利<br>工作环境 | 足够的薪金、舒适的工作环境、适度的工作时间、住房和福利设施、医疗保险等 |
| 安全的需要 | 职业保障<br>意外事故的防止 | 雇用保证、退休养老金制度、意外保险制度、安全生产制度、危险工种营养福利制度等 |
| 社交的需要 | 友谊<br>团体的接纳<br>组织的认同 | 建立和谐的工作团队、协商和对话制度、互助金制度、联谊小组、教育培养制度等 |
| 尊重的需要 | 名誉和地位<br>权力和责任 | 人事考核制度、职衔、表彰制度、责任制度、授权等 |
| 自我实现的需要 | 能发挥个人特长的环境<br>具有挑战性的工作 | 决策参与制度、提案制度、破格晋升制度、目标管理、工作自主权等 |

## 10.2.2 期望理论

期望理论是美国心理学家弗鲁姆在20世纪60年代提出来的。这个理论一出现，就受到广大管理学家和实际管理工作者的普遍重视。目前，人们已经把期望理论看作最主要的激励理论之一。

该理论认为，人之所以能够从事某项工作并达成组织目标，是因为这些工作和组织目标会帮助他们实现自己的目标，满足自己某些方面的需要。具体而言，当员工认为努力会带来良好的绩效评价时，就会受到激励进而付出更大的努力，同时良好的绩效评价会带来诸如奖金、加薪或晋升等组织奖励，这些组织奖励会实现员工的个人目标，满足其某些需求，从而产生激励。

弗鲁姆认为，激励是个人寄托于一个目标的预期价值与他对实现目标的可能性的看法的乘积。用公式表示为

$$激励力 = 效价 \times 期望值$$
$$(M = V \cdot E)$$

式中，$M$ 是激励力，表示个人对某项活动的积极性程度，希望达到活动目标的欲望程度；$V$ 是效价，是活动结果对个人的价值大小，即一个人对某一结果偏爱的强度，$-1 \leq V \leq 1$；$E$ 是期望值，是个人对实现这一结果的可能性的判断，即采取某种行为对实现目标可能性的大小，$0 \leq E \leq 1$。

这个公式表明，激发力的大小与效价、期望值有密切的关系，效价越高、期望值越大，激发力就越大，反之亦然。如果其中一个变量为零（毫无意义或毫无可能），激发力也就等于零。这就说明了为什么非常有吸引力的目标，也会无人问津。公式同时还表明，在进行激励时要处理好以下 3 个关系，这 3 个关系也是调动人们工作积极性的 3 个条件。

1. 努力与绩效的关系

人总是希望通过一定的努力达到预期的目标，如果个人主观认为通过自己的努力达到预期目标的概率较高，就会有信心，就可能激发出很强的工作力量。但是如果他认为目标太高，通过努力也不可能会有很好的绩效时，就失去了内在的动力，导致工作消极。

2. 绩效与奖励的关系

人总是希望取得成绩后能得到奖励，这种奖励是广义的，既包括提高工资、多发奖金等物质方面的，也包括表扬、自我成就感、得到同事或领导认可和信赖等。如果他认为取得绩效后能够获得合理的奖励，就有可能产生工作热情，否则就没有积极性。

3. 奖励与满足个人需要的关系

人总希望自己所获得的奖励能满足自己某方面的需要。然而，由于人们在年龄、性别、资历、社会地位和经济条件等方面都存在差异，他们对各种需要要求得到满足的程度不同。因而对于不同的人，采用同一种奖励办法能满足的需要程度不同，能激发出来的工作动力也不同。

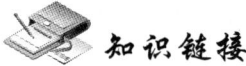

某汽车零件制造厂的赵副厂长，分管生产。一个月前，他为了搞好生产，掌握第一手资料，到第一车间甲班去蹲点调查。一个星期后，他发现工人的劳动积极性不高，主要原因是奖金太低，所以工人每天多的生产二十几只零件，少的生产十几只零件。

赵副厂长和厂长等负责人商量后，决定在第一车间甲班搞定额奖励试点。即每天每人以生产 20 只零件为标准，超过 20 只零件后，每生产一只零件奖励 5 元。结果全班 23 个人都超额完成工作任务，最少的每天生产 29 只零件，最多的每天生产 42 只零件，这样一来，工人的奖金额大增，但这使其他班、其他车间的工人十分不满。于是，赵副厂长不得不修改了奖励标准，工人每天生产 30 只零件后，每生产一只零件奖励 5 元，可结果是全班平均产量每天只维持在 33 只左右，最多的人不超过 35 只，赵副厂长观

察后发现，工人并没有全力生产，离下班还有一个半小时左右，只要30只任务已完成了，他们就开始休息了。他不知道该如何进一步调动工人的积极性了。

资料来源：道客巴巴网，http://www.doc88.com

### 10.2.3 强化理论

强化理论是由美国心理学家斯金纳首先提出的。该理论认为人的行为是其后果的函数。如果这种后果对他有利，则这种行为就会重复出现；若对他不利，则这种行为就会减弱直至消失。因此管理要采取各种强化方式，以使员工的行为符合组织目标。

强化理论在管理实践中的运用有正强化与负强化两个方向不同的类型。

1. 正强化

正强化是一种增强行为的方法。它指用某种具有吸引力的结果，对人的某一行为进行鼓励和肯定，使其重视和加强这种行为，从而有利于组织目标的实现。例如，看到员工工作表现出色领导立即加以表扬，实际上就是对行为做了正强化。在管理中，正强化表现为奖酬，如认可、赞赏、增加工资、职位提升、高奖金、提供满意的工作条件等。为了使强化达到预期的效果，必须注意实施不同的强化方式。正强化方式主要有连续的、固定的正强化和间断的、不固定的正强化两种。前者是指对每一次符合组织目标的行为都给予强化，或每隔一固定时间就给予一定数量的强化。尽管这种强化有及时刺激、立竿见影的效果，但久而久之，人们就会对这种正强化有越来越高的期望，或者认为这种正强化是理所应当的。企业管理者有时不得不经常加强这种正强化，否则其作用会减弱甚至不再起到刺激行为的作用。后者是指管理者根据组织的需要和个人行为在工作中的反映，不定期、不定量实施强化，使每次强化都能起到较大的效果。实践证明，后一种正强化由于是"意外的惊喜"而有更好的作用，更有利于组织目标的实现。

2. 负强化

负强化是指预先告知某种不符合要求的行为或不良绩效可能引起的不愉快的后果，使人放弃这种行为而符合组织的要求，从而保证组织目标的实现不受干扰。负强化包含减少奖酬或罚款、批评、降级等。让员工知道做了不符合规定的事会受到批评或惩罚，如能够避免或改正，则不会受到惩罚，以此来引导、强化员工的行为，使之转向符合组织的要求。例如，员工知道随意迟到、缺勤会受到处罚，不缺勤、按时上班则不会受到处罚，于是员工会避免迟到、缺勤，学会按要求行事。实际上，不进行正强化也是一种负强化。比如，过去对某种行为进行正强化，现在组织不再需要这种行为，但基于这种行为并不妨碍组织目标的实现，这时就可以取消正强化，使行为减少或不再重复出现。实施负强化的方式与正强化有所差异，应以连续负强化为主，即对每一次不符合组织的行为都应及时予以负强化，消除人们的侥幸心理，减少直至消除这种行为重复出现的可能性。

也有学者认为，对于损害组织利益的行为应该强化事前的监督与防范，一旦发生应及时制止与批评，但要慎用惩罚。因为批评的目的只是改进和避免重犯，客观、委婉的批评容易被接受，而惩罚往往造成伤害，产生抵触情绪乃至仇恨。管理者如果被惩罚带来的短期效果所蒙蔽而过多地滥用惩罚，尤其是惩罚的强度过大，有可能使组织中潜伏产生极端行为的危险。

强化理论只讨论外部因素或环境刺激对行为的影响，忽略人的内在因素和主观能动性对环境的反作用，具有机械论的色彩。但是，许多行为科学家认为，强化理论有助于对人们行为的理解和引导。因为，一种行为必然会有后果，而这些后果在一定程度上会决定这种行为在将来是否重复发生。在实践中，管理人员态度鲜明地表示出提倡什么、反对什么、哪些该做、哪些不该做，对于组织成员理性地决定自己的行为有明显影响。同时，将正、负强化相结合，在否定某种行为的同时指出应该如何做，有改善的表现时及时进行正强化，往往会有较好的效果。

 **知识链接**

> 对待自觉性比较差的员工，一味地为他创造良好的软环境、去帮助他，并不一定能让他感受到"萝卜"的重要，因此有时还需要"大棒"的威胁。偶尔利用你的权威对他们进行威胁，会及时制止他们消极散漫的心态，激发他们发挥出自身的潜力。自觉性强的员工也有满足、停滞、消沉的时候，也有依赖性，适当的批评和惩罚能够帮助他们认清自我，重新激发新的工作斗志。
> 
> 资料来源：龙吻. 世界上最神奇的30个经典定律. 北京：朝华出版社，2009.

### 10.2.4 公平理论

公平理论是美国心理学家亚当斯在20世纪60年代提出的。亚当斯通过大量的研究发现：员工对自己是否受到公平合理的待遇十分敏感。员工首先思考自己收入与付出的比率，然后将自己的收入－付出比与其他人的收入－付出比进行比较，如果员工感觉到自己的比率与他人的相同，则认为处于公平状态；如果感到两者的比率不相同，则产生不公平感，也就是说，他们会认为自己的收入过低或过高。

员工的工作积极性不仅受到其所得报酬的绝对值的影响，更受到相对值的影响。相对值来源于横向比较与纵向比较。横向比较是将自己所做的付出和所得的报酬，与一个和自己条件相当的人的付出和所得的报酬进行比较，从而对此做出相应的反应。纵向比较是指个人对工作的付出和所得与过去进行比较时的比值。比较的结果有以下3种可能。

1. 感到报酬公平

当企业员工经过比较感到相对值相等时，其心态就容易平衡。有时尽管他人的结果超过了自己的结果，但只要对方的投入也相应的大，就不会有太大的不满。他会认为激励措施基本公平，积极性和努力程度可能会保持不变。

2. 感到报酬不足

在比较中，当员工发现自己的报酬相对低了，就会感到不公平，就会设法去消除不公，并有可能采取以下的措施来求得平衡。一是曲解自己或他人的付出或所得；二是采取某种行为使得他人的付出或所得发生改变；三是采取某种行为改变自己的付出或所得；四是选择另外一个参照对象进行比较；五是辞去工作。员工感到不公平时，工作的积极性往往会下降。

3. 感到报酬多了

当员工感到自己相对于他人而言，报酬高于合理水平时，多数人认为不是什么大问题，他们可能会认为这是自己的能力和经验有了提高的结果。但有关研究也证明，处于这种不公平的情况下，工作积极性不会有多大程度的提高，而有些人也会有意识地减少这种不公。例如，通过付出更多的努力来增加自己的收入。

**知识链接**

  某物业经营管理公司成立初期非常注重管理的规范化和充分调动员工积极性，制订了一套较科学完善的薪酬管理制度，公司得到了较快的发展。短短两年多的时间，公司的业务增长了110%。随着公司业务的增加和规模的扩大，员工也增加了很多，人数达到了220多人。但公司的薪酬管理制度没有随公司业务发展和人才市场的变化而适时调整。公司领导原以为公司的发展已有了一定的规模，经营业绩理应超过以前，但事实上，整个公司的经营业绩不断下滑，客户的投诉不断增加，员工失去了往日的工作热情，出现了部分技术、管理骨干离职，其他人员也出现不稳定的预兆。其中，公司工程部经理在得知自己的收入与后勤部经理的收入相差很少时，感到不公平，他认为工程部经理这一岗位相对后勤部经理，工作难度大、责任重，应该在薪酬上体现出这种差别，所以，他工作起来没有了以前那种干劲，后来辞职而去。因为员工的流失、员工工作缺乏积极性，该公司的经营一度出现困难。在这种情况下，该公司的领导意识到问题的严重性，经过对公司内部管理的深入了解和诊断，发现问题出在公司的薪酬系统上，而且关键的技术骨干力量的薪酬水平较市场明显偏低，对外缺乏竞争力；公司的薪酬结构也不尽合理，对内缺乏公平，从而导致技术骨干和部分中层管理人员流失。针对这一具体问题，该公司就薪酬水平进行了市场调查和分析，并对公司原有薪酬制度进行调整，制订了新的与企业战略和组织架构相匹配的薪资方案，激发了员工的积极性和创造性，公司发展又开始恢复良好的势头。

资料来源：中国人力资源开发网，http://www.chinahrd.net

  公平理论第一次把激励和报酬的分配关系联系在一起说明人是要追求公平的，从而揭示了现实生活中的许多现象。比如，一名研究生的月工资是3 500元，他并没有觉得不满，但当两年后单位新来的一名大学生每月也拿3 500元时，他就会觉得不公平，马上会产生不满情绪。公平理论表明公平与否是源于个人的感觉。人们在心理上通常会低估他人的工作成绩，高估别人的收益，由于感觉上的错误，就会产生心理不平衡。这种心态对组织和个人都很不利。所以管理人员应有敏锐的洞察力来体察员工的心情，如确有不公，则应尽快解决，如是个人主观的认识偏差，也有必要进行说明解释，做好思想工作。

## 10.3 激励的实施

### 10.3.1 激励的基本原则

  激励是一门学问，根据员工的需要进行激励时，不同的组织要结合自身的实际采用不同的方法。正确的激励应遵循以下的基本原则。

  1. 个人目标与组织目标相结合

  在激励中设置目标是一个关键环节。目标是员工产生动力的源泉，管理者要善于为每一个员工设置适当的目标。目标越能体现组织、个人的共同利益，则越能激励员工，实现的可能性就越大。那么，应如何将员工的个人目标与组织的目标结合起来呢？一是把组织目标转化为员工个人目标，明确组织目标的实现将给员工带来的好处，使员工自觉地从关心自身利益变为关心企业的利益，从而提高影响个人激励水平的效价；二是善于把组织、个人目标展现在员工眼前，不断增强员工实现目标的自信心，提高员工实现目标的期望值；三是制订具有一定挑战性的目标，对员工起到激励的作用。

2. 物质激励与精神激励相结合

员工存在物质需要和精神需要，相应地，激励方式也应该物质激励与精神激励相结合。随着生产力水平和人员素质的提高，应该把重心转移到满足较高层次需要即社交、尊重、自我实现需要的精神激励上，但也要兼顾物质激励。物质激励是基础，精神激励是根本，在两者结合的基础上，逐步过渡到以精神激励为主。

3. 外在激励与内在激励相结合

凡是满足员工对工资、福利、安全环境、人际关系等方面需要的激励称为外在激励；满足员工自尊、成就、晋升等方面需要的激励称为内在激励。实际情况下，往往是内在激励使员工从工作本身获得了很大的满足感。例如，工作中充满了乐趣、挑战性、新鲜感；工作本身具有重大意义；工作中发挥了个人潜力、实现了个人价值等，对员工的激励最大。所以要注意内在激励具有的重要意义。

4. 正强化与负强化相结合

在管理中，正强化与负强化都是必要而有效的，通过树立正面的榜样和反面的典型，扶正祛邪，会形成一种良好的风气，产生无形的压力，使整个群体和组织行为更积极、更富有生气。但鉴于负强化具有一定的消极作用，容易使员工产生挫折心理和挫折行为，因此，管理人员在激励时应把正强化和负强化巧妙地结合起来，以正强化为主，负强化为辅。

5. 按需激励

激励的起点是满足员工的需要，但员工的需要存在个体的差异性和动态性，因人而异，因时而异，并且只有满足最迫切需要的措施，其效价才高，激励强度才大。因此，对员工进行激励时不能过分依赖经验及惯例。激励不存在一劳永逸的解决方法，必须用动态的眼光看问题，深入调查研究，不断了解员工变化了的需要，有针对性地采取激励措施。

研究表明，年轻（25岁及以下）员工在尊重和自我实现需要方面比年龄大的员工（36岁及以上）更强烈；低层次的管理部门与小企业的管理人员比大企业工作的管理人员更容易得到满足。管理者应根据企业的性质及员工的特点激励员工。

6. 客观公正

在激励中，如果出现奖不当奖，罚不当罚的现象，就不可能收到真正意义上的激励效果，反而会产生消极作用，造成不良的后果。因此，在进行激励时，一定要认真、客观、科学地对员工进行业绩考核，做到奖罚分明，无论亲疏，一视同仁，使受奖者实至名归，受罚者心服口服。

### 10.3.2 激励的方法

激励的方法和途径是多样化的。每一个员工的需要是不同的，即使是同一个员工，在不同的时间和场合其需要也会发生变化。因此，我们对员工的激励方法也应该视具体情况而定。实践中常用的激励方法有以下几种。

1. 物质利益激励法

美国管理专家米契尔·拉伯福是一名从车间里成长起来的管理者。在长期的管理实践中，他悟出了一条他所说的"最简单、最明白然而也是最伟大的管理原则"，那就是人们会去做受到奖励的事情。

物质利益激励法就是以物质利益（如工资、奖金、福利、晋级和各种实物等）为诱因对员工进行激励的方法。最常见的物质利益激励有奖励激励和惩罚激励。奖励激励是指组织以奖励作为诱因，驱使员工采取最有效、最合理的行为。奖励激励通常是从正面引导员工。组织首先根据组织工作的需要，规定员工的行为，如果符合一定的行为规范，员工可以获得一定的奖励。员工对奖励追求的欲望，促使其行为必须符合行为规范，同时给企业带来有益的活动成果。惩罚激励是指组织利用惩罚手段，诱导员工采取符合组织需要的行动的一种激励。在惩罚激励中，组织要制定一系列的员工行为规范，并规定逾越行为规范的不同惩罚标准。惩罚手段包括扣发工资、奖金、罚款、赔偿等。人们避免惩罚的需求和愿望促使其行为符合特定的规范。

 知识链接

星巴克这条来自西雅图的小"美人鱼"已经进化成为今天遍布全球30多个国家和地区的"绿巨人"。在星巴克的忠实顾客中流传着这样一句话："我不在家，就在星巴克；我不在星巴克，就在去星巴克的路上。"为了吸引和留住本地优秀人才，星巴克已于2006年11月在大中华区实施"咖啡豆股票计划"。无论是公司高层还是普通员工，只要是在2006年4月1日前加盟星巴克，每周工作时间超过20小时的全职或兼职员工，都有权获得星巴克的股票期权。公司董事会决定将这个计划初次实施的比例确定为14%，即有权享受该福利的员工将获得相当于年薪的14%价值的公司股票期权。这是当时外资公司在中国进行的最大范围的股票期权计划。与零售业其他同行相比，星巴克雇员的工资和福利都是十分优厚的，30%的薪酬是由奖金、福利和股票期权构成的。星巴克每年都会在同业间做薪资调查，经过比较分析后，每年会有固定的调薪。

资料来源：经济观察网，http://www.eeo.com.cn

实施物质利益激励要注意保持组织成员的公平感，充分体现"多劳多得，少劳少得"的分配原则。虽然这种激励是直接满足组织成员的低级需要的，但也能间接地满足组织成员的高级需要，因为物质利益可以看作是自己受到尊重，或自己的成就为组织所赏识的标志。

 知识链接

结合中国员工福利思想浓厚状况，西安杨森一方面教育员工要摒弃福利思想；另一方面又充分考虑到社会保障体系不太完善，要尽可能地为员工解决实际生活问题。公司的中外方高层领导之间经过几年的磨合，终于形成共识：员工个人待业、就业、退休保险及人身保险由公司承担，有部门专门负责；员工的医疗费用可以全部报销。在住房上，他们借鉴新加坡的做法，并结合中国房改政策，员工每月按工资支出

25%，公司相应支出35%，建立员工购房基金。这已超过了一般国有企业的公积金比例。如果基金不够，在所购房屋被抵押的情况下，公司负担担保帮助员工贷款。这样，在西安杨森工作4～6年的员工基本上就可以购买住房了。

资料来源：道客巴巴网，http://www.doc88.com

#### 2. 思想教育激励法

思想教育激励主要通过宣传教育、举行座谈会、个别交流思想等方式，激发个人的事业心、责任感、企业主人翁精神及社会奉献精神等。思想教育激励的目的就是要通过引导和说服使员工认识到个人利益和组织利益是可以取得一致的，并且即使不一致时，也应以组织利益为重，顾全大局。思想教育激励和其他激励方式一起使用，能收到更好的激励效果。

**知识链接**

西安杨森的90多名高级管理人员和销售骨干，与来自中央和地方新闻单位的记者及中国扶贫基金会的代表一起由江西省宁冈县（现该县已撤销）茅坪镇向井冈山市所在地的茨坪镇挺进，进行30.8千米的健康新长征活动。他们每走3.08千米，就拿出308元人民币捐献给井冈山地区的人民，除此以外个人也进行了捐赠。公司还向井冈山地区的人民医院赠送了价值10万元的药品。为什么要组织这样一次活动呢？西安杨森原董事长郑鸿女士说："远大的目标一定要落实在具体的工作中去。进行健康新长征就是要用光荣的红军长征精神激励和鞭策我们开创祖国美好的未来。"长征是宣传队，宣传了西安杨森"忠实于科学，献身于健康"的精神；长征是播种机，播下了西安杨森"团队合作、勇于奉献、敢于挑战的火种"。前任美籍总裁罗健瑞说："我们重视爱国主义教育，使员工具备吃苦耐劳的精神，使我们企业更有凝聚力。因为很难想象，一个不热爱祖国的人怎能热爱公司？而且我也爱中国！"

资料来源：管理营销资源中心网，http://www.mmrc.net

#### 3. 目标激励法

大多数人都有实现预定目标的计划和需要，希望不断攀登新的目标。管理中常说的目标管理，不仅是一种管理活动，也是一种有效的目标激励法。所谓目标激励法就是给员工确定一定的目标，以目标为诱因驱使员工去努力工作，以实现自己的目标。任何组织的发展都需要有自己的目标，任何个人在自己需要的驱使下也会具有个人目标。目标激励必须以组织的目标为基础，要求把组织的目标与员工的个人目标结合起来，使组织目标和员工目标相一致。

目标管理通过广泛的参与来制订组织目标，并将其系统地分解为每个人的具体目标，然后用这些目标来引导和评价每个人的工作。在目标管理中，目标是最重要的，组织目标是组织前进的目的地，个人目标则是个人奋斗所要实现的愿望。目标管理的特点之一是把组织的目标分解为各个行动者的目标，而分解过程又充分吸收了行动者参与。按照这一特点，只要使个人的目标及奖酬与个人的需要一致起来，就提高了目标的效价。而实现目标信心的增加就是实现目标的期望值的提高。目标管理充分发挥每个人的最大能力，实行自我控制，更容易发挥每个人的潜能和创造力，增加激励力。

#### 4. 培训教育激励法

给个人提供各种学习、锻炼的机会是一种有效的激励方式。培训教育的激励作用是多方面的。当今社会的学习是终身学习，教育是终身教育。员工虽然在实践中不断丰富和积累着知识,但他们仍然需要提升学历水平、专业证书学习、短期培训、出国进修等,这种培训可以充实他们的知识,培养他们的能力,给他们提供进一步发展的机会,提高他们在现代社会中的适应能力和竞争能力,满足他们自我实现的需要。

 **知识链接**

德国的巴斯夫公司把培训职工、提高其工作能力作为激励的几项基本原则之一。该公司南亚、东南亚及澳大利亚地区常务董事施恩麦博士认为,雇员接受培训,既提高了知识,又培养了个性,他们在寻找更多的承认、更高的级别和更高的工资中遇到了挑战,他们利用各种机会来建立他们的未来,这对公司十分有利。因此,培训这种激励方式也越来越受到青睐。

对星巴克而言,每位员工都是构成品牌的一分子,在消费者心目中都代表着星巴克。星巴克的"学习旅程"(每次4小时,一共5次的课程),是所有新合伙人都要上的课程。从第一天起,新合伙人即熏陶在星巴克的价值和基本信念体系之中。所有新员工在进入公司的第一个月内都能得到最少24小时的培训,包括对公司适应性的介绍、顾客服务技巧、店内工作技能等。另外,还有一个广泛的管理层培训计划,着重训练领导技能、顾客服务及职业发展。对员工进行栽培和辅导训练,使他们得到可持续的成长发展空间,是星巴克公司所看重的。星巴克为员工提供了很多核心训练和技巧,希望他们即使离开了,也同样能从星巴克的经历中受益。

资料来源:第一资源网, http://www.tophr.net

**5. 工作兴趣激励法**

兴趣对人的工作态度、钻研程度、创新精神的影响是巨大的。工作的分配要考虑到员工的特长和爱好,通过分配恰当的工作来激发员工内在的工作热情。

如果一个人在为一项事业工作,他自然会追求较高的境界,不会对工资报酬等利益过分敏感,而是全身心地致力于事业发展,建功立业。职务设计是一种重要的工作兴趣激励方法。美国管理学家哈克曼提出,如果在职务设计中充分考虑到技能的多样性、任务的完整性、工作的独立性,并阐明每项任务的意义及设置反馈环节,就可以使员工体验到工作的重要性、所负的责任,及时了解工作的结果,从中产生高度的内在激励作用,形成高质量的工作绩效及对工作高度的满足感,大大降低离职率及缺勤率。

在管理中只要能重视员工的兴趣因素,就能实现预期的精神激励效果。国内外有一些企业允许甚至鼓励员工在企业内部双向选择,合理流动,包括员工找到自己最感兴趣的工作。兴趣可以导致专注,甚至于入迷,而这正是员工获得突出成就的重要动力。

事必躬亲,是对员工智慧的扼杀,长此以往,员工容易形成惰性,责任心大大降低,把责任全推给管理者。情况严重者,会导致员工产生厌烦心理,即便工作出现错误也不情愿向管理者提出。何况人无完人,个人的智慧毕竟是有限的。为员工规划好蓝图,给员工留下空间,发挥他们的智慧,他们会做得更好。多让员工参与公司的决策事务,是对他们的肯定,也是满足员工自我价值实现的精神需要。赋予员工更多的责任和权力,他们会取得让你意想不到的成绩。

**6. 形象与荣誉激励法**

一个人通过视觉感受到的信息,占全部信息量的80%,因此,充分利用视觉形象的作用,激发员工的荣誉感、成就感、自豪感,也是一种行之有效的激励方法。常用的方法是照片、资料张榜公布，借以表彰企业的标兵、模范。在有条件的企业，还可以通过公司内部网络传播企业的经营信息，宣传企业内部涌现的新人、新事、优秀员工、劳动模范、技术能手、爱厂标兵、模范家庭等。

荣誉激励成本低廉，但效果很好。可有些单位在荣誉激励上，存在评奖过滥、过多等不正确现象，如评优中的"轮庄法""抓阄法""以官论级法""以钱划档法""老同志优先、体弱病残者优先"等的"优先法"，都使荣誉的"含金量"大大降低，这都是对荣誉激励的滥用。

7. 信任关怀激励法

信任关怀激励法是指组织的管理人员充分信任员工的能力和忠诚，放手、放权，并在下属遇到困难时，给予帮助、关怀的一种激励方法。这种激励方法没有什么固定的程序，总的思路是为下属创造一个宽松的工作环境，给员工以充分的信任，使其充分发挥自己的聪明才智；时时关心员工疾苦，了解员工的具体困难，并帮助其解决，使其产生很强的归属感。这种激励法是通过在工作中满足组织成员的信任感、责任感等需要达到激励作用的。例如，让员工参与企业管理，使员工产生主人翁责任感，从而激励员工发挥自己的积极性。让员工经常参与企业重大问题的决策和管理，多提出合理化建议，并对企业的各项活动进行监督，那么，员工就会亲身感受到自己是企业的主人，企业的前途和命运就是个人的前途和命运，个人只有依附或归属于企业才能发展自我，这样就会激励员工全身心地投入到企业的事务中。

 知识链接

　　尊重是人的精神需要，是对自己尊严和价值的追求。在对惠普公司20位高级管理人员的调查中，有18位都主动提到"尊重人是企业的成功之道"，他们公司的成功在于"惠普之道"。惠普公司创始人比尔·休利特说，惠普之道就是关怀和尊重每一个人并承认他们个人成就的传统。因此，个人的尊重和价值是惠普之道的一个极重要的因素。在管理过程中，应尊重各级员工的价值取向和独立人格，尤其尊重企业的小人物和普通员工，让员工的自我价值在工作中得到肯定，这样人们就会对工作充满热情，大家才能相互合作，才能形成企业团队精神和凝聚力。

资料来源：莫寰，邹艳春. 新编管理学. 北京：清华大学出版社，2005.

人是有感情的动物，情感满足是员工的基本需求。通过建立良好的情感关系，可以激发员工的士气，从而达到提高工作效率的目的。常见的方式有，生日祝贺礼（领导亲自祝贺、送生日蛋糕、送生日卡、举办生日晚会、生日舞会等），每天早上领导者迎接员工上班，帮助员工操办婚丧嫁娶，帮助联系员工的子女入托、入学，看望生病员工，员工有困难时帮助解决，开展送温暖活动等。信任关怀激励法的运用要求管理者做到以下三点：一是善于体察人心，及时感受到下属的思想和情感变化，并根据这些变化采取相应的措施；二是善于根据员工的不同特点，选择不同的情感交流方式；三是要真诚，要真正关心、尊重和信任下属，不搞形式主义。

 知识链接

　　西安杨森的管理实践充满了浓厚的人情气息。逢年过节，总裁即使在外出差、休假，也不会忘记邮寄

贺卡，送给员工一份祝福。在员工过生日时，总会得到公司领导的问候，这不是形式上的、统一完成的贺卡，而是有针对性的充满领导个人和公司对员工关爱的贺卡。员工生病休息，部门负责人甚至总裁会亲自前去看望，或写信问候。员工结婚或生小孩，公司都会把这视为自己家庭的喜事而给予热烈祝贺。公司还曾举办过集体婚礼。公司的有些活动，还邀请员工家属参加，一起分享大家庭的快乐。西安杨森办的内部刊物就叫《我们的家》，以此作为沟通信息、联络感情、相互关怀的桥梁。

资料来源：MBA智库百科网，http://www.mbalib.com

## 本 章 小 结

激励是对人的一种刺激，是促进和改变人的行为的一种有效的手段。激励的过程就是管理者引导并促进工作群体或个人产生有利于管理目标的行为的过程。激励的对象主要是人，所以在开展激励工作之前，管理者首先要正确地认识人。

激励的目标就是要正确地诱导员工的工作动机，调动他们的工作积极性和创造性，使他们在实现组织目标的同时实现自身的需要，提高其满意程度，以使他们的积极性和创造性继续保持和发扬下去。

在企业中，激励具有特殊的作用：通过激励可以稳定人才队伍，吸引人才；通过激励可以提高人们工作的主动性、积极性和创造性；通过激励可以激发人们的热情和兴趣。

激励理论为管理者提供了激励员工的思路与方法，如需要层次理论、期望理论、强化理论、公平理论的主要观点在实际工作中的运用。管理者要很好地激励员工首先要对员工的需要进行调查与分析；其次必须遵循激励的一些基本原则；最后要掌握一定的激励方法与技巧。

## 习　　题

1. 什么是激励？为什么说激励对管理者具有十分重要的意义？
2. 从总体上评价西方的人性假设理论。
3. 马斯洛需要层次理论的主要内容是什么？在企业管理中有哪些应用？
4. 期望理论提出在进行激励时要处理好哪些关系？
5. 公平理论给管理实践带来哪些启示？在实际工作中，如何才能做到公平？
6. 强化的类型有哪些？应如何应用强化理论？
7. 在企业中，管理者应掌握哪些激励员工的方法与技巧？

### 失灵的工资全额浮动制

某建筑装饰工程总公司是国家住房和城乡建设部批准的建筑装饰施工一级企业，实力雄厚，经济效益可观。铝门窗及幕墙分厂是总公司下属最大的分厂，曾经在一线工人和经营人员中率先实行工资全额浮动，收到了不错的效果。为了进一步激发二线工人、技术人员及分厂管理干部的积极性，该分厂宣布全面实行工资全额浮动。决定宣布后，连续两天，技术组几乎无人画图，大家议论纷纷，抵触情绪很强。经过分厂领导多次做思想工作，技术组最终被迫接受了现实。

实行工资全额浮动后，技术人员的月收入，是在基本生活补贴的基础上，按当月完成设计任务的工程产值提取设计费。例如，玻璃幕墙设计费，基本上按工程产值的0.27%提成，即设计的工程产值达100万元，可提成设计费2 700元。当然，技术人员除了画工程设计方案图和施工图，还必须作为技术代表参加投标，负责计算材料用量及加工、安装现场的技术指导和协调工作。分配政策的改变使小组每日完成的工作量有较大幅度提高。组员主动加班加点，过去个别人"磨洋工"的现象不见了。然而，随之而来的是小组里出现了争抢任务的现象，大家都想设计产值高、难度小的工程项目，而难度大或短期内难见效益的技术开发项目备受冷落。

彭工原来主动要求开发与自动消防系统配套的排烟窗项目，有心填补国内空白，但实行工资全额浮动3个月后，他向组长表示，自己能力有限，希望放弃这个项目，要求组长重新给他布置设计任务。

李工年满58岁，是多年从事技术工作的高级工程师。实行工资全额浮动后，他感到了沉重的工作压力。当年9月，他作为呼和浩特某装饰工程的技术代表赴呼市投标，由于种种原因，该工程未能中标。他出差20多天，刚接手的另一项工程设计尚处于准备阶段，故当月无设计产值，仅得到基本生活补贴500元。虽然在随后的10月份，他因较高的设计产值而得到3 580元的工资，但他依然难以摆脱强烈的失落感，他向同事们表示他打算申请提前退休。

尽管技术组组长总是尽可能公平地安排设计任务，平衡大家的利益，但是意见还是一大堆。小组内人心浮动，好几个人有跳槽的意向，新分配来的大学生小王干脆不辞而别。组长感到自己越来越难做人了。

资料来源：中国人力资源开发网，http://www.chinahrd.net

**案例分析题**

1. 该企业中技术人员的需要层次有何特点？
2. 实施工资全额浮动后效果不佳的原因何在？

# 第11章 沟　　通

## 学习目的

通过本章的学习，理解沟通的含义及重要性、沟通过程及方式，掌握沟通的障碍及有效沟通的策略，掌握冲突的起源和冲突的处理，提高沟通能力和沟通效果，善于解决沟通中发生的冲突，从而提高管理能力。

## 知识要点

| 知识要点 | 要求程度 | 相关知识 |
| --- | --- | --- |
| 沟通的含义 | 理解 | (1) 沟通的含义<br>(2) 沟通的重要性 |
| 组织中的沟通 | 理解 | (1) 沟通的过程<br>(2) 沟通的方式 |
| 沟通障碍 | 掌握 | (1) 沟通障碍的含义<br>(2) 沟通障碍的来源<br>(3) 沟通障碍的形式<br>(4) 沟通障碍的表现 |
| 沟通障碍的克服 | 掌握 | (1) 有效沟通的原则<br>(2) 有效沟通的策略 |
| 冲突管理 | 掌握 | (1) 冲突的起源<br>(2) 冲突的处理<br>(3) 谈判 |

### 心情沮丧的张先生

张先生是一位有 5 年工龄的模具工,工作勤奋,爱钻研。半年前,张先生利用业余时间独立设计制作了一套新型模具,受到设计部门的嘉奖。为了鼓励张先生的这种敬业精神,当时的生产部主任王先生特别推荐他上夜校学习机械工程学。从那以后,张先生每周有 3 天必须提前一小时下班,以便准时赶到夜校。这也是经原生产部主任王先生特许的,王先生当时曾说过他会通知人事部门。

然而,上周上班时,张先生被叫到现任生产部主任陆先生的办公室进行了一次面谈。陆先生给了他一份处罚报告,指责他工作效率低,尤其批评他公然违反公司的规定,一周内 3 次早退,如果他继续这样下去,将会影响其他员工。因此,陆先生说要对他进行处罚,并警告说,照这样下去,他将被解雇。

张先生接到处罚报告时,感到十分委屈。他曾试图向陆先生解释原因,然而,每次陆先生都说太忙,没时间与他交谈,并告诉他不许早退,要求他提高工作效率。张先生觉得这位新上司太难相处,心情十分沮丧。

资料来源:中国人力资源开发网,http://www.chinahrd.net

## 11.1 组织中的沟通

### 11.1.1 沟通及其重要性

**1. 沟通的含义**

沟通是人类各种活动中最重要的活动之一。"沟通"源于拉丁文 communis,意义为共同化,英文表示为 communication,在《美国传统双解词典》中的解释为"交流、交换思想、消息或信息,如经由说话、信号、书写或行为";《新编汉语词典》关于沟通之意的解释为"使两方能连通";传播学者西蒙多·克莱文杰说,从学术或科学的角度对沟通下定义遇到困扰,这是因为一个事实,即动词的"沟通"(to communicate)作为普通词汇沿用已久,因此很难将其作为科学用语使用。

从管理学的角度来看,沟通就是为了达到一定目标,借助一定手段把可理解的信息、思想和情感在两个或两个以上的个人或群体中传递交换的过程,目的是通过相互间的理解与认同使个人或群体间的认知及行为相互适应,获得理解、达成协议的过程。

首先,沟通的传递要素包括了中性的信息、理性的思想与感性的情感;其次,沟通具有相互性,一定是两个或两个以上的个体或群体之间的传递过程才能称为完整的沟通;最后,主体发出的信息、思想与情感不仅要被传递到客体,而且要被充分理解并达成协议。总之,沟通是双方之间准确地理解、传递和反馈信息、思想与情感的过程。

对于一个企业的管理者而言,要时刻面对各种各样的沟通,沟通的对象包括企业的众多利益相关者,外部包括政府、企业所有者(股东)、融资银行、上游供应商、下游中介渠道商、广告商、媒体、社会团体、竞争对手与产品顾客;内部包括上级管理者、同级管理者及下级的员工及其家庭等。

## 2. 沟通的重要性

沟通是一种自然而然的、必需的、无所不在的活动。沟通是人类组织的基本特征和活动之一。没有沟通，就不可能形成组织和人类社会。家庭、企业、国家，都是十分典型的人类组织形态。沟通是维系组织存在，保持和加强组织纽带，创造和维护组织文化，提高组织效率、效益，支持、促进组织不断进步发展的主要途径。

通过沟通可以交流信息和获得感情与思想。在人们工作、娱乐、居家、买卖时，或者希望和一些人的关系更加稳固和持久时，都要通过交流、合作、达成协议来达到目的。

沟通发挥着以下重要的作用。

1）传递和获得信息

信息的采集、传送、整理、交换，无一不是沟通的过程。通过沟通，交换有意义、有价值的各种信息，生活中的大小事务才得以开展。掌握低成本的沟通技巧、了解如何有效地传递信息能提高人的办事效率，而积极地获得信息更会提高人的竞争优势。

2）改善人际关系

社会是由人们互相沟通所维持的关系组成的网。人们相互交流是因为需要同周围的社会环境相联系。沟通与人际关系两者相互促进、相互影响。有效的沟通可以赢得和谐的人际关系，而和谐的人际关系又使得沟通更加顺畅。相反，人际关系不良会使沟通难以开展，而不恰当的沟通又会使人际关系变得更坏。

3）沟通是组织实现其目标的重要手段

组织中的个体、群体为了实现一定目标，在完成各种具体工作时都需要相互交流，统一思想，自觉地协调。信息沟通使组织成员团结起来，把抽象的组织目标转化为组织中每个成员的具体行动。没有沟通，一个群体的活动就无法进行，特别是管理者通过与下属的沟通使员工明确自己的工作任务，以保证目标的实现。

4）沟通使管理决策更加合理有效

对信息的搜集、处理、传递和使用是科学决策的前提。在决策过程中利用信息传递的规律，选择一定的信息传播方式，可避免因延误决策时间而导致的失败。管理者通过一定的方式推行决策方案，赢得上级的支持和下级的合作，没有有效的沟通是不能达到这一目标的。

5）沟通成为企业中各部门、各成员之间密切配合与协调的重要途径

由于现代组织是建立在职能分工基础上的，不同职能部门之间"隔行如隔山"，不易相互了解和协作配合。通过有效的沟通，可以使组织内部分工合作更协调一致，保证整个组织体系的统一指挥，统一行动，实现高效率的管理。

6）沟通是管理者激励下属，实现领导职能的基本途径

沟通能增进员工彼此间的了解，促进彼此间的合作，改善人与人之间的关系，是最大限度地调动员工积极性的一种方式。管理者与员工的定期沟通会提高员工的满意度，从而提高工作效率。

有效的沟通让我们高效率地把一件事情办好，让我们享受更美好的生活。善于沟通的人懂得如何维系和改善相互关系，更好地展示自我需要、发现他人需要，最终赢得更好的人际关系和成功的事业。

有效沟通可以帮助我们达到如下目的：一是满足人们彼此交流的需要；二是使人们达成

共识、促进合作；三是降低工作的代理成本，提高办事效率；四是能获得有价值的信息，并使个人办事更加有条理；五是使人进行清晰的思考，有效把握所做的事。

知识链接

原通用电气董事长兼CEO杰克·韦尔奇曾被评为世界最伟大的CEO。他说："它不是一次讲话或一盘录像带，它也不是一份公司的报纸，真正的沟通是一种态度和环境，它是所有程序中最相互影响和相互作用的部分，它需要长时间的心领神会。它是一个稳定、相互作用的过程，这个过程的目标在于创造一种共识。"

资料来源：百度文库，http://wenku.baidu.com

### 11.1.2 沟通的过程

沟通过程就是发送者将信息通过一定的渠道传递给接收者的过程。沟通过程离不开沟通主体（发送者），沟通客体（接收者），信息（包含中性信息、理性的思想与感性的情感），信息沟通渠道等基本沟通要素。一个完整的沟通过程包括了主体/发送者、编码、渠道、解码、客体/接收者、反馈、噪声与背景。

沟通各要素对沟通过程的影响如下。

1. 发送者、接收者

主体即信息源与沟通发起者，这是沟通的起点。沟通的主体是人，任何形式的信息交流都需要有两个或两个以上的人参加。由于人与人之间的信息交流是一种双向的互动过程，所以，发送者与接收者只是相对的，这两种身份可能发生转换。在信息交流过程中，发送者的功能是产生、提供用于交流的信息，是沟通的初始者，处于主动地位。而接收者则被告知事实、观点或被迫改变自己的立场、行为等，处于被动地位。发送者和接收者这种地位对比的特点对于信息交流有着重要影响。

2. 编码与解码

编码就是发送者将信息转化为可传输符号的过程，即把信息、思想与情感等内容用相应的语言、文字、图形或其他非语言形式表达出来的过程。这些符号或信号可以是文字、数字、图画、声音或身体语言。评价发送者的编码能力有3个标准：①认知，即"对不对"的问题；②逻辑，即"通不通"的问题；③修辞，即"美不美"的问题。

解码即译码。接收者对所获取的信息的理解过程，就是将获得的信号翻译成某种含义的过程。如果解码错误，信息将会被误解或曲解。沟通的目的就是希望接收者对发送者所发出的信息做出真实的反应并采取正确的行动。如果达不到这个目的，就说明沟通不灵，产生了沟通障碍。

编码和解码这两个过程是沟通成败的关键。最理想的沟通，应该是通过编码和解码两个过程后接收者形成的信息与发送者的意图完全吻合，也就是说编码和解码完全"对称"。"对称"的前提条件就是双方拥有类似的知识、经验、态度、情绪和感情等。如果双方对信息符号和内容缺乏共同经验，则容易缺乏共同的语言，那么无法达到共鸣，从而使双方在编码和解码过程中不可避免地出现误差和障碍。

3. 信息

信息包含了中性的信息、理性的思想和感性的情感。信息发送者首先应该对信息内容的必要性有明确的认识和把握。例如，信息的内容对接收者是否重要；信息是事实还是观点；对信息接收者而言，信息是积极的还是消极的；信息量有多大等。如果对接收者而言，沟通的信息缺乏必要的有意义的内容、信息量太小，则会使沟通小题大做，浪费时间和物资；而如果沟通当中所传递的信息量过大，则会使对方无法及时全部接受、无法分清信息主次、无法充分理解等。

4. 渠道

渠道是信息从发送者到达接收者所借助的媒介物。语言符号可以有口头和书面两种形式，每一种又可以通过多种多样的载体进行传递。口头语言可以通过面谈、演说、会议、电话、录音带、可视对话等多种渠道传递，而书面语言的载体又可以是信件、内部刊物、布告、文件、投影、电子邮件等。非语言符号包括人的眼神、表情、动作和空间距离等，以此进行人与人之间的信息交流。在申请一份工作时，要学会利用丰富的非语言符号传递信息，如有力的握手、职业装、敬重的语气等。

信息发送者要根据信息的性质选择合适的传递渠道。传递政府报告、员工绩效评估等正式、严肃和权威的事情，宜用书面形式。在各种渠道中影响最大的仍是面对面的原始沟通方式，因为它可以最直接地发出及感受到彼此对信息的态度和情感。

5. 背景

背景是影响沟通的总体环境，可以是物质的环境，也可以非物质的环境。沟通的背景通常包括以下几个方面。

1）心理背景

心理背景是指内心的情绪和态度。它包括两方面的内容。一是沟通者的心情和情绪。沟通者处于兴奋、激动状态时与处于悲伤、焦虑状态时的沟通意愿和行为是截然不同的，后者往往思维处于抑制和混乱的状态，沟通意愿不强烈，编码和解码的过程也会受到干扰。二是沟通双方的关系。如果沟通双方彼此敌视或关系冷漠，其沟通常常由于存在偏见而出现误差，双方都较难理解对方的意思。

2）社会背景

社会背景是指沟通双方的社会角色及其相互关系。不同的社会角色，对应于不同的沟通期望和沟通模式。人们之间为了达成良好的沟通，在沟通时必须选择切合自己与对方的沟通方法与模式。

3）文化背景

文化背景是人们生活在一定的社会文化传统中所形成的价值取向、思维模式、心理结构的总和。文化背景影响着沟通的每一个环节。东西方文化背景不同，也会给他们之间的沟通造成或大或小的干扰和困难。

4）空间背景

空间背景指沟通发生的场所。特定的空间背景往往造成特定的沟通气氛，在嘈杂的市场听到一则小消息与接到一个特地告知的电话，给人的感受是截然不同的，前者显示出的是随意性，后者体现的是神秘性。环境中的声音、光线、布局等物理氛围会影响沟通效果，而且环境的选择与权力有一定关系,沟通双方对环境的熟悉程度也会影响沟通效果。

5)时间背景

时间背景是指沟通发生的时间。在不同的时间背景下,同样的沟通会产生截然不同的沟通效果。试想,一种情景是在某位公司职员刚与妻子吵架之后与其沟通工作绩效问题,另一种情景是在员工获得公司嘉奖之后与其沟通工作绩效问题,你觉得在哪种情况下沟通效果会比较好呢?当然是第二种。因此,选择合适的时间进行沟通是非常重要的。

6. 噪声

噪声是沟通过程中对信息传递和理解产生干扰的一切因素,存在于沟通过程的各个环节。根据噪声的来源,可以将噪声分为内部噪声、外部噪声和语义噪声。

(1)内部噪声来自沟通主体身上,如注意力分散、存在某些信念和偏见等,态度、技能、知识和社会文化系统都会造成内部噪声。

(2)外部噪声是指来源于环境的各种阻碍接受和理解信息的因素。常见的外部噪声是声音的骚扰。例如,和亲密的朋友推心置腹地交流时,周围突然有人大声喊叫。不过外部噪声不单指声音,还可能是光线、冷热等。教室的光线不好,会使学生不能看清黑板上的授课内容;在上课时间,教室过分闷热会使同学们难以集中精力学习。还有一种是信息经过沟通渠道时出现信息的损失和破坏。例如,用电话沟通时,电话线路不好;用电子邮件进行沟通时,电子邮件设置出现问题,对方无法按时收到电子邮件。

(3)语义噪声指的是沟通的信息符号系统差异所引发的沟通噪声。个体的差异往往会导致人们内在的信息符号代码系统不能完全一致,产生理解上的歧义,因此也就在客观上留有产生系统差异噪声的可能性。

7. 反馈

反馈是指接收者把收到并理解了的信息返送给发送者,以便发送者对接收者是否正确理解了信息进行核实。通过反馈,双方才能真正把握沟通的有效性,可以让沟通的参与者知道思想和情感是否按照他们计划的方式分享,有助于提高沟通的准确性,减少出现误差的概率。为了检验信息沟通的效果,反馈是必不可少和至关重要的。

与信息的传递一样,反馈的发生有时是无意的。例如,不自觉地流露出的表情等,会给发送者返回许多启示。面对面交谈的参与者可以获得最大的反馈机会,而且交流中包含的人越少,反馈的机会越大。获得反馈的方式可以是提问、观察面部表情及肢体动作等。

知识链接

"想成为名人的 CEO 会很快消失。"美国《商业周刊》总裁兼出版人威廉·库珀谈到 CEO 的名人效应时幽默地说。库珀认为,名人 CEO 时代已经成为历史,眼下,CEO 最重要的职责是沟通。库珀的办法是,定期与最有前途的 100 名员工交流。

资料来源:新浪网,http://www.sina.com.cn

### 11.1.3 沟通的方式

在沟通过程中,根据沟通符号的种类,沟通分为语言沟通和非语言沟通,语言沟通又分为口头信息沟通与书面信息沟通;根据是否为结构性和系统性的,沟通分为正式沟通和非正式沟通，正式沟通根据在群体或组织中信息的流向又分为上行沟通、下行沟通和平行沟通；根据沟通中的互动性，沟通分为单向沟通和双向沟通；从发送者和接收者的角度而言，沟通包括自我沟通、人际沟通与群体沟通。

1. 语言沟通和非语言沟通

根据信息载体的异同，沟通可以分为语言沟通和非语言沟通，最有效的沟通就是语言沟通和非语言沟通的结合。

语言沟通建立在语言文字的基础上，又可细分为口头信息沟通和书面信息沟通两种形式。人们之间最常见的交流方式是交谈，也就是口头信息沟通。常见的口头信息沟通包括演说、正式的一对一讨论或小组讨论、非正式的讨论及传闻或小道消息传播。书面信息沟通包括备忘录、信件、组织内发行的期刊、布告栏及其他任何传递书面文字或符号的手段。

一些极有意义的沟通既非口头形式也非书面形式，而是非语言沟通。非语言沟通是指通过某些媒介而不是讲话或文字来传递信息。交替闪烁的红绿灯、慷慨激昂的语调都属此类。教师上课时，当看到学生们无精打采的眼神及百无聊赖的表情时，立即能明白学生的想法，学生则通过无声的方式明确地表达了他们的厌倦之情。一个人的衣着打扮、谈话时的一举一动无不向别人传递着某种信息。非语言沟通的内涵十分丰富，包括身体语言沟通、语调、物体的操纵，甚至于空间距离等多种形式。

1）口头信息沟通

绝大部分的信息是通过口头传递的。口头信息沟通方式十分灵活多样，它既可以是两人间的娓娓深谈，也可以是群体中的雄辩舌战；既可以是正式的磋商，也可以是非正式的聊天；既可以是有备而来，也可以是即兴发挥。

口头信息沟通是所有沟通形式中最直接的方式。它的优点是快速传递和即时反馈。在这种方式下，信息可以在最短的时间内被传送，并在最短的时间内得到对方回复。如果接收者对信息有疑问，迅速的反馈可使发送者及时检查信息中不够明确的地方并进行改正。此外，上级同下属会晤可使下属感到被尊重、受重视。显而易见，口头信息沟通可以极大地帮助人们了解问题。

口头信息沟通也有缺陷。信息在从发送者到接收者的一段段接力式的传送过程中，存在巨大的失真的可能性。每个人都以自己的偏好增删信息，以自己的方式诠释信息，当信息经长途跋涉到达终点时，其内容往往与最初的含义存在重大偏差。如果组织中的重要决策通过口头方式、沿着权力等级链向下传递，则信息失真的可能性相当大。此外，这种沟通方式并不是总能省时，那些参加了毫无结果，甚至也不需要结果的会议的主管深有体会，按照时间与费用而论，这些会议代价很大。

沟通者在口头信息沟通过程中需要关注角色问题。扮演什么样的角色，在什么样的场合，就需要有什么样的角色语言，而且角色语言要与个性特征结合起来，才能生动活泼。

2）书面信息沟通

书面记录具有有形展示、长期保存、法律防护等优点。一般情况下，发送者与接收者双方都拥有沟通记录，沟通的信息可以长期保存下去。如果对信息的内容有疑问，过后进行查询是完全可能的。对于复杂或长期的沟通来说，这尤为重要。例如，一个新产品的市场推广计划可能需要准备好几个月，以书面的形式记录下来，可以使计划的构思者在整个计划的实施过程中有一个依据。

把东西写出来，可以促使人们对自己要表达的东西更加认真地思考。因此，书面沟通显得更加周密、逻辑性强、条理清楚。书面语言在正式发表之前能够反复修改，直至作者满意。作者所欲表达的信息能被充分、完整地表达出来，减少了情绪、他人观点等因素对信息传达的影响。书面沟通的内容易于复制、传播，这对于大规模传播信息来说，是一个十分重要的条件。

当然，书面沟通也有缺陷。相对于口头沟通而言，书面沟通耗费的时间较长。同等时间的交流，口头比书面传达的信息要多得多。事实上，花费1个小时写出来的东西只需15分钟左右就能说完。

另外，书面沟通不能及时获得信息反馈。口头沟通能使信息接收者对其所听到的东西及时提出自己的看法。而书面沟通缺乏这种内在的反馈机制，其结果是无法确保所发出的信息被接收到；即使接收到，也无法确保接收者对信息的解释正好符合发送者的本意。发送者往往要花费很长的时间来了解信息是否已被接收并被准确地理解。

书面沟通包括信函、各种出版物、传真、平面广告、网页、电子邮件、即时通信、备忘录、报告和报表等任何传递书面文字或符号的手段。

3）非语言沟通

人们非常希望用非语言沟通的方式，如面部表情、语音语调等，来强化语言沟通的效果，但并不是总能做到这一点。非语言沟通既能强化语言沟通的效果，也能起反作用，关键在于沟通者对它的掌握和运用。

非语言沟通的内涵十分丰富，为人熟知的如下。①身体语言沟通。身体语言沟通是通过动态无声的目光、表情、手势语言等身体动作或者静态无声的身体姿势、空间距离及衣着打扮等形式来实现沟通。哈佛大学曾经对人的第一印象做了行为研究报告。报告指出：在人的第一印象中，55%来自身体语言，37%来自声音，8%来自说话的内容。人们首先可以借由面部表情、手部动作等身体姿态来传达诸如攻击、恐惧、腼腆、傲慢、愉快、愤怒等情绪或意图。虽然任何身体上的行动都会把一些信息传达给接收人，但是，必须根据过去对于各种不同类型人物的经验，而不是眼前的情况来对人下定论，以免造成错误。空间距离也是影响沟通的重要因素。距离的远近对交流的影响还与文化内部及不同文化中有关人际空间的不同行为和感受有关。在美国，一般的做法是，密友之间的亲密交谈可在相当近的距离内进行（如16~46厘米）；熟人之间的谈话往往保持92~122厘米的个人距离；在工作场合，同事间的工作交谈一般保持122~366厘米的社会距离；在公共场合，交谈双方的距离还要远一些。而在一些阿拉伯国家，同事之间通常保持十分密切的接触。因此，信息传递者应当了解文化规范及接收方的偏好，适当调整自身的习惯，并努力理解和适应他们。人与人之间的空间位置关系，也会直接影响沟通过程。这一点不仅为大量生活中的事实所说明，严格的社会心理学实验也证明了这一点。国外有关研究证实，学生对于课堂讨论的参与度直接受学生座位的影响。在倾向上，以教师讲台为中心，座位越居中心位置，学生对于课堂讨论的参与比例越大。沟通中空间位置的不同，还直接导致沟通者具有不同的沟通影响力，有些位置对沟通的影响力较大，有些位置影响力较小。我们都有体会，同一个人发言，站到讲台上讲与在台下发言的作用是不同的，高高的讲台本身就具有某种权威性。因此，有效的沟通，需要双方调节到适当的距离。②副语言沟通。副语言沟通是通过非语言的声音，如重音、声调的变化，停顿，哭、笑等来实现的。心理学家称非语词的声音信号为副语言。最新的心理学研究成果揭示，副语言在沟通过程中，起着十分重要的作用。一句话的含义往往不仅取决于其字面的意义，而且取决于它的弦外之音。语音表达方式的变化，尤其是语调的变化，可以使字面相同的一句话具有完全不同的含义。比如，一句简单的口头语"真棒"，当音调较低，语气肯定时，表示由衷的赞赏；而当音调升高，语气抑扬时，则就成了刻薄的讥讽和幸灾乐祸。③物体的操纵。除了运用身体语言外，人们也能通过物体的运用、环境的布置等手段进行非言语的沟通。

2. 正式沟通和非正式沟通

根据是否为结构性和系统性的，沟通可分为正式沟通和非正式沟通。正式沟通是通过组织正式结构或层次系统进行的，非正式沟通则是通过正式系统以外的途径进行的。

1）正式沟通

正式沟通是通过组织明文规定的渠道所进行的信息传递与交流，主要包括按正式组织系统发布的命令、指示、文件，组织召开的正式会议，组织内部上下级之间和同事之间因工作需要而进行的正式接触。另外，团体所组织的参观访问、技术交流、市场调查等也在此列。正式沟通畅通无阻，组织的生产经营活动及管理活动才会井然有序；反之，整个组织将陷入紊乱甚至瘫痪状态。

按照信息的流向，正式沟通可以分为上行、下行和平行3种沟通形式。

（1）上行沟通是指在组织中信息从较低的层次流向较高的层次的一种沟通，主要是下属依照规定向上级提出书面或口头报告。除此以外，许多机构还采取某些措施以鼓励向上沟通，如设立意见箱、建议制度，以及由组织举办的征求意见座谈会或态度调查等。

如果没有上行沟通，管理者就不可能了解员工的需要，也可能不知道自己下的指示和命令正确与否，因此上行沟通十分重要。上行沟通的优点：员工可以把自己的意见向领导反映，获得一定程度的心理满足；管理者也可以利用这种方式了解企业的经营状况，与下属形成良好的关系，提高管理水平。上行沟通的缺点：在沟通过程中，下属会因级别不同造成心理距离，形成一些心理障碍，如害怕"穿小鞋"，受打击报复，而不愿反映意见；同时，向上沟通常常效率不佳，有时由于特殊的心理因素，信息经过层层过滤被曲解，沟通反而适得其反。

（2）下行沟通指组织中信息从较高的层次流向较低的层次的一种沟通，其中的信息一般包括有关工作的指示，工作内容的描述，员工应遵循的政策、程序、规章等，有关员工绩效的反馈，希望员工自愿参加的各种活动。许多人认为下行沟通就是从管理人员流向员工的沟通。其实不然，很多下行沟通都是发生在管理层内部的。例如，生产副总经理可能指示车间经理加紧制造一种新产品，依次地，车间经理向主管做出详细指示，主管以此为根据指示生产工作。下行沟通是传统组织中最主要的沟通流向。下行沟通的优点：可以使下级主管部门和团体成员及时了解组织的目标和领导意图，增加员工对所在团体的向心力与归属感；也可以协调组织内部各个层次的活动，加强组织原则和纪律性，使组织机器正常地运转下去。下行沟通的缺点：如果这种方式使用过多，会在下属中造成领导者高高在上、独裁专横的印象，使下属产生抵触情绪，影响团体的士气；此外，由于来自最高决策层的信息需要经过层层传递，容易被耽误、搁置，有可能出现事后信息曲解、失真的情况。

与上行沟通相比，下行沟通比较容易，信息发送者居高临下，甚至可利用广播、电视等通信设施；上行沟通则困难一些，它要求领导深入基层，做细致的工作，使下属能及时反映情况。一般来说，传统的管理方式偏重于下行沟通，管理风格趋于专制；而现代管理方式则是下行沟通与上行沟通并用，强调信息反馈，增加员工参与管理的机会。

（3）平行沟通是指组织内部平行管理层各部门、各职能单位或人员之间的信息沟通。这种沟通具有很多优点：第一，它可以使办事程序、手续简化，节省时间，提高工作效率；第二，它可以使企业各部门之间相互了解，有助于培养整体观念和合作精神，克服本位主义倾向；第三，它可以增进员工之间的友谊，使他们能够互谅互让，满足员工的社会需要，使员工提高工作兴趣，改善工作态度。其缺点表现在头绪过多、信息量大，易造成混乱。

2）非正式沟通

非正式沟通是指在正式沟通渠道以外信息的自由传递与交流。这类沟通主要是通过个人之间的接触来进行的，不受组织监督，由组织成员自行选择途径，比较灵活方便。员工中的人情交流、生日聚会、工会组织的文娱活动、走访、议论某人某事、传播小道消息等都属于非正式沟通。非正式沟通中往往能表露人们的真实想法和动机，还能提供组织没有预料的或难以获得的信息。

非正式沟通和正式沟通不同，因为它的沟通对象、时间及内容等各方面都是未经计划和难以辨别的。非正式组织是由于组织成员的感情和动机上的需要而形成的。其沟通途径是组织内的各种社会关系，这种社会关系超越了部门、单位及层次。在相当程度内，非正式沟通的发展也是配合决策对于信息的需要的。这种途径较正式途径具有较大弹性，可以是横向流向，或是斜角流向，一般比较迅速。在许多情况下，来自非正式沟通的信息，反而获得接收者的重视。由于传递这种信息一般以口头方式，不留证据、不负责任，许多不愿通过正式沟通传递的信息，却可能在非正式沟通中透露。

但是，过分依赖这种非正式沟通途径，也有很大的危险，因为这种途径传递的信息遭受歪曲或发生错误的可能性相当大，而且无从查证。尤其与员工个人关系较密切的问题，如晋升、待遇、改组之类，常常发生所谓的"谣言"。这种不实消息的散布，对于组织往往造成较大的困扰。

但是，任何组织都或多或少地存在非正式沟通途径。对于这种沟通方式，主管者既不能完全依赖，用以获得必需的信息，也不能完全忽视，而是应当密切注意错误或不实信息发生的原因，设法提供给组织人员正确而清晰的事实。非正式沟通途径非常繁多且无定型，如同事之间任意交谈，甚至家人之间分享传闻等，都算是非正式沟通。所以非正式沟通和个人间非正式关系往往平行存在。很多研究者认为，由于非正式沟通不必受到规定手续或形式的种种限制，因此往往比正式沟通还重要。在美国，这种途径常常称为"葡萄藤"，用以形容它枝茂叶盛，随处延伸。

如果能够对企业内部非正式的沟通渠道加以合理利用和引导，就可以帮助企业管理者获得许多无法从正式渠道取得的信息，在达成理解的同时解决潜在的问题，从而最大限度地提升企业内部的凝聚力，发挥整体效应。

3. 单向沟通和双向沟通

沟通按照是否进行反馈，可以分为单向沟通和双向沟通。在不同的情况下应选择合适的沟通方式。

（1）单向沟通是指在沟通过程中，信息发送者负责发送信息，信息接收者负责接收信息，信息在全过程中单向传递。单向沟通没有反馈，如做报告、发指示、下命令等。

（2）双向沟通是指信息发出者和接收者之间进行双向信息传递与交流。在沟通中双方位置不断变换，沟通双方既是发送者又是接收者。双向沟通中的发送者以协商和讨论的姿态面对接收者，信息发出以后还需及时听取反馈意见，必要时双方可进行多次重复商谈，直到双方共同明确和满意为止。

4. 自我沟通、人际沟通与群体沟通

自我沟通是自身的内部沟通，包括人的思想、情感及看待自己的方式。本人是唯一的发送者和接收者，信息由思想和情感构成，大脑是渠道，使所思所想时刻发生改变。在自我沟通中，本人不用直接与他人接触，自己的经验会指导自己如何与自己"交谈"。

人际沟通是指人和人之间进行的信息和情感的传递与交流。心理上，人们为了满足社会性需求和维持自我感觉而沟通；人们也为了发展和维持关系而沟通；在决策中，人们为了分享资讯和影响他人而沟通。人际沟通在形成组织规范、协调人际关系、实现组织目标和加强组织领导方面是一个举足轻重的因素。

群体沟通指的是组织中两个或两个以上相互作用、相互依赖的个体，为了达到基于其各自目的的群体特定目标而组成集合体，并在此集合体中进行交流的过程。

群体是两个或两个以上的人，为了达到共同的目标，以一定的方式联系在一起进行活动的人群。群体有其自身的特点：成员有共同的目标，成员对群体有认同感；群体内有结构、有共同的价值观等。群体具有生产功能和维持性功能。群体的价值和力量在于其成员思想和行为上的一致性，而这种一致性取决于群体规范的特殊性和标准化的程度。群体规范具有维持群体、评价和导向成员思想与行为，以及限制成员思想与行为的功能。

知识链接

据调查，中国人有80%的沟通是无效的。有人认为相当部分原因是中国人的特性及根深蒂固的传统文化影响造成的：如客套话及铺垫话语较多，中国人注重谦虚，主张"以和为贵"，避免人与人之间的冲突，容易忍让、妥协、逃避等；怕事，不敢承担责任，以至于自己的沟通主题不被上司或其他沟通者所知。

资料来源：道客巴巴网，http://www.doc88.com

## 11.2 沟通的障碍及其克服

### 11.2.1 沟通的障碍

1. 沟通障碍的含义

所谓沟通障碍，是指信息在传递和交换过程中，由于信息意图受到干扰或误解，而导致沟通失真的现象。在人们沟通信息的过程中，常常会受到各种因素的影响和干扰，使沟通遇到阻碍。

2. 沟通障碍的来源

沟通障碍主要来自3个方面：发送者的障碍、接收者的障碍和信息传播通道的障碍。

1）发送者的障碍

在沟通过程中，信息发送者的情绪、倾向、个人感受、表达能力、判断力等都会影响信息的完整传递。障碍主要表现在表达能力不佳，信息传送不全，信息传递不及时或不适时，知识经验的局限，对信息的过滤。

2）接收者的障碍

从信息接收者的角度看，影响信息沟通的因素主要有信息译码不准确，对信息的筛选，对信息的承受力，心理上的障碍，过早地评价情绪。

3）信息传播通道的障碍

信息传播通道的问题也会影响沟通的效果。信息传播通道障碍主要有以下几个方面。

（1）选择沟通媒介不当。比如，对于重要的事情，口头传达效果较差，因为接收者会认为"口说无凭""随便说说"而不加重视。

（2）几种媒介相互冲突。当信息用几种形式传送时，如果相互之间不协调，会使接收者难以理解传递的信息内容。例如，领导表扬下属时面部表情很严肃甚至皱着眉头，就会让下属感到迷惑。

（3）信息传播通道过长。组织机构庞大，内部层次多，从最高层传递信息到最低层，从最低层汇总情况到最高层，中间环节太多，容易使信息损失较大。

（4）外部干扰。信息沟通过程中经常会受到自然界各种物理噪声、机器故障的影响或被另外事物干扰，也会因双方距离太远而沟通不便，影响沟通效果。

3. 沟通障碍的形式

1）组织的沟通障碍

在管理中，合理的组织机构有利于信息沟通。但是，如果组织机构过于庞大，中间层次太多，那么，信息从最高决策传递到下属单位不仅容易产生信息的失真，而且会浪费大量时间，影响信息的及时性。

有学者统计，如果一个信息在高层管理者那里的正确性是100%，到了信息的接收者手里可能只剩下20%的正确性。这是因为，在进行这种信息沟通时，各级主管部门都会花时间对接收到的信息进行甄别，一层一层地过滤，然后有可能传达断章取义的信息。此外，在甄选过程中，还掺杂了大量的主观因素，尤其是当发送的信息涉及传递者本身时，往往会由于心理方面的原因，造成信息失真。这种情况也会使信息的提供者望而却步，不愿提供关键的信息。因此，如果组织机构臃肿，机构设置不合理，各部门之间职责不清，分工不明，形成多头领导，或因人设事，人浮于事，就会给沟通双方造成一定的心理压力，影响沟通的进行。

2）个人的沟通障碍

个人的沟通障碍主要包含以下几方面。①个性因素所引起的障碍。信息沟通在很大程度上受个人心理因素的制约。个体的性质、气质、态度、情绪、见解等的差别，都会成为信息沟通的障碍。②知识、经验水平的差距所导致的障碍。在信息沟通中，如果双方经验水平和知识水平差距过大，就会产生沟通障碍。此外，个体经验差异对信息沟通也有影响。在现实生活中，人们往往会凭经验办事。一个经验丰富的人往往会对信息沟通做通盘考虑，谨慎细心；而一个初出茅庐者往往会不知所措。如果信息沟通的双方各自依据经验上的大体理解去处理信息，往往会造成彼此理解的差距拉大，形成沟通障碍。③个体记忆不佳所造成的障碍。在管理中，信息沟通往往是依据组织系统分层次逐次传递的，然而，在按层次传递同一条信息时往往会受到个体因记忆不佳而造成的影响，从而降低信息沟通的效率。④对信息的态度不同造成的障碍。这又可分为不同的层次来考虑。一是认识差异。在管理活动中，不少员工和管理者忽视信息的作用的现象还很普遍，这就为正常的信息沟通造成了很大的障碍。二是利益观念。在团体中，不同的成员对信息有不同的看法，所选择的侧重点也不相同。很多员工只关心与他们的物质利益有关的信息，而不关心组织目标、管理决策等方面的信息，这也成了信息沟通的障碍。⑤相互不信任所产生的障碍。有效的信息沟通要以相互信任为前提，这样，才能使向上反映的情况得到重视，向下传达的决策迅速实施。管理者在进行信息沟通时，应该不带成见地听取意见，鼓励下级充分阐明自己的见解，这样才能做到思想和感情上的真正沟通，才能接收到全面可靠的情报，才能做出明智的判断与决策。⑥沟通者的畏惧感及个人心理品质造成的沟通障碍。在管理实践中，信息沟通的成败主要取决于管理者之间、管理者与员工之间的全面有效的合作。但在很多情况下，这些合作往往会因下属的恐惧心理及沟通双方的个人心理品质而形成障碍。一方面，如果主管过分威严，给人造成难以接近的印象，或者管理人员缺乏必要的同情心，不愿体恤下属，都容易造成下属的恐惧心理，影响信息沟通的正常进行；另一方面，不良的心理品质也是造成沟通障碍的因素。

4. 沟通障碍的表现

在企业日常的管理中，经常发生一些信息沟通上的障碍，这些障碍的产生都源于上述因素的影响，具体有以下几种表现。

1）距离

上级与下级之间的物理距离减少了他们面对面的沟通。我们知道较少的面对面的沟通可能会导致误解或不能理解所传递的信息。物理距离还使得上级与下级之间的误解不易澄清。

2）曲解

当一个人分不清实际材料和自己的观点、感受、情绪的界限时，就容易发生曲解。很多时候，我们不仅在工作层面上进行交流，也在情感层面上进行沟通，但有时上级和下级都倾向于根据自己的观点、价值观念、意见和背景来理解信息，而不是对它做客观的解释。

3）语义

这涉及沟通语言、文字、图像、身体语言等。因为几乎所有的信息沟通都利用符号来表达一定的含义。而符号通常有多种含义，人们必须从中选择一种。有时选错了，就会出现语义障碍。比如，词语这一符号，会在词的多重含义、专业术语、词语的下意识联想等方面引起沟通障碍。

4）缺乏信任

这种障碍与上下级相处的经历有关。在以往经历的基础上，如果下级觉得把坏消息报告给上级于己无益，他就会隐瞒这些消息。但如果下级觉得上级能体谅并且帮助人，他就不会把坏消息或不利信息过滤掉。

5）不可接近性

在一些企业中，会有这样的管理人员，他们经常外出，或者把自己置身于烦琐的小事，下级没有机会与他们进行商谈、讨论或得到他们的指导。这种难以接近上级的情形会导致沟通的失败，会挫伤下级从上级那里寻求适当指导的积极性。不可接近并不一定非得是实体上的，也可以是心理上的。由于上级采取严厉的态度，下级要弄懂他的观点，也许并不容易。

6）职责不明确

当一个下级的职责不明确时，他们就会找替罪羊或者捏造理由。我们常常听到："我以为这是你要我做的"或者"我以为该由他来做"。职责不明会导致职务和作用的含糊，这恰恰意味着下级对其所处的职位及所履行的职责感到模糊。

7）个性不相容

上下级的个性不相容，常常发生冲突，并因此而产生沟通障碍。

8）拒绝倾听

一些管理人员，或是自高自大，或是漫不经心，拒绝倾听上级或下级的意见。这种态度阻碍了有效的沟通。拒绝倾听有两种类型：一种是源于"我知道所有事情"的优越情绪；另一种是源于"我一无是处"的自卑情结。

9）没有利用恰当的媒介

在组织环境下进行沟通，可以利用好几种媒介。沟通的有效性依赖于管理人员如何根据自己的情况选择恰当的媒介。有些管理者以给下级发送充满行话的便条而自豪，却不顾下级是否能理解。

10）沟通缺口

沟通缺口指的是沟通的正式网络中存在的缺陷与漏洞。在一些规模较大、较复杂的组织中，这种障碍是一种普遍现象。正式沟通网络是沿着组织的权责路线而建立的。随着组织的增长和扩大，这些网络便倾向于变得大而复杂，同时又缺乏工作计划。在这种情况下，沟通网络开始出现缺陷，过分依赖正式沟通而不利用其他来源和方法，会导致沟通系统产生缺口。

11）方向迷失

信息内容缺乏导向可能会导致沟通障碍。有些信息分两部分内容：外显的或明显的意义和潜在的或真正的含义。在有些情况下，消息的外显意义被弄得过分吸引人，从而导致真正意义的丢失。

12）负载过重

当人们负载的信息过度时，他们就倾向于业绩完成不佳，其绩效比接收信息不足的员工的绩效要低。

知识链接

一天中午，某酒店一位客人匆匆来到前台，将房间钥匙交给一名收银员，称半小时后回来结账。当时，该收银员正准备去用午餐，考虑到客人要半小时后才能回来结账，而自己用餐时间不到半小时，就顺手将客人交来的钥匙放到了柜台里边，未交代其他同事就去吃饭了。大约一刻钟后，客人回到前台，询问另一

名当值收银员账单是否准备好,当值收银员称没有看到客人房间钥匙,客人听后非常生气,于是投诉酒店。

资料来源:一起游网,http://www.17u.com

### 11.2.2 沟通障碍的克服

很多人只知道沟通的重要性,却不知道怎么做好沟通。沟通不仅仅是说话,不是说得越多沟通就越好。

所谓有效的沟通,是通过听、说、读、写等思维的载体,通过演讲、会见、对话、讨论、信件等方式准确、恰当地表达出来,以促使对方接受。

达成有效沟通须具备两个必要条件:首先,信息发送者清晰地表达信息的内涵,以便信息接收者能确切理解;其次,信息发送者重视信息接收者的反应并根据其反应及时修正信息的传递,免除不必要的误解,两者缺一不可。

1. 明确沟通对象

沟通的最终目标是让被沟通的人明白你要传递的内容,并自觉执行好你希望他做的事情。

在工作流程中我们可以很清楚地识别出与工作利益有关的人(即干系人),确定他们的需求和期望,然后采用合适的沟通策略。

1)对上沟通

无论是普通员工还是管理者都要面临对上级的沟通的问题。如何沟通?沟通的内容包括哪些?常用的沟通方式有日报、周报、会议、即时通信、邮件等。除了正常的沟通邮件、会议等形式,在对上沟通中还应该注意沟通的内容。作为领导,他关心的是数字、进度、图文并茂的汇报,能及时地传达工作进度和风险,以便其在决策分析时用于参考。通过和上级的沟通,能及时了解公司动态,把握工作重点,以便及时调整工作计划和内容。

2)对平级沟通

同级之间的平行关系通常比上下级之间的关系更重要。必须清楚,平级沟通出现问题和矛盾是很正常的,但大家总目标一致,所以问题与矛盾总是可以解决的,语气要带着尊重和商量的口吻。当需要和一个平级主管就某件事协调和沟通时,应亲自和他对话,不要让自己的下属去。对于平级而言,无事也要沟通,不要有事才去和其他主管沟通。

3)对下级沟通

作为管理者要跟下级进行思想沟通,了解他们对职业的规划及兴趣爱好等,针对他们的自身特点制订出学习和发展计划,通过多种手段帮助他们提高业务能力和测试技能,结合他们对团队中所起的贡献大小进行表扬和矫正偏差,包括他们的生活、家庭及个人的感情等都在沟通的范围之类。不过,也要看被沟通者是否愿意沟通工作之外的个人私事。

2. 遵循有效沟通的原则

1)有效果沟通

有效果沟通强调沟通的目标明确性。通过交流,沟通双方就某个问题可以达成共识。

2)有效率沟通

有效率沟通强调沟通的时间概念。沟通的时间要简短,频率要增加,在尽量短的时间内完成沟通的目标。

3）有笑声沟通

有笑声沟通强调人性化作用。沟通要使参与沟通的人员认识到自身的价值。只有心情愉快的沟通才能达到双赢的结果。

至于有效沟通手段问题，应根据实际情况采取不同的方法。在制度方面可以建立有效措施。例如，定期召开公司例会。在会上各部门负责人进行工作情况通报以使各部门之间相互了解，解决信息不畅通之困扰；更可在会后安排形式不同的小聚（如晚餐、夜宵等），以便相互之间更加畅所欲言，增进感情。

3. 掌握有效沟通的策略

1）有效的沟通技巧

有效的沟通技巧主要如下。①从沟通组成看，一般包括三个方面：沟通的内容，即文字；沟通的语调和语速，即声音；沟通中的行为姿态，即肢体语言。这三者的比例为文字占7%，声音占38%，行为姿态占55%。同样的文字，在不同的声音和行为下，表现出的效果是截然不同的。所以有效的沟通应该是更好地融合这三者。②从心理学角度，沟通中包括意识和潜意识层面，而且意识只占1%，潜意识占99%。有效的沟通必然是在潜意识层面的，有感情的、真诚的沟通。③沟通中的"身份确认"，针对不同的沟通对象，如上司、同事、下属、朋友、亲人等，即使是相同的沟通内容，也要采取不同的声音和行为姿态。④沟通中的肯定，即肯定对方的内容，不仅仅说一些敷衍的话。可以通过重复对方沟通中的关键词，甚至能把对方的关键词语经过自己语言的修饰后，回馈给对方，这会让对方觉得他的沟通得到你的认可与肯定。⑤沟通中的聆听，聆听不是简单的听就可以了，需要全面把握对方沟通的内容、意思，这才能使自己在回馈给对方的内容上，与对方的真实想法一致。例如，有很多人在沟通中有时会不等对方把话说完，就急于表达自己的想法，结果有可能无法达到深层次的沟通。

2）有效沟通的策略

有效沟通的策略主要如下。①团队中的沟通策略。在团队里，要进行有效沟通，必须明确目标。对于团队领导来说，目标管理是进行有效沟通的一种解决办法。在目标管理中，团队领导和团队成员讨论目标、计划、对象、问题和解决方案。由于整个团队都着眼于完成目标，这就使沟通有了一个共同的基础，彼此能够更好地了解对方。即便团队领导不能接受下属成员的建议，他也能理解其观点，下属对上级的要求也会有进一步的了解，沟通的结果自然得以改善。如果绩效评估也采用类似办法的话，同样能改善沟通。在团队中身为领导者，应善于利用各种机会进行沟通，甚至创造出更多的沟通途径。与成员充分交流并不是一件难事，难的是创造一种让团队成员在需要时可以无话不谈的环境。②个体沟通策略。对于个体成员来说，要进行有效沟通，可以从以下几个方面着手。一是必须知道说什么，就是要明确沟通的目的。如果目的不明确，就意味着你自己也不知道要说什么，自然也不可能让别人明白，也就达不到沟通的目的。二是必须知道什么时候说，就是要掌握好沟通的时机。在沟通对象正大汗淋漓地忙于工作时，你要求他与你商量下次聚会的事情，显然不合时宜。所以，要想达到很好的沟通效果，必须掌握好沟通的时机，把握好沟通的火候。三是必须知道对谁说，就是要明确沟通的对象。虽然你说得很好，但若你选错了对象，自然也达不到沟通的目的。四是必须知道怎么说，就是要掌握沟通的方法。应该知道向谁说、说什么，也知道什么时候说，但若不知道怎么说，仍然难以达到沟通的效果。沟通时要使用对方听得懂的语言（包括文字、声音及肢体语言），而你要学的就是通过对这些沟通语言的观察来有效地使用它们进行沟通。

4. 重视网络沟通

网络沟通是指通过基于信息技术（IT）的计算机网络来实现信息沟通活动。信息技术的发展促进了网络沟通的飞跃，网络沟通的形式主要有电子邮件、网络电话、网络传真、网络新闻发布、即时通信等。网络沟通有其自身的优势和劣势。

1）网络沟通的优势

企业外部网、互联网让企业飞越时空障碍，沟通更加游刃有余地运作于四方八达的世界，为企业更加高效地实现目标起到了不容忽视的作用。其优势的主要表现：①大大降低了沟通成本；②使原先一对一的单调语音沟通立体直观化；③极大地缩小了信息存储空间；④使工作便利化；⑤安全性好；⑥跨平台，容易集成。

2）网络沟通的劣势

网络沟通为企业内部沟通、外部沟通创造了许多便利。因此，越来越多的企业越来越频繁地使用网络。然而，网络沟通也带来了某些问题。其劣势的主要表现：①沟通信息呈超负荷状态；②口头沟通受到极大的限制；③纵向沟通弱化，横向沟通扩张。

另外，如知识产权问题、个人隐私问题、安全问题也一直是网络沟通可能要注意的问题。

3）网络环境下的沟通原则

网络环境下的沟通原则主要如下。①面对面交流不可或缺。随着互联网和电子邮件及相关的聊天工具的发展与普及，管理者越来越依赖这些新技术传递信息，然而面对面的交流仍然是最重要的管理沟通方式。因为网络沟通并不能替代直接交流，在直接交流中可以观察到对方的面部表情等肢体动作，能够确保沟通的有效性和反馈的及时性。②重视网络沟通的影响面。由于网络沟通的特点，网络环境下的管理沟通就像在一个相对静止的池塘中扔一块石头，会产生"一石激起千层浪"的连锁反应。对与你靠得最近的一圈，也即你的直接上司、部下或一起工作的同事，必须准确识别、了解并理解其沟通风格和交流方式，以减少沟通障碍。同时，作为管理者，还要考虑自己的沟通风格与交流方式对圈外成员的影响。在沟通过程中，为了使管理沟通更顺畅、有效，应把沟通对象视为合作伙伴，彼此尊重，为沟通的顺利进行打下良好的基础。③运用新技术时注意保护企业网络安全。人们正处在电子通信和网络交流时代。在网络沟通环境下，企业有更多的机会获取竞争信息"为我所用"，同时，企业自身的信息安全也面临更大的挑战。企业在使用新技术的过程中，应该注意保护自己的网络安全。④重视个人隐私和知识产权保护。个人隐私和知识产权保护是网络环境下沟通面临的最大难题。如何有效地控制员工的行为并保护员工的个人隐私，如何激励员工的创新潜力并保护企业和个人的知识产权，这是企业在网络沟通环境下需要慎重考虑的问题，也是企业需要重视并为之投入的重要方面。

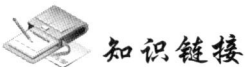知识链接

有人宴请宾客吃饭,临近吃饭时间,仍有宾客迟迟未来。这个人很着急,一句话就顺口而出:"该来的怎么还不来?"有些宾客听到这句话,就不高兴了:"看来我是不该来的。"于是就告辞了。这个人很后悔自己说错了话,连忙对还在的宾客解释说:"不该走的怎么就走了?"于是又有宾客心想:"原来该走的是我啊。"于是也走了。这时候,余下的宾客就对他说"你真不会说话,把客人都气走了。"那人辩解说:"我说的又不是他们。"余下的客人一听,心想:"原来在说我啊!"于是最后的客人也生气地走了。

资料来源:百度文库,http://wenku.baidu.com

## 11.3 冲突管理

你有没有与人冲突的经验?你会不会因为与团队成员之间的冲突而大发脾气?答案是肯定的,而且许多立志于建立高效团队的管理者谈到"冲突"都闻风色变。的确,在传统意义上冲突被认为是造成不安、紧张、不和、动荡、混乱乃至分裂瓦解的重要原因之一。冲突破坏了团队的和谐与稳定,造成矛盾和误会。基于这种认识,大家都将防止和化解冲突作为自己的重要任务之一,并将化解冲突作为寻求维系现有团队稳定和保持团队连续性的有效的、主要的方法之一。毋庸置疑,传统的观点有合理的一面,但将冲突完全消灭显然是一种不够全面的理解,也是一件不可能的事情。

通用汽车前总裁斯隆曾说:"意见相左甚至冲突是必要的,也是非常受欢迎的事。如果没有意见纷争与冲突,组织就无法相互了解;没有理解,只会做出错误的决定。"可见,冲突其实是另一种有效的沟通方式,建设性处理冲突有时反而能实现共赢,成为团队高效的润滑剂。

### 11.3.1 冲突的起源

冲突是个人和个人之间、个人和团体之间或团体和团体之间由于对同一事物持有不同的态度与处理方法而产生的矛盾,这种矛盾的激化就称为冲突。由于其中的一方认为另一方影响了自身利益或者自身希望达到的目标,从而产生认识和情感上的矛盾。组织是一个多元的系统,组织内的很多方面都会引起冲突,而产生冲突的根源是彼此之间的差异。具有一定依赖关系的双方,差异越大,越难达到一致的意见,双方就会产生意见分歧,最后导致冲突的发生。组织中主要存在信息差异、认识差异、目标差异和角色差异等。

1. 信息差异

信息差异是指双方所获得的信息、了解的事实之间的差异。任何一项决策或选择活动都要经过信息搜集、可行性方案的设计和方案的选择几个阶段。其中信息的搜集是决策活动的第一步,它将为整个决策过程提供各种有用的信息,整个决策活动是建立在信息搜集基础之上的。但由于信息来源的渠道不同、信息的不对称性、信息传递过程中的失真、信息处理方式的不同等,双方获得的信息可能存在差异。

2. 认识差异

由于人们成长的环境、受教育的背景、工作经历、年龄等的不同,所形成的观念也不同,从而产生了认识的差异。由于双方存在认识上的差异,即使搜集到的信息完全相同,双

方也会有不同的结论,也会产生意见上的分歧,导致冲突的产生。导致认识差异的原因主要有背景不同、部门文化不同、地位不同、观念不同等。

1)背景不同

团体中的成员都有着不同的背景,如不同的受教育程度、家庭出身、价值观念等。个人的背景不可避免地会影响其考虑问题的方法,导致认识上出现差异。

2)部门文化不同

组织中的不同部门因其工作内容和性质的差异,会形成自己独立的文化价值观念、标准,即部门文化,而不同部门对同一问题的认识必然会受到其部门文化的影响。

3)地位不同

双方所处的不同的地位使双方看问题的角度不同,人们通常认为,高层管理者是从全局、整体利益出发考虑问题的,而各部门管理者往往从各自的、局部的利益出发考虑问题,导致高层管理者和部门管理者产生分歧。

4)观念不同

由于个人经验和期望不同,每个人看待或思考问题的方法就不同。个人的观念对自己是真实的,而且个人认为自己的观念与别人的观念是平等的,没有认识到其他人可能对同一事物或事件持相反的观念,因此,冲突就有可能发生。

### 3. 目标差异

由于一些原因,相互依赖的双方各自的目标有可能不一致,即存在一定的差异。组织通过一定的横向和纵向分工形成了一定的组织结构。处于组织结构中的不同位置的部门执行不同的职能,因此有着不同的目标和任务,如生产部门负责产品的生产,质检部门负责产品的质量检查,销售部门负责产品销售等。这种由专业化和分工形成的不同部门有着不同的目标。各自目标的不同,可能会产生意见上的分歧,导致冲突的发生。

### 4. 角色差异

组织中的每个人都充当着不同的角色,并按照角色的要求而行动。但个人角色的差异也会引起冲突。例如,由于任务的错误指派、角色要求不足或过度等原因,使组织中角色的要求同个人的个性、能力、要求等相矛盾,即个人承担不了不合适的角色,于是导致个人遭受挫折,感到压力,形成严重的个人思想斗争——思想冲突;当充当某一角色的人的行为与期望严重不符,特别是一方一味地以自己的价值观和愿望来要求对方的行为时,就会不可避免地产生冲突。

**知识链接**

冲突,究其实质是人或组织因为既得利益或潜在利益的差异而表现出来的一种抗争方式。冲突存在于人与人的一切关系中。在任何社会、团体或家庭中,冲突都是不可避免的,企业也是如此。

冲突是一种矛盾激化的初显形式,无从回避也不需回避,关键在于企业的管理者如何进行冲突管理。企业的管理者应以积极的心态努力学习并掌握冲突管理的技能和方法,洞察人性管理,化解冲突,而企业也唯有在发展进程中,不断地去预见潜在冲突,积极化解冲突,合理保持冲突水平,才能确保企业的健康发展。

资料来源:中国人力资源开发网,http://www.chinahrd.net

## 11.3.2 冲突的处理

**1. 正确认识冲突**

冲突有两种不同的性质,凡能推动和改进工作或有利于团队成员进取的冲突,称为建设性冲突;相反,凡阻碍工作进展、不利于团队内部团结的冲突,称为破坏性冲突。其中建设性冲突对团队建设和提高团队效率有积极的作用,它增加团队成员的才干和能力,并对组织的问题提供诊断咨询。通过解决冲突,人们还可以学习和掌握有效解决和避免冲突的方法。

一个团队如果冲突太少,则会使团队成员之间冷漠、互不关心,缺乏创意,从而使团队墨守成规,停滞不前,对革新没有反应,工作效率降低。如果团队有适量的冲突,则会提高团队成员的兴奋度,激发团队成员的工作热情,提高团队凝聚力和竞争力。

综上所述,冲突是另一种形式的沟通,冲突是发泄长久积压的情绪,冲突之后雨过天晴,双方才能重新起跑。冲突的高效解决可开启新的且可能是长久性的沟通渠道。

**2. 冲突处理技巧**

组织应保持适度的冲突,使组织养成批评与自我批评、不断创新、努力进取的风气。这样组织就会出现人心汇聚,奋发向上的局面,组织生命力就很旺盛。

冲突是不可避免的,这是人的天性。即使没有外界的干扰,我们自己内心也会出现冲突。既然我们不得不和冲突一起生活,那么,我们应该如何处理冲突,才能使冲突更加平和并向着正面的方向发展呢?

对冲突的处理,一是要设法消除冲突产生的负面效应,因为它对组织起到一定的破坏作用;二是要激发冲突,利用和扩大冲突对组织产生的正面效应。以下是常见的冲突处理技巧。

1)要有效处理冲突,必须做到主观态度上坦诚、相互包容

杰克·韦尔奇在《赢》一书里说:"我一向力陈应该坦诚待人。事实上,我对 GE 的员工谈坦诚,讲了 20 多年。""说真的,我认为,对人不够坦诚,是企业最大的肮脏小秘密。"

所谓"人非圣贤,孰能无过",讲究的就是"恕人"。当我们面对冲突时,一定要与对方坦诚对待,通过多种手段与其进行积极沟通,把事情的真相和自己的观点清楚地展示给对方,让对方理解。否则,遮遮掩掩、隐瞒,会给对方造成更大的伤害,彼此心存芥蒂,最终不利于冲突的处理。

在解决冲突时,除了要有坦诚的态度外,还要有有容乃大的胸襟,做到相互包容,以自己想被对待的方式对待他人。胸宽则能容,能容则众归,众归则才聚,才聚则业兴。胸襟开阔、雍容大度是中华民族的优良传统。古人云:"君子坦荡荡,小人长戚戚。"如果处处工于心计、气量狭小,处处流露出小家子气,那么,不但不会取得任何真正的成功,也体会不到任何团队协作的满足与快乐,更不用说能建设性地解决冲突了。

在一个团队中,每个成员的优缺点都不尽相同,个人应该主动寻找团队成员积极的品质,并且学习它,让自己的缺点在团队合作中消灭。团队强调的是协同工作,较少有命令和指示,所以,团队相互包容的工作气氛很重要,它直接影响团队的工作效率。如果团队的每位成员都去主动寻找其他成员的优秀品质,包容其弱点,以他人想被对待的方式对待他人,那么团队的协调、合作就会变得很顺畅,团队整体的工作效率就会提高。

"态度决定一切"，以坦诚、相互包容的态度处理冲突，往往更能赢得支持和理解，使冲突处理取得意想不到的结果。

2）沟通协调一定要及时

团队内必须做到及时沟通，积极引导，求同存异，把握时机，适时协调。唯有做到及时，才能最快求得共识，保持信息的畅通，而不至于导致信息不畅、矛盾积累。

3）善于询问与倾听，努力地理解别人

倾听是沟通行为的核心过程。因为倾听能激发对方的谈话欲，促发更深层次的沟通。另外，只有善于倾听，深入探测到对方的心理及他的语言逻辑思维，才能更好地与之交流，从而达到协调和沟通的目的。同时，在沟通中，当对方行为退缩、默不作声或欲言又止时，可用询问引出对方真正的想法，去了解对方的立场及对方的需求、愿望、意见与感受。所以，一个善于协调沟通的人必定是一位善于询问与倾听的行动者。这样不但有助于了解和把握对方的需求，理解和体谅对方，而且有益于与他人达成畅通、有效的协调沟通目的。

4）对上级沟通要有"胆"、有理、有节、有据

能够倾听上级的指挥和策略，并做出适当的反馈，以测试自己是否理解上级的语言和理解的深度；当出现出入或者有自己的想法时，要有胆量和上级进行沟通。

5）平级沟通要有"肺"

平级之间加强交流沟通，避免引起猜疑。而现实生活中，平级之间以邻为壑，缺少知心知肺的沟通交流，因而相互猜疑或者互挖墙脚。这是因为平级之间都过高看重自己的价值，而忽视其他人的价值。

6）对下级沟通要有"心"

在实际生活中，影响对下沟通的主要因素就是领导没心，缺少热忱。企业领导人应注意用心跟员工沟通，上级对下沟通，关键是要一个"诚"字，用心去沟通。

7）良好的回馈机制

协调沟通一定是双向的，必须保证信息被接收者接到和理解。因此，所有的协调沟通方式必须有回馈机制，保证接收者接收到。比如，电子邮件进行协调沟通，无论是接收者简单回复"已收到""OK"等，还是电话回答收到，都必须保证接收者收到信息。

建立良好的回馈机制，不仅让团队养成良好的回馈工作习惯，而且可以增进团队每个人的执行力，也就保证了整个团队拥有良好的执行力。

8）在负面情绪中不要协调沟通，尤其是不能做决定

负面情绪中的协调沟通常常无好话，既理不清，也讲不明，很容易冲动而失去理性，如吵得不可开交的夫妻，反目成仇的父母子女，对峙已久的上司下属……尤其是不能在负面情绪中做出冲动性的决定，这很容易让事情不可挽回，令人后悔。

9）控制非正式沟通

对于非正式沟通，要实施有效的控制。因为虽然在有些情况下，非正式沟通往往能实现正式沟通难以达到的效果，但是，它也可能成为散布小道消息和谣言的渠道，产生不好的作用，所以，为使团队高效，要控制非正式沟通。

10）容忍冲突，强调解决方案

冲突与绩效在数学上有一种关系，一个团队完全没有冲突，表明这个团队没有什么绩效，因为没有人敢讲话，一言堂。所以，高效团队需要承认冲突之不可避免及容忍之必需。

冲突不可怕，关键是要有丰富的解决冲突的方案。鼓励团队成员创造丰富多样的解决方案，是保持团队内部和谐的有效途径。

3. 冲突处理策略

冲突的处理实际上是一门艺术，优秀的管理者应从以下几个策略来处理冲突。

1）谨慎地选择想要处理的冲突

在日常的生活中，管理者面临的冲突很多，有些冲突非常琐碎、不重要，不值得花费太多的时间去处理；有些冲突虽然重要，但不是管理者力所能及的，不宜插手；有些冲突处理难度很大，但处理结果可能是"吃力不讨好"，不易介入。管理者应选择处理那些员工关心、影响面较大、对组织运行有意义的冲突。

2）仔细研究冲突双方的代表人物

研究双方的代表人物，也就是看有哪些人卷入了冲突，冲突双方的意见分别表现在哪些方面，双方真正感兴趣的方面及代表人物的人格特点、价值观、经历和资源因素等。

3）深入了解冲突的根源

冲突可能是多种原因共同作用的结果，因此要了解冲突的根源，不仅要了解公开的表层的冲突原因，而且要深入了解深层的、没有说出来的原因，并且要进一步分析各种原因作用的强度。

4）妥善地选择处理的方法

常见的冲突处理方法有5种：回避、对抗、妥协、迎合和合作。当冲突无关紧要，或者双方情绪极激动，需要时间恢复平静时，采用回避的方法较有效；当冲突关系紧急事件，冲突的一方陷入绝境时，另一方要做出决策，如果他们有能力解决这个问题，对抗策略相对有效；当冲突双方势均力敌、争执不下需采取权宜之计时，只好双方都做出让步，采用妥协方法行之有效；当冲突问题不十分重要或非原则问题，或需要以暂时的退让换取长久的信誉时，可以考虑迎合的方法；当冲突事关重大，双方都不可能妥协时，宜采取谈判合作的方式。

 **知识链接**

台湾学者汪明生、朱斌妤提出冲突管理规划（Conflict Management Planning）。他们认为冲突管理规划是涉及关于潜在争论、克服不必要的冲突，以及将真正差异导入问题解决之建设性管理的方法与步骤。冲突管理分为6阶段：检讨冲突分析、评估利益团体的目的、使策略利益相结合、与问题一致的处理方法、选择处理方法、发展特定计划。

资料来源：百度文库，http://wenku.baidu.com

### 11.3.3 谈判

现代商业社会，企业无时无刻不处在与其他企业构成的竞争与合作的环境之中，因此，谈判成了企业在经营管理中不可避免的活动。它是决定企业运作，以及企业与供应商、分销商关系的一个重要方面，同时是解决冲突的重要手段，是决定企业经营成败的重要一环。

谈判是双方或多方为实现某种目标就有关条件达成协议的过程。这种目标可能是为了实现某种商品或服务的交易，也可能是为某种战略合作等。谈判的对象几乎涉及所有人员，从最上层的管理者到基层人员。可以说，谈判在工作中无处不在：在组织内部，管理人员与员工谈薪水，与上级协调任务与资源，就预算进行讨价还价，找出与同事的差异并解决与下属的任务分派等；在不同的组织之间，通过谈判达成战略联盟、建立合作关系等。因此谈判是一种对目标实现的调节手段，是冲突管理的重要内容，也是管理人员的主要工作内容之一。

1. 谈判的定义

谈判有广义与狭义之分。除正式场合下的谈判外，一切协商、交涉、商量、磋商等，都可以看作广义的谈判。狭义的谈判仅仅是指正式场合下的谈判。

2. 谈判的层次

谈判一般分为3个层次，即竞争型谈判、合作型谈判和双赢谈判。

1）竞争型谈判

大部分谈判都属于竞争型谈判。现代社会竞争越来越激烈，企业之间的竞争、同类产品之间的竞争、人才之间的竞争都已经达到白热化程度，如果不竞争或者竞争能力不强，就会被淘汰。因此，在日常生活中，人们面临着越来越多的竞争型谈判。竞争型谈判的技巧旨在削弱对方评估谈判实力的信心。因此，谈判者对谈判对手的最初方案做出明显的反应是极为重要的，即不管谈判者对对方提出的方案如何满意，都必须明确表示反对这一方案，声明它完全不合适，使谈判对手相信，他的方案是完全令人讨厌的，不能被接受的。

2）合作型谈判

尽管谈判中有各种各样的矛盾和冲突，但谈判双方还是存在合作与交流的。谈判双方不是你死我活，你争我抢，而是为着一个共同的目标探讨相应的解决方案。如果对方的报价有利于当事人，当事人又希望同对方保持良好的业务关系或迅速结束谈判，做出合作型反应则是恰当的。合作型反应一般是赞许性的，承认和欣赏对方，实事求是地对待谈判，但还必须强调进一步谈判的必要性。这种有必要进一步谈判的事先表示，可以降低对方认为自己低估了案情从而转入防御性交锋的可能性。

3）"双赢"谈判

"双赢"谈判就是谈判要找到一种双方都赢的方案。"双赢"谈判是把谈判当作一个合作的过程，能和对手像伙伴一样，共同去找到满足双方需要的方案，使费用更合理，风险更小。

"双赢"谈判强调的是通过谈判，不仅要找到最好的方法去满足双方的需要，而且要解决责任和任务的分配，如成本、风险和利润的分配。"双赢"谈判的结果是你赢了，但我也没有输。从倡导和发展趋势的角度说，"双赢"谈判无疑是有巨大的发展空间的。但是，在实际工作中，推广"双赢"谈判却有着诸多障碍。

这种谈判要求双方对另一方的需求十分敏感，各自都比较开放和灵活，双方都对另一方有足够的了解和信任。在此基础上通过开诚布公的谈判，就可能找到双赢的方案，从而建立长期的合作关系。

3. 有效谈判的实现

管理者要实现有效的谈判，一般要遵循以下原则。

1）理性分析谈判的事件

抛弃历史和情感上的纠葛，理性地判别信息、依据的真伪，分析事件的是非曲直，分析双方未来的得失。

2）充分了解谈判对手

要充分地了解谈判的对手：对手的制约因素是什么，真实意图是什么，战略是什么，兴奋点和抑制点在哪里等。

3）抱着诚意谈判

态度不卑不亢，条件合情合理，提法易于接受，必要时可以主动做出让步。尽可能寻找双赢的解决方案。

4）坚定与灵活相结合

对自己目标的基本要求坚持，对对方最初的意见不必太在意，那多半是一种试探，有极大的回旋余地，当谈判陷入僵局时，应采用暂停、冷处理后再谈，或争取第三方调停，尽可能避免谈判破裂。

 **知识链接**

欧洲 A 公司代理 B 工程公司到中国与中国 C 公司谈判出口工程设备的交易。中方根据其报价提出了反驳，建议对方考虑中国市场的竞争性和该公司第一次进入市场，认真考虑改善价格。该代理商做了一番解释后仍不降价并说其委托人的价格是如何合理。中方对其条件又做了分析，代理人又做解释，一上午下来，毫无结果，中方认为其过于傲慢固执，代理人认为中方毫无购买诚意且没有理解力，双方相互埋怨之后，谈判不欢而散。

资料来源：豆丁网，http://www.docin.com

## 本 章 小 结

从管理学的角度来看，沟通就是为了达到一定目标，借助一定手段把可理解的信息、思想和情感在两个或两个以上的个人或群体中传递交换的过程，目的是通过相互间的理解与认同使个人或群体间的认知及行为相互适应，获得理解、达成协议的过程。

沟通对改善人际关系、从事好管理工作非常重要。沟通是管理者激励下属，实现领导职能的基本途径。有效的沟通使管理决策更加合理有效。

沟通过程就是发送者将信息通过一定的渠道传递给接收者的过程。沟通过程离不开沟通主体（发送者）、沟通客体（接收者）、信息（包含中性信息、理性的思想与感性的情感）、信息沟通渠道等基本沟通要素。一个完整的沟通过程包括了主体/发送者、编码、渠道、解码、客体/接收者、反馈、噪声与背景。

在沟通过程中，根据沟通符号的种类，沟通分为语言沟通和非语言沟通，语言沟通又包括书面信息沟通与口头信息沟通；根据是否为结构性和系统性的，沟通分为正式沟通和非正式沟通，正式沟通根据在群体或组织中信息的流向又分为上行沟通、下行沟通和平行沟通；根据沟通中的互动性，沟通分为单向沟通和双向沟通；从发送者和接收者的角度而言，沟通包括自我沟通、人际沟通与群体沟通。

所谓沟通障碍,是指信息在传递和交换过程中,由于信息意图受到干扰或误解,而导致沟通失真的现象。沟通障碍主要来自3个方面:发送者的障碍、接收者的障碍和信息传播通道的障碍。沟通障碍的形式表现为组织的沟通障碍、个人的沟通障碍。所谓有效的沟通,是通过听、说、读、写等思维的载体,通过演讲、会见、对话、讨论、信件等方式准确、恰当地表达出来,以促使对方接受。网络沟通是指通过基于信息技术(IT)的计算机网络来实现信息沟通活动。

冲突是另一种沟通形式。冲突的处理实际上是一门艺术,优秀的管理者应把握处理冲突的技巧。

谈判是双方或多方为实现某种目标就有关条件达成协议的过程。这种目标可能是为了实现某种商品或服务的交易,也可能是为某种战略合作等。

## 习 题

1. 简述沟通的含义及重要性。
2. 试述沟通的过程和类别。
3. 简述正式沟通中上行沟通、下行沟通和平行沟通的优缺点。
4. 有效沟通的障碍有哪些?如何克服沟通中的障碍?
5. 如何认识冲突?冲突产生的原因有哪些?
6. 简述谈判的层次及有效谈判应遵循的原则。

### 王通的困惑

拥有大学本科学历的王通从成都传统的国有企业立阳机械厂辞去了中层干部的职务,应聘到深圳外资企业弗里斯机器公司做技术管理工作。他发现外资企业与国有企业有明显差异。在国有企业,他可以经常见到厂级领导,而且厂级领导很多,因为经常在一起,大家都很熟,王通每周都要与他们一起开一两次碰头会,每次都要讨论厂里的许多问题,如怎样扭亏为盈,人事改革的难点等,尽管大家都拿不出什么令所有人满意的好办法,但气氛是和谐的,厂长总是给大家散烟,书记有时还给大家添茶水。作为中层干部,王通也经常到车间、班组了解情况,工人们见了他,也笑眯眯地叫他"老王",然后一起抽烟、聊天,要是他到车间,没人理他,他会觉得很没面子。

空余时间,他有时和厂领导,有时和工人们一起打麻将、吃饭等,工厂经常开大会,传达上级精神和号召所有职工努力工作;有时要搞竞赛,过年过节要搞聚餐、联欢等,全厂的许多人其父母一辈就在一起工作,大家像朋友一样彼此之间无话不说,相互知根知底。工厂的许多事情,大家都知道,要是有点什么新闻,半天之内,全厂都知道了,沟通起来十分容易。谁家有困难,其他人都表示充分的理解,况且谁家会没有点难事呢?互相帮助是应该的。但让王通恼火的,也是大家平时愤愤不平的是,人际关系如此和谐,沟通如此良好的企业,经济效益却老上不去,眼看公司的亏损越来越大,企业的改革方案却迟迟不出台,工资发放比例越来越低。面临孩子上大学的巨额费用，王通只好放下"企业主人翁"的地位，应聘去深圳外资企业弗里斯机器公司当了"打工仔"。

在弗里斯机器公司经过企业文化及一些公司技术规范培训后，王通成为该公司精加工车间的技术主管。说是技术主管，其实车间的事全部是王通一个人管。作为企业的中层管理人员，王通在外资公司的感觉是不一样的。尽管外资总经理平时也是笑眯眯的，但从来不与他们在一起抽烟。公司半个月开一次中层以上干部会，开会时，总经理总是一副一本正经的样子，好像管理企业就与国家安危一样重要。大家平时很难看到总经理，更不知道总经理在干什么，王通只是每周都要向总经理汇报一次工作进展情况。与总经理的联系平时都通过电话进行，总经理在电话里下达指示，只闻其声，不见其人。王通对下属的管理也一样，下到车间，为了表示郑重，也是一脸的正经，工人们在干活，从来不抬头看他，当然不可能围在一起聊天；王通对工人的管理是严格的，不能有迟到、早退现象，不过一般情况下比较"好说话"；王通总是准时巡视车间，一线领班在汇报工作时也是一脸严肃，听完指示后，就忙自己的工作去了，领班毕恭毕敬的样子让王通很有面子，有些事情就不那么计较了。王通所做的技术指导和管理都是有根有据的，让一线领班很佩服。当然王通明白，管理的效果直接跟自己的收入有关。王通的工资是原单位的3倍，年末还有奖金，这让王通为孩子学费的事大大地松了一口气。公司的业务发展很好，但美国的母公司对公司的要求是扩大在中国市场的占有率，因此花费许多钱做广告，公司并不盈利。

王通怕合同期满后总经理另找他人，于是开始钻研与自己的工作有关的技术，上网查看相关的技术资料，并且开始看一些管理类图书，以解决自己在管理方面的问题。王通工作与学习都有点紧张，或称充实。王通在公司工作了一年，春节放假前，总经理拿着一张人事评议表与王通谈了一个小时。王通觉得总经理对自己的工作状况还是很了解的。总经理给王通涨了5%的工资，并且说王通对工人的管理很有人情味，但应当注意执行纪律，否则会影响大家严肃认真的工作态度，最后，总经理握住王通的手鼓励他好好干。

王通回到家，厂里的朋友聚集在一起，喝酒、打麻将。工厂还像原来一样。王通觉得像是回到了从前，感觉很温馨。

春节过后，王通的脑子里乱哄哄的。返回深圳的外资企业，王通想通过看书让自己安静下来。在看了管理沟通方面的书后，王通感到困惑的是，在国有企业，沟通可以说是全方位的，彼此都互相理解，为什么企业却缺乏效率；而外资企业仅有正式的沟通，非正式的沟通很少，为什么企业效率却很高？大家都对公司发展很有信心，总是担心自己不能达到公司要求而十分努力。

资料来源：道客巴巴网，http://www.doc88.com

**案例分析题**

1. 指出王通在国有企业和外资企业所观察到的各种组织沟通类型，指出中外企业管理沟通中的差异。

2. 说明企业沟通与企业效率之间的关系，分析国有企业看起来沟通良好却缺乏效率的原因。

# 第12章　控制与控制过程

## 学习目的

计划所确定的目标是否得到顺利实现？计划目标本身制订得是否科学合理？要弄清楚这些问题并采取妥善的处理措施，就必须开展卓有成效的控制工作。通过本章的学习，了解控制与计划的关系、控制的过程，理解控制的概念及作用、控制的基本原则、控制的类型，全面阐述管理中的这项重要职能。

## 知识要点

| 知识要点 | 要求程度 | 相关知识 |
| --- | --- | --- |
| 控制及其作用 | 理解 | (1) 控制的概念<br>(2) 控制的作用 |
| 控制与计划 | 了解 | 控制与计划的关系 |
| 控制的基本原则 | 理解 | (1) 控制应该同计划与组织相适应<br>(2) 控制应该突出重点，强调例外<br>(3) 控制应该具有灵活性、及时性和经济性的特点<br>(4) 控制过程应避免出现目标扭曲问题<br>(5) 控制工作应注重培养组织成员的自我控制力 |
| 控制的类型 | 理解 | (1) 前馈控制<br>(2) 现场控制<br>(3) 反馈控制<br>(4) 直接控制<br>(5) 间接控制 |
| 控制的过程 | 了解 | (1) 确立标准<br>(2) 衡量绩效<br>(3) 纠正偏差 |

#### 失控的"速生鸡"

肯德基、麦当劳再曝使用违禁药物。2012 年 12 月 18 日,中央电视台新闻频道报道称,一些养殖户为了使鸡不得病长得快,在饲料里添加多种抗生素和激素类药品。对此,肯德基做出回应称,国内个别肉鸡企业的把关可能有所缺失,公司已要求供应商积极配合当地政府的检验检疫。对于央视曝光的企业——六和集团,肯德基称 2012 年 8 月已停止采购其鸡肉原料。另一家快餐连锁——麦当劳,则在一则官方的简短声明中称"请大家放心食用"。

据中央电视台新闻频道报道,在这些问题养鸡场,为了避免鸡生病或死亡,从第 1 天入栏到第 40 天出栏,至少要吃 18 种抗生素药物,"鸡把抗生素当饭吃,停药期成摆设"。一些养殖场还偷偷给鸡喂食禁用药物,这些药物包括人用的利巴韦林、盐酸金刚烷胺。至于为了使肉鸡能够快速生长,能使鸡在 3~5 天就增重 1 斤的激素类药品,更是成为催生肉鸡速生的秘密"武器"。

而根据我国《兽药管理条例》的规定,这些药品被禁止用于动物。那么,滥用药物的"潘多拉魔盒"是谁打开的呢?

假如说违禁药品禁令是一条防线的话,那么现实中可以说已完全沦陷,根本形同虚设。养鸡场滥用药物,固然罪无可恕,但养殖户把鸡交给屠宰场之后,屠宰企业的检测人员编造检验纪录。抗生素滥用、动物检验检疫程序走过场,甚至花钱就能买到动物检疫合格证明,这里面所暴露的整个监管链条的失控与失效,才是真正开启了"潘多拉魔盒"。

资料来源:中国青年网,http://pinglun.youth.cn

## 12.1 控 制 概 述

俗话说,没有规矩,不成方圆。时至今日,控制在管理工作中已占有不容忽视的地位。不仅是作业生产,企业的各项决策和在实施过程中的计划,都可能遇到始料未及的各种因素的干扰,影响工作的进行,甚至造成重大的失败。因此,管理者必须认真搜集、分析、处理反映决策实施过程和内外因素变化的各种信息,从而控制态势发展,实行有效管理。

### 12.1.1 控制及其作用

1. 控制的概念

"控制"一词最初来源于希腊语"掌舵术",意指领航者通过发号施令将偏离航线的船只拉回正常的轨道上。由此说明,维持朝向目的地的航向,或者说维持达成目标的正确行动路线,是控制概念的最核心含义。自从 1948 年诺伯特·维纳(Nobert Wiener)创立控制论以来,控制论的概念、理论和方法被许多学科广泛吸收,用来丰富各学科的理论和方法体系,管理学就是其中之一。管理学家们关于控制的含义,有很多不同的说法。法约尔认为,控制就是监视各人是否依照计划、命令及原则执行工作;霍德盖茨认为,控制就是管理者将计划的完成情况和目标相对照,然后采取措施纠正计划执行中的偏差,以确保计划目标的实现;孔茨则认为,控制就是按照计划标准衡量计划的完成情况和纠正计划执行中的偏差,以确保计划目标的实现。

所谓控制，从其最传统的意义来说，就是"纠偏"，即按照计划标准衡量所取得的成果，并纠正所发生的偏差，以确保计划目标的实现。但从广义的角度来理解，控制工作实际上应包括纠正偏差和修改标准这两方面内容。这是因为，积极、有效的控制工作，不能仅限于针对计划执行中的问题采取"纠偏"措施，它还应促使管理人员在适当的时候对原定的控制标准和目标做适当的修改，以便把不符合客观需要的活动拉回正确的轨道上。这种引致控制标准和目标发生调整的行动，简称"调适"，是现代意义下组织控制工作的有机组成部分。基于这种认识，可将管理中的控制宽泛地定义为由管理人员对组织实际运行是否符合预定的目标进行测定，并采取措施确保组织目标实现的过程。

2. 控制的作用

控制是日常生活中的常见现象。在波涛汹涌的大海上航行的船只，需要依靠舵手的"掌舵术"将偏离航线的船只拉回正常的航道上，以确保平安抵达目的地。球队教练在赛前给球队确定战术，赛中利用暂停指示队员改变战术，比赛时适时换人和赛后总结经验教训等，这些措施都是为了确保球队取得预期的成绩。控制是使活动达到预期目标的保证。

 **知识链接**

总经理汤姆就其产品印制电路板的销路到欧洲与买主建立联系后返回了美国。同往常一样，他的邮件筐中堆满了信件。正当汤姆埋头于这些信件时，工厂经理和财务经理来到了他的办公室。他们来这儿是由于汤姆的盛怒："为什么没有任何人告诉我，我们公司究竟发生了什么？为什么我未能知道周围发生了什么？为什么我始终一无所知？我没有时间去浏览所有这些文件并了解问题。没有一个人告诉我，我们企业是如何运作的，而且我似乎从没有听说过我们的问题，直到它们变得相当严重。我要求你们制订一个系统，从而使我能持续得到消息。我对一无所知已经很厌倦了，特别是那些我必须知道的事情。"

资料来源：缪兴锋，叶小明. 现代管理学基础与应用. 2版. 广州：华南理工大学出版社，2006.

控制在管理活动中的重要性是显而易见的，它的作用主要体现在以下两方面。

1）检验作用

管理人员虽然可以制订出周密的计划，但是往往并不足以保证所有的行动都能按计划执行，不能保证管理人员追求的目标都一定能够达到。通过控制工作，可以检验各项工作是否按预定计划进行，同时也检验计划的正确性和合理性。

2）调节作用

企业在开展生产经营活动时，由于受外部环境和内部条件变化的影响，实际执行结果与预期目标不完全一致的情况是时常发生的。对管理人员来讲，重要的问题不是工作有无偏差，或者是否可能出现偏差，而是能否及时预见潜在的偏差或发现已出现的偏差，采取措施予以预防和纠正，以确保组织的各项活动能正常进行，从而使组织预定的目标能够顺利实现。通过控制工作，可以在计划的执行过程中，对原计划进行修改并调整整个管理过程。

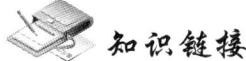 知识链接

有一种观点认为"99.9%的合格率已经够好了,或者顾客对99.9%的合格率已经满足了"。真的是这样吗?有材料显示:如果99.9%已经够好,那么全球每天会有12个新生儿被错交到其他婴儿的父母手中;每年会有114 500双不成对的鞋被装船运走;每小时会有18 322份邮件被错误投递;每天会有2架飞机在降落到芝加哥奥哈拉机场时安全得不到保障;每年会有20 000个误开的处方;每年将有291台安装心脏起搏器的手术出现失误。我们如果问大家:假如一条生产线有50道工序,每道工序可以接受怎样的质量标准?99.9%如何?请同学们计算一下此生产线的正品率应该是多少?你是否仍然对99.9%的合格率感到满意?

资料来源:冯开红,吴亚平. 企业管理实务. 北京:电子工业出版社,2009.

## 12.1.2 控制与计划

**1. 控制与计划的关系**

要全面理解控制的含义,需要把控制与计划联系起来。

 知识链接

李立担任某厂厂长已一年多了,他刚看了工厂今年实现目标情况的统计资料。厂里各方面工作的进展出乎他的意料。记得他任厂长后的第一件事就是亲自制订工厂一系列工作的目标,例如,为了减少浪费、降低成本,他规定在一年内要把原材料成本降低10%~15%,把运输费用降低3%。他把这些具体目标都告诉了下属有关方面的负责人。年终统计资料却表明,原材料的浪费比去年更严重,运输费用则根本没有降低。

他找来了有关方面的负责人询问原因。负责生产的副厂长说:"我曾对下面的人强调过要注意减少浪费,我以为下面的人会按我的要求去做。"而运输方面的负责人则说:"运输费用降不下来很正常,我已经想了很多办法,但汽油费等还在涨,我想,明年的运输费可能要上升3%~4%。"李立了解了原因,并进行了进一步的分析以后,又把这两个负责人召集起来布置第二年的目标:生产部门一定要把原材料成本降低10%,运输部门即使是运输费用要提高,也绝不能超过今年的标准。

控制与计划是既互相区别,又紧密相连的。计划为控制工作提供标准,没有计划,控制也就没有依据。但如果只编制计划,不对其执行情况进行控制,计划目标就很难得到圆满实现。因此,有人把计划工作与控制工作看作一把剪刀的两刃,缺少任何一刃,剪刀都无法发挥作用。

控制与计划之间的关系不仅体现在计划提供控制标准而控制确保计划实现这一关系上,同时也表现为如下两方面。一方面,有些计划本身的作用就已具有控制的意义。例如,政策、程序和规则,它们在规定人们行动的准则的同时,也对人的行为产生极大的制约作用。又如,预算和进度表等形式的计划,它们既是作为计划工作的一个重要组成部分而编制的,同时又可以直接作为一种有效的控制工具。可见,某些计划形式实际上涵盖了控制的内容。另一方面,广义的控制工作实际上也包含了对计划在执行期间的修订或修改。计划在执行过程中产生结果与目标之间的偏差,其原因除了执行不力外,还可能是计划之初对外部环境和内部条件估计出现失误,造成了目标设定过高或过低,或者是计划执行中所面临的内外环境

条件出现了重大变化,导致目标脱离现实,这时,改变计划确定的目标和控制标准就是控制工作的一大任务。

因此,计划和控制是同一个事物的两面。有目标和计划而没有控制,人们可能知道自己干了什么,但无法知道自己干得怎样,存在哪些问题,哪些地方需要改进。反之,有控制而没有目标和计划,人们将不会知道要控制什么,也不会知道怎么控制。计划和控制两者密不可分。事实上,计划越明确、全面和完整,控制的效果也就越好;控制工作越科学、有效,计划也就越容易得到实施。控制好比是汽车驾驶员的方向盘,它把组织、人员配备、领导等职能与计划设定的目标连接在一起,在必要时,它能随时启动新的计划方案,使组织运行的目标更加符合自身的资源条件并适应组织环境的变化。

制订计划是为了执行,组织的一切活动都是为了实现组织目标。管理者要确保组织的各个部门和成员正在做的工作是有助于目标实现的工作,确保在计划规定的期限内能以经济、有效的方式实现目标。这就需要管理者执行控制工作的职能,即采用正确的标准去衡量计划的执行过程,采取行动对问题进行修正,引导人们的行为,以达到组织目标。计划所确定的目标是否得到顺利实现?计划目标本身制订得是否科学合理?要弄清楚这些问题并采取妥善的处理措施,就必须开展卓有成效的控制工作。

2. 管理控制系统

汽车需要控制系统,才能确保正确的行驶。任何组织,如果没有一个与之一致的管理控制系统,就无法有效地贯彻它的战略。组织中的控制活动是通过组织的控制系统来完成的,而控制系统主要包括以下几个方面。

(1) 控制的目标,即进行控制活动的目的取向,也是进行控制活动的依据。
(2) 控制的主体,即各级管理人员及其所属的各职能部门。
(3) 控制的对象,应是组织的整个活动。
(4) 控制的方法和手段,即为达到有效的控制所采用的各种科学方法和手段。

管理控制系统的基本结构如图 12.1 所示。

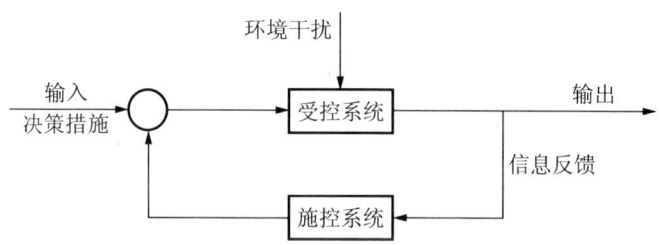

图 12.1 管理控制系统的基本结构

比如,企业管理系统作为一个控制系统,其组成包括由决策领导层及计划编制者组成的施控主体,以及由分厂或车间生产者组成的受控客体。计划部门根据决策领导层确定的经营目标,经过分解将指标下达到各个生产单位,即施控主体作用于受控客体,这就是控制作用。各个分厂、车间生产的产品是否按质、按量、按期实现了计划,在市场上销售状况如何,顾客有何反映,情况有何变化,这些信息需要反馈到计划部门,同计划目标进行对比,找出偏差加以调整或纠正,即受控客体反作用于施控主体,这就是反馈作用。同时,系统存在于环境之中,它与环境相互作用、相互制约。

在具体研究一个管理控制系统时，还应当明确被控对象是什么，被控变量有哪些，如库存控制系统的被控对象就是仓库，而被控变量就是库存量。能根据被控变量的实际值和预期值之间的偏差，对被控对象施加控制作用以减少偏差的控制机构由偏差测量机构、决策机构和执行机构组成。偏差测量机构可以是计算装置，应能连续不断地测定实际值与预期值之间的偏差。决策机构是核心机构，能根据偏差做出控制决策。执行机构用以执行纠正偏差的决策命令，作用于被控制对象。

上面考察的控制形式是将控制对象与控制机构明确地区别开来，在这种情况下，所涉及的是外部对于对象的控制。但是，控制并不总是由外部机构来实施的。在管理中，很多控制是自我控制，即人们以自己的方式行事。自我控制是一种内部控制，因为在同一个人身上集中了控制的原因和理由。就管理控制而言，在大部分情况下内部控制与外部控制是相配合的。

### 12.1.3 控制的基本原则

为确保控制工作取得更好的成效，下面将管理控制中的主要原则归纳如下。

#### 1. 控制应该同计划与组织相适应

管理的各项职能相互关联、相互制约。既然控制的目的是保证计划得到顺利实现，它就需要依靠组织中的各单位、各部门及全体成员来实施。所以，控制系统和控制方法应当与计划和组织的特点相适应。不同的计划具有不同的特点，因而控制所需的信息也各不相同。例如，对成本计划的控制信息主要是各部门、各单位甚至各种产品在生产经营过程中发生的费用；对产品销售计划的控制，则要收集销售产品的品种、规格、数量和交货期的情况。控制工作越是考虑到各种计划的特点，就越能更好地发挥作用。

同样，控制还应当反映组织结构的类型和特征。组织结构既然明确规定了企业内每个人所担任的职务和相应的职责权限，那么它也就可以成为确定计划执行的职权所在和产生偏差的职责所在的依据。由此也说明，有效的管理控制必须能够反映一个组织的结构状况并通过健全的组织结构予以保证，否则，只能是空谈。健全的组织结构有两方面的含义：一方面，要能在组织中将反映实际情况和工作状态的信息迅速地上传下达，保证联络渠道的畅通；另一方面，要做到责权分明，使组织结构中的每个部门、每个人都能切实担负起自己的责任。否则，偏差一旦出现就难以纠正，控制也就不可能实现。

#### 2. 控制应该突出重点，强调例外

在一个完整的计划执行过程中，组织通常需要选出若干的关键点，把处于关键点的工作预期成果及其影响因素作为控制的重点。按照"次要的多数、关键的少数"原理，管理人员不必完全了解计划执行中的全部具体细节，就可能达到对组织活动的有效控制。例如，公司管理政策赋予管理者的权力是，每月不超过200美元的年工资增长额批准权，每笔支出不超过500美元的审批权，并且年度总支出不超过5 000美元，如果超出上述标准则需上级管理部门批准。这些检验点是一种对权力进行约束的控制手段，同时它还可以免除上级对日常开支的大量检查。由于控制的对象减少了，控制工作的成本也相应降低。因此，控制要突出重点，抓住关键。管理人员不能也没有必要事无巨细地对组织活动的方方面面都进行控制，而是要针对关键的少数因素实施重点控制。作为一位负责的管理人员，谁都希望自己对所管

理的领域有全面的了解和把握,但明智的管理人员需要认识到,组织中的工作活动往往是错综复杂、涉及面很广的,谁也无法对每一方面、每一件事均予以控制。全面控制并不见得是一种最经济、有效的控制。管理人员需要从实际工作出发,因地制宜地找出和确定最能反映或体现其所管辖单位工作成果的关键性因素,对之加以严密控制,其他的方面则相对放松控制,这样可收到有的放矢、事半功倍的效果。

控制也应当强调例外原则。管理人员将控制工作的重点放在计划实施中出现的特别好或特别坏的"例外"情况上,可以使他们把有限的精力集中于真正需要引起注意和重视的问题方面。当然,例外并不能仅仅依据偏差数值的大小来确定,而要考虑客观的实际情况。在同一个组织中,对于不同类别的工作,一定额度的偏差所反映的事态严重程度并不一样。有时,管理费用高于预算的5%可能无关紧要,而产品合格率下降1%却可能出现产品严重滞销的问题。所以,在实际工作中,例外原则必须与控制关键问题的原则结合起来,注意关键问题上的例外的情况。

知识链接

一滴焊料实在不起眼儿,然而"石油大王"洛克菲勒却曾为之做文章。一次,洛克菲勒视察美孚石油公司一个包装出口石油的工厂,发现包装每只油罐用40滴焊料。他注视良久,对工人说:"你有没有试过用38滴焊料生产",经过当场试验,用38滴不行,偶尔有滴油的现象,但用39滴焊料滴封的却没有一只漏油。于是,洛克菲勒当即决定,39滴焊料是美孚石油公司各工厂的统一规格。

可别小瞧这一滴焊料,从中可以看出"石油大王"从严管理、节俭治业的精神。洛克菲勒一生信奉"勤俭生财"的准则。平素,他除了筹划企业的经营方略之外,就是到处巡视,寻找管理上的问题和漏洞。

控制的关键点主要是那些能直接影响计划执行及实施效果的,能否按期完成及直接影响成本的因素。控制关键点能把主管人员有限的精力投入到对计划的执行中,并完成对举足轻重的关键问题的控制。因此尽可能地选择关键点,能使控制工作更有成效。

资料来源:李品媛.管理学.大连:东北财经大学出版社,2005.

3. 控制应该具有灵活性、及时性和经济性的特点

灵活的控制是指控制系统能适应主客观条件的变化,持续地发挥作用。控制工作本是动态变化的,控制所依据的标准、衡量工作所用的方法等都可能随着情况的变化而调整、变化。如果事先制订的计划因为预见不到的情况而无法执行,而事先设计的控制系统仍按部就班地如期运转,那将会在错误的道路上越走越远。例如,假设预算是根据一定的销售量制订的,那么,如果实际销售量远远高于或低于测量的销售量,原来的预算就变得毫无意义了,这时就要求修改甚至重新制订预算,并根据新的预算制定合适的控制标准。

控制工作还必须注意及时性。信息是控制的基础。为提高控制的及时性,信息的收集和传递就必须及时。如果信息的收集和传递不及时,信息处理时间又过长,偏差就得不到及时矫正。更有甚者,实际情况已经发生了变化,这时采取滞后的矫正措施则可能不仅没有积极作用,反而会带来消极的影响。

为进行控制而支出的费用和由控制而增加的收益,两者都直接与控制的程度相关。这意味着,控制工作一定要坚持适度、适量的原则,以便提高控制工作的经济性。换句话说,从经济性角度考虑,控制力度并不是越大越好,控制系统也不是越复杂越好。控制系统越复

杂、控制工作力度越大，只意味着控制的投入越大。在许多情况下，这种控制投入的增加并不一定会导致计划的更顺利实施。事与愿违的情况在现实中是经常发生的。有时，自然消退也是一种行之有效的控制办法。

 **知识链接**

春秋时期，楚国令尹孙叔敖在苟陂县一带修建了一条南北水渠。这条水渠又宽又长，足以灌溉沿渠的万顷农田，可是一到天旱的时候，沿堤的农民就在渠水退去的堤岸边种植庄稼，有的甚至还把农作物种到堤中央。等到雨水一多，渠水上涨，这些农民为了保住庄稼和渠田，便偷偷地在堤坝上挖开口子放水。这样的情况越来越严重，一条辛苦挖成的水渠，被弄得遍体鳞伤，面目全非，因决口而经常发生水灾，变水利为水害。

面对这种情形，历代苟陂县的行政官员都无可奈何。每当渠水暴涨成灾时，便调动军队去修筑堤坝，堵塞滑洞。后来宋代李若谷出任知县时，也碰到了决堤修堤这个头疼的问题，他便贴出告示说，"今后凡是水渠决口，不再调动军队修堤，只抽调沿渠的百姓，让他们自己把决口的堤坝修好"。这布告贴出以后，再也没有人偷偷地去决堤放水了。

资料来源：搜狐网，http://www.sohu.com

4. 控制过程应避免出现目标扭曲问题

组织在将规则程序和预算这些低层次的计划作为控制标准时，最容易发生目标与手段相置换的问题。本来，规则程序和预算只是组织实现高层次计划目标的手段，但在实际控制过程中，有关人员对这些手段的关注可能超过对实现组织目标的关注，或者忘记了这些手段性措施只是为实现组织目标服务的，以至于出现了为遵守规定或完成预算而不顾实际控制效果的种种刻板、僵硬、扭曲的行为。控制的机能障碍也就由此产生。当人们丧失了识别组织整体目标的能力时，往往会出现"不是组织在运用控制职能，而是控制在束缚着组织"的不正常现象。因此，管理者在控制工作过程中要特别注意次一层级控制标准的从属性和服务性地位，这点对于成功、有效地实施控制至关重要。

5. 控制工作应注重培养组织成员的自我控制力

广大员工在生产和业务活动的第一线，是各种计划、决策的最终执行者，所以，员工进行自我控制是提高控制有效性的根本途径。比如，要提高产品质量，仅靠工商部门监督和新闻报道是不够的，重要的是企业改善管理、加强控制；而在企业中，光靠管理者重视和完善控制制度也是不够的，广大员工应加强质量意识，并对产品生产者每个环节严格把关，这才是提高产品质量的最终保证。

自我控制具有很多优点。首先，自我控制有助于发挥员工的主动性、积极性和创造性。自我控制是员工主动控制自己的工作活动，是自愿的。这样，他们在工作中便能潜心钻研技术，对工作中出现的问题会主动设法解决。其次，自我控制可以减轻管理人员的负担，减少企业控制费用的支出。最后，自我控制有助于提高控制的及时性和准确性。实际工作人员可以及时准确地掌握工作情况的第一手材料，因而能及时准确地采取措施，矫正偏差。

当然，鼓励和引导员工进行自我控制，并不意味着对员工可以放任自流。员工的工作目标必须服从于组织的整体目标，并有助于组织整体目标的实现。管理者要从整体目标的要求出发，经常检查各单位和员工的工作效果，并将其纳入企业全面控制系统之中。

## 12.2 控制的类型与过程

### 12.2.1 控制的类型

管理系统作为一种控制系统,由于管理对象不同,管理目标不同,系统状态不同,所运用的控制方式也不同,因此形成了不同的管理控制类型。管理控制的类型是多种多样的,各种控制类型也不是相互排斥的,为有效地实现管理的目标,往往是多种控制类型交叉使用。对于同一个管理系统,可以从不同的角度划分控制的类型。

1. 按纠正措施的作用环节不同划分

按纠正措施的作用环节不同,可将控制分为前馈控制、现场控制和反馈控制3类,如图12.2所示。

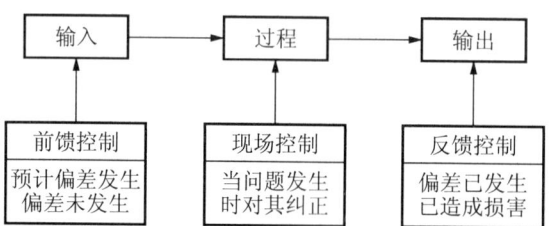

图 12.2　按纠正措施的作用环节不同划分的控制类型

我们已经知道,控制工作的实质是"信息反馈"。在计划付诸实施后,如果不重视信息反馈,那就是一种官僚主义的态度。随着计算机的普及和在数据的收集、传递、存储上的应用,实时信息系统得到了很大的发展。所谓实时信息,是指事件一发生就出现的信息,它的出现为实时控制提供了条件。例如,一些航空公司利用这样的系统来取得机舱座位的信息情况:把飞机班次、旅行地点和日期输入存储系统,立即就能做出是否还有座位的回答(输出信息)。又如,企业的管理者可以利用这种实时信息系统随时了解生产计划的执行情况、生产的进度和耗用的累计工时数、某个项目的生产制造是否及时或延误等。但是,在目前大多数的管理活动中,得到的信息却都是"时(间)滞(后)信息"。因此,经常在信息反馈和采取纠正措施之间出现时间延迟,以至于纠正措施往往作用在执行计划过程中的不同环节上,如图12.3 所示。

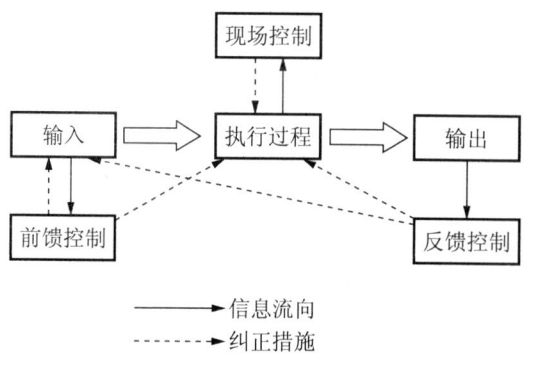

图 12.3　前馈、现场、反馈控制过程

1）前馈控制

仅仅用系统的输出作为反馈信息的缺点是，只有当输出量偏离目标时，校正作用才能开始产生。因此，这是一种事后控制。特别是对于系统最终成果的反馈控制，由于系统存在时滞，所以待偏差出现后，再采取纠正措施，在有些情况下，可能造成的损失已既成事实不可挽回了。管理人员更需要这样的控制系统：它能在还来得及采取纠正措施时就告诉管理人员信息，使他们知道如再不采取措施就会出问题。"防患于未然"不仅是对计划工作的要求，也是对控制工作的要求。前馈控制需要行为主体具有丰富经验，如猎人总是瞄准一头野鸭飞行的前方，以便纠正射击与希望击中的目标之间的时滞。

所谓前馈控制，就是观察那些作用于系统的各种可以测量的输入量和主要扰动量，分析它们对系统输出的影响关系，在这些可测量的输入量和主要扰动量的不利影响产生以前，通过及时采取纠正措施，来消除它们的不利影响。

从管理学的角度解释，前馈控制又叫预先控制，是管理人员运用所能得到的最新信息，包括上一个控制循环中所产生的经验教训，反复认真地对可能出现的结果进行预测，然后将其同计划要求进行比较，从而在必要时调整计划或控制影响因素，以确保实现目标。

实行前馈控制的优越性在于，前馈控制使管理人员及时得到信息以便采取措施，也能使他们知道如果不采取措施就会出现问题。它克服了反馈控制中由于时间滞差所带来的缺陷。

知识链接

有位客人到某人家里做客，看见主人家的灶上烟囱是直的，旁边又有很多木材。客人告诉主人说，烟囱要改曲，木材须移去，否则将来可能会有火灾，主人听了没有做任何表示。不久主人家里果然失火，四周的邻居赶紧跑来救火，最后火被扑灭了，于是主人烹羊宰牛，宴请四邻，以酬谢他们救火的功劳，但是并没有请当初建议他将木材移走、烟囱改曲的人。有人对主人说："如果当初听了那位先生的话，今天也不用准备筵席，而且没有火灾的损失，现在论功行赏，原先给你建议的人没有被感恩，而救火的人却是座上客，真是很奇怪的事呢！"主人顿时省悟，赶紧去邀请当初给予建议的那个人。

资料来源：八方百科网，http://www.bfbkw.cn

2）现场控制

现场控制工作的纠正措施是作用在正在进行的计划执行过程。它是一种主要由基层管理人员所采用的控制工作方法。

在计划的实施过程中，大量的管理控制工作，尤其是基层的管理控制工作都属于这种类型。因此，它是控制工作的基础。一个管理人员的管理水平和领导能力常常会通过这种工作表现出来。

在现场控制中，组织机构授予管理人员的权力使他们能够使用经济的和非经济的手段来影响其下属；控制活动的标准来自计划工作所确定的活动目标和政策、规范和制度；控制工作的重点是正在进行的计划实施过程。控制的有效性取决于管理人员的个人素质、个人作风、指导的表达方式，以及下属对这些指导的理解程度，其中，管理人员的"言传身教"具有很大的作用。例如，工人的操作发生错误时，工段长有责任将其指出并做出正确的示范动作，以帮助其改正。

### 3）反馈控制

反馈控制主要是分析工作的结果，将它与控制标准相比较，发现已经发生的偏差，分析其原因和对未来的可能影响，及时拟订纠正措施，并予以实施，以防止偏差继续发展，或防止今后再度发生。由此可见，反馈控制工作是一个不断提高的过程。它的工作重点是把注意力集中在历史结果上，并将它作为未来行为的基础。

反馈控制方法的特点是管理人员是根据输出的成果及时滞信息来进行控制工作的。例如，进行产品质量控制，往往是预先制定出产品的质量标准，再统计所生产出的产品检验结果，与标准进行比较，然后采取相应的行动。统计结果是计划执行过程的反馈信息，属于时滞信息。通过统计结果与预先制定的标准比较，才能发现产品生产过程中有无偏差产生，如出现偏差才能进一步采取纠正和控制措施。所以，反馈控制是根据计划执行的结果来进行控制的，而结果通常包含两种可能：一是达到或超过预期目标；二是未达到目标。例如，上面所说的产品质量控制，如果依据对产品检验的结果发现很多产品质量不合格，那么在采取新的纠正或控制措施之前，已生产出的不合格产品已经给企业造成损失。所以反馈控制实际上是一种补救式的控制方法，其作用仅在于避免已发生的偏差继续发展或今后再度发生。

显然，反馈控制并不是一种最好的控制方法，但目前仍被广泛地使用，因为在管理工作中管理人员所能得到的信息，大量是需要经过一段时间才能得到的时滞信息。在控制工作中为减少反馈控制带来的损失，应该尽量缩短获得反馈信息的时间，以弥补反馈控制方法的这种缺陷，使造成的损失降到最低。

 **知识链接**

魏文王问名医扁鹊："你们家兄弟三人，都精于医术，到底哪一位最好呢？"扁鹊答说："长兄最好，中兄次之，我最差。"文王再问："那么为什么你最出名呢？"扁鹊答："我长兄治病，是治病于病情发作之前。由于一般人不知道他事先能铲除病因，所以他的名气无法传出去，只有我们家的人才知道。我中兄治病，是治病于病情初起之时。一般人以为他只能治轻微的小病，所以他的名气只及于本乡里。而我扁鹊治病，是治病于病情严重之时。一般人都看到我在经脉上穿针管来放血，在皮肤上敷药等大手术，所以以为我的医术高明，名气因此响遍全国。"

可见，反馈控制不如现场控制，现场控制不如前馈控制，可惜大多数的事业经营者均未能体会到这一点，等到错误的决策造成了重大的损失才寻求弥补，有时为时已晚。

资料来源：搜狐网，http://www.sohu.com

**2. 按管理人员改进他们将来工作的方式不同划分**

按管理人员改进他们将来工作的方式不同，可以将控制分为直接控制和间接控制。

### 1）直接控制

一般人认为，足以解决组织运行过程中的各种棘手问题的人，就是优秀的管理者，其实这是有待商榷的。俗话说"预防重于治疗"，能防患于未然，更胜于治乱于已成之后。由此观之，问题的预防者，其实优于问题的解决者。

控制工作所依据的是这样的事实，即计划的实施结果取决于执行计划的人。销售额、利润率、产品质量等这些计划目标的完成情况，主要取决于直接对这些计划目标负责的管理部门的管理人员。因此，通过遴选、进一步培训、管理工作成效考核等方法改变有关管理人员的未来行为，提高他们的素质来进行控制，是对管理工作质量进行控制的关键所在。直接控制的指导思想承认，合格的主管人员出的差错最少，他能觉察到正在形成的问题，并能及时采取纠正措施。所谓"合格"，就是指他们能熟练地应用管理的概念、原理和技术，能以系统的观点来进行管理工作。因此，直接控制的原理就是主管人员及其下属的素质越高，就越不需要进行间接控制。

2）间接控制

所谓间接控制，是基于这样一些事实，即人们常常会犯错误，或常常没有察觉到那些将要出现的问题，因而未能及时采取适当的纠正或预防措施。他们往往是根据计划和标准，对比和考核实际的结果，追查造成偏差的原因和责任，然后才去纠正。

实际上，在工作中出现问题、产生偏差的原因是很多的。所定标准不正确固然会造成偏差，但即使标准是正确的，不确定因素及管理人员缺乏知识、经验和判断力等也会使计划失败。所谓不确定因素包括了不能确定的每一件事情。例如，一个制造活塞计划的成功与否，不仅取决于已知的各项前提条件，而且取决于这样一些不确定因素：未来的市场状况，已知的和尚未发现的金属材料的竞争，以及会把现有最好的活塞发动机淘汰掉的新的动力技术的发展等。这些不确定因素造成的管理上的失误是不可避免的，故出现这种情况时，间接控制技术不能起什么作用。但对于由于管理人员缺乏知识、经验和判断力所造成的管理上的失误和工作上的偏差，运用间接控制则可帮助其纠正。同时，间接控制还可帮助管理人员总结吸取经验教训，增加他们的经验、知识和判断力，提高他们的管理水平。

当然，间接控制还存在许多缺点，最显而易见的是间接控制是在出现了偏差、造成损失之后才采取措施，因此，它的费用支出是比较大的。间接控制并不是有效的控制方法，它还存在许多不完善的地方。

另外，按照控制源，可以把控制分为正式组织控制、群体控制和自我控制3种类型；按逻辑发展，可以把控制划分为试探性控制、经验控制、推理控制和最优控制4种类型。

## 12.2.2 控制的过程

控制是根据计划的要求，设立衡量绩效的标准，然后把实际工作结果与预定标准相比较，以确定组织活动中出现的偏差及其严重程度，在此基础上，有针对性地采取必要的纠正措施，以确保组织资源的有效利用和组织目标的圆满实现。无论控制的对象是新技术的研究与开发，还是产品的加工制造、市场营销宣传、企业的人力条件、物质要素、财务资源，控制的过程都包含3个基本环节的工作：确立标准、衡量绩效和纠正偏差。图12.4说明了这一过程的基本步骤。

1. 确立标准

标准是人们检查和衡量工作及其结果（包括阶段结果与最终结果）的规范。制定标准是进行控制的基础，没有一套完整的标准，衡量绩效或纠正偏差就失去了客观依据。

1）确定控制对象

标准的具体内容涉及需要控制的对象。那么，组织中哪些事或物需要加以控制呢？这是在建立标准之前首先要进行分析的。例如，对企业而言，经营活动的成果是需要控制的重点

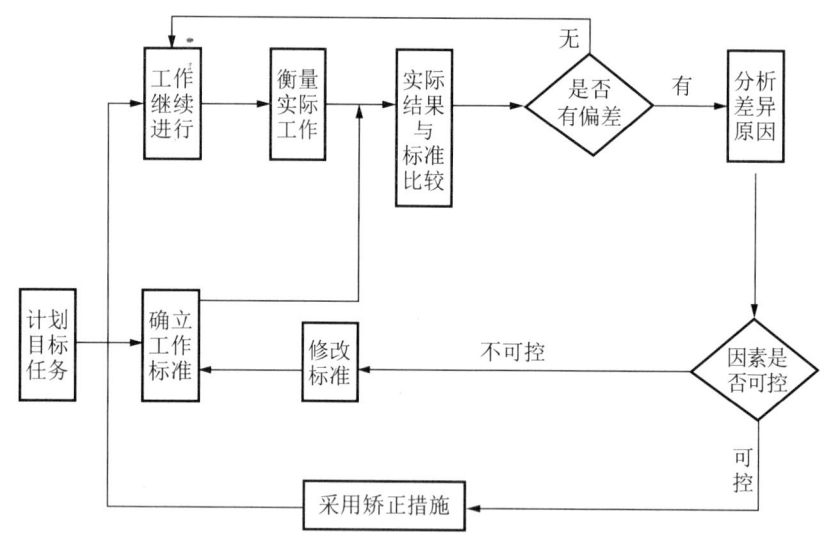

图 12.4　控制工作过程示意图

对象。控制工作的最初始动机就是要促进企业有效地取得预期的活动结果。因此，要分析企业需要什么样的结果。这种分析可以从营利性、市场占有率等多个角度来进行。确定了企业活动需要的结果类型后，要对它们进行明确的、尽可能定量的描述，也就是说，要规定需要的结果在正常情况下希望达到的状况和水平。要保证企业取得预期的结果，必须在成果最终形成以前进行控制，纠正与预期成果的要求不相符的活动。因此，需要分析影响企业经营结果的各种因素，并把它们列为需要控制的对象。

2）选择控制重点

组织无力也没必要对所有成员的所有活动进行控制，只需在影响经营成果的众多因素中选择若干关键环节作为重点控制对象。例如，美国的通用电气公司在分析影响和反映企业绩效的众多因素的基础上，选择了对企业经营成败起决定作用的 8 个方面，并为它们建立了相应的控制标准，起到了良好的效果。影响企业在一定时期经营成果的主要因素包括市场环境、资源的投入和组织的活动等。

3）制定标准的方法

控制的对象不同，为它们建立标志正常水平标准的方法也不一样。一般来说，组织可以使用的建立标准的方法有 3 种：利用统计方法来确定预期结果，根据经验和判断来估计预期结果，在客观的定量分析的基础上建立工程（工作）标准。

2. 衡量绩效

组织运行活动中的偏差如能在产生之前就被发现，则可指导管理人员预先采取必要的措施以求避免，这种理想的控制和纠偏方式虽然有效，但并非所有的管理人员都有远见卓识，也并非所有的偏差都能在产生之前被预见。在这种限制条件下，最满意的控制方式应是能在偏差产生以后迅速采取必要的纠偏行动。为此，要求管理者及时掌握反映偏差是否产生并能判定其严重程度的信息。用预定标准对实际工作绩效和进度进行检查、衡量和比较，就是为了提供这类信息。

3. 纠正偏差

利用科学的方法，依据客观的标准，通过对工作绩效的衡量，可以发现计划执行中出现的偏差。纠正偏差就是在此基础上，分析偏差产生的原因，制订并实施必要的纠正措施。这项工作使控制过程得以完整，并将控制与管理的其他职能相互连接。通过纠偏，使组织计划得以遵循，使组织机构和人事安排得到调整，使领导活动更加完善。

## 本 章 小 结

管理学中的控制是指由管理人员对组织实际运行是否符合预定的目标进行测定，并采取措施确保组织目标实现的过程。控制在管理活动中的重要性是显而易见的，它的作用主要体现在检验作用、调节作用两方面。控制与计划有着密切的关系。计划是管理的首要职能，控制则保证工作能按计划如期完成。

建立有效的控制系统应遵循的原则：①控制应该同计划与组织相适应；②控制应该突出重点，强调例外；③控制应该具有灵活性、及时性和经济性的特点；④控制过程应避免出现目标扭曲问题；⑤控制工作应注重培养组织成员的自我控制力。

控制的类型，按照不同的标准可分成许多种。不同控制类型有不同的控制重点，应视不同类型的企业而定。在控制过程中存在3个具有逻辑联系的基本步骤，它们是确立标准、衡量绩效和纠正偏差。

## 习　　题

1. 控制与计划是什么关系？
2. 无论是在学校读书，还是在企业工作，都不难发现其有一系列的规章制度存在。对规章制度的控制作用，你是怎么看的？
3. 控制越全面、越严格是否越好？按照控制的关键点原理和例外原理进行控制，是否有可能导致控制工作的无效或不力？在你看来，成功运用控制关键点原理和例外原理的关键是什么？
4. 有效控制的原则是什么？
5. 分室安装的家用煤气热水器，在使用中经常出现水温调节的"难题"。在这种水温调节中，你觉得反馈、前馈和现场控制原理各有什么样的适用性？你能否就这个例子说明反馈控制中时滞（滞后性）产生的原因有哪些？
6. 试分析控制过程的步骤。
7. 请运用本章学习的知识分析一个你工作或生活中控制的例子。

## 电子信息系统在管理控制中的运用

航行器的维护要遵循严格的日程表。这个日程表是由生产厂家、航空公司自身维护需要和联邦航空管理安全要求共同决定的。联航把所有这些文件集中于一个叫作工作指导卡片的系统里。技术人员利用它打印出进行维护或维修工作所必需的任务、工具和部件的清单。当一架飞机到了日程表规定进行维护的时候,系统将会打印出一份工作指导卡片的清单。

一般来说,技术人员在对飞机进行维护前,需要首先参考制造商的维护手册,而联航的技术人员只需进入公司的电子文档传送系统,无须求助于烦琐的维护手册,电子文档传递使得技术人员可以在线浏览约150万页、时时更新的制造商维护手册。

"电子文档传递系统为特定的维修或维护工作提供了所需部件或工具的描述及图表。"布尔解释道,"因为电子文档传递系统与部件存货系统连接,所以技术人员只需单击文字或图表,系统就会自动链接到存货系统中的相应部分,并展示预览图。"例如,一架波音737需要更换座位,技术人员可以找到手册的相应部分,并且单击座位图表或安装步骤的文字说明,以得到所需的部件和工具的清单。然后,技术人员从存货系统中利用电子文档传递系统得到部件和工具的预览图。

布尔说:"所有这些信息系统的结合,使我们的技术人员在近乎无纸的环境下工作。"这些系统的整合也降低了联航的存货成本。近20年来,使用实时存货系统为联航节省了近4亿美元。

航空公司的电子维护系统所带来的好处可以跨越国界,而最大的影响体现在对乘客的服务上。布尔说:"因维修导致延迟的可能性很小,联航的乘客是最终的受益者。"

### 案例分析题

1. 该航空公司对其飞机的维护或维修属于哪一类型的控制?它有什么好处?
2. 对存货的控制属于哪一类型的控制?它有什么好处?

# 第 13 章 控制的方法与技术

**学习目的**

控制的方法和技术不仅包括传统方法，而且运筹学、控制论、系统科学、信息科学和电子计算机技术等都在其中得到了广泛的研究和应用。控制工作的方法和技术有许多，本章主要介绍几种控制方法和技术，着重说明它们的特点和使用范围等。通过学习，理解预算控制，了解非预算控制、信息控制系统。

**知识要点**

| 知识要点 | 要求程度 | 相关知识 |
| --- | --- | --- |
| 预算控制 | 理解 | （1）预算的概念<br>（2）预算的种类 |
| 非预算控制 | 了解 | （1）传统的非预算控制方法<br>（2）计划评审技术<br>（3）程序控制<br>（4）管理审核与经营审核 |
| 信息控制系统 | 了解 | （1）现代信息技术的应用<br>（2）管理信息系统的开发 |

## 麦当劳公司的控制系统

麦当劳公司以经营快餐闻名遐迩。1955年，克洛克在美国创办了第一家麦当劳餐厅，其菜单上的品种不多，但食品质量高、价格低廉、供应迅速、环境优美，连锁店迅速发展到美国每一个州。1967年，麦当劳在加拿大开办了首家国外分店，以后国外业务发展很快。到2011年，全世界的麦当劳餐厅一共有3万多家，分布在全球119个国家和地区，其中美国就有约1.3万家。全世界一共有150万人在麦当劳工作，每天迎接的顾客就达4 800万名。

麦当劳金色的拱门允诺：每个餐厅的菜单基本相同，而且"质量超群，服务优良，清洁卫生，货真价实"。它的产品、加工和烹制程序乃至厨房布置，都是标准化的，并予以严格控制。它撤销了在法国的第一批特许经营权，因为它们尽管盈利可观，但未能达到快速服务和清洁方面的标准。

麦当劳的各分店都由当地人所有和经营管理。鉴于在快餐饮食业中维持产品质量和服务水平是其经营成功的关键，麦当劳公司在采取特许连锁店经营这种战略开辟分店和实现地域扩张的同时，特别注意对各连锁店的管理控制。如果管理控制不当，使顾客吃不到对味的汉堡或受到不友善的接待，就不仅是这家分店将失去这批顾客及其周围人光顾的问题，还会波及其他分店的生意，乃至损害整个公司的信誉。为此，麦当劳公司制定了一套全面、周密的控制办法。

麦当劳公司主要通过授予特许权的方式来开辟连锁分店。其考虑之一，就是使购买特许经营权的人在成为该店经理人员的同时也成为该分店的所有者，从而在直接分享利润的激励机制中把分店经营得更出色。特许经营使麦当劳公司在独特的激励机制中形成了对其扩展中的业务的强有力控制。麦当劳公司在出售其特许经营权时非常慎重，总是通过各方面调查、了解后挑选那些具有卓越经营管理才能的人作为店主，而且事后如发现其能力不符合要求则撤回特许经营授权。

麦当劳公司还通过详细的程序、规则和条例，使分布在世界各地的所有麦当劳分店的经营者和员工们都遵循一种标准化、规范化的作业。麦当劳公司对制作汉堡、炸土豆条、招待顾客和清理餐桌等工作都事先进行翔实的动作研究，确定各项工作开展的最好方式，然后编成书面的规定，用以指导各分店管理人员和一般员工的行为。公司在芝加哥开办了专门的培训中心——汉堡包大学，要求所有的特许经营者在开业之前都接受为期一个月的强化培训。回去之后，他们还被要求对所有工作人员进行培训，确保公司的规章条例得到准确的理解和贯彻执行。

为了确保所有特许经营分店都能按统一的要求开展活动，麦当劳公司总部的管理人员还经常走访、巡视世界各地的经营店，进行直接的监督、控制。例如，有一次巡视中，管理人员发现某家分店自作主张，在店厅里摆放电视机和其他物品以吸引顾客，这种做法因与麦当劳的风格不一致，立即被予以纠正。除了直接控制外，麦当劳公司还定期对各分店的经营业绩进行考评。为此，各分店要及时提供有关营业额和经营成本、利润等方面的信息，这样总部管理人员就能把握各分店经营的动态和出现的问题，以便商讨和采取改进的对策。

麦当劳公司的另一个控制手段，是在所有经营分店中塑造公司独特的组织文化，这就是大家熟知的"质量超群，服务优良，清洁卫生，货真价实"口号所体现的文化价值观。麦当劳公司的共享价值观建设，不仅在世界各地的分店、在上上下下的员工中进行，而且将公司的一个主要利益团体——顾客，也包括在这支建设队伍中。公司特别重视满足顾客的要求，如为他们的孩子开设游戏场所，提供快乐餐厅和组织生日聚会等，以形成家庭式的氛围。这样既吸引了孩子们，也增强了成年人对公司的忠诚感。

资料来源：中国养老金网，http://www.cnpension.net

控制工作的方法和技术有许多，在这一章中，主要介绍几种控制方法和技术，着重说明它们的特点、使用范围和优缺点等。

## 13.1 预 算 控 制

### 13.1.1 预算的概念

预算就是用数字编制未来某一个时期的计划，也就是用财务数字（如在财务预算和投资预算中）或非财务数字（如在生产预算中）来表明预期的结果。西方国家与我国习惯所用的"预算"概念，在含义上有所不同。在我国，预算一般是指经法定程序批准的政府部门、事业单位和企业在一定期间的收支预计；而西方的预算概念则是指计划的数量说明，不仅是金额方面的反映。

**1. 预算是一种计划**

编制预算的工作是一种计划工作，预算的内容可以简单地概括为3个方面。

（1）"多少"——为实现计划目标的各种管理工作的收入（或产出）与支出（或投入）各是多少。

（2）"为什么"——为什么必须收入（或产出）这么多数量，以及为什么需要支出（或投入）这么多数量。

（3）"何时"——什么时候实现收入（或产出），以及什么时候支出（或投入），必须使得收入与支出取得平衡。

**2. 预算是一种预测**

预算是对未来一段时期内的收支情况的预测。确定预算数字的方法可以采用统计方法、经验方法或工程方法。

**3. 预算主要是一种控制手段**

编制预算实际上就是控制过程的第一步——确立标准。由于预算是以数量化的方式来表明管理工作的标准，从而本身就具有可考核性，因而有利于根据标准来评定工作成效，衡量绩效（控制过程的第二步），并采取纠正措施，纠正偏差（控制过程的第三步）。无疑，编制预算能使确定目标和确立标准的计划工作得到改进。但是，预算的最大价值还在于它对改进协调和控制的贡献。当为组织的各个职能部门都编制了预算时，就为协调组织的活动提供了基础。同时，由于对预期结果的偏离将更容易查明和评定，预算也为控制工作中的纠正措施奠定了基础。所以，预算可以带来更好的计划和协调，并为控制提供基础，这正是编制预算的基本目的。

如果要使一项预算对任何一级的管理人员都真正具有指导和约束作用，预算就必须反映该组织的机构状况。只有充分按照各部门业务工作的需要来制订、协调并完善计划，才有可能编制一个足以作为控制手段的分部门的预算。把各种计划缩略为一些确切的数字，以便使管理人员清楚地看到哪些资金将由谁来使用，将在哪些单位使用，并涉及哪些费用开支计划、收入计划和以实物表示的投入量和产出量计划。管理人员明确了这些情况，就有可能授权给下属，以便使之在预算的限度内去实施计划。

### 13.1.2 预算的种类

预算在形式上是一整套预计的财务报表和其他附表。以企业为例，按照不同的内容，可以将预算分为经营预算、投资预算和财务预算三大类。

1. 经营预算

经营预算是指企业日常发生的各项基本活动的预算。它主要包括销售预算、生产预算、直接材料采购预算、直接人工预算、制造费用预算、单位生产成本预算、推销及管理费用预算等。

经营预算中最基本和最关键的是销售预算，它是销售预测正式的、详细的说明。由于销售预测是计划的基础，加之企业主要是靠销售产品和劳务所获得的收入来维持经营费用的支出和获利的，因而销售预算也就成为预算控制的基础。

生产预算是根据销售预算中的预计销售量，按产品品种、数量分别编制的。在生产预算编好后，还应根据分季度的预计销售量，经过对生产能力的平衡，排出分季度的生产进度日程表，或称生产计划大纲，在生产预算和生产进度日程表的基础上，可以编制直接材料采购预算、直接人工预算和制造费用预算。这三项预算构成对企业生产成本的统计。

推销及管理费用预算，包括制造业务范围以外预付发生的各种费用明细项目，如销售费用、广告费、运输费等。对于实行标准成本控制的企业，还需要编制单位生产成本预算。

2. 投资预算

投资预算是对企业固定资产的购置、扩建、改造、更新等，是在可行性研究的基础上编制的预算。它具体反映在何时进行投资、投资多少、资金从何处取得、何时可获得收益、每年的现金净流量为多少，需要多少时间回收全部投资等。由于投资的资金来源往往是几乎所有企业的限定因素之一，而对厂房和设备等固定资产的投资又往往需要很长时间才能回收，因此，投资预算应当力求和企业的战略及长期计划紧密联系在一起。

3. 财务预算

财务预算是指企业在计划期内反映有关预计现金收支、经营成果和财务状况的预算。它主要包括现金预算、预计收益表和预计资产负债表。必须指出的是，前述的经营预算和投资预算中的各种资料，都可以折算成金额反映在财务预算内。这样，财务预算就成为各项经营业务和投资的整体计划，故也称总预算。

1）现金预算

现金预算主要反映计划期间预计的现金收支的详细情况。在完成了初步的现金预算后，就可以知道企业在计划期间需要多少资金，财务管理人员就可以预先安排和筹措，以满足资金的需求。为了有计划地安排和筹措资金，现金预算的编制期应越短越好。西方国家有不少企业以周为单位，逐周编制预算，甚至还有按天编制的。我国最常见的是按季度和按月进行编制。

2）预计收益表（或称预计利润表）

预计收益表用来综合反映企业在计划期间生产经营的情况，并作为预计企业经营活动最终成果的重要依据，是企业财务预算中最主要的预算表之一。

3）预计资产负债表

预计资产负债表主要用来反映企业在计划期末那一天预计的财务状况。它的编制需以计划期间开始日的资产负债表为基础，然后根据计划期间各项预算的有关资料进行必要的调整。

由上述可见，企业的预算实际上是包括经营预算、投资预算和财务预算三大类，由各种不同的个别预算组成的预算体系。各种预算之间的主要关系如图 13.1 所示。

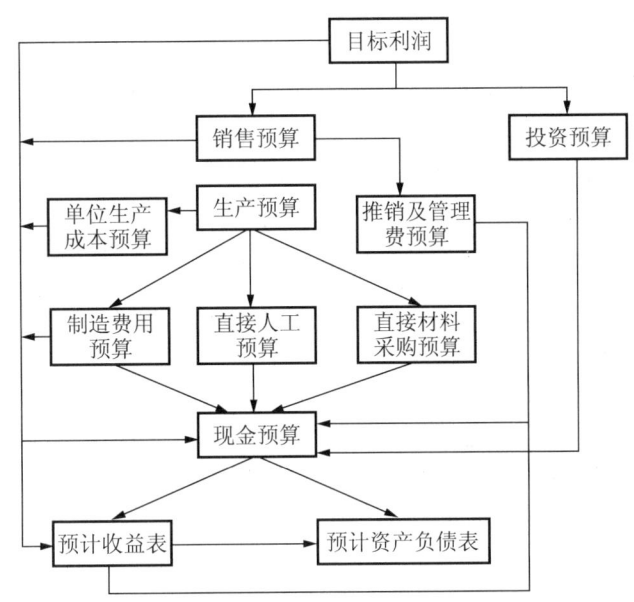

图 13.1　企业预算的主要相互关系

## 13.2　非预算控制

除了预算控制方法以外，管理控制工作中还采用了许多不同种类的非预算控制手段和方法。有些方法属于传统的控制方法，如亲自视察；另外一些方法，如计划评审法，则代表了新一代的计划和控制方法。它说明科学技术的进步、社会活动规模的扩大必然伴随着管理理论的发展和管理技术的进步。从另一种分类角度来看，有些方法是适用于局部控制的，如程序控制方法；而另一些方法是用于综合控制的，如管理审核。随着组织规模的扩大和分权管理的发展，对管理工作的综合控制显得日益重要。此外，还应注意到一个显著的特点，那就是许多控制方法同时也是计划方法。这就再一次说明了一个客观事实，即控制和计划是一个问题的两个方面。控制的任务就是使计划得以实现。因此，显而易见的道理是，控制必须反映计划。

### 13.2.1　传统的非预算控制方法

1. 视察

视察也许算得上是一种最古老、最直接的控制方法。它的基本作用就是获得第一手的信息。作业层（基层）的管理人员通过视察，可以判断出产量、质量的完成情况，以及设备的运转情况和劳动纪律的执行情况等；职能部门的管理人员通过视察，可以了解到工艺文件是否得到了认真的贯彻，生产计划是否按预定进度执行，劳动保护等规章制度是否被严格遵守，以及生产过程中存在哪些偏差和隐患等；而上层管理人员通过视察，可以了解到组织的方针、目标和政策是否深入人心，可以发现职能部门的情况报告是否属实，以及员工的合理化建议是否得到认真对待，还可以从与员工的交谈中了解他们的情绪和士气等。所有这些，都是管理人员最需要了解的，但却是正式报告中见不到的第一手信息。

视察的优点不仅仅在于能掌握第一手信息，还能使组织的管理者保持和不断更新自己对组织的感觉，使管理者感觉到事情是否进展顺利，以及组织这个系统是否运转正常。视察还能使上层管理人员发现被埋没的人才，并从下属的建议中获得不少启发和灵感。此外，视察本身就有一种激励下级的作用，使下属感到上级的关心。所以，坚持经常亲临现场视察，有利于创造一种良好的组织气氛。

当然，管理人员也必须注意视察可能引起的消极作用。例如，也存在这样的可能，即下属可能误解上司的视察，将其看作是对他们工作的一种干涉和不信任，或者看作不能充分授权的一种表现。这是需要引起注意的。

尽管如此，亲临视察的显著好处仍使得一些优秀的管理者始终坚持这种做法。一方面即使是拥有计算机化的现代管理信息系统，计算机提供的实时信息做出了各种分析，也无法代替管理人员的亲身感受、亲自了解；另一方面，管理的对象主要是人，是要推动人们去实现组织目标，而人所需要的是通过面对面的交往所传达的关心、理解和信任。

2. 报告

报告是用来向负责实施计划的管理人员全面、系统地阐述计划的进展情况、存在的问题及原因、已经采取了哪些措施、收到了什么效果、预计可能出现的问题等情况的一种重要方式。控制报告的主要目的是提供一种如有必要即可用做纠正措施依据的信息。

对控制报告的基本要求是必须做到适时、突出重点、指出例外情况、尽量简明扼要。通常，运用报告进行控制的效果取决于管理人员对报告的要求。管理实践表明，大多数管理人员对下属应当向他报告什么缺乏明确的要求。随着组织规模及其经营活动规模的日益扩大，管理也日益复杂，而管理人员的能力和时间是有限的，从而定期的情况报告也就越发显得重要。负责实施计划的上层管理人员对掌握情况的需要，可归纳为以下 4 个方面。

1）投入程度

管理人员需要确定他本人参与的程度，需要逐项确定他应在每项计划上花费多少时间，应介入多深。

2）进展情况

管理人员需要获得哪些应由他向上级或向其他有关单位（部门）汇报的有关计划进展的情况，如我们的进度如何，怎样向我们的客户介绍计划进展的情况，在费用方面我们做得如何，如何向客户解释费用问题等。

3）重点情况

管理人员需要在向他汇报的材料中挑选哪些是应由他本人注意和决策的问题。

4）全面情况

管理人员需要掌握全盘情况，而不能只是了解一些特殊情况。

为了满足上级管理人员的上述 4 项要求，美国通用电气公司建立了一种行之有效的报告制度。报告主要包括以下 8 个方面的内容。

1）客户的鉴定意见及上次会议以来外部的新情况

这方面报告的作用在于使上级管理人员判断情况的复杂程度和严重程度，以便决定他是否要介入及介入的程度。

2）进度情况

这方面报告的内容是将工作的实际进度与计划进度进行比较，说明工作的进展情况。通常拟订工作的进度计划可以采用"计划评审技术"。对于上层管理人员来说，他所关心的是处于关键线路上的关键工作的完成情况。因为关键工作若不能按时完成，那么整个工作就有可能误期。

3）费用情况

报告的内容是说明费用开支的情况。同样，要说明费用情况，必须将其与费用开支计划进行比较，并回答实际的费用开支为什么超出了原定计划，以及按此趋势估算的总费用开支（或超支）情况，以便上级管理人员采取措施。

4）技术工作情况

技术工作情况是表明工作的质量和技术性能的完成情况，以及目前达到的水平。其中很重要的问题是说明设计更改情况及更改的理由和方案，以及这是客户提出的要求还是我们自己做出的决定等。

5）当前的关键问题

报告者需要检查各方面的工作情况，并从所有存在的问题中挑出 3 个最关键的问题。他不仅要提出问题所在，还须说明对整个计划的影响，列出准备采取的行动，指定解决问题的负责人，以及规定解决问题的期限，并说明最需要上级领导帮助解决的问题所在。

6）预计的关键问题

报告的内容是指出预计的关键问题，同样也需要详细地说明问题，指出其影响，准备采取的行动，指定负责人和解决问题的日期。预计的关键问题对上层管理人员来说特别重要，这不仅为他们制订长期决策提供选择，而且因为他们往往认为下属容易陷入日常问题而对未来漠不关心。

7）其他情况

报告的内容是提供与计划有关的其他情况。例如，对组织及客户有特别重要意义的成就，上月份（或季、年）的工作绩效与下月份的主要任务等。

8）组织方面的情况

报告的内容是向上层领导提交名单，名单上的人员可能会去找这位上层领导，这位领导需要知道他们的姓名。同时还要审查整个计划的组织工作，包括内部的研制开发队伍及其他的有关机构（部门）。

3. 比率分析

对于组织经营活动中的各种不同度量之间的比率分析，是一项非常有益的和必需的控制技术或方法。有比较才会有鉴别，也就是说，信息都是通过事物之间的差异传达的。

一般来说，仅从有关组织经营管理工作成效的绝对数量的度量中是很难得出正确的结论的。例如，仅从一个企业年创利 1 000 万元这个数字上很难得出明确的概念，因为我们不知道这个企业的销售额是多少，不知道它的资金总数是多少，不知道它所处的行业的平均利润水平是多少，也不知道该企业上年和历年实现的利润是多少等。所以，在我们做出有关一个组织的经营活动是否有显著成效的结论之前，必须首先明确比较的标准。

企业经营活动分析中常用的比率可以分为两大类，即财务比率和经营比率。前者主要用于说明企业的财务状况，后者主要用于说明企业经营活动状况。

4. 盈亏分析

所谓盈亏分析，就是根据销售量、成本和利润三者之间的相互依赖关系，对企业的盈亏平衡点和盈利情况的变化进行分析的一种方法，又称"量－本－利"分析。它是一种很有用的控制方法和计划方法。在盈亏分析中，将企业的总成本按照性质分为固定成本和变动成本（或可变成本）。所谓固定成本，是指不随销售量变化而变化的那部分成本，如折旧费、设备大修费、办公费、新产品研制费等。变动成本则是指随销售量变化而变化的那部分成本，如原材料费、工时费、燃料费和动力费等。

## 13.2.2 计划评审技术

1. 计划评审技术的由来和含义

当代的许多管理活动有两个显著的特点：一是时间成为做任何事都必须考虑的重要因素；二是协作关系十分复杂。例如，大型的军事工程、大型水坝的建设工程、大城市交通枢纽工程（如立交桥的施工）、企业中关键设备的检修工程等，都要求在规定的时间里，利用有限的资源去完成十分复杂的工程项目。这就对计划与控制工作提出了很高的要求，需要有一套科学的计划与控制方法。计划评审技术就是适应这种需要而发展出的一种行之有效的科学管理技术。

所谓计划评审技术，是把工程项目当作一个系统，用网络图或表格或矩阵来表示各项具体工作的先后顺序和相互关系，以时间为中心，找出从开工到完工所需时间最长的关键线路，并围绕关键线路对系统进行统筹规划、合理安排，以及对各项工作的完成进度进行严密控制，以达到用最少的时间和资源消耗来完成系统预定目标的一种计划与控制方法。

计划评审技术最初是美国海军特别规划处在建造北极星核潜艇的过程中发展出的一种管理方法。由于应用了计划评审技术，该项工程比原计划提前两年交付使用，取得了巨大的成功。随后，这种方法推广应用于民用工程管理和企业管理中。我国从 20 世纪 60 年代初期开始在国防、建筑、水利和冶金等部门推广使用，称为"统筹法"，也取得了显著成效。

2. 计划评审技术的特点

计划评审技术主要有以下几个特点。

(1) 体现了系统工程的整体性、综合性和科学性的原理。

(2) 能够帮助管理人员进行计划，并掌握全局，找出主要矛盾，抓住关键环节。通过网络分析，可以了解哪些工序是关键的，是必须保证的；哪些工序还有潜力可挖。从而可以在保证总工期的前提下，抽调非关键工序的人力和物力来支援关键工序。

(3) 能够有效地对工作进度进行控制。特别是当某道工序的完成进度拖期时，能够分析出它对全局的影响，便于及时采取正确的补救措施。

(4) 能够通过网络分析，得出完成计划的多个可行方案，从而为选取最优方案创造条件。

(5) 工程项目越复杂，其优点越显著。由于计划评审技术使复杂的管理问题得以数学模型化，所以可以充分利用计算机和数据库技术。

计划评审技术除了可以用于进度的计划和控制，还可以在资源有限的情况下进行负荷平衡，以求得工期尽可能短并能够充分利用资源的最优方案。此外，还可以对工程的费用开支进行优化，以及对工程按期完工的可能性进行估算等。

3. 计划评审技术的局限性

计划评审技术尽管有许多优点，但也有一定的局限性，主要表现为以下几点。

(1) 很难对具体的作业时间估计得很准确。

(2) 当网络很复杂时，一旦某项关键工作延期，重新调整网络计划和寻找关键线路要花费大量时间和人力。尽管计算机的应用在很大程度上缓解了这个矛盾，但提供给高级管理人员的网络图仍不应太复杂。

(3) 计划评审技术绝不是灵丹妙药，虽然它推动了计划工作，但它本身并不是计划工作。虽然它建立了一种重视和正确利用控制原则的环境，但它本身并不能自动地进行控制。其实不仅是计划评审技术，任何一种计划技术和控制技术的作用都取决于管理人员对其掌握和运用的程度，以及认识和重视的程度。

### 13.2.3　程序控制

程序是对操作或事务处理流程的一种描述、计划和规定。组织中常见的程序很多，如决策程序、投资审批程序、主要管理活动的计划与控制程序、会计核算程序、操作程序、工作程序等。凡是连续进行的、由多道工序组成的管理活动或生产技术活动，只要它具有重复发生的性质，就应当为其制订程序。

1. 用程序进行控制的必要性

1) 程序是一种计划

程序规定了如何处理重大问题及处理物流、资金流、信息流等的例行办法。也就是说，对处理过程包含哪些工作、涉及哪些部门和人员、行进的路线、各部门及有关人员的责任，以及所需的校核、审批、记录、存储、报告等，进行分析、研究和计划，从中找出最简捷的、最有效的和最便于实行的准确方案，要求人们严格遵守。

2) 程序是一种控制标准

程序通过文字说明、格式说明和流程图等方式，把一项业务的处理方法规定得一清二楚，从而既便于执行者遵守，也便于管理人员进行检查和控制。程序所隐含的基本假设是，管理中的种种问题都是因为没有程序或没有遵守程序而造成的。

3) 程序还是一种系统

一个复杂的管理程序，如新产品开发程序、成本核算程序等，往往涉及多个职能部门、多个工作岗位、不同的管理人员和专业人员、各种计划、记录、账簿、报告，以及各种类型的管理活动，如调研、计划、设计、会审、校核、登账、核算等。因而应将其看作一个系统，用系统观点和系统分析方法来分析和设计程序。从系统的观点来看，一个管理系统的程序化水平是这个系统"有序"程度的一种标志。

2. 程序的分析和制订方法

管理程序分析所依据的理论是管理的原理，分析的工具主要是业务流程图。业务流程图是利用少数具有特定含义的符号和文字说明，形象而具体地描述系统的业务流程，非常直观，便于记忆分析和对比。它不仅可用来设计管理程序，而且是分析和设计计算机化的管理信息系统的主要工具。

管理程序的设计和说明，除采用流程图形式外，通常还包括程序说明及对票据与账簿的格式、项目和填写要求的说明。

程序的重要性是毋庸置疑的，但由于程序的计划和控制工作单调枯燥，看似简单平凡，因此主持其事的人往往得不到最高主管部门人员的关心和支持。在我国，真正对程序的计划和控制持认真态度的企业或其他组织还不多。所以，真正实行程序化、标准化管理并不是件容易的事。不过，我们也应当看到，随着改革开放的深入进行，随着各方面管理工作的不断完善及引进、吸收、消化国外先进的管理方法、技术、手段等，有不少组织已真正开始重视并认真对待其管理当中有关程序的制订和控制工作，并已取得良好的效果。实践经验证明，推行管理的程序化和标准化，是改革传统管理方式，实现管理现代化的重要步骤。

### 13.2.4 管理审核与经营审核

一般而言，大多数控制方法都是根据特定的控制对象而具体设计的，如政策控制、程序控制、产品质量控制、生产费用控制、现金预算等。这些控制方法一般只针对组织某一方面的工作。控制的重点是管理过程本身，或是其中的某个环节，而不是管理工作的全部绩效和最终成果。但经验表明，高效率不一定带来高效益。因此，还必须提出一些能够控制企业整个工作绩效的方法。此外，在一些实行分权管理或事业部制的企业中，如何对那些具有相对独立性的单位或部门进行有效的控制，在不干预其内部管理过程的前提下使之达到预期的目标，也需要一些有效的综合控制方法。目前，管理审核与经营审核就是这方面比较有效的控制方法之一。

管理审核是指系统地评价、鉴定全部管理工作绩效的一种控制方法。经营审核一般是指系统地评价、鉴定经营活动工作质量的一种控制方法。如同管理与经营一样，两者既有区别又有密切联系。管理审核侧重于管理职能方面的审核，其中包括对于计划工作、组织工作、人员配备、指导与领导工作，以及控制工作的评价。经营审核则侧重于管理决策方面的审核，其中包括对组织中关于计划、工程技术、生产、营销、人事、会计，以及财务方面长期性决策质量的评价。两者的区别类似于评价管理人员的管理能力和评价管理人员在制订与实现目标方面的能力之间的差别。

在实际工作中，这两种审核的内容与范围有相当程度的重合与交叉，因此也就很难做严格的区分，仅是视目的不同而有不同的称谓。按照执行审核工作的人员的不同，两种不同的审核都有外部与内部之分。外部审核是指由组织以外的专门机构（如咨询公司）或专家对本组织的经营与管理情况进行审核。内部审核则是在组织内高层管理人员的领导下组织有关部门的人员进行的审核。

## 13.3 信息控制系统

### 13.3.1 现代信息技术的应用

信息对组织的生存与发展起着至关重要的作用。组织对信息的作用日趋重视，特别是管理信息系统的采用，为企业带来了不可估量的成效。

 知识链接

联想集团投资 3 000 万元采用 SAP 公司的 ERP（企业资源计划）软件。在联想集团的 ERP 管理流水线中，总经理和部门经理的权力更多地体现为监管范围的大小，总经理有权监察从采购到销售整个流程中所有联想集团员工的行为，所有采购人员在供应经理那里都是透明的。除了完全处在上级的监督下，所有人的开支都要经得起财务监管的核查备案。对于部门经理，上级对他进行 360°的考评，即部门经理周围所有的人都可以对他评头论足，唯独部门经理看不到。所有的透明化大大简化了企业管理。原来财务结算周期为 30～35 天，现在仅仅 6 天，效率提高显著；原来订单周期为 11 天，现在为 5.7 天。原来联想集团有 30 家技术中心站，每个技术中心站都有财务人员。现在他们只要一个人录入，将其数据传回来就可以了，30 多个会计人员全部取消，各地技术中心站每一笔开支均由北京随时掌控监管。ERP 打破了既有的金字塔，将其拉平为一条管理流水线。

一汽大众公司采用 SAP 公司的 ERP 系统后，在采购上根据主计划和物料清单对库存量进行查对，由计算机快速计算出所缺物料的品种、数量和进货时间，将采购进货下达到各个厂。然后由采购人员从系统中查看各供应商的历史信息，根据其价格、供货质量、服务等指标来选择供应商。这既能准确、高质量地实现物料采购，又大大缩短了采购周期。

由于采购准确、及时，库存量大大降低。以前，库存资金占用严重，仅国产化零件资金占用量就高达 1.2 亿元。公司在使用 ERP 系统之后，库存资金降低到 4 000 万元左右。同时，系统对库存量的上限和下限有严格的控制，只要库存量达到上限，系统就会给出报警信号，物料无法再进入仓库；而达到下限时，系统也会提醒采购人员立即补充库存，起到了自动提示和监督的作用。

资料来源：冯开红，吴亚平. 企业管理实务. 北京：电子工业出版社，2009.

计算机与通信技术的有机结合促进了现代信息网络的建立和发展。

信息化就是指在组织活动中，通过普遍地采用信息技术和电子信息装备，更有效地开发和利用信息资源，以提高组织的综合素质、管理能力和绩效水平的过程。

现代信息技术在各类企业和组织中得到了广泛的应用，主要集中在以下几方面。

1. 生产过程信息化

在机械化的基础上实现监测和控制的自动化，如 CAD、CAP、CAM、DCS。

2. 管理过程的信息化

现代化管理的每个过程中，信息的获取、加工处理与利用是必不可少的。有很多具有代表性的信息系统，如 MIS、TPS、DSS、EIS。

3. 办公自动化

现代办公向无纸化进军，如电子邮寄系统等。

### 4. 集成一体化系统

把不同的应用结合成一体，构成一种多功能系统，就更能发挥信息技术的作用，如MRP（系统流程图如图 13.2 所示）、ERP 等。

企业信息化在很大程度上决定了企业的竞争力和发展前景，主要表现在以下几个方面。

（1）企业信息化能使企业变透明，杜绝暗箱操作，减少企业的漏洞。

（2）企业信息化创造了企业新的供应链运作方式，可快速响应市场。

（3）企业信息化可推动服务创新，实现个性化服务，提高客户满意度。

（4）企业信息化可带来企业流程的改造。

（5）企业信息化可实现网络办公，营造新型企业文化。

科学技术的进步和社会的发展，使得信息数量急剧增加。要在这浩如烟海的信息世界中为管理控制活动提供灵敏、正确、有力的信息，就必须在组织中建立和维持一个管理信息系统。

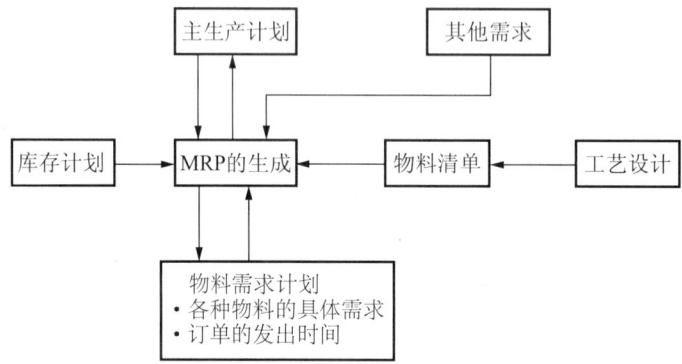

图 13.2　MRP（物料需求计划）系统流程图

## 13.3.2　管理信息系统的开发

管理信息系统是以组织高层管理人员在决策中所要求达到的目标，以及职能管理部门所提供的业务活动目标为依据，按照完成组织活动管理应遵循的顺序而建立起来的。这个系统的建立过程通常简称系统开发。

### 1. 系统开发的 3 个阶段

1）系统分析

系统分析决定系统目标及需要。它所面临的问题：什么是需要的信息，谁要，什么时候要，什么地方要，是什么形态，这样的信息可以得到吗，从什么地方得到，资料应该什么时候用，用什么方法收集等。

2）系统设计

系统设计是研究详细的系统规格作为将来实施的依据，以达成系统的目的，满足系统的需要。它一般面对的问题：有多少资源可以应用，其中包括人、物、财、设备及技术；如何适当地利用这些资源来达成信息的需要。

3）系统实施

系统实施包括装置、测验、转换及操作。它一般面对的问题：人员要经过什么样的培训，谁应该去受训，系统应该如何测试，有哪些必要的措施来转换现有的系统成为新的系统，什么时候系统才算实施完成等。

2. 系统开发的基本条件

要开发一个管理信息系统，首先必须具备下面的基本条件。

1）建立管理体系

没有管理体系信息系统将无法输入，无法加工处理，当然也就无从输出，或者由于输入的数据不正确，输出也将是徒劳无益的，甚至使管理更加混乱。

2）配备专门人才，培训组织成员

这是因为开发系统需要两方面的专门知识，即管理工作和计算机技术知识。而这两方面的知识又必须结合起来才有利于系统开发。

3）选用计算机主机和外围设备

要明确的一点是计算机主机和外围设备是根据信息系统的要求配备的，因此，它的选用应在系统开发之中，而不是在开发之前，否则将会造成不必要的损失。

3. 使系统开发获得成功应注意的问题

1）管理人员的决心

这种决心表现在管理人员对信息系统开发的了解及所提供的支持。而决心的大小视管理人员给予资源的多少，所花精力、时间及愿意承担责任的程度而定。

2）使用者的参与

信息系统是属于使用者的，使用者必须了解将要开发的信息系统对他本身活动的作用及性质，并与技术人员共同开发系统，才能成功。

3）建立一个指导委员会

信息系统的开发和组织中的各部门有着紧密的联系，各部门与信息系统之间的协调是成功的关键。组成一个包括各级管理人员、使用部门和信息系统技术人员的委员会来协调系统的开发，是一个可行的方法。

## 本 章 小 结

在管理控制中使用最广泛的一种控制方法是预算控制。预算控制最清楚地表明了计划与控制的紧密联系。预算是计划的数量表现。传统的非预算控制主要包括视察、报告、比率分析、盈亏分析。

计划评审技术代表了新一代的计划和控制方法，是一种行之有效的科学管理技术。我国从20世纪60年代初期开始在国防、建筑、水利和冶金等部门推广使用，称为"统筹法"，取得了显著成效。程序控制是适用于局部控制的方法，而管理审核与经营审核是用于综合控制的方法。

信息控制系统的目的是向管理层提供用于决策和控制的准确而又适时的信息。它与信息交流有着密切的联系。

## 习 题

1. 试分析预算工作中存在的危险倾向。

2. 从控制的范围来看，程序控制法与管理审核有何不同？管理审核与经营审核这两种控制方法有何区别？

3. 信息技术给控制系统带来的变化有哪些？

## 案例分析

### 西湖公司的控制方法

西湖公司是由李先生靠3 000元建起来的一家化妆品公司，开始只经营指甲油，后来逐渐发展成为颇具规模的化妆品公司，资金已达6 000万元。李先生发现自己患癌症之后，对公司的发展采取了两个重要措施：①制订公司要向科学医疗卫生工作发展的目标；②聘请雷先生接替自己的职位，担任董事长。

雷先生上任以后，采取了一系列措施，推行李先生为公司制订的进入医疗卫生行业的计划：在特殊医疗卫生行业方面开辟一个新行业，同时开设一个凭处方配药的药店，并开辟上述两个新部门所需产品的货源、运输渠道。与此同时，他在全公司内建立了一条严格的控制系统：要求各部门制订每月的预算报告，要求每个部门在每月初都要对本部门的问题提出切实的解决方案，要求每月定期举行一次由各部门经理和顾客参加的管理会议。要求各部门经理在会上提出本部门在当月的主要工作目标和经济来往数目。同时他特别注意资产回收率、销售边际及生产成本等经济动向。他也注意人事、财务收入和降低成本费用方面的工作。

由于实行了上述措施，该公司获得巨大成功。但随着市场环境的变化，该公司逐渐出现了问题——商品滞销，价格下跌，主要原因：①化妆品市场的销售量已达到饱和状态；②该公司制造的高级香水，一直未能打开市场，销售情况没有预测的那样乐观；③国外公司对本国市场的占领；④公司向国际市场发展出现了不少问题，如推销员的冒进，得罪推销商，公司形象未能很好地树立。

雷先生也意识到了公司存在的问题，准备采取有力措施以改变公司目前的处境。他计划要对国际市场进行总结和调整，公司开始研制新产品。他相信用了大量资金研制的医疗卫生工业品不久可进入市场。

资料来源：道客巴巴网，http://www.doc88.com

**案例分析题**

1. 雷先生在西湖公司采用了哪些控制方法？

2. 假设西湖公司原来没有严格的控制系统，雷先生在短期内推行这么多控制措施，其他管理人员会有什么反应？

3. 就西湖公司的目前状况而言，怎样健全控制系统？

# 第14章 管理创新

## 学习目的

通过本章的学习，理解管理创新的概念和作用，了解管理创新的类别与特征，掌握管理创新的原则与过程，了解管理创新的方法，了解管理理念与方法创新的内容，培养管理创新的实践观念，掌握管理创新在实践领域的具体内容。

## 知识要点

| 知识要点 | 要求程度 | 相关知识 |
| --- | --- | --- |
| 管理创新的概念 | 理解 | （1）创新<br>（2）管理创新 |
| 管理创新的作用 | 理解 | 管理创新三个方面的作用 |
| 管理创新的类别与特征 | 了解 | （1）管理创新的类别<br>（2）管理创新的特征 |
| 管理创新的原则与过程 | 掌握 | （1）管理创新的原则<br>（2）管理创新的过程 |
| 管理创新的方法 | 了解 | （1）综摄法<br>（2）逆向思维法<br>（3）检核表法 |
| 管理理念与方法创新 | 了解 | （1）管理理念的创新<br>（2）管理方法的创新<br>（3）管理模式的创新 |
| 管理实践创新 | 掌握 | （1）技术创新<br>（2）制度创新<br>（3）组织创新<br>（4）文化创新 |

### 不拉马的士兵

一位年轻的炮兵军官上任后，到下属部队视察操练情况，发现部队操练时有一个共同的现象：在操练中，总有一个士兵自始至终站在大炮的炮筒下，纹丝不动。经过询问，得到的答案是操练条例就是这样规定的。原来，条例因循的是用马拉大炮时代的规则，当时站在炮筒下的士兵的任务是拉住马的缰绳，防止大炮发射后日后坐力产生的距离偏差，减少再次瞄准的时间。现在大炮不再需要这一角色了，但条例没有及时调整，出现了不拉马的士兵。这位军官的发现使他受到了国防部的表彰。

企业是发展的，管理者应当根据实际动态情况对人员数量和分工及时做出相应调整。否则，队伍中就会出现"不拉马的士兵"。如果队伍中有人滥竽充数，给企业带来的不仅是工资的损失，而且会导致其他人员心理不平衡，最终导致公司工作效率整体下降。

资料来源：世界咨询师网，http://www.iccun.com

## 14.1　管理创新概述

### 14.1.1　管理创新的概念与作用

1. 管理创新的概念

美国经济学家约瑟夫·熊彼特于1912年在《经济发展理论》一书中提出了创新的概念。按照他的定义，创新是指"企业家实行对生产要素的新的结合"，主要包括5种情况：①引入一种新产品；②引入一种新的生产方法；③开辟一个新市场；④获得原材料或半成品的一种新的供应来源；⑤实现任何一种工业的新的组织。彼得·德鲁克认为创新是"凡是能改变已有资源创造财富的潜力的行为"。他还指出，企业家的功能在于推陈出新，创新是企业家精神的特殊手段。德鲁克的定义赋予了创新重要的地位，也指出创新本身就是一项管理职能。管理创新这一概念由管理与创新组合而成，在经济管理领域，管理创新是指能够产生新颖性成果的管理实践，是更有效地实现组织目标的过程。可以说，管理创新是组织为了更好地适应环境的变化，更有效地运用资源以实现组织目标而进行的创新活动过程。

创新涉及人类的各种活动，包括观念与思维方式创新、制度与体制创新、管理模式创新、技术与知识创新、产品创新、市场创新等，由此构成了具体的管理创新体系。创新正日益成为企业生存与发展的不竭源泉和动力。

2. 管理创新的作用

组织作为一个有机体，和所有的有机体一样，都处于不断进化和演变过程之中。创新是一种理念，更是组织生存发展的内在要求。

从管理创新的具体作用来看，主要表现在以下与组织生存、发展密切相关的几个方面。

（1）提高组织的经济效率与效益。通常采用创新，采用更加节省时间、人力与资源的生产方法与管理手段，组织就能提高经济效率与效益。

（2）稳定、推动组织发展，拓展市场、增强竞争力。

(3) 有助于企业家的形成和组织成员的成长。现代企业制度使企业组织的所有权与经营管理权发生分离，企业的存续对经理阶层的职业生涯有至关重要的作用，这必将推动他们以管理创新去实现企业的发展；通过创新，改善组织环境，组织成员将会获得更快的成长。

### 14.1.2 管理创新的类别与特征

**1. 管理创新的类别**

组织内部的创新可以从不同的角度去考察。

1) 局部创新与整体创新

从创新的规模及创新对组织的影响程度来考察，可将创新分为局部创新和整体创新。局部创新是指在组织性质和目标不变的前提下，组织活动的某些内容、某些要素的性质或其相互结合的方式、组织的社会贡献的形式或方式等发生变动；整体创新则往往会改变组织的目标和使命，涉及组织的目标和运行方式，影响组织的社会贡献的性质。

2) 消极防御型创新与积极攻击型创新

从创新与环境的关系来分析，可将创新分为消极防御型创新和积极攻击型创新。消极防御型创新是指由于外部环境的变化对组织的存在和运行造成了某种程度的威胁，为了避免由此造成的组织损失扩大，组织在内部展开的局部或全局性调整；积极攻击型创新是在观察外部世界运动的过程中，敏锐地预测到未来环境可能提供的某种有利机会，从而主动地调整组织的战略和技术，以积极地开发和利用这种机会，谋求组织的发展。

3) 组织创建期的创新与运行中的创新

从创新发生的时期来看，可将创新分为组织创建期的创新和运行中的创新。组织的创建本身就是社会的一项创新活动。组织的创建者在一张白纸上绘制组织目标、结构、运行规划等蓝图，这本身就要求有创新的思想和意识，创造一个全然不同于现有社会经济组织的新系统。但是"创业难，守业更难"，在动荡的环境中"守业"必然要求组织积极地以攻为守，要求不断地在运行中创新。组织管理者要不断地在组织运行的过程中寻找、发现和利用新的创业机会，更新组织的活动内容，调整组织的结构，扩展组织的规模。

4) 自发创新与有组织的创新

从创新的组织程度看，可将创新分为自发创新与有组织的创新。任何社会经济组织都是在一定环境中运转的开放系统，环境的任何变化都会对系统的存在和存在方式产生一定的影响。组织与外部有直接联系的各子系统必然会因影响对自身进行调整，而组织内部的各个系统之间是紧密联系，相互依存的，这种相关性决定了组织内部其他子系统为适应变化也会相应做出调整，这就是自发创新。与自发创新相对应的是有组织的创新，是指组织有目的地积极利用各要素在专门组织的基础上相互协调配合，使创新活动有计划、有组织地展开。

**2. 管理创新的特征**

创新不同于一般的实践活动，它是一种特殊的社会实践活动，它的任务和目的在于创造出新的理论、观点、方法、思想，创造出新的技术原理和手段，揭示未知的自然奥秘，以推动人们认识世界和改造世界并向深度和广度扩展。因此，与一般的社会实践活动相比，创新具有以下特征。

1）创造性

创新的本质在于创和新，在于解决前人未能解决的理论与实践问题，因而其成果必然是相对于过去有突破性的质的提高。

2）收益性

从社会效果的角度看，创新需具有相应的社会价值，包括学术价值——推进或拓宽人们的认识；实用价值——对社会发展、经济建设等产生相应的效益；精神价值——满足人们陶冶情操、娱乐观赏的需要。从企业的角度看，创新的目的是增加企业的经济效益和社会效益，以促进企业发展。总之，不能产生一定的收益，创新就失去了它存在的意义。

3）风险性

创新的过程涉及许多相关环节和影响因素，从而使得其创新结果存在一定程度的不确定性，具有一定的风险性。创新的全过程需要大量的投入，这种投入能否顺利地实现价值补偿，受到技术、市场、制度、社会、政治等不确定性因素的影响。

4）动态性

事物是发展变化的，不仅组织的外部环境和内部条件在不断发生变化，而且组织的创新能力也要不断积累、不断提高，决定创新能力的创新要素也都要进行动态调整。从企业间的竞争来看，随着企业创新的扩散，企业竞争优势将会消失，这就要不断推动新的一轮又一轮的创新，不断确立企业新的竞争优势。因此，创新绝不是静止的，而是动态的。

5）适宜性

不同的组织由于历史背景、处所环境、基础条件、发展战略等存在差异，需要解决的问题可能是不同的，因此作为实践活动的创新具有适宜性。企业应根据环境和自身特点，选择符合自身的创新程度和创新方式。

### 14.1.3 管理创新的原则与过程

#### 1. 管理创新的原则

管理创新是一项相当难的工作，不仅需要有创新的意识、创新的动力，还需要遵循管理创新的基本规律和原则，把握管理创新的方向。为保证创新活动的顺利进行，创新活动应遵循以下原则。

（1）创新与维持相协调的原则。维持是创新的基础，为创新提供空间，而创新则是维持的逻辑延续。任何管理工作都应围绕维持与创新而展开。如果只有维持没有创新，组织将毫无生机，迟早会被社会淘汰；相反，只有创新没有维持，组织将会像空中楼阁，陷入严重的混乱无序状态。有效管理的关键在于适度的创新与维持的结合，出色的管理则是将维持与创新组合到最优状态。

（2）开拓与稳健相结合的原则。创新的核心在于"新"、在于"创"，推陈出新，通过对管理理念、管理思想、管理方法、管理手段、管理技术等的不断创新，学习和引进全球性的管理理论、管理方法、管理技术，结合企业实际予以创新，健全管理创新系统，得到管理创新整体最优化；同时创新是一种系统性的活动，涉及面比较宽广，如果一开始就全面创新，期望立即取得很多新成果，则导致管理创新活动没有重点，没有主攻方向，会造成精力分散，使创意停留在设想阶段。管理创新范围的广泛性，决定了管理创新只有集中精力，因时、因地制宜，从自身实际出发，在目标、客观条件和主观条件可行的情况下解决主要矛盾，才能取得事半功倍的效果。

（3）统一性与灵活性相结合的原则。创新必须要有统一明确的目标、相互协调的行动、局部服从整体的观念，只有这样才能实现资源的优化配置和创新成效的最大化。但是，创新是对新领域、新问题的探索，其本身必然具有偶然性和随机性，不能完全用计划来组织和规划，因此在创新的过程中必须坚持统一和灵活相补充的原则，在实现资源合理配置的基础上给予更大的灵活性和弹性空间。

（4）风险意识与奖励措施并行的原则。为管理创新营造良好的氛围，应该大张旗鼓地宣传创新，激发创新，要造成一种人人谈创新、时时想创新、无处不创新的组织氛围。还必须建立合理的评价和奖惩制度。这种评价和奖惩制度既要促进成员之间的合理竞争，又要保证成员之间的相互合作；既要注意物质奖励，又要注意精神奖励；既要奖励已经成功的创新者，又要奖励尚未成功的努力者。

2. 管理创新的过程

创新的过程是对于已有事物的批判改进，促使创新产生的过程。创新职能的发挥，离不开管理者的大力推动和支持。要进行创新，一般要遵循创新过程的规律，通过创新观察、创新构想、创新行动、创新评价与总结四个阶段，将创新过程有机地联系在一起，实现从创新思想到创新成果的质的飞跃。

1）创新观察

创新过程是促进创新成果形成的关键路径，创新的基础在于观察。观察是人类从各方面进行创新的起点，是人类从事创造性思维活动的前提和基础。创新观察是获取第一手资料的重要途径，通过观察来发现客观世界上存在的问题，发现事物之间的联系和规律。系统的思维、科学的观察方法，有助于我们更快更准确地发现事物之间的联系和规律。灵活地利用集中思维和发散思维，更有利于我们全面、客观地认识世界和改造世界。

 知识链接

天津一汽公司的前身是天津汽车公司，其最初引进的车型是微型车。在改革开放之后、汽车蓬勃发展之前，我国做微型车引进的主要有三家，分别是贵航云雀、长安奥拓及天津夏利。贵航云雀从现在看是失败的，其中重要原因之一在于车型排量的选择上。其时，日本实行的国民车计划，将最低排量由原来的0.6升以下提高到0.8升左右，当时，富士重工改进平台，将主要车型都提高到0.8升以上，并逐步淘汰了0.6升以下车型。而贵航云雀引进了富士重工0.6升车型，但由于日本国内已经不再生产这一车型，结果贵航云雀几乎所有的零部件都要从头做起，如此，投资跟不上是一个方面，技术攻关需要一个过程是另一个方面，两方面原因造成了贵航云雀发展缓慢。

再看长安奥拓，虽然比贵航云雀发展好得多，但也存在一些问题。例如，选择引进的技术来自铃木，相对而言铃木品种比较单一，无法发挥规模化的优势。另外，当时奥拓在全国有4个厂，江南、江北、秦川，还有长安，4个厂协作，分别担任一定的零部件协作任务，但由于这些厂比较分散，而且一些零部件厂在交通不方便的地区，造成物流不及时，而且成本比较高。另外，4个厂因为是不同的企业，利益关系相互钳制。以上原因都阻碍了其更大的发展。

天津夏利在引进技术改造项目之前，公司总经理率团赴日本考察微型汽车，发现日本的大发和铃木都适合中国国情，省油、排量小、用途多，大街小巷调头方便、出没灵活，城市郊区农村均可用。引进哪种

品牌好呢？当时，他发现铃木品种单一，而大发 S70T 系列微型汽车和夏瑞特微型轿车使用同一系列发动机，而且这两种汽车产品通用化程度已达 40%，其技术装备易于消化吸收和实现国产化，特别是发动机性能好，得过许多国际大奖。于是，在总经理的全力举荐下，1984 年 3 月 3 日，终于在人民大会堂举行了技术转让合同签约仪式。此次签约是完全的一次性技术购买而非技术合作。天津一汽遵循了汽车工业的发展规律，在微型车的起跑线上得以率先跨出。

资料来源：新浪网，http://www.sina.com.cn

2）创新构想

创新构想是辩证地看待以往现实中存在的诸多现象，同时用批判的思维来分析现实中存在的问题，是创新过程的核心环节。创新意味着风险，创新是对前人成果的批判性继承。进行创新构想的过程，就是去伪存真、去粗存精的过程。在这个过程中，可能是将全面的问题分解为各种关键的影响要素，还可能是将各种影响要素重新组合，来探索解决问题的路径。创新思想的产生，需要创新计划来落实，需要设计总体创新计划及每一个阶段的分计划，也需要按照创新过程的步骤和阶段，执行创新的思想和计划。

3）创新行动

创新计划的实施，需要与组织中有执行力的员工的结合。它是汲取更多人才的力量，汇集多方资源，拓宽创新视野，借鉴先进技术的有效途径，是完善和发展创新过程的重要保障。创新行动是将构想与计划付诸实践的过程，也是克服组织中某些抗拒创新、抗拒变化的管理过程。

4）创新评价与总结

经过一段时期的强化、固定后，管理创新的领域开始呈现新的范式，并日益稳定，创新效果也日益明显。此时，有必要对创新效果，特别是效益性进行评价，并科学总结这一创新成果。这一阶段一方面可使企业经营管理者和广大职工在创新成果得到社会承认时产生巨大的激励作用，并促进企业再次比较，发现与外界的差距，形成新的冲动，以进行更深层次的创新；另一方面为了将其创新成果向更大范围推广，促进其他企业审视现状，并积极进行创新，以发挥企业管理创新成果的社会效应。

### 14.1.4 管理创新的方法

管理创新是对一个系统状态的改变，并没有现成的、通用的方法。

#### 1. 综摄法

综摄法是由美国麻省理工学院教授戈登在 1952 年发明的一种开发潜在创造力的方法。它是以已知的东西为媒介，把毫不相关、互不相同的知识要素结合起来创造出新的设想，也就是吸取各种产品和知识精华，综合在一起创造出新产品或知识，称为综摄法。这样可以帮助人们发挥潜在的创造力，打开未知世界的窗口。综摄法有两个基本原则。

1）异质同化，即"变陌生为熟悉"

这实际上是综摄法的准备阶段，是指对待不熟悉的事物要用熟悉的方法、原理和已有的知识去分析对待它，从而提出新设想。

2）同质异化，即"变熟悉为陌生"

这是综摄法的核心，是观察分析熟悉的事物、方法、原理和知识，从而启发新的创造性设想。

2. 逆向思维法

逆向思维是顺向思维的对立面。逆向思维是一种反常规、反传统的思维。顺向思维的常规性、传统性往往导致人们形成思维定式，是一种从众心理的反映，因而往往使人形成一种思维"框框"，阻碍着人们创造力的发挥。这时如果转换一下思路，用逆向思维法来考虑，就可能突破这些"框框"，取得出乎意料的成功。逆向思维法由于是反常规、反传统的，因而它具有与一般思维不同的特点。

1) 突破性

逆向思维法的成果往往冲破传统观念和常规，常带有质变或部分质变的性质，因而往往能取得突破性的成就。

2) 新奇性

由于思维的逆向性，改革的幅度较大，因而必然是新奇、新颖的。

3) 普遍性

逆向思维法适用的范围很广，几乎适用于一切领域。

3. 检核表法

检核表法几乎适用于任何类型与场合的创造活动，因此又被称作"创造方法之母"。它是用一张一览表对需要解决的问题逐项进行核对，从各个角度诱发多种创造性设想，以促进创造发明、革新或解决工作中的问题。实践证明，这是一种能够大量开发创造性设想的方法。检核表法是一种多渠道的思考方法，包括以下一些创造技法：迁移法、引入法、改变法、添加法、替代法、缩减法、扩大法、组合法和颠倒法。它启发人们缜密地、多渠道地思考和解决问题，并广泛运用于创造、发明、革新和企业管理上。它的要害是一个"变"字，而不把视线凝聚在某一点或某一方向上。

## 14.2 管理理念与方法创新

知识链接

为什么美国汽车制造商花费了那么长的时间才在效率上缩小了与丰田汽车公司的差距？底特律汽车城花了二十多年的时间才弄清楚，丰田能够持续不断改进的关键在于它奉行了一套全新的管理原则。与西方竞争对手不同，丰田一直坚信一线员工不只是一部没有灵魂的制造机器上的齿轮，他们可以是问题解决者、创新者和变革推动者。美国公司依靠内部专家来设法改进流程，而丰田公司则赋予每一位员工技能、工具和许可权，以便随时解决问题并防止新问题的发生。这样做的结果是，年复一年，丰田公司从员工身上获得的价值要远超过竞争对手的收获。但是，正统管理思想的力量如此强大，以致美国汽车制造商直到对丰田的成功穷尽了所有其他解释之后，包括日元价值被低估、员工温顺听话、日本文化的影响、自动化程度比较高，他们才承认丰田真正的优势在于它能够利用普通员工的才智。这个案例表明，各种正统管理思想往往在高管的思维中根深蒂固，很难被人察觉；而且人们对这些思想奉若神明，不敢质疑。一项管理创新背后的原则越不符合传统，竞争对手做出反应的时间也就会越长。在某些情况下，竞争对手会为此而困惑几十年之久。

资料来源：加里·哈梅尔. 管理创新：理由、内容与方法. 哈佛商业评论，2006（3）.

### 14.2.1 管理理念的创新

管理理念的创新对企业来讲，通常表现为经营理念、经营思路（经营思维）等方面的创新。经营理念也称企业经营哲学，是企业在经营管理过程中提升的世界观和方法论，是企业在处理人与人（雇主与雇员、管理者与被管理者、消费者与生产者、企业利益与员工利益、企业利益与社会利益、局部利益与整体利益、当前利益与长远利益、企业与企业之间相互利益），人与物（产品质量与产品价值、职工操作规范、技术开发与改造、标准化、定额、计量、信息、情报、计划、成本、财务等）关系上形成的意识形态和文化现象。企业的经营理念或思想是企业的灵魂，贯穿于企业经营管理的全过程，企业的一切生产经营管理活动都受到它的支配。

21世纪初，不少国际企业正在进行意识（理念）的变革，其趋势：企业由追求利润最大化转向维持企业存续；企业行为由单纯追求目的性结果转向同时兼顾伴生性结果（如环境等）；企业由追求股东回报最大化变为在客户、员工和股东之间寻求平衡关系；大企业小经营意识；开放式网络型经营意识；尊重人性意识等。

经营思路创新对企业来说并不是一件容易的事，然而一旦成功实施则会成为企业制胜的利器。福特汽车公司在20世纪初提出的"让工薪阶层都拥有自己的一辆车"的新思路，不仅使福特汽车公司获得了巨大发展，也使这一思路的实质——"价廉物美""薄利多销"的管理思想成为日后众多企业奉行的准则，而且使美国开始成为"车轮上的国度"。

然而当福特奉行"价廉物美"的经营思路——只向人们提供唯一一种汽车，即黑色T型车时，通用汽车公司则根据消费者需求的变化更新其经营理念，向顾客提供形形色色的汽车，使汽车产品系列化，有面向富豪的气派的凯迪拉克，也有档次逐渐降低的别克、奥克兰、奥兹莫比尔，以及面向大众的雪佛兰。通用之所以取代福特成为当时最大的汽车公司，首先在于其经营思路的创新。

现代企业的经营思路创新的具体内容主要包括：①推出新的经营战略和经营方针；②推出新的经营理念；③实施新的经营策略；④采用适应经营新思路的方式方法；⑤企业资本运营新思路等。

### 14.2.2 管理方法的创新

管理方法是组织在协调、整合组织资源以实现其目标过程中所使用的工具和手段。第二次世界大战以后，许多管理专家、企业家把当时的科学技术成果引入企业管理之中，创造发展了许多现代管理方法，如线性规划、价值工程、全面质量管理、预测技术、决策技术、目标管理、网络计划技术、库存管理等。这些方法的产生与运用，对企业有效整合资源起到了相当大的作用。管理方法的创新可以分为两种类型：一类是单一性的管理方法的创新，如市场预测技术；另一类是综合性的管理方法的创新，如生产组合创新典型的范例——流水生产线、企业流程再造等都是生产组合的综合性改造。

改革开放以来，国内企业比较重视引进先进的管理方法和技术。例如，全面质量管理、定置管理等在全国都产生过广泛的影响，然而由于缺乏制度性保证，有些已流于形式。近年来，物料资源计划、制造资源计划、企业资源规划、计算及集成制造系统、计算机辅助技术等都得到一定程度的应用，并结合企业实际情况创造了许多新的管理方法。企业引进或创造的管理方法能否得到持续、有效的运用,是对企业管理创新的新挑战。

管理方法创新的具体领域主要有:①新的领导风格;②对人的管理的新发展;③生产、经营、服务等方面管理方法的创造发明;④新的管理手段的开拓性应用,如信息技术导致管理手段的革新;⑤新办公设施的创设和使用;⑥企业生产经营的新组合等。

### 14.2.3 管理模式的创新

管理模式的创新是指能够结合组织的特点创造出全新的管理模式并获得成功。管理模式的创新可以是综合的、全面的创新,也可以是在组织的某一方面的创新,如在生产管理模式、财务管理模式、人力资源管理模式等方面的创新。

管理模式的创新主要包括以下几个方面:①组织综合管理方面的创新;②企业中某一管理方面的综合性创新;③企业管理方法、手段的综合性创新;④企业综合性管理方式、方法的创新等。

1. 以自主经营体为基础的人单合一管理背景

在激烈的竞争态势下,一般性的简单创新已无法满足企业实现突破式发展的需要。为了生存与长远发展,企业必须要进行差异化的颠覆式创新,也就是进行商业模式创新。基于这种思考,就要求企业打造创新的管理模式:以发掘和创造用户价值为中心,由传统的关注价格转为关注价值,同时要求充分调动每一位员工的积极性,通过自主创新提高经营效率降低成本。

2006年下半年,海尔开始在产品代表和生产线两类岗位上探索自主经营体的实践。2007年,海尔明确提出打造卓越运营的商业模式,即建立从目标到目标、从用户到用户的"端对端"的卓越流程,为用户提供卓越的服务。在这一管理思想指导下,海尔的自主经营体建设开始具备了"端到端""同一目标"的特征,并不断优化。2009年,海尔冰箱组建国内三四级市场的自主经营体样板,以损益表、日清表和人单酬表为支撑,日臻完善,并具备内部复制的条件。

2. 以自主经营体为基础的人单合一管理内涵和主要做法

确立人单合一管理的指导思想。海尔推行人单合一管理的总体指导思想:对外紧跟时代发展,以创造用户需求为导向持续进行管理创新;对内以人为本,在企业内部建立起一种公平高效的机制,为员工搭建一个"我的用户我创造,我的增值我分享"的自我实现平台。具体可分为战略、组织、流程和文化四个层面。

战略上,从原来的先造产品再找用户变为先创造出用户价值再制造产品。这就要求企业首先能够通过互联网与用户建立互动平台,挖掘用户需求;其次从大规模制造转为大规模定制。

组织上,从原来的大事业部制变为建立以自主经营体为基本创新单元的三类三级倒三角组织架构。将集团原来所有部门按照线体、型号、市场及一级、二级、三级划分为2000多个自主经营体,实现以自主经营体为单元的快速反应的组织架构。

流程上,从原来系统的信息孤岛变为建立开放的信息化系统。企业通过信息化平台与用户互动,及时把握用户需求,并以最优方案满足用户需求;企业也能够通过信息化系统及时掌握经营体的绩效和问题,通过提供资源和专业服务帮助经营体达成目标。

文化上,建立开放、公平的文化氛围,以目标为导向,鼓励员工不断创新,不断挑战自我,每个员工都能成为自己的CEO。人单合一管理是在集团整体战略架构下的大公司做小,小单元做大,不仅能发挥出小单元贴近市场机动灵活的特点,在集团即需即供战略的支撑下同时可以实现规模效益。

资料来源:作者依据2010年第10期《管理学家》有关资料编写.

## 14.3 管理实践创新

 知识链接

我们都听说过一句话"一个和尚挑水吃,两个和尚抬水吃,三个和尚没水吃"。如今,这个观点过时了。现在的观点是"一个和尚没水吃,三个和尚水多得吃不完"。

有三个庙,这三个庙离河边都比较远。怎么解决吃水问题呢?第一个庙,和尚挑水路比较长,一天挑了一缸就累了,不干了。于是三个和尚商量,咱们来个接力赛吧,每人挑一段路。第一个和尚从河边挑到半路停下来休息,第二个和尚继续挑,又转给第三个和尚,挑到缸里灌进去,空桶回来再接着挑,大家都不累,水很快就挑满了。这是协作的办法,也叫"机制创新"。

第二个庙,老和尚把三个徒弟都叫来,说我们立下了新的庙规,要引进竞争机制。三个和尚都去挑水,谁挑得多,晚上吃饭加一道菜;谁水挑得少,吃白饭,没菜。三个和尚拼命去挑,一会儿水就挑满了。这个办法叫"管理创新"。

第三个庙,三个小和尚商量,天天挑水太累,咱们想想办法。山上有竹子,把竹子砍下来连在一起,竹子中心是空的,然后买了一个辘轳。第一个和尚把一桶水摇上去,第二个和尚专管倒水,第三个和尚在地上休息。三个人轮流换班,一会儿水就灌满了。这叫"技术创新"。

由三个和尚没水喝,到三个和尚通过不同的办法达到共同的目的,关键在于不局限于固有的思维,发扬了团结协作、良性竞争、开拓创新的精神。故事新解,给我们新的启发。

资料来源:百度文库,http://wenku.baidu.com

### 14.3.1 技术创新

技术创新是通过影响产品的特性或成本来获得的。促使技术创新的因素很多。组织内部技术发明的速度与外部环境之间不协调,也会导致技术创新的产生。当组织生产的产品已经滞后于消费者的需求时,将迫使企业不得不进行技术创新,研发适销对路的产品。例如,我国海南属于亚热带气候,冬季一般不使用取暖设备,制热空调很少在当地销售。但是针对我国沿海地区四季潮湿的环境,格力公司研发了专门针对此种气候长时间使用的干燥除湿空调。

1. 技术创新的概念

约瑟夫·熊彼特的创新理论为现代技术创新理论奠定了基础。在此后的技术创新研究中,不同学者和专家对技术创新有着不同的理解和认识。曼斯菲尔德认为,产品创新是从企业对新产品的构思开始,以新产品的销售和交货为终结的探索性活动。厄特巴克在1974年发表的《产业创新与技术扩散》中认为,与发明或技术样品相区别,创新就是技术的首次采用或首次应用。弗里曼认为,技术创新在经济学上的意义只是包括新产品、新过程、新系统和新装备等形式在内的技术向商业化实现的首次转化。他在1973年发表的《工业创新中的成功与失败研究》中认为,技术创新是一种技术的、工艺的和商业化的全过程,其导致新产品的市场实现和新技术工艺与装备的商业化应用。其后,他在1982年的《工业创新经济学》一书中明确指出,技术创新就是指新产品、新过程、新系统和新服务的首次商业性转化。

综合各种对技术创新的解释,技术创新不仅包括一项技术创新成果本身,而且包括成果的推广、扩散和应用过程,其内涵主要表现在要素创新、产品创新和要素组合方式创新3个方面。

2. 技术创新的内容

1）要素创新

企业的生产过程是企业的劳动者利用一定的劳动手段作用于劳动对象使之改变物理、化学形式或性质的过程。参与这个过程的要素包括两类。①材料创新。材料是构成产品的物质基础，材料费用在产品成本中占很大比重，材料的性能在很大程度上影响产品的质量。材料创新的内容包括：开辟新的来源，以保证企业扩大再生产的需要；开发和利用大量廉价的普通材料（或寻找普通材料的新用途），替代少量价格昂贵的稀缺材料，以降低产品的生产成本；改造材料的质量和性能，以保证和促进产品质量的提高。②设备创新。现代企业在生产过程中广泛地利用了机器和机器设备体系，劳动对象的加工往往由机器设备直接完成，设备是现代企业进行生产的物质技术基础。设备的技术状态是企业生产力水平具有决定性意义的标志。因此，不断进行设备的创新，对于改善企业产品的质量，减少原材料和能源的消耗，以及节省劳动的使用都有着十分重要的意义。设备创新主要表现在以下3方面：通过利用新的设备，减少手工劳动的比重，以提高企业生产过程的机械化和自动化的程度；通过将先进的科学技术成果用于改造和革新原有设备，延长其技术寿命，提高其效能；有计划地进行设备更新，以更先进、更经济的设备来取代陈旧的、过时的老设备。通过以上3方面的创新，使企业建立在更加先进的物质技术基础上。

2）产品创新

企业是通过生产和提供产品来获得社会认可，证明其存在价值的，也是通过销售产品来补偿生产消耗，获得盈余，实现其社会存在的。因此产品是企业的生命，企业只有不断地创新产品，才能更好地生存与发展。

产品创新是企业创新的核心内容，是企业技术创新的综合体现。产品创新往往包括其他的创新，其他创新都是围绕着产品创新进行的，而且其成果最终在产品创新上得到体现。广义来说，产品包括有形产品和无形产品。就有形产品而言，产品创新可在以下4个层面实现。①功能创新。功能创新就是开发出具有新性能的产品。例如，三九集团开发出999健康煲，用于家庭煎药。它有文火、武火、文武火3挡供选择，有药液循环系统、回流系统、蒸汽回流系统等几大系统和时限报警、水位报警等功能，保证药效稳定，操作安全方便，大受市场欢迎。②结构创新。结构创新是不改变原有产品的基本性能，对现在生产的各种产品进行改进和改造，寻求更经济的材料、更合理的结构、更科学的工艺，使其生产成本更低，性能更完善，使用更安全经济，从而更具有市场竞争力。电子记事本、DVD、摄像机、笔记本计算机、超薄洗衣机等就是典型的结构创新的例子。③外观创新。例如，服装款式及色彩的改变都可以使顾客需求得到新的满足，从而增加销售收入；苹果公司一度依靠推出彩壳流线型PC提高了其市场占有率。④品种创新。品种创新就是要求企业根据市场和消费者需求的变化，及时调整企业的生产方向和生产结构，不断开发用户欢迎、适销对路的新产品。

3）要素组合方式创新

利用一定的方式将不同的生产要素加以组合，这是形成产品的先决条件。要素的组合包括以下两个方面。①生产工艺。生产工艺是劳动者利用劳动手段加工劳动对象的方法，包括工艺过程、工艺配方、工艺参数等内容。工艺创新既要根据新设备的要求，改变原材料、半成品的加工方法，也要求在不改变现有设备的前提下，不断研究和改进操作技术和生产方法，以使现有设备得到更充分的利用，使现有材料得到更合理的加工。②生产过程的时空组织。生产过程的组织包括设备、工艺装备、在制品及劳动者在空间上的布置和时间上的组合。空间布置不仅影响设备、工艺装备和空间的利用效率，而且影响人机配合，从而直接影响工人的劳动生产率；各生产要素在时空上的组合，不仅影响在制品、设备、工艺装备的占用数量，从而影响生产成本，而且影响产品的生产周期。因此，企业应不断地研究和采用更合理的空间布置和时间组合方式，以提高劳动生产率，缩短生产周期，从而在不增加要素投入的前提下，提高要素的利用效率。

 **知识链接**

宋徽宗酷爱工艺品。有一次，他得到10只玲珑剔透的胆形玻璃瓶，为了让它们更美，他让太监督促工匠们把里面镀上金粉。

没想到工匠们束手无策，说道："要想在瓶里镀金，必须用烧红的铁箅来烙。可瓶口小肚子大，铁箅无法伸进去。而且，这种瓶又薄又脆，即使铁箅能伸进去，一敲击，瓶子也必破无疑。"

一天，太监到街市去办事，忽然看见一位工匠在店里做陶器，手艺十分精湛。太监想："何不让他试试？"于是，太监回宫取了瓶子给那人，说道："请用金子把这瓶里镀好。"那人点了点头，让他明天来取。

第二天，太监发现那只瓶子里面果然金光闪闪。太监喜出望外，于是带他进宫。宋徽宗得知后，要求此人当场表演。那工匠受宠若惊，小心地制作起来。他先拿出榔头敲击小金块，直至锻成金箔，把它们紧紧地裹在瓶外。然后，他将金箔剥下，用一双银铰把它们小心地贴在瓶内壁上。这时，他又在瓶中倒入一些水银，然后持着瓶儿晃动。过了半个时辰，那金箔果然妥妥帖帖地附在瓶内壁上，完全看不见什么缝隙了。

资料来源：缪晨. 300个创新小故事. 上海：学林出版社，2009.

### 14.3.2 制度创新

制度创新需要从社会经济角度来分析企业系统中各成员间的正式关系的调整和变革。制度是组织运行方式的原则规定。企业制度主要包括产权制度、经营制度和管理制度3方面的内容。

 **知识链接**

在一个荒岛上，有7个人每天都需要共分一小锅粥，但又没有任何度量器具。一开始，他们指定了一个人全权负责分粥，但很快就发现，负责分粥者为自己分的粥总是最多。换别人以后，结果还是一样，负责分粥的人自己碗里的粥总是最多最好。于是，大家决定轮流坐庄，每人负责一天。

结果一周下来，每个人只有一天能吃饱，也就是自己负责分粥的那一天。他们又开始尝试第3种方法，即共同选举一个大家都信得过、品德高尚的人来主持分粥。一开始还能公平分粥，但不久大家都开始挖空心思去讨好他。逐渐地，他便只给自己和溜须拍马的人多分，结果分粥又变得不公平了。

人们只好探索第4种分粥办法，即成立分粥委员会和监督委员会，形成分权和制约。这样，公平基本做到了，但由于监督委员会经常提出种种质疑，分粥委员会又据理力争，等到分完，粥早就凉了。

最后，大家终于想出一个很好的办法：轮流负责分粥，但负责分粥者在每次分好7碗粥且其他人都挑完以后，再端最后一碗。于是，为了不让自己拿到最少的那一碗，负责分粥者每次都尽量分得平均，就算不够绝对平均，负责分粥者也只能认了。从此以后，大家快快乐乐，和和气气，日子越过越好。

资料来源：梅子."分粥理论"与制度创新. 中国建材，2003.

1. 产权制度创新

产权制度是决定企业其他制度的根本性制度。它规定了企业最重要的生产要素的所有者对企业的权力、利益和责任。不同的时期,企业各种生产要素的相对重要性是不一样的。在主流经济学的分析中,生产资料是企业生产的首要因素,因此,产权制度主要指企业生产资料的所有制。目前存在的相互对立的两大生产资料所有制,即私有制和公有制,在实践中都不是纯粹的。私有制正越来越多地渗入"共同所有"的成本,被效率问题所困扰的公有制则正或多或少地添进"个人所有"的因素。企业产权制度的创新也许应朝向寻求生产资料的社会成员"个人所有"与"共同所有"最适度组合的方向发展。

2. 经营制度创新

经营制度是有关经营权的归属及其行使条件、范围、限制等方面的原则规定。它表明企业的经营方式,确定谁是经营者,谁来组织企业生产资料的占有权、使用权和处置权的行使,谁来确定企业的生产方向、生产内容、生产形式,谁来保证企业生产资料的完整性及其增值,谁来向企业生产资料的所有者负责及负何种责任。经营制度的创新方向应是不断寻求企业生产资料最有效利用的方式。

3. 管理制度创新

管理制度是行使经营权、组织企业日常经营的各种具体规则的总称,包括对材料、设备、人员及资金等各种要素的取得和使用的规定。在管理制度的众多内容中,分配制度是最重要的内容之一。分配制度涉及如何正确地衡量成员对组织的贡献并在此基础上如何提供足以维持这种贡献的报酬。由于劳动者是企业诸要素的利用效率的决定性因素,因此,提供合理的报酬以激发劳动者的工作热情对企业的经营有着非常重要的意义。分配制度的创新在于不断地追求和实现报酬与贡献的更高层次上的平衡。

产权制度、经营制度和管理制度这三者之间的关系是错综复杂的。一般来说,一定的产权制度决定了相应的经营制度。但是,在产权制度不变的情况下,企业具体的经营方式也可以不断地进行调整;同样,在经营制度不变时,具体的管理规则和方法也可以不断改进。而管理制度的改进一旦发展到一定程度,则会要求经营制度做出相应的调整;经营制度的不断调整,则必然会引起产权制度的革命。因此反过来,管理制度的变化会反作用于经营制度;经营制度的变化会反作用于产权制度。

企业制度创新的方向是不断调整和优化企业所有者、经营者、劳动者之间的关系,使各个方面的权力和利益得到充分的体现,使组织的各种成员的作用得到充分的发挥。

## 14.3.3 组织创新

组织内各要素、部门(各机构和人员)之间的关系有两类:一类是纵向关系,即领导与下属、上级和下级的关系;另一类是横向关系,即同级机构和人员之间的相互关系。这种纵向和横向的关系,实质上是管理劳动的分工协作关系。由于组织结构受多种因素的影响,这些因素的变化必然要求组织结构不断调整和变革。组织结构创新的目的和要求是充分发挥职工的主动性和创造性,提高管理劳动的效率。

组织结构创新的主要内容:机构设置和人员配备的调整;机构、人员责权的重划;信息沟通渠道的重建；工作流程的重新安排等。新企业的组织形态主要表现为 4 种：网络型组织、虚拟组织、扁平团队构造组织和学习型组织等。

### 14.3.4 文化创新

企业文化在企业管理中的重要性越来越受到企业管理者的重视。企业文化通过员工价值观与企业价值观的高度统一，通过企业独特的管理制度体系和行为规范的建立，使得管理效率有了较大提高。创新不仅是现代企业文化的一个重要支柱，而且是社会文化的一个重要部分。如果文化创新已成为企业文化的根本特征，那么，创新价值观就能得到企业全体员工的认同，行为规范就会得以建立和完善，企业的创新动力机制就会高效运转。

企业文化创新的主要内容：企业经营理念的创新，企业形象创新，企业品牌创新。

## 本 章 小 结

在以知识经济为主要特征的时代背景下，企业要生存和发展离不开管理创新。管理创新是组织为了更好地适应环境的变化，更有效地运用资源以实现组织目标而进行的创新活动过程。它对企业的可持续发展、核心竞争力的提高及经济效益的提升有着十分重要的意义。

从管理创新的具体作用来看，主要表现在与组织生存、发展密切相关的几个方面。创新的类别可分为局部创新与整体创新、消极防御型创新与积极攻击型创新、组织创建期的创新与运行中的创新、自发创新与有组织的创新。创新的特征是创造性、收益性、风险性、动态性和适宜性。

管理创新是一项相当难的工作，不仅需要有创新的意识、创新的动力，还需要遵循管理创新的基本规律和原则。创新过程包括创新观察、创新构想、创新行动、创新评价与总结 4 个阶段。管理创新是对一个系统状态的改变，并没有现成的、通用的方法。

管理理念的创新对企业来讲，通常表现为经营理念、经营思路（经营思维）等方面的创新。管理方法的创新可以分为两种类型：一类是单一性的管理方法的创新，另一类是综合性的管理方法的创新。管理模式的创新是指能够结合组织的特点创造出全新的管理模式并获得成功。管理模式的创新可以是综合的、全面的创新，也可以是在组织的某一方面的创新。

管理创新的内容十分丰富，不仅包括技术创新，还包括制度创新、组织创新和文化创新等。每一种创新都有其独特的内涵，在企业的创新活动中都发挥着各自的作用。

## 习　题

1. 创新作为管理的基本职能，在管理中的地位和作用是什么？
2. 创新有哪些不同的类别？各自的特点是什么？
3. 创新需经历哪些过程？
4. 管理理念和管理方法的创新主要包括哪些方面？
5. 以企业为例，管理创新在实践中主要体现在哪几个方面？

### 企业产品开发管理模式的突破与组织变革——海尔的型号经理制

**1. 海尔产品开发组织结构**

以海尔信息产品本部为例。信息产品本部下设商品开发部、商品支持部、顾客服务部、综合办公室（图14.1）。商品开发部属于海尔研发系统的第二层，商品开发部下设8个开发室。每个室负责不同类型的产品开发，如液晶彩电、等离子彩电、传统彩电等，每年面向国内和国际市场分别推出4~5个和3~5个系列新产品（包括改进型号）。商品支持部负责产品策划与营销工作，顾客服务部负责产品售后服务等工作。

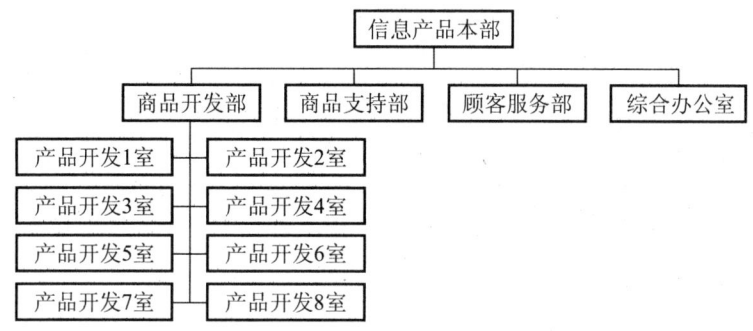

图14.1 信息产品本部组织结构图

**2. 型号经理负责制的产生背景**

海尔于1998年推行以市场为纽带的业务流程再造，旨在让每一个员工面向市场，快速满足消费者需求。信息产品本部以开发美高美产品为契机，在实施业务流程再造的前提下，将项目经理负责制变革为型号经理负责制。

在传统的产品开发体系中，海尔将产品开发划分为商品企划、开发和试制3个小流程，并按照国际惯例对产品开发实行项目管理。项目经理只负责产品开发与小批量试制两个流程。而开发前期的需求分析、新产品上市与推广等均不属于其职责范围，这样容易造成新产品与市场需求不符或产品流程脱节。而产品的批量生产则由制造部门负责，商品支持部负责新产品投入市场的策划与广告、促销等企业活动。相应地，海尔对产品开发的绩效评价与激励措施仅仅与产品开发小流程的业绩关联，与产品开发的上下游如商品需求分析、批量生产、产品销售、质量改善等关联不大，导致产品开发人员只关注产品开发小流程的绩效，而不太关注产品开发的系统性与整体效果。

实施型号经理负责制后，海尔将产品开发流程扩展为需求分析、商品企划、产品开发、产品试制、市场推介、订单执行、质量改善7个步骤（图14.2），以促使产品开发人员关心产品开发全流程。

与传统的项目经理负责制相比，型号经理负责制具有以下两个特点。一是从职能管理演变为产品链管理。型号经理负责制对内采取"一票到底"的工作流程，对外则提供"一站到位"式服务。型号经理必须参与产品开发7个步骤，管理单个型号产品链的全流程。项目团队根据用户需求设计与开发产品，采用产品新工艺，并与营销人员共同提炼卖点，快速上市。二是从开发绩效评价演变为销售绩效评价。与注重产品设计与开发流程绩效的项目经理负责制不同，型号经理负责制主要依据新产品的销售业绩（销售台数利润）实施激励和评价。

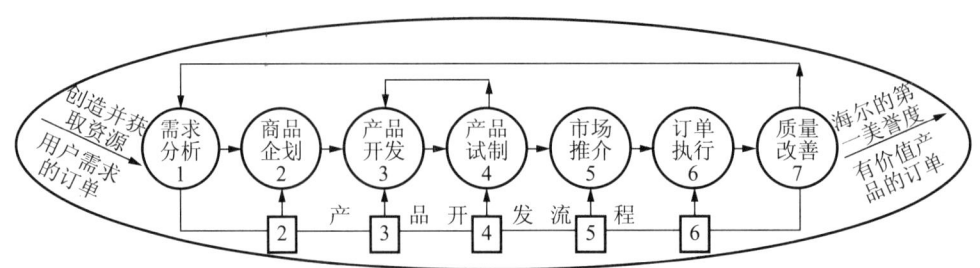

图 14.2 海尔产品开发流程图

**3. 美高美（MGM）彩电开发过程**

按照型号经理负责制的产品开发流程，信息产品本部、商品支持部对彩电消费市场进行跟踪、分析，并定期或不定期地将有关产品开发的最新信息发布于内部布告栏。

1）竞聘"美高美"型号经理

市场信息反馈至型号经理后，如果型号经理决定开发的话，须根据市场信息撰写一份产品开发可行性分析报告，提交给新产品开发审查委员会，并参与产品开发的内部竞标。审查委员会由商品支持部的产品经理和商品开发部部长、产品开发部部长、产品本部长等组成。审查委员对应聘者的产品开发可行性报告进行分析、审查和评价，并据此确定型号经理。成为型号经理的产品开发人员需要具备敏锐的市场眼光、优秀的组织协调能力及整合资源的能力，并获得海尔人力资源部门的资格认定。

2）组建开发团队

型号经理需要组建一个开发团队，包括设计开发、零部件采购、制造工程师、销售等相关支持人员。其中，开发人员被称为核心团队，制造工艺和其他支持人员被称为扩展团队。海尔称新产品开发团队为MMC（Mini Mini Co.），型号经理为型号产品CEO。海尔视型号产品为一个内部财务核算单位，单独计算该型号产品的盈亏，并使型号经理和团队成员的工资收入与该型号产品的盈亏直接挂钩。开发团队的成员则通过竞聘方式由型号经理挑选。型号经理与核心团队成员签订契约，包括每个开发人员具体负责的工作内容、型号产品利润的提成及团队成员之间的分配比例等。由此，该协议成为产品开发成员工资收入的分配依据。海尔将非技术人员称为支持经理。美高美29F8A-T产品开发支持人员包括零部件采购人员（4人）、制造支持人员（5人）、产品经理及售后服务经理等。产品经理负责营销策划与广告宣传，售后服务经理负责维修，并把质量反馈信息传达给型号经理。型号经理与支持经理之间也签订类似协议，支持经理的市场工资也是从该型号产品所创造的利润中提成。除了参与29F8A-T产品开发，产品开发人员和支持人员同时参与其他项目开发。

3）寻找模板，开发新产品

在29F8A-T开发上，海尔选定东芝TC-29P20R型纯平彩电为开发模板。开发内容主要包括外观、机芯、后盖、显像管、销售手册及配套电视机柜等。美高美29F8A-T的产品零部件基本购自外部，决定彩电音质、画质的显像管和机芯则主要来自飞利浦和东芝等供应商。美高美29F8A-T型电视机在外观、音质、画面方面都采用了新的设计技术和工艺。美高美29F8A-T的制造成本包括显像管、机芯、机壳、销售手册等。其中，显像管和机芯等主要零部件成本占总成本的70%~80%。与竞争产品长虹的29国礼精品相比，美高美29F8A-T的制造成本相对较低。其原因主要是线路设计简练，采用一块电源板、一块信号板、一块后端子板、一块CRT（显示器）板及两块控制板，其余功能全部实现了模块化设计。

4）并行开发与设计

为提高产品开发速度并快速投放市场，海尔在美高美彩电开发中第一次运用了"并行开发"流程管理。在产品设计阶段，型号经理会同技术装备中心与物流新品开发小组，共同编制"并行开发计划书"，并签订并行开发合同，以确保并行开发的顺利实施。

以模具的平行开发为例，按照传统的产品开发流程，项目开发团队完成某些部件的设计后，要将图纸交由技术装备中心开发模具，或按图纸委托外协加工。实施并行工程后，在图纸设计阶段，型号经理就会邀请技术装备中心参与其中，让其对开发设计做到同步理解，用最短的时间和最经济的方法（比如在已有的模具上改造、加工）开发新模具。物流新产品零部件采购小组在产品设计阶段也参与进来，提供诸如关键部件的成本和替代品信息，而产品开发部门也会将所需的关键零部件信息提前传达给物流部门，进而大大缩短了产品开发周期。与此同时，为削减材料成本和制造成本，型号经理还会邀请零部件供应商、工艺经理参与。与传统的串行工程相比，并行工程大大节约了开发时间，提高了新产品开发速度。

**4. 与市场业绩挂钩的激励措施**

在美高美彩电开发过程中，产品开发人员的收入由3部分构成：①市场工资（与型号产品的市场业绩挂钩）；②福利工资（国家及海尔给职工提供的福利、津贴等）；③奖罚工资（与考勤和工作表现等挂钩）。其中，福利工资与个人学历、企业工龄相关，相对稳定且所占比重很小。

1）型号经理的SBU资源存折表

海尔通过SBU（事业单位）资源存折损益衡量型号经理的市场业绩。海尔把型号经理作为SBU。型号产品的经营数据体现在资源损益表（包括该型号产品收入、成本、费用、经营效果及个人薪酬兑现等信息）中。市场每销售一个型号产品，都能自动计算出型号经理对企业的市场贡献，包括月贡献度和年贡献度。对企业的贡献度越大，获得的市场工资越多，反之亦然。

2）市场业绩不佳的开发人员工资

新产品如果没有市场业绩，相关开发人员的市场工资为零。到目前为止，海尔信息产品本部开发人员的市场工资为零的情况不多，因为开发人员会同时参与3~4个项目的开发。即使一个项目开发失败了，也可以从其他项目中获得市场工资。当然，市场工资为零的开发人员只能领取少量的福利工资（约400元），同时允许他每月借款1 000元作为生活费。当出现市场工资时，再偿还借款。

3）开发人员评价机制

对开发人员的评价，除了市场业绩外，还包括一些奖罚指标。比如商品开发部对开发人员的量化评价，细分为主要工作（50分）、辅助工作（30分）、创造性工作（10分）、劳纪出勤和6S（整理、整顿、清扫、清洁、素养、安全）（10分）四大类指标。每个月汇总排序，并将得分排名公布。月排名列前2~4名的开发人员将得到奖金50元/人，而排名最后2~4名的开发人员将被罚款50元/人。此外，海尔还依据年度汇总排序，年终授予前10%的开发人员"示范终端"称号，并奖励1 000元/人，后10%为"问题终端"，并罚款1 000元/人。

资料来源：黄江明. 中国企业产品创新管理模式研究（一）——以海尔型号经理为案例. 管理世界，2007（10）.

**案例分析题**

1. 和传统的项目经理负责制相比，海尔的型号经理负责制有哪些特点？
2. 海尔的产品开发管理创新体现在哪些方面？

# 第15章 管理发展的新趋势

## 学习目的

通过本章的学习,理解绿色管理和社会责任管理的含义,理解社会责任与社会资本之间的关系,了解信息技术下组织变革的新趋势,理解组织双元观的内涵及应用领域,理解中国管理问题在管理学科研究中的地位及国外学者对中国管理问题的主要研究领域,了解管理学和其他学科融合的现状与趋势。

## 知识要点

| 知识要点 | 要求程度 | 相关知识 |
| --- | --- | --- |
| 绿色管理 | 理解 | (1) 绿色经济与绿色管理的产生<br>(2) 绿色管理的内涵 |
| 社会责任管理 | 理解 | (1) 社会责任的内涵<br>(2) 社会资本的内涵<br>(3) 社会责任与社会资本的关系 |
| 信息技术下的组织变革 | 了解 | (1) 扁平化<br>(2) 网络化<br>(3) 虚拟化<br>(4) 集群化 |
| 组织双元观 | 理解 | (1) 管理的悖论与悖论的管理<br>(2) 组织双元观的内涵<br>(3) 组织双元观的应用领域 |
| 中国管理问题的重要性 | 理解 | (1) 中国管理问题地位的凸显<br>(2) 国外学者对中国管理问题的主要研究领域 |
| 管理学与其他学科的融合 | 了解 | 管理学与其他学科融合的现状与趋势 |

## 绿色制造在摩托罗拉

绿色制造是制造业全球化战略的必然要求。环境保护正日益成为国际贸易中的重要准则，绿色产品在国际竞争中占有越来越重要的地位，不符合环境保护标准的产品将最终被市场淘汰。作为当时世界最大的电子制造企业之一，摩托罗拉在研发环保、健康、安全的生产工艺、产品和售后服务等方面做了大量工作，可以从其对材料的管控与回收来看其绿色制造理念和取得的进展。

**1. 材料申报体系——W18**

为加强企业对风险物质的管控，摩托罗拉早在1996年就制定了对公司使用的所有材料进行申报并审批的制度。所有供应商在向摩托罗拉供货之前都被要求提供一份材料成分申报表，也就是业界熟知的W18文件。这是一份全球通用规范，整合了电子行业的各种管控指令。W18文件将65种材料、几千种物质分为以下4类：禁用物质、受控物质、须报告物质和普通物质。所有批准的W18文件都将公布在摩托罗拉的eMARS系统中，分布在摩托罗拉全球各地的工程师可以在第一时间查看某一零部件的全部材料信息；同时摩托罗拉将该系统与采购系统连接，如果某零件的W18文件未批准，则该零件不能进入采购系统。这就防止了不符合环境标准的材料被采购的风险。同时，提交的每一份W18文件都将永久地保存在摩托罗拉数据库中，一旦某一物质被新列为危害物质，摩托罗拉可以轻松地锁定含有该危害物质的所有产品。

**2. 危害成分的管理**

摩托罗拉一直致力于危害材料的替代物研究，以降低产品对环境的影响。这些替代物质也必须在安全性、适用性、实用性和易得性等方面符合高标准的材料要求。摩托罗拉也一直在敦促供应商尽可能地使用环境友好型材料，并通过W18文件对一些物质进行强制性执行。

**3. 废旧产品的回收**

2009年，摩托罗拉在全球回收了超过5 162吨的电子产品废弃物，比2008年的收集量翻了一番。废旧电子产品的回收主要包括以下方面。

（1）回收项目，既包括强制规定的也包括自愿性的。

（2）内部的电子产品回收计划。

（3）由摩托罗拉赞助的回收活动。

摩托罗拉一直致力于减少危害物质的使用，并推动环境友好型替代物质的使用。对产品中的危险物质设立专门的监控与审批部门，使得摩托罗拉可以积极而又及时地应对不断更新的危害物质清单，并对产品进行快速锁定与改进。

资料来源：陈苏战，梁亚红，等. 绿色制造在摩托罗拉——环境数据管理体系介绍. 软件，2012，33（4）.

# 15.1 绿色管理和社会责任管理

## 15.1.1 绿色管理潮流

**1. 绿色经济与绿色管理的产生与发展**

"绿色经济"一词最早出现在人们的视线中是1989年英国环境经济学家皮尔斯出版的《绿色经济蓝图》一书。2008年12月召开了联合国气候变化大会后，"绿色经济"便频频出现在各个重要会议的议题之中,绿色大气、绿色农业、绿色汽车、绿色建筑、绿色电力等词汇充斥媒体。之所以如此,是因为"绿色经济"不仅是落实我国节约资源保护环境基本国策的现实和长远需要,也是推进经济结构战略性调整,加快经济增长方式转变的重要举措。我国的《国民经济和社会发展第十二个五年规划纲要》对绿色发展的概念进行了完整的阐述。发展绿色经济成为"十二五"规划的重要任务,"十二五"规划也被专家称为中国第一个"绿色五年计划"。"十二五"规划中明确提出要在五年内将单位国内生产总值能耗和二氧化碳排放分别降低16%和17%,主要污染物排放总量减少8%~10%。

事实上,在全球范围内,正在上演一场发展绿色经济的大赛。美国前总统奥巴马执政时曾断言,哪个国家在清洁能源技术上领先,哪个国家就将引领21世纪的全球经济。美国、欧盟、日本都对自己的新能源发展做出了战略规划。奥巴马任命诺贝尔物理学奖获得者朱棣文担任美国能源部长,主要目的就是将新能源作为振兴美国经济的突破口,以确保美国成为新能源革命的领导者。欧盟也决定大力发展绿色经济。日本则提出要大力发展太阳能,引领"21世纪低碳革命"。我国发展绿色经济的国家战略和发展模式也受到了世界的关注,或者说引起了一些国家的高度警觉。我国发展绿色经济的势头很猛,但是与美国、欧盟和日本相比,实力差距仍然十分明显。

要想实现上述发展绿色经济的目标,只有建立"绿色管理"的措施和目标,才能实现从"高投入、高能耗、高污染、低产出"的模式向"低投入、低能耗、低污染、高产出"的模式转变,才能实现可持续经营。企业作为宏观经济的微观基础,在后金融危机时代,如何实现可持续经营,如何避免重复"棕色经济"下的管理弊病,导入"绿色管理"理念是企业的必然选择。企业越早实现"绿色管理",就越早掌握未来竞争的主动权。

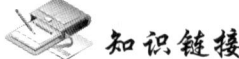

知识链接

"棕色经济"又称为"黑色经济",是指经济增长仅仅依靠石化资源,如煤炭、石油和天然气等。在物质产品的生产过程中,大量二氧化碳和烟尘被排放到大气中,经济增长依赖于有限的资源,对环境污染较严重。

目前,先行企业已经践行或者开始重视"绿色管理",从企业战略制订、产品研发设计、市场营销、日常管理到财务会计等环节都渗透着绿色管理的理念。比如,日本企业积极普及电动汽车或混合动力车,其中日产和三菱汽车公司主推电动汽车,而丰田和本田汽车公司则力推燃料电池车。

2. 绿色管理的内涵

从宏观上考虑,绿色管理是为实现整个国家社会、经济、生态的协调发展目标,以中央政府为主体,通过颁布方针政策,制定法律法规,利用经济杠杆,加强宣传教育等方式,对政府行为、企业行为和社会行为所做的一切整合和协调活动。从中观上考虑,绿色管理是在一个地区、部门或行业的范围内,为促成环境保护和生态平衡,保持可持续发展所进行的一系列管理活动的总称。从微观上考虑,绿色管理是以组织为主体进行的可持续发展管理活动,以提高组织经济效益,实现组织可持续发展。人们追求社会、经济、生态可持续发展这一宏观目标,首先要在微观领域得以实现。以企业为主体的绿色管理是微观绿色管理的一部分,践行绿色管理,就是把环境保护的观念贯彻于经营管理活动中。绿色管理作为一种新型的管理思想和模式,是随着全球生态环境的恶化和环境保护呼声的日益高涨而出现的,正从发达国家向发展中国家扩展。实施绿色管理,最大限度地提高资源利用率,减少资源消耗,可直接降低消耗,从而降低成本。未来的市场是绿色产品的市场,开发出高质量的绿色产品,可以为企业带来较高的利润。实施绿色管理可以提高企业的国际竞争能力。目前许多国家要求进口产品要进行绿色认证,有绿色标志。发达国家制定了极为苛刻的产品环境标准来限制发展中国家产品进入本国市场,即设置"绿色贸易壁垒"。我国企业如果不重视绿色经营和管理,就难以经受住绿色浪潮的冲击,不能在日益激烈的国际竞争中立足。

改革开放以来,中国经济发展成果瞩目。但中国高能耗高污染的粗放发展模式也受到了多方质疑。今日的"世界工厂",明天可否引领全球的可持续发展?如今,在中国的企业界,很多令人耳目一新的绿色尝试正在实践,其中一些已经取得了令人欢欣鼓舞的成就。但是,与中国巨大的产业前景相比,这些绿色尝试还远远不够,也正因此这些尝试愈发显得难能可贵。

金融企业也可以为地球的可持续发展做出自己的贡献。兴业全球基金管理有限公司成立于2003年,是一家证券投资基金管理公司。2008年和2011年,该公司分别发行了兴全社会责任股票型证券投资基金和兴全绿色投资股票型证券投资基金。社会责任投资基金不仅关注上市公司的财务表现,而且注重企业的可持续发展、社会道德责任方面的履行;基金合同要求投资组合中突出社会责任投资股票的合计投资比例不低于股票资产的80%。而绿色投资基金则关注那些能够促进中国绿色经济发展,维护或改善生态环境,进而推动整个社会可持续发展的上市公司;基金合同要求符合绿色投资理念的股票合计投资比例不低于股票资产的80%。

资料来源:搜狐网,http://www.sohu.com

## 15.1.2 从社会责任到社会资本——企业管理的新趋势

在经济全球化快速发展的前景下,竞争优势的资源正在持续发生变化,社会责任已经成为竞争优势的一种资源。企业社会责任研究已经成为社会学界、经济学界和管理学界争先研究的课题。在经济快速稳定增长同时又面临生态环境污染、员工利益受损、城乡差距扩大和社会秩序失范的今天,我们必须重新思考和定义为经济增长、扩大就业和商业文明做出巨大贡献的企业的行为边界和价值规范。虽然不同学者对企业是否应该承担社会责任、承担哪些社会责任和如何承担社会责任还没有达成共识,但不容置疑的是,企业不仅是市场经济的价值创造主体,而且是在一定伦理规范下运营的责任承担主体。

1. 企业社会责任与社会资本的内涵

1)企业社会责任的内涵界定及其价值结构

不同学科学者基于不同角度对企业社会责任问题的研究,使得要寻找一个能普遍接受的概念框架实非易事,原因之一正如 Pinkson 和 Caroll 指出的那样,与企业社会责任相关的信念和态度随着时代与社会的发展在不断波动和演化。综合 Van Marrewijk、Poter 和 Kramer 对企业社会责任的界定,对企业社会责任可从内部相关和外部相关两个维度来区分。前者主要指企业与顾客（如产品和服务质量）、委托人（如股东）和员工等相关的内部社会责任活动，后者主要指与社区、环境和慈善等相关的外部社会责任活动。

从效果的角度看，社会责任将为企业带来两种价值结果：一是社会价值，二是经济价值。这两者是一种相辅相成的互补关系。具体而言，社会价值是一种本质的、抽象的终极价值，更多地体现为一种结果，故可以观察但难以测量，可以追求却难以操作。而经济价值则是一种外显的、形象的具体价值，更多地体现为一种动态过程，可以观察也易于测量，可以追求也易于操作。经济价值建立在竞争与效率的基础上，社会价值建立在利益相关者认可与支持的声誉基础上。显然，没有经济价值，企业就失去了提供社会价值的基础，而忽视社会价值，企业则可能失去持续发展的根本源泉。

2）社会资本的内涵

Nahapiet 和 Ghoshal 认为社会资本是镶嵌在个人或社会个体占有的关系网络中，通过关系网络可获得的，来自关系网络的实际或潜在资源的总和。社会资本存在 3 个基本维度，即认知维度、结构维度和关系维度。认知维度是提供不同主体间共同理解的表达、解释与意义系统的那些资源；结构维度是行动者之间联系的整体模式，是社会关系网络的非人格化方面；关系维度是通过创造关系或者由关系手段获得的资产。

企业是与经济领域的各个方面发生种种联系的网络上的节点。当企业获取社会资本时，将对其运用稀缺资源，谋求竞争优势产生积极影响。有学者的研究发现，资源变得稀缺时，行为主体通过以下两种社会联系获取资源。一是个人作为组织的成员与这些组织建立稳定的联系。个人通过稳定的联系从组织获取稀缺资源，如通过校友会获得工作机会等。二是人际社会网络，关键是进入人际关系网络的资格问题。社会联系是由人之间的接触、交往等互动发展起来的，而人际社会网络是社会资本的重要形式。

总体看来，社会责任的具体内涵与企业所嵌入的经济情境、文化传统等社会特征紧密相关，其演化进程动态刻画了不同情境中企业与各方利益相关者之间的关系模式，嵌入这些关系网络中的资源及动用这些资源的能力，形成了企业的社会资本。这是另一个与企业社会责任活动紧密相关的、并且嵌入社会情境中的工具性变量。那么，如何运用社会资本对企业的社会责任活动进行有效整合与管理，将成为企业获得竞争优势过程中不可忽视的关键力量。在中国转型经济的背景下，这显得尤为重要。

2. 企业社会责任与社会资本的转化

1）投资于社会资本对企业内部发展的影响

承担社会责任强化了企业的社会声誉和社会形象，有利于吸引和稳定高素质的员工队伍，而高质量的人才是实现企业可持续发展的根本。企业充分承担对员工的各种责任，尤其是对于员工培养和发展的责任，有利于企业可持续发展能力的培养及知识在企业内部的创造和共享。

2）投资于社会资本对企业外部发展的影响

承担社会责任为企业可持续发展提供了新视角和切入点。当企业自觉地承担起社会责任时，既是对自己所在社会网络的一种资本投资，又可以依靠利用责任机会所产生的差别优势，增加进入壁垒，维持企业的竞争地位。例如，当今面临的能源短缺，若某一企业能够敏锐地捕捉这一责任机会，积极地采取责任行为，企业就能在获取社会认可和赞许的同时，收获创新收益，从而获取外部强有力的社会资本网络的支持。与政府保持良好关系能够获取注册、生产许可；与银行保持良好关系能够降低企业的融资成本；与企业供应商保持良好关系能够促进原料和信息交换的效率；与消费者保持良好关系，能够促进重复购买，发生危机事件时能够赢得消费者的信赖；具备先进技术的企业与主要客户保持良好关系，能够促进企业知识的获得等。所有这一切也说明了社会资本有利于企业聚集可持续发展所需的外部稀缺资源。

3. 企业社会责任、社会资本与企业竞争优势

企业内部成员的充分信任与合作及部门间的有效沟通与协调，有利于消除企业内耗现象，促进团队成员之间的合作，增强企业的凝聚力，有利于提高企业的经济效率，促进企业的知识转移和知识共享。企业外部良好的社会网络关系和广泛的社会交往联系，有利于企业汲取外部稀缺资源，捕捉市场机遇，获得更大的生存和发展空间；企业通过与合伙企业、联营企业、研究机构之间的相互信任、互惠准则和开明长远的自我利益起到促进合作的"胶合剂"作用，有利于企业建立友好、信任与合作网络，增强企业的技术创新优势。

企业承担社会责任是提高企业竞争力，实现企业可持续发展的重要途径。企业的资源和利润来源于社会，企业只有履行好社会责任，融入社会的发展，获得社会的认同，才能拥有生存和发展的土壤，才能获得持续发展的基础和条件，才能持续稳定地实现自身的经济利益。企业承担社会责任可以带来良好的社会效益，改善同社区、客户和政府的关系，有效地提升企业的知名度和美誉度，有助于树立有竞争力的形象品牌核心，培育竞争优势，从而提高企业的竞争力。

 知识链接

中国企业所面对的市场环境、社会环境、舆论环境正在发生巨大的变化。企业对社会、公众、环境、生态、舆论等的影响正变得越来越直接和显著。有些企业在积极与公众对话的过程中，迅速赢得了信任；也有些企业在这场社交革命中故步自封，无所适从。企业该如何做，成为每届中国企业社会责任年会探讨的主题。中国企业社会责任年会由"南方周末"报社主办，从2009年举办首届年会开始到2017年，已成功举办九届。从历届年会的主题可以看出，对企业社会责任已经从单纯的重视和广泛讨论走向了实际战略，呼吁"不做责任时代旁观者"，强调企业在发展中须系统变革、关怀弱势、注重公共利益及社会均衡。在战略命题下，如何使社会责任战略与企业发展战略有机地衔接起来成为关键问题。

## 15.2　信息技术下组织变革的趋势

在信息时代的市场竞争环境下，企业的规模已经不再是企业经营成败的决定力量。相反，企业是否能够快速适应不断变化的市场需要成为决定企业成败的关键因素，而这对组织模式的变革也提出了新的要求。

### 15.2.1　组织结构的变化——扁平化

自韦尔奇成功再造通用电气之后，扁平化逐渐成为一种管理时尚，并西风东渐，被我国不少企业所接受和践行。与传统组织结构相比，理想的扁平化组织的优点在于灵活、民主，能减少官僚主义，加强内部沟通，易于调动员工的积极性，能够更加迅速地对包括消费者需

求在内的环境变化做出反应。管理层次的减少是现代企业组织变革的最显著特征。管理层次减少使企业的组织效率得到大幅提高。信息技术的广泛应用，使得组织成员的独立工作能力大大提高，并且获得了充分授权，承担较大的责任，上下级关系由传统的接受任务和发布命令的关系转变为一种团队成员的关系，使管理层次减少。以前，企业之所以采用金字塔式的层次结构是因为受到了管理幅度的限制。采用信息技术之后，上级交给下级的工作与任务趋于标准化和程式化，下级对工作的完成情况也能通过信息网络系统及时并准确地反馈给上级，增强了上级对下级的有效控制力度，拓宽了上级的管理幅度，使原来需要更多层级才能完成的管理任务现在只需较少的管理层级就可完成，减少了企业的管理层级。

### 15.2.2　组织结构的变化——由层级制向网络化演进

企业组织结构的网络化主要表现在以下几个方面。一是企业形式集团化。随着经济全球化和经营国际化进程的加快，企业集团大量涌现。企业集团是一种新的利益共同体。这种新的利益共同体的形成和发展，使得众多企业之间的联系日益紧密起来，构成了企业组织形式的网络化。二是经营方式连锁化。很多企业通过发展连锁经营和商务代理等业务，形成了一个庞大的销售网络体系，使得企业的营销组织网络化。三是企业内部组织网络化。过去纵高型的组织结构特点是直线构架、垂直领导、单线联系，很多机构之间"老死不相往来"。而企业组织内部各部门之间、员工之间的网络化关系更适合于信息的有效传递和对日常工作的处理。不同部门、员工之间通过网络通信技术进行信息沟通和及时有效的交流，增进了企业员工之间的了解，提高了学习能力，并增强了部门之间的协同能力，有利于企业处理复杂的项目，形成竞争优势。企业组织结构的扁平化使得横向执行机构增多的同时，执行机构与决策层的直接联系和横向联系也在不断增多，企业内部组织结构网络化正在形成。信息技术的使用使组织成员之间可以进行"一对一"的交流，减少了信息传递的失真，在很大程度上取代了层级制的决策功能，不仅能增强员工处理问题的准确性，而且能提高员工的能力。四是信息传递网络化。信息网络的建立，促进了信息的流通，使得每个人都能纵观全局，高层和基层更容易沟通，中间层次的功能逐渐淡化，中层管理人员将逐渐退出管理领域。

### 15.2.3　组织虚拟化

虚拟企业组织是现代社会网络环境下产生的一种新的企业组织形式，其组织形式包括生产完全外包模式、供应链管理模式、战略联盟模式、特许经营模式、技术联盟模式等。从市场竞争的角度看，虚拟经营是在市场竞争环境中，在竞争白热化条件下，企业为快速响应不断变化的市场需求的产物。通过构建虚拟经营模式，扬长避短，发挥了各自企业的核心竞争力。

不同组织形式的选择都是与企业自身的特性紧密地联系在一起的，是企业发展和市场需求共同选择的结果。虚拟企业组织是分工整合模式下的一种有效的组织方式，各个企业充分利用外部最优秀的专业化资源，从而达到降低成本、降低风险、提高效率、增强竞争力的目的。虚拟企业组织模式通过资源重点构造自身的核心竞争能力。企业快速发展必须依靠和整合外部资源，因此虚拟企业组织模式是实现企业快速发展战略的重要选择。

可以预见的是，未来时代，必然是以虚拟经营为主导的经营时代，企业多元化发展战略也必将借助于虚拟经营这个"利器"。

### 15.2.4 组织集群化

企业集群这一组织形式早在 18 世纪中后期就随着社会分工和专业化的发展而初显端倪。在信息经济时代，随着经济全球化和市场竞争激化，企业集群逐步成为企业组织的一种新模式。企业集群使处于集群中的组织通过规模经济、范围经济等途径在信息、资源、市场、技术等方面获得或保持竞争优势。企业集群是企业按照多种多样的分工和协作组成的庞大网络，具有社会网络的特性。在决策中集群参与者不仅要考虑自身的需求和利益，同时还要考虑其他成员企业的需求和利益，集群内存在自组织机制，因而从本质上看集群是一个复杂的开放的系统。集群通过灵活的资源配置形式，具有企业和市场的双重性，同时运用两种手段配置资源。集群内组织是具有独立法人资格的实体，有加入或退出集群的自由，集群网络中的每个节点都处于不断的运动或流动状态，是活性节点。企业集群根据不同的市场机遇和不同的项目要求，随着各节点企业核心能力的变化而不断地变化，以有效地响应快速多变的市场需求。集群内企业获得了社会资本，这种资本可以使企业获益的可能性大大增加。

由于信息技术的发展，集群不仅仅是地域集群，而是一种理念上的集群，是社会网络基础上的企业组合；社会网络扩展到哪里，集群的边界就延伸到哪里。同一集群内的同类企业从集群网络获取资源和信息的能力是不对称的，处于网络中心位置的企业比处于网络边缘的企业获取资源的能力强。

传统意义上的企业组织之间更多地体现为竞争关系，而企业集群组织更强调合作，体现为竞争中的合作关系。企业组织之间形成一种有利于企业生存和发展的企业生态系统。集群内自组织作用在企业之间建立起了资源交流的渠道，可以使企业的资源互通有无，并可以使冗余资源相互流动，从而保持较好的核心产品生产能力。地缘关系和亲缘关系等因素基础上形成的集群产生的信任机制，可以使集群内企业能够共享价值活动或进入有共享机会的新的经营领域，从而降低其相对成本。构建集群还可以凭借少量的协调成本换取纵向整合所带来的效益。集群是企业组织模式的一种新的表现形式。

总之，信息经济时代下的企业变革已经成为其组织必不可少的一个特征。组织维持生存与取得成功之间的差异不在于做了什么，而在于是否掌握了变革的趋势，并同时把握了变革的时机，这才是信息经济时代下企业发展的关键。

## 15.3 管理学研究的新范式——组织双元观

近年来，组织的双元性在西方受到了越来越多的重视。组织双元观已经引起了学者们的高度重视，在组织学习、技术创新、战略管理、组织架构、组织适应等研究领域产生了重要影响；尽管尚未形成一套完整的理论体系，但相关领域的研究的核心观点是基本一致的。倡导双元观的研究者都认为，在日益动态复杂的经营环境中，组织往往面临着各式各样的管理悖论，如效率与柔性、探索与开发、渐进式变革与激进式变革、竞争与合作、全球性整合与本地化响应等。成功的组织往往是双元型的，它们能够有效地追逐同时并存却又彼此相异甚至相互矛盾的目标。

### 15.3.1 管理悖论与悖论的管理

在日益动态复杂的经营环境中,组织往往面临着各式各样的管理悖论,如效率与柔性、探索与开发、渐进式变革与激进式变革、协同与适应、老事业与新事业、大规模与小规模、低成本与差异化、竞争与合作、全球性整合与本地化响应等。日益加快的技术变革、全球化竞争及劳动者多样性正揭示并强化着这些悖论。如何有效地处理这些悖论以更好地提升组织能力已成为当今组织面临的一个新挑战。

关于如何管理悖论,理论界存在两种相互对立的观点:组织的双元观与权衡取舍观。组织双元观认为,管理者必须识别、适应悖论甚至从悖论产生的张力中获益,组织可以利用悖论中存在的张力,并且应该也可以同时追逐看似不相容的目标。传统的权衡取舍观则认为,由于受到一些主客观因素的影响,组织无法同时完成两个相悖的目标,因此,组织应该寻求"非此即彼"的解决方案。很长时间以来,组织被看作相对稳定和较确定的实体。在一个相对稳定、静态的环境中,组织通过惯例、程序和已有的竞争力等获得了竞争优势。但在信息和知识变化、环境瞬息万变、经济全球化等新的竞争背景日益凸显的状况下,组织悖论带来的管理挑战也越来越明显。

### 15.3.2 组织双元性的内涵

**1. 组织双元性的内涵**

组织双元性的概念最早由 Duncan 在 1976 年提出,直到 March 引发关于探索式学习与开发式学习二元关系的大讨论之后,才开始在管理学领域被广泛接受。目前关于双元组织的定义还存在较大的分歧,主流的观点有两种:一种侧重于从结构的角度定义双元组织,称为结构双元性;另一种侧重于从情境的角度定义双元组织,称为情境双元性。

Duncan 首先使用 Ambidexterity(双元性)这一术语来形容双元能力,认为具备双元能力的组织既能够有效地运作当前的事业,又能够主动地适应明天的要求,能将适合于激发创新和应用创新的两类组织结构及管理过程结合到一个组织中。这样的组织在需要激发新构想时能以一种有机的方式运行,而在实施和应用创新构想时又能以另一种机械的方式进行。与此类似的概念还有 Zand 提出的平行组织和 Mcdonough 提出的同步组织的概念。平行组织是在同一组织中使松散的组织结构与更加正式的组织结构平行,而松散的结构被认为更适合于解决非结构化的问题。而同步组织则认为如果组织中的工作单元需要有效地同时处理若干复杂的可能性,则这些工作单元会同时以几种不同的结构来运行。Tushman 和 O'Reilly 在《创新制胜——领导组织变革与振兴的实践指南》一书中,对组织的双元性概念进行了进一步的补充和完善,指出组织可以同时采用两种甚至更多的组织模式来保持自身竞争优势,既能够为获取短期效率而加强控制,又能够为长期的创新活动而不断冒险,进而从中获取经验,如此运行的企业便是双元性组织。双元性组织具备在现在和未来都能够保持竞争优势的能力,并且在组织内部还包含多元的制度、能力和文化,这种双元能力和文化能更好地帮助企业在推进渐进式创新的同时,高效地完成突破性创新。

Birkinshaw 和 Gibson 在研究中指出,过分关注结构双元性会忽略结构双元性所导致的高协调成本,因而提出了情境双元性的概念。情境双元性与结构双元性不同,是指通过建立一整套流程和制度，来促使和鼓励组织成员在面临协调导向与适应导向的冲突时，对如何合理地在两种活动之间分配他们自己的时间做出的判断。两位学者的研究指出，情境双元性与结构双元性不是替代关系，而是相互补充。一个完整的双元组织模式，既需要结构的双元性，以使组织能够兼顾各种矛盾冲突，如新事业与老事业、渐进式变革与突破式变革、协调能力与适应能力、效率与创新等；同时也需要构建双元性的情境，以在企业中建立一种环境，这种环境能够鼓励员工通过自己的判断来规划时间、资源，去处理一致性与适应性之间的冲突，从而最大限度地减少由于单纯的结构双元性而导致的高协调成本。

概括来讲，双元组织就是在明确、共有的前景之下，通过包容多元的战略、结构、制度和文化，使组织中相互冲突的力量实现平衡，使组织中各种资源、能力达到最佳匹配，从而提升组织能力，获取长期的竞争优势。双元组织可以说是对组织中的管理悖论的一种妥协性的回应，展现的既非单独的柔性也非单独的稳定性，它们组成了组织的异质性马赛克，既追求试验、即兴表演和风险承担，又展现了效率、一致性和可靠性。双元性可以说是一种组织能力，通过这一能力能够将管理活动捆绑起来，使效率与创新、渐变与突破、协同与适应、开发与探索、短期与长期等实现融合，以真正建立组织的长期竞争优势。

2. 双元组织模式的特征

上述组织双元性的内涵揭示了双元组织模式的如下特征。

（1）双元组织包容两种不同的事业，即聚焦于开发现有能力以赢取利润的事业单位与聚焦于探索新的能力以获取增长的事业单位。两种事业单位有着不同的战略意图、关键任务、能力、结构、文化及领导角色等。

（2）双元组织虽然有能力、结构和文化等方面的内部不一致性，但是拥有一幅明确、共有的组织前景。明确的、打动人心的组织前景对组织内部相互冲突的需求能起到一种战略上的稳定作用，是协调双元组织内各种矛盾冲突的重要工具。

（3）双元组织要求最高管理者本身是双元的，他们能够根据短期效率的需要和长期适应性的需要这两者之间的冲突来调整领导风格及管理队伍。

## 15.3.3　组织双元观的应用领域

1. 组织学习领域

组织学习领域双元性研究的根本在于处理探索式学习与开发式学习间的矛盾。有学者认为探索式学习与搜寻、变异、风险承担、实验、柔性、发现及创新等相关，而开发式学习则与精练、选择、成果、效率、履行等相关。事实上，探索式学习更多地强调新知识的创造，而开发式学习则更多地强调对现有知识的使用。这两种学习的均衡对组织长期绩效有着重要影响。

2. 技术创新与变革领域

有关技术创新与变革的研究表明，技术是形成企业环境条件的关键驱动因素。对不同产业的研究表明，技术的演变过程时常被突破性技术变革中断，不过突破性变革并不经常发生。因此，在相对较长的渐进式技术变革时期，很多企业通过无数次渐进式变革来改善已有设计，并提高企业的规模和效率。然而，只满足于渐进式变革的企业往往抓不住突破性技术，因此突破性技术变革与企业已有产品、服务和过程是不相容的，也有别于已有的企业实践。不确定环境下的生存压力迫使企业在为争夺已有渐进式技术变革领域而展开竞争的同时，必须时刻关注技术变革的进展，防止错过突破性技术变革带来的商业机会。

技术创新领域双元性研究的根本是处理渐进式创新与突破式创新之间的矛盾。渐进式创新代表了现有产品和商业概念的微小改进，而突破式创新代表了现有产品和概念的根本性变革。企业需要同时开发这两种创新并保持均衡，以保证长期竞争优势。

3. 战略管理领域

战略的本质是追求独特的竞争优势，而企业的竞争优势既有可能来源于对现有竞争优势的利用，又有可能来源于对新的竞争优势的开发。战略管理理论的研究表明，纯粹的开发型企业和纯粹的利用型企业都无法长时间生存。比如，在稳定的环境中，企业利用现有的竞争优势可以连年保持成功，然而环境不可避免地要发生变化，原有的竞争优势终将风光不再。同样一个纯粹的开发者也难以成功，因为如果只注重开发而不善于利用创新成果，那么模仿者最终会超过它。比如，施乐公司的帕罗奥多研究中心产生了许多具有惊人价值的创新成果，包括一些标志着 PC 革命的创新成果，如鼠标、图形用户界面和以太网，但是施乐公司几乎没有获得这些创新的价值。相反，苹果公司却利用了这些创新。既然企业作为纯粹的开发者或利用者都很难生存，那企业应如何把两者结合起来呢？由于这两种因素对组织设计的要求截然不同，因而向管理者提出了很大的挑战。

4. 组织架构领域

组织架构领域双元性研究的根本在于处理效率和柔性之间的矛盾。机械的组织架构依赖于标准化、集权化和层级制以提高组织运营效率，而有机的组织架构依赖于高度的分权和自治以提高组织的柔性。越来越多的研究证明，同时强调效率和柔性的组织是可行的。

5. 组织适应领域

组织适应领域均衡研究的根本是处理连续和变革的矛盾。太多的组织变革容易带来更多的组织混乱，而太多的连续则容易导致组织惯性。实现两者的平衡对于企业在演化过程中保持利用性和连续性、在改革过程中保持开发性和变革性从而获取可持续竞争优势非常重要。

## 15.4 中国管理问题研究

### 15.4.1 中国管理实践的重要平台

管理实践创新与管理学科发展的互动，是一个永恒的主题。中国的改革开放为管理学科的发挥提供了前所未有的实践平台，因此，总结提炼管理学科的中国特质成为中国学者的重要使命。中国转型经济的实践为中国乃至世界管理学范式变革提供了前所未有的新鲜土壤，从计划经济到市场经济的逐步推进，改革开放、加入世界贸易组织及全球化对本土企业所带来的巨大冲击等一系列外界环境的风云突变，加之组织内部从人的生活理念变化到企业产权制度改革，各种因素对管理范式提出了新的挑战。非营利组织管理的兴起、多种组织形态和管理方法的并存，这些过去的范式无法解释的问题都需要我们重新审视过去的范式，并创立一套新的范式，从而为管理学研究打下新的基础。无论在原理上还是实务上，管理都越来越需要依据新的范式。

### 15.4.2 中国管理哲学与西方管理科学的融合

在管理科学发展历程中，不同国家基于自己的文化基础，形成了具有自身特色的管理哲学或管理科学，并对管理实践产生了积极影响。随着经济全球化趋势的加强，不同国家之间的管理思想相互借鉴、融合成为一种趋势。中国的管理哲学在世界管理文明中的地位是显而易见的，如美国管理大师彼得·圣吉积极学习中国传统文化等。而我们对此却重视不够，这为中国管理哲学的发展留下了巨大的空间。我国许多学者的研究认为，未来我国管理科学发展的趋势是，瞄准21世纪世界管理科学发展的特点、趋势和热点问题，将强调数理公式描述、定量分析和重视实证研究的西方科学传统，与中国强调整体协调和协作关系的传统哲学结合起来，以达到管理科学新的综合和本体化创新，并借助信息技术开展具有前瞻性和探索性的基础理论研究。

### 15.4.3 中国传统文化的利用

中华民族有着光辉灿烂的历史与文化，其中包括许多宝贵的管理思想和经验。它们经过五千年的积累与提炼，至今仍在国家和企业的管理实践中发挥着重要作用。我们应该在研究中国传统文化的基础上，对这些管理思想和经验进行深入研究。此外，深入挖掘中国传统文化，找到与西方文化相融、相同的文明因子，有助于深化对跨文化管理的研究。国际管理学主流研究学者更加关注在中国情境下研究国际管理学界所面临的共同性问题，同时也更加重视从国际视角研究中国企业管理所面对的实际问题，这种趋势正在逐年上升，这说明不仅中国经济发展成效正日益引起世界的关注，而且中国的管理学术问题也正在为国际主流学术界所重视。

### 15.4.4 国外学者对中国管理问题研究的主要领域

随着中国在世界经济舞台上的地位日益提高，国外管理学者对中国的企业及组织管理关注程度也日益提高。处于经济转型期的中国，是新兴市场的重要代表之一。在市场经济发展过程中，中国企业经历了速成式的管理学发展过程，引发了国外管理学者对中国管理问题的极大关注。国际顶级管理学期刊对于中国管理问题的研究显示，国外学者对中国管理的研究中，在跨国经营、战略管理和组织行为3个方向的研究较集中。首先，由于中国的企业开始选择"走出去"战略，国外学者对中国对外直接投资也产生了研究兴趣，中国也成为国外学者开展跨文化管理的一个比较对象，如研究国家文化对跨国公司职业经理人价值观的影响等。其次，国外学者对中国管理问题中的战略管理的关注集中在经济转型时期中国企业的战略方向研究、处于经济转型时期的中国企业战略选择研究。相关研究主要关注中国国有企业获取互补性资源的战略选择动因和国有企业、私营企业、外资控股企业之间的比较研究。中国市场中其他所有制类型企业的活跃也引起了国外学者的广泛关注。此外，处于经济转型时期的中国企业的战略联盟和金融战略等也渐渐引起了学者们的关注。最后，经济转型期的中国的组织变革和组织绩效的研究也成为国外学者研究的焦点。

## 15.5 管理学与其他学科的融合

从方法论的角度看，管理科学发展至今已融入了数学、经济学及社会学的诸多理论和研究成果。现代管理理论体系中的数理学派，就是以运用数学模型尤其是运筹学方法分析管理问题为特征的。经济学对管理学的影响是多方面的，如资源稀缺性、经济人、社会人、人具有有限理性、在资源稀缺的情况下如何追求目标的实现并使得效率最大化等管理思想都源自经济学。社会学对人和组织行为进行分析研究，将此方法运用在管理学中就形成了人际关系学派、组织行为学派和社会协作学派的理论基础。从管理学发展中呈现出来的实务性研究和理论性研究相结合的特点可以看出，随着未来科学、经济、社会的发展对管理提出了更高的要求，管理只有通过与其他学科的大力融合才能满足对实际决策应用的实效性。现代计算机技术、网络技术和通信技术、全球经济一体化的发展使全球政治、经济一体化趋势日趋明显。为了适应现代竞争的要求，管理科学理论研究也必然呈现出一些新的观点或学说、呈现新的思维和学科门类。未来管理学发展必将借助现有的和未来的其他学科，如技术创新学、信息论、网络工程等成熟的研究成果，为本身的理论性研究和实务性研究寻找理论支撑及技术支持。该学科也必将随着其他学科的发展而发展，其发展趋势所呈现的跨学科特征将日趋明显和突出，如目前已出现了将生态学理论融入管理学所形成的管理生态学。如果说管理学的历史发展过程告诉我们管理学是在不断跨学科之中完善自我的，那么我们有理由相信这种跨学科发展的趋势必将越来越明显，并会成为管理学发展的固有特点。

## 本章小结

人类社会进入21世纪以后，随着经济及信息技术的快速发展，企业的生存环境和经营方式都发生了巨大变化，传统工业经济时代的管理模式和管理观念面临着全新的挑战。

绿色经济的产生和发展为经济转型提供了契机，在企业管理中体现绿色理念的"绿色管理"就成了管理发展的新趋势；企业的社会责任也上升为企业的社会资本。信息技术的快速发展使得企业的组织结构向扁平化、网络化、虚拟化和集群化发展。

在日益复杂的环境中，组织常常会面临各种管理悖论，如何管理这些悖论是组织面临的一个重要挑战，组织双元观为管理这些悖论提供了一个全新的管理范式。

随着中国在世界经济舞台上的地位日益提高，国外管理学者对中国的企业及组织管理关注程度也日益提高。处于经济转型期的中国，是新兴市场的重要代表之一。对中国管理问题的研究不仅是中国管理学学者的重要任务，而且其必将成为管理学科的重要组成部分。

## 习题

1. 绿色管理的内涵是什么？
2. 如何理解社会责任与社会资本的关系？
3. 信息技术下组织的变革主要表现在哪些方面？

4. 组织双元观的内涵是什么？主要应用在哪些领域？
5. 如何理解中国管理问题在管理学科发展中的地位？

## 新中大软件股份有限公司的竞合创新行为及其绩效

新中大软件股份有限公司（以下简称新中大）是大型的先进管理软件开发商、互联网时代的中高端管理软件领导厂商，是国家规划布局内重点软件企业，致力于帮助盟主企业成就电子商务先锋。从1993年诞生以来，在企业竞合战略的应用道路上积累了丰富的经验。

**1. 新中大的灵动联盟创新**

（1）供方竞合。管理软件企业的上游企业即供应商，主要包括数据库软件、系统软件、网络运营商、服务器和其他的独立软件提供商。新中大与上游企业的合作主要体现如下：产品是微软 Windows 视窗系统下的应用软件，在开发技术上采用微软的 Visual Studio.net 技术；在数据库方面，新中大根据客户的信息化状况和特定需求选用 SqlServer（微软）数据库、Sybase、Oracle 或者 IBM 的 DB2。

（2）买方竞合。在管理软件领域，不管是新中大还是业内其他企业，它们的发展方向都反映了客户需求的创新。20世纪90年代开始，全国实行会计电算化，企业会计工作从纯手工向计算机跨越，大大小小的财务管理软件企业崛起，新中大就是其中之一。90年代末期，随着ERP思想在企业界的广为流传，企业特别是制造企业产生了将财务管理软件升级为 ERP 的需求，并在2002年和2003年达到顶峰。接下去是供应链管理、人力资源管理等。而到了2005年前后，一体化管理软件和协同办公成了新的需求。正是与买方企业的合作，促进了中心企业的不断茁壮成长。

（3）互补者竞合。新中大的互补者包括 Microsoft、IBM、Oracle、Sybase、HP 等国际知名公司，当然他们同时也扮演供应商、竞争者等多重身份的复杂角色。在"中和"观念的引领下，公司先后与他们建立长期战略伙伴关系，并已经或即将与清华同方、信雅达、创业、西联等国际著名公司合作，还与浙江大学、北京大学、中国人民大学、上海财经大学等全国10余所著名高校建立合作关系，通过广泛的合作，吸取精华。

（4）竞争者竞合。目前管理软件行业中与新中大形成竞争关系的企业有用友、金蝶、神州数码、SAP 等。而在合作角度，ERP 行业现在还没有一个固定的统一的行业标准，同行业的联盟或者制定行业标准尚在计划当中，还未真正实行。新中大对同业者的态度是吸取对方优秀的软件理念和服务方法，不断完善自己的软件，并表示有机会将选择与对手合作。

**2. 新中大竞合战略下的创新绩效**

新中大与竞合参与者组成的灵动联盟不断地提高和促进新中大的创新能力，使其在管理软件领域不断取得突破。2005年，公司与滚石移动的战略性合作，通过嵌入移动商务解决方案，逐步实现移动商务与 ERP 管理的无缝结合。2006年10月，新中大和中控科技就 ERP 产品和 ESP-iSYS 实时数据库产品的营销和市场推广等签订了战略合作协议。新中大 ERP 系列产品实现了生产、物流、资金流、信息流的协同。2007年，新中大牵手远程接入软件供应商深圳科迈，将市场主流的基于 C/S 架构的 ERP 软件平滑地转化到 B/S 架构。

新中大由原先的研究所发展到如今在管理软件领域占有一定地位、走在技术前端的高技术企业,充分体现了企业的竞合战略对创新绩效的促进作用。

资料来源:余浩,周燕,蔡晓琼.高技术企业竞合行为与创新绩效关系研究——以新中大为例.经济论坛,2009(11).

**案例分析题**

1. 请结合组织双元观具体分析新中大的竞合行为。
2. 新中大的竞合战略取得了哪些成绩?

## 参 考 文 献

[1] 张议元. 管理学 [M]. 北京：清华大学出版社，2012.
[2] 景泽京. 管理学 [M]. 北京：清华大学出版社，2010.
[3] 李彦斌. 管理学 [M]. 北京：机械工业出版社，2011.
[4] 彭荣，陈晓燕. 管理学 [M]. 北京：经济管理出版社，2010.
[5] 王端，杨喜梅. 管理学基础 [M]. 北京：清华大学出版社，2011.
[6] 尹少华. 管理学原理 [M]. 北京：北京大学出版社，中国农业大学出版社，2010.
[7] 吴秀敏. 管理学原理 [M]. 成都：西南财经大学出版社，2010.
[8] 赵丽芬. 管理学理论与实务 [M]. 2版. 北京：清华大学出版社，2010.
[9] 卢润德，蒋志兵，蔡翔，等. 管理学 [M]. 北京：机械工业出版社，2010.
[10] 孙元欣. 管理学——原理·方法·案例 [M]. 2版. 北京：科学出版社，2011.
[11] 周三多. 管理学 [M]. 3版. 北京：高等教育出版社，2010.
[12] 那国毅. 百年德鲁克 [M]. 北京：机械工业出版社，2010.
[13] 单凤儒. 管理学基础实训教程 [M]. 北京：高等教育出版社，2005.
[14] 黄大勇. 管理学 [M]. 重庆：重庆大学出版社，2010.
[15] 梁士伦，姚泽有. 管理学 [M]. 北京：机械工业出版社，2006.
[16] 王凤彬，李东. 管理学 [M]. 北京：中国人民大学出版社，2000.
[17] 李品媛. 管理学 [M]. 大连：东北财经大学出版社，2005.
[18] 蔡茂生，黄秋文. 管理学基础 [M]. 广州：广东高等教育出版社，2004.
[19] 缪兴锋，叶小明. 现代管理学基础与应用 [M]. 2版. 广州：华南理工大学出版社，2006.
[20] 申文青. 现代企业管理 [M]. 重庆：重庆大学出版社，2010.
[21] 赵冰梅，刘伟力. 现代企业管理教程 [M]. 北京：航空工业出版社，2008.
[22] 赵钎，宋冀东. 现代企业管理 [M]. 2版. 北京：电子工业出版社，2008.
[23] 冯开红，吴亚平. 企业管理实务 [M]. 北京：电子工业出版社，2009.
[24] 德鲁克. 管理的实践 [M]. 北京：机械工业出版社，2005.
[25] 王关义，刘益，刘彤，等. 现代企业管理 [M]. 2版. 北京：清华大学出版社，2007.
[26] 张东生. 现代企业管理 [M]. 北京：清华大学出版社，2007.
[27] 肖祥伟. 企业管理理论与实务 [M]. 广州：中山大学出版社，2007.
[28] 陈捷，王丹. 现代企业管理教程 [M]. 北京：清华大学出版社，2008.
[29] 苗成栋，王喜雪. 现代企业管理概论 [M]. 北京：北京大学出版社，2006.
[30] 胡建宏. 现代企业管理 [M]. 北京：清华大学出版社，2008.
[31] 苏忠保. 领导科学与艺术 [M]. 北京：清华大学出版社，2004.
[32] 李成言. 领导学基础 [M]. 北京：中央广播电视大学出版社，2003.
[33] 彭向刚. 领导科学概论 [M]. 北京：高等教育出版社，2007.
[34] 纳哈雯蒂. 领导学 [M]. 王新，陈加丰，译. 北京：机械工业出版社，2007.
[35] 邱霈恩. 领导学 [M]. 3版. 北京：中国人民大学出版社，2011.
[36] 张莉. 管理沟通 [M]. 北京：高等教育出版社，2007.
[37] 杜慕群. 管理沟通 [M]. 北京：清华大学出版社，2009.
[38] 尤红玲. 高明的沟通技巧 [M]. 北京：中国妇女出版社，2007.

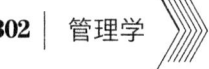

[39] 吕真真. 沟通赢得一切 [M]. 北京：中国长安出版社，2007.
[40] 曾江洪. 社会责任、社会资本与公司治理 [M]. 北京：经济科学出版社，2012.
[41] 哈默，布林. 管理大未来 [M]. 陈劲，译. 北京：中信出版社，2008.
[42] 德鲁克. 21 世纪的管理挑战 [M]. 朱雁斌，译. 北京：机械工业出版社，2009.
[43] 德鲁克. 巨变时代的管理 [M]. 朱雁斌，译. 北京：机械工业出版社，2009.
[44] 芮明杰. 管理学：现代的观点 [M]. 2 版. 上海：上海人民出版社，2005.
[45] 冯拾松，赵红英. 管理学原理 [M]. 北京：机械工业出版社，2008.
[46] 朱林. 管理学原理与实训教程 [M]. 北京：北京邮电大学出版社，2008.
[47] 鲍丽娜，李孟涛，李浇. 管理学习题与案例 [M]. 大连：东北财经大学出版社，2007.
[48] 唐丽颖，毛文静. 管理学 [M]. 北京：北京理工大学出版社，2011.
[49] 刘汴生. 管理学 [M]. 北京：科学出版社，2006.
[50] 周三多，陈传明，鲁明泓. 管理学——原理与方法 [M]. 5 版. 上海：复旦大学出版社，2010.
[51] 马作宽. 组织文化 [M]. 北京：中国经济出版社，2009.
[52] 廖建桥. 管理学 [M]. 武汉：华中科技大学出版社，2010.